U0510392

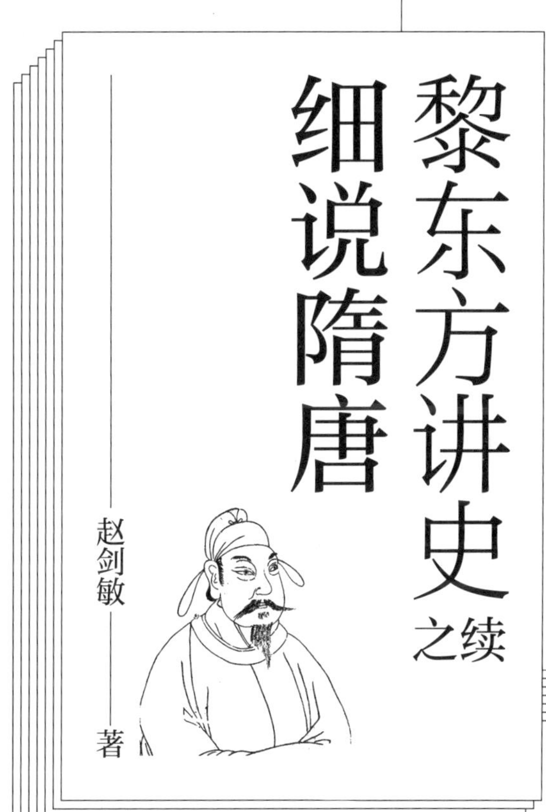

上海人民出版社

出版说明

20 世纪 90 年代后期，旅美著名历史学家黎东方教授的“细说体”历史著作《细说三国》《细说元朝》《细说明朝》《细说清朝》《细说民国创立》简体字版由上海人民出版社出版，从此，在中国大陆浩如烟海的史学著作中又增添了一种新的叙史体裁——“细说体”。

“细说体”源起于抗战期间黎东方教授在重庆的“讲史”盛举。当年黎教授以历史学家的睿智与妙趣横生的词锋，讲三国、讲武则天，倾倒四座，轰动山城，听众争相买票入场。黎先生“讲史”完全不同于一般说书人，他既不虚构任何一个人物，也不虚构任何一件事情，而是广泛地从各种史书中搜集和贯串史料，按需而取，以生动活泼、引人入胜的语言吸引了无数听众。“细说体”历史著作即以“讲史”的形式，将中国历史上的各个朝代中的重要人物、重要事件，以及职官、制度、文化、学术等等，分列为若干题目，以通俗生动的语言分别加以“细说”，分则为独立的历史故事，合则为一朝断代信史，文字挥洒优美，史事详实可信，它使读者“以读《三国演义》的轻松心情，获得的却是胜于《三国志》的历史知识”（原台北大学历史系主任马先醒教授语）。无怪乎胡适博士读了《细说清朝》后，就曾力劝黎先生将历朝历代都“细说”一遍。而林语堂则将他自己的“幽默大师”名衔拱手礼让给黎东方先生。

“细说体”历史著作是用口讲说在先，以笔成文在后，因此，其文其质都别具特色。著名历史学家邓广铭先生盛赞黎东方以深厚学养和探索精神撰写“细说中国历史丛书”，独辟历史通俗化的蹊径：“他用干净利落、明白晓畅的文字加以表述，使得具有初中以上文化水平的人都能读懂，而且都能读得饶有兴趣。”“细说中国历史丛书”还以历史唯物主义的研究方法解答了一些民间传说和历史之谜，如秦始皇的神秘身世、孝庄太后有没有下嫁多尔衮、雍正是否吕四娘所杀、乾隆是否汉人之子等等，既具珍贵的史料价值，又有极强的可读性，这是一般史书所难以做到的。

“细说体”另一个特点是作者在叙述历史的同时，随时加以点评，鲜明地表达自己的好恶和观点，虽持一家之说，但冲破了某些正统的陈腐思想，颇具真知灼见，引导读者以现代的眼光看历史，很有新意。例如，作者认为刘备不仅不是圣人，而且不是贤人，因为他每逢军事失利，就把老婆儿子一起丢掉，只顾自己逃命。又如，作者认为曹氏篡汉，只是个“篡”字，因为天下是曹操自己打出来的；而司马氏篡魏，不仅是“篡”，还要加个“窃”字，因为天下是司马懿靠“骗”和“媚”偷来的。再如，作者认为雍正为人虽狠，但政绩卓著，在位十三年胜过康熙六十一年的治绩。凡此种种，书中都有详细事例加以印证。

旅美著名学者、教育家顾毓琇先生，北京大学教授、著名宋史专家邓广铭先生，著名历史学家唐振常先生都热情洋溢地为以上五种《细说》的简体字横排本作序，介绍了黎东方当年的“讲史”盛事以及“细说体”的由来和特色，使这位离开故乡五十年的资深史学家重新得到祖国大陆史学界和广大读者的关注。黎先生的五种《细说》曾于20世纪60年代在台湾出版，受到读者的热烈欢迎；90年代在上海出版后，同样受到读者的追捧，出版社多次加印。这使黎东方先生受到很大鼓舞，也进一步加强了写齐从秦汉到民国全部历史的决心。当时，黎先生已年近九秩，他以老骥伏枥的精神开始了撰写《细说秦汉》《细说两晋南北朝》《细说隋唐》和《细说宋朝》的艰巨工作。孰料执笔至 1998 年 12 月底，黎先生竟夜睡不起，猝然仙逝，以致大愿未竟，良可哀痛。

为竟黎先生遗愿，亦为众多爱读“细说体”史书的读者计，出版社受黎夫人黄鸿书女士的委托，约请对丛书所缺的各朝历史素有研究，且熟悉“细说体”笔法的学者，分担撰写任务。黎先生高足、台湾彰化师范大学历史学研究所副教授陈文豪承担起整理黎先生《细说秦汉》部分遗稿的工作。因其内容不全，大陆学者、著名秦汉史专家王子今又慨然受托，补写完成了书稿所缺的章节。与此同时，《细说两晋南北朝》《细说隋唐》和《细说宋朝》也分别由上海三位学者沈起炜、赵剑敏和虞云国完成，并由历史学家沈渭滨教授为新撰的四种《细说》作序。至此，“细说中国历史丛书”集海峡两岸两代史学家之心智和功力，终于大功告成。

“细说中国历史丛书”出版后，好评如潮，虽然未经大力宣传，更无电视媒体的依托，却是一印再印，长盛不衰，不仅得到广大读者的喜爱，而且获得史学界的高度赞扬。不少学者建议，在当今许多名为讲史，实为讲故事的书籍热销之际，何不把中国卖票讲史第一人黎东方教授的“细说”系列重新修订出版，让更多喜欢历史的读者从生动精彩的故事中了解真正的历史？于是，就有了这套“黎东方讲史”。其中虽然有三本书不是黎先生原著，还有一本系在黎先生原稿基础上由他人补编，但所有作者均系出版社受黎夫人委托而约请，而所有文字均按照黎先生首创的“细说体”撰写，当可视作“黎东方讲史”之续，自应纳入这一系列。

从“细说中国历史丛书”到“黎东方讲史”，我们做了以下几件工作：

1. 恢复了部分初版时删除的章节和文字。如《细说清朝》中的“丧失琉球”，《细说明朝》中的“北元世系”，《细说元朝》中的“宋末诸儒”等。

2. 恢复了《细说清朝》中原有的插图和图注，并在其他各书中添加了插图和图注。

3. 增补了部分章节。如《细说隋唐》中的“李煜”、“冯道”等。

4. 修正了原书中的疏漏和错讹。

5. 重新设计了封面和版式。

但愿以焕然一新面目出现的“黎东方讲史”能得到广大读者的喜欢。

编　者

2007 年元月

《细说秦汉》《细说两晋南北朝》《细说隋唐》《细说宋朝》序言

沈渭滨

1997 年，上海人民出版社征得旅美史学前辈黎东方教授同意，以“细说中国历史丛书”为题，将原由台北传记文学出版社出版的黎先生大著《细说元朝》《细说明朝》《细说清朝》《细说民国创立》四书，在大陆出版发行。

书出之后，众口交誉，大量加印，不胫而走，黎先生闻之欣喜。为完成“细说中国全史”夙愿，以老骥伏枥之壮心，再应责编崔君美明约请，续写《细说秦汉》《细说两晋南北朝》《细说隋唐》《细说宋朝》四种，并将已经成书之《细说三国》先行交付出版。不料，执笔至 1998 年最后一天，夜睡不起，猝然仙去。大愿未竟，良可哀痛。

出版社为竟黎先生遗愿，亦为众多爱读“细说体”史书之读者计，乃多方筹划，约请黎先生高足及京、沪两地素有研究之学者，分担撰著。经数年努力，新撰四种“细说”之书，终于面世。至此，“细说中国历史丛书”集两代史学家之心智，大功告成。黎先生九泉有知，当可欣慰也乎！

“细说体”是黎先生开创的一种新的叙史体裁，底成于早年在重庆之讲史盛举。

讲史古已有之。古之讲史者，诚如邓广铭先生所论，都不是读过史书，更遑论有所研究的民间艺人。所讲内容，只是以某一朝历史或人物为由头，加以演义和穿插逸闻传奇，增添一些故为热闹的场面，与真实历史相距甚远。由此形成的文本，历代相传，几经润色，成为“演义”、“平话”一类文学作品而入于古典小说之林。

黎东方先生在重庆讲史，则以历史学家的睿智讲真实历史。既不虚构情节，又不增添传奇，完全依史实本身的曲折复杂，凭藉精熟的会通和高度识见，以逸趣横生之辞锋，勾起听众兴味，引发历史与现实的联想共鸣，倾倒四座，轰动山城。由此形成的著作，不仅独辟历史通俗化的蹊径，而且开创了不同于古代之纪传体及现代之讲义体通史、断代史一类著作的新体裁。这种体裁，黎先生自己称之为“细说体”。

由讲史发为著述，“细说体”史书的撰写自有其要领可循。

一是融会贯通。黎东方先生不仅对已逝的历史过程，有上下、前后、左右的纵横融通，而且对各家研究得失了然于胸，尤其精熟于职官、典制、地理、文化、学术之嬗蜕演变。故而开讲中能统而贯之，信手拈来；著书时能信而有征，言之成理。分之，各为一朝信史，合之，则成中国通史，前后赓续，上下一体。虽然，会通本是治史者必具的要求，但如黎先生之对数千年历史及相关学问精熟融通、备知种切，臻于太史公所言“通古今之变，成一家之言”者，何其难得。所以，作“细说体”史书之难，窃以为首先就难在必须对中国历史做到真正的融会贯通，才能写好一朝之信史。

二是取精用宏。会通既是讲史的功底，著史的基础，又是睿知之所养成，卓识之所由来。黎先生即是因会通而悟得历史发展之关键，历史人物之功过，学术流变之精髓，典章制度之张弛，在在皆有独识精到之论。凡关乎全局者，详为论说而不厌其烦，细为阐述而不吝篇幅；无关宏旨者，则一般交代，点到为止。既具大体，犹见要领，取精用宏，洞其底蕴。所以，“细说体”史书，不像讲义体断代通史那样举其大略、面面俱到，而是人事相依、突出重点，谋篇布局、主次分明；设题自如而不受章节拘束，各题详略不强求平衡，全依重要与否为转移，显得活泼而富有个性。读其书，真可谓如闻其声，如见其人。

三是深入浅出。“细说体”史书既从讲辞而来，讲史要吸引听众又不失历史真实，深入浅出、顺畅达意自是题中之义。黎先生所著《细说三国》《细说元朝》等书之所以备受欢迎、洛阳纸贵，就在于叙事明白晓畅而不诘屈聱牙，立论通俗易懂而不故作深奥；考镜源流时条缕清晰、精要毕具，辨章学术则见微知著、要言不烦。既可使中等文化程度的读者得历史知识，又能给治史者以启迪。好读耐看，雅俗共赏。虽然，黎先生著书的本意在使历史知识普及化，所著诸书被邓广铭先生评为“标准的深入浅出的历史读物”，但其考求前人研究得失而定其取舍从违，校订“正史”之误而于不疑处有疑，未尝不能使治史者受益。所以，凡能真正做到深入浅出的史书，必定是可以雅俗共赏的作品。

新撰四种“细说”的作者，都能追蹑前贤，深知要领。他们虽然不像黎先生那样由讲史而发为著述，但因为都在大学中教授中国历史而又有深入研究，对黎先生已出各书多所心悟，所以在体例上自可接续。其中，《细说秦汉》，黎先生原有部分遗稿约 10 万余字，由黎夫人嘱托先生高足台湾中国文化大学副教授陈文豪先生整理。因内容不齐，崔美明女士又约请中央党校教授、中国秦汉史研究会副会长王子今先生补写 15 万字左右，合成完整的《细说秦汉》一书。则其体例、风格，当可与黎先生相合。

《细说两晋南北朝》，由原上海教育学院现华东师范大学历史系沈起炜教授撰著。沈教授著述丰硕，长年在教学第一线。听过他讲课的人，都为他熟谙史事、幽默风趣所折服。他追慕黎先生细说体裁，深得三昧。我拜读过他写的这部著作的校样，觉得无论在文风上、论析上都堪称一流。

《细说隋唐》，由上海大学赵剑敏教授承担。赵先生对“细说体”钻研亦深，观其《自序》即可概见。《细说宋朝》由上海师范大学历史系虞云国教授撰写。虞教授系上海已故十大史学家之一程应镠教授的嫡传弟子，治宋史逾20年，论著颇丰，心得良多。他把撰著此书视为研究宋史的阶段性小结，并对宋史中不少相关问题提出了自己的见解，寓学术研究于深入浅出的叙述之中，正合“细说体”雅俗共赏的特点。

以上四种新撰“细说”，虽然整体上都承袭了黎先生开创的路径，但因成于不同学者之手，在写作风格上自难以一致，在各个断代之间若干文化学术的承袭转合和典章制度的上下通贯方面，也稍有疏忽之处，难能如独立著书之一气呵成。这些都属众手修史习见的缺憾，毋需苛求。若就“细说体”之特点、则例而言，新撰四种，俱能踵武黎公，与先出之五种，庶几乎珠联璧合。

“细说中国历史丛书”是改革开放以来，上海人民出版社为适应社会不同层次对史学诉求而从事的系列出版计划之一。早在20世纪70年代末，该社就约请著名历史学家白寿彝先生主编多卷本《中国通史》，穷十余年之功，集众多学者之力，终于在1999年出齐了这套迄今最完整的大型学术性通史著作，代表了当时中国通史研究的最高水平。五六十年代起，社内有识之士就有编辑出版“中国断代史系列”的计划，并付诸实施。90年代中期，又将自远古至清代的中国历史，按各个断代，重版已经出过的有关专著，再约请有精深研究的专家学者分别撰著或缺的部分，以期配成一套高质量的断代史学术著作。近些年来，已出版了王玉哲《中华远古史》，杨宽《西周史》《战国史》，林剑鸣《秦汉史》，王仲荦《魏晋南北朝史》《隋唐五代史》等8种。另有胡厚宣等的《殷商史》、陈振《宋史》、汤纲《明史》等5种，正在撰写或在修订。有鉴于以上两项都是适应专家、学者及高校师生教学研究之用，于是90年代后期，责编崔美明女士乃有为适应中等文化程度读者之需要而编辑“细说中国历史丛书”，普及历史知识之计划。

这套中国历史通俗读物的配齐出版，不仅使该社长期来为之努力的系统工程，在结构上更趋合理，而且为历史知识普及化、通俗化，提供了可资参酌的路向。

历史普及化，是一项提高民族文化素质，涵养爱国情操的大业。先哲有文脉中断谓之亡天下之说。太炎先生称：“夫读史之效，在发扬祖德，巩固国本，不读史则不知前人创业之艰难，后人守成之不易，爱国之心，何由而起？”一个漠视自己历史的国家是没有前途的。加强对青少年的历史教育，普及历史知识，无论对培固国本，弘扬民族精神，接续中华文脉，都具有深远意义。就此而言，“细说中国历史丛书”的出版，称得上是嘉惠当今、造福后代的大好事。

黎东方教授原拟在写完计划中的四书之后，请唐振常先生作一长序。不意唐公匆匆而去，致使黎公遗愿未得实现。责编崔美明女士转而要我承乏，推辞不得之下，只好诚惶诚恐写了上面几点，聊充序言。

2002年5月于蒲溪抱墨轩

自　序

细说历史，是黎东方先生别开一门的历史叙述法。

细说历史，是有别于通史、断代史那种举其大略的历史叙述法。

细说历史，不是戏说历史（在语音上，“细说”和“戏说”是难分彼此的，常需要费些口舌解释）。细说历史，和所有史学意义上的叙述一样，有着确凿的史料作依据，并无随心所欲的臆造处。

细说历史，不是琐碎的唠叨，不是罗列青菜豆腐流水账，不是事无巨细地笼统拿来，而是在筋骨过多的枯燥的历史文本之外，还以已风干的历史人物的血肉，还以已湮灭的历史事件的灵动，还以已枯竭的历史长河的激浪，还以已黯淡的历史天空的明月。

本来，黎东方先生欲用“细说”这体裁，来勾画纵跨五千年的中国历史。然遗憾得很，他在开创了这个体裁，并完成了五部著作后，以九十高龄在大洋彼岸赍志以没。这个遗憾，不仅仅是黎东方先生个人的遗憾，而且是整个史学界的遗憾。为弥补这个遗憾，负责“细说”大陆版的上海人民出版社的崔美明女士，不辞辛劳地到处物色人选，以完成黎东方先生的未竟之志。

笔者不才，承崔美明女士垂青，嘱撰“细说隋唐五代”一段。

若以统一、分裂、兴盛、衰亡为周期，以此考察中国古代社会，其中有两个周期最引人注目。一个是“秦汉三国”，一个是“隋唐五代”。这两个周期，在历史状态的起伏上，有着惊人的相似之处：

秦、隋各自结束了它们前面的分裂时代，建立了大一统的王朝。这两个大一统的王朝，在它们的末期，都以苛政严刑、草菅人命，引发了遍及全国的大起义，从而导致了王朝的崩溃，且都是二世而亡。

通过起义，通过击败各个对手，汉、唐两个大一统王朝在秦、隋之后得到了确立。这两个第二代的大一统王朝，汲取了殷鉴的教训，借助大乱之后人心思治的有利条件，各自促成了大治局面的形成，并形成了盛世。然而，泰极否来，汉的王莽之乱，唐的安史之乱，皆腰斩了盛世，使帝国走了下坡路。尽管有光武帝、唐宪宗的中兴，可帝国的积弊越演越烈，终于彻底覆灭。

分久必合，合久必分。东汉末群雄逐鹿的结果，是产生了三国；唐末板荡纷争的结果，是产生了五代十国。天下共主消失了，大一统消失了，历史再度进入了分裂时期。然这两个时期的分裂是短促的，仅仅数十年而已。在这数十年间，又长足地酝酿了统一的因素。

然而，尽管有着惊人的相似之处，隋唐五代毕竟不同于秦汉三国，其自有其自己的历史特征以及表现状态。

当时代进入隋唐后，一种成熟气象，弥漫在历史河床之上。这是种大成熟，一种万千气象的大成熟，其犹如日在中天，犹如人之壮年，犹如秋季的稻田，充满了魅力，充满了精气神，充满了丰收的景象。

内政是成熟的，德、刑的调用，踏上了炉火纯青的地步；外交是成熟的，文、武的张弛，进入了得心应手的阶段；制度是成熟的，三省六部、科举考试的推出，奠定了政治的基业；文化是成熟的，诗赋、艺术的创造，涌现了一批出神入化的人物；经济是成熟的，均田、租庸的匹配，成就了殷实的社会……

所有的一切，汇成了综合国力，无与伦比的超一流综合国力。这个综合国力，于青史居了巅峰，在东方执了牛耳，给世界提供了难得的模本。

辉煌！合成了盛世。

大辉煌！合成了大盛世，黄金般的大盛世。

然事情正像西谚所说的那样，一枚硬币总有两面。成熟未必全是好事，在正极成熟之际，各种负极因素，在汲取了恶的历史经验后，继之也成熟了。军阀成熟了，孳生了野草般的藩镇割据；阉人成熟了，滋长了毒瘤般的宦官专权；士人成熟了，掀起了逐浪般的朋党之争；皇帝成熟了，上演了戏剧般的昏君故事；官僚成熟了，腌养了酱缸般的贪官群体。

在恶的因素如蛀虫一样将帝国大厦蛀空后，正常的社会生活遭到了大破坏，民不聊生以致不可遏制地激起了此起彼伏的民变。民变未能改变小民的生活，却成全了无数的草莽英雄。草莽英雄在把蛀空了的大厦毁成废墟后，各自开始称王称帝，由此进入了五代十国时期。

大一统虽是传统并深入人心的观念，但当大一统的弊病糟糕得不能再维持大一统后，分裂也就成了无可奈何的趋势，成了纠正大一统弊病的不得已的历史选择。在五代十国时期，不是纯然无序的，而是在貌似支离破碎的状态下，一个个实力与权力中心在膨胀，其膨胀的程度与其是否采取利民的政策成正比。统治者的利民，在于巩固其政权，在于发展其政权，在于壮大其政权。当某国壮大其政权的行为，能接二连三地吞食邻国的领土时，便形成了统一的架式。这种统一的曙光，产生在后周。然在统一曙光微露之际，却因君主身体的原因暂告中断了。

继承后周衣钵的北宋，终于让曙光变成了旭日，让大一统的态势重临于中华大地。

笔者细说这段历史，是按着黎东方先生留下的葫芦在画瓢。然瓢毕竟不是葫芦，终究难以画得像。此外，隋唐五代的历史洋洋大观，断非一本薄书所能概括。故而,不得不寻找重点加以叙述,寻找要点加以勾勒,寻找特点加以表现。由此,笔者在画龙时,画的是龙睛;在画凤时,画的是凤尾。这龙睛,是历史自身的传神处;这凤尾,是历史自身的华彩点。

笔者虽曾梦过笔,然笔上却未开花,以未开花之笔,来撰写这段中国的巅峰史,必然捉襟见肘。奉命之下,无奈只能以这一襟一肘,来博智者仁者一笑。

本书本应唤作《细说隋唐五代》,然考虑系列书名的整齐,略称为《细说隋唐》,特此说明。

目　录

出版说明　1

《细说秦汉》《细说两晋南北朝》《细说隋唐》《细说宋朝》

序言　**沈渭滨**　1

自序　1

一　再现大一统　1

二　隋文帝　6

三　独孤皇后　12

四　隋初功臣　17

五　高颎　21

六　韩擒虎、贺若弼　26

七　李德林　31

八　史万岁　36

九　洗夫人　41

一〇　大索貌阅、输籍法　46

一一　杨素　49

一二　嫡长制的变通　55

一三　雄心大欲的隋炀帝　60

一四　突厥问题　66

一五　大运河　71

一六　征高丽　75

一七 隋末大起义 79
一八 杨玄感事变 85
一九 宇文化及 90
二〇 王世充 95
二一 瓦岗寨 99
二二 窦建德 104
二三 杜伏威、辅公祏 110
二四 李渊从太原起兵 114
二五 唐朝的建立与统一 120
二六 裴寂 124
二七 刘文静 129
二八 玄武门之变 133
二九 古今独步的唐太宗 138
三〇 房玄龄、杜如晦 144
三一 魏徵、王珪 149
三二 凌烟阁二十四功臣 155
三三 贞观之治 162
三四 玄奘取经 166
三五 松赞干布、文成公主 171
三六 药王孙思邈 176
三七 唐高宗 179
三八 女皇武则天 185
三九 狄仁杰 192
四〇 许敬宗、李义府 197

四一 来俊臣、周兴 202
四二 唐中宗、韦后 207
四三 唐睿宗、太平公主 214
四四 史才刘知幾 220
四五 千古奇帝唐玄宗 224
四六 姚崇、宋璟 230
四七 开天盛世 235
四八 张九龄 240
四九 李林甫 245
五〇 高力士 250
五一 杨贵妃 255
五二 僧一行 261
五三 诗仙李白 266
五四 诗圣杜甫 271
五五 安史之乱 276
五六 张巡、许远 281
五七 人如其字的颜真卿 285
五八 唐肃宗 288
五九 李泌 293
六〇 郭子仪、李光弼 299
六一 唐代宗 306
六二 唐德宗 312
六三 理财家刘晏 318
六四 杨炎与二税法 323

六五　卢杞　328
六六　陆贽　333
六七　唐顺宗与永贞革新　337
六八　刘禹锡、柳宗元　343
六九　中兴之主唐宪宗　347
七〇　裴度　353
七一　李愬　358
七二　韩愈　363
七三　白居易　367
七四　唐穆宗　372
七五　唐敬宗　376
七六　唐文宗与甘露之变　380
七七　唐武宗与会昌毁佛　386
七八　小太宗唐宣宗　392
七九　牛李党争　398
八〇　唐懿宗　404
八一　裘甫起义　408
八二　庞勋起义　412
八三　唐僖宗　417
八四　黄巢起义　421
八五　唐昭宗与唐朝灭亡　427
八六　三省六部　434
八七　地方官制　437
八八　学校　439
八九　科举考试　442

九〇　山河的裂变　445
九一　后梁　450
九二　后唐　455
九三　后晋　463
九四　后汉　469
九五　后周　474
九六　吴　482
九七　南唐　487
九八　前蜀　492
九九　后蜀　497
一〇〇　南汉　502
一〇一　楚　507
一〇二　吴越　513
一〇三　闽　518
一〇四　荆南　524
一〇五　北汉　529
一〇六　敬翔　534
一〇七　周德威　538
一〇八　桑维翰　542
一〇九　史弘肇　546
一一〇　王朴　550
一一一　冯道　554
一一二　罗隐　559
一一三　李煜　564

一

再现大一统

中华民族之所以能长达数千年屹立于世界民族之林，中国之所以能成为四大文明古国中硕果仅存的国家，其根本在于有着凝合力极强的文化道统，在于这个文化道统派生出来的大一统的国家观。这是世界上独一无二的国家观，由此，中西方的历史学家在研究统一问题时，都给予了高度的重视，非但是重视，且作为经典的现象来加以阐述。

中国的大一统，是一种理念，一种颠扑不破的理念，一种为天灾人祸所不能摧毁的理念，一种高于民族其他利益的理念。

中国大一统的实际形式，在历史进程中并非一而贯之。由于政治、经济、民族等多种交会的因素，常常使统一的国家陷入分裂的状态，陷入军阀、政客割地为王、各自为政的状态。然而，深植人心的统一观念一直蛰伏着，犹如山火过后的野草，一旦春风化雨，便会破土而出，恢复盎然的生机，重新缔造大一统的国家。

统一，分裂，相互交替，是事实。

统一终究战胜分裂，终究是主流，那更是事实。

故而，罗贯中在《三国演义》的开篇中，将中国国家状态的演进，用了极为简练的八个字来总结，叫做："分久必合，合久必分"。

英国史学泰斗汤因比，用历史哲学的语言，论述统一国家的第三特征是:“它们是一种‘集合’的表现——而且是一种特别显著的集合的表现;它是在一个解体过程中以一连串的‘分散——集合——再分散’表现出来的;当人们对一个混乱时期屡次三番想遏阻它,但总是遭到失败,眼看着局面每况愈下,但是最后看见有一个统一国家成功地建立起来,总算限制着混乱的发展时,那些能及身见到这种局面的一代人是多么的向往和感激啊!”(《历史研究》)

两种语言,叙述的是同样的事实。

若用浪峰与波谷来比喻,统一便是浪峰,分裂便是波谷,我们现在将要说的,就是南北朝的波谷向隋朝的浪峰推进的历史阶段,换言之,就是继战国末、三国末之后又一次从分裂走向统一的进程。

东汉政治糜烂,激起了社会大动荡,引出了群雄逐鹿,逐鹿的结果是魏、蜀、吴鼎足三分,最终三家归晋。建立统一大业的西晋是短暂的,由门阀大族垄断政权造成的弊端,清谈所带来的务虚风气,皇族内部争权夺利的八王之乱,使西晋陷入比东汉末更为混乱的境地,不久政权便为匈奴族的刘氏军事武装所消灭。

西晋的消亡,使全国在整体上分裂为南北两大板块。

北方拉开了各族大争战的帷幕,其以匈奴、羯、鲜卑、氐、羌五个少数民族为主体。加上汉族,前后成立了十六国。后来,鲜卑族拓跋氏建立的北魏统一了北方。然而,好景不长,相继爆发了各族大起义,在起义中崛起的高欢、宇文泰两大军事集团,将北魏分割为东魏、西魏。随之,高氏、宇文氏又分别对东魏、西魏取而代之,建立了北齐、北周。北周灭掉北齐,再度统一北方。

南方为东迁的晋室残余力量所占据,重组了东晋政权。东晋虽拥有半壁江山,然并不稳定,外受北方威胁,内受军阀威胁,在风雨飘摇中终结。在东晋之后，是宋、齐、梁、陈四朝相继而立。

如此南北对峙的局面，史称南北朝。

从西晋的消亡，到南北朝的结束，分裂的时间长达两个半世纪之久。

分久必合，这次合，是由杨坚所创立的隋朝来完成的。

杨坚出自北周，隋朝脱胎于北周。

杨坚的父亲杨忠是早年追随宇文泰的功臣，在北周立国后，论功行赏，晋升为大将军，并成为掌握政权的关陇集团的核心成员，被赐姓普六茹氏，爵封隋国公。

杨坚小名叫那罗延，凭着家庭的显赫背景，凭着自己出众的才干，轻而易举地获得了一系列的高官要职，在父亲过世后，袭封隋国公。尤为重要的是，他以政治联姻的方式，多角度地直接与皇帝成了姻亲：他的妻子是鲜卑大贵族独孤信的七女，而妻姊、独孤信的四女是周明帝的皇后，由此和周明帝成了连襟；他的女儿杨丽华是周宣帝的皇后，由此他又成了国丈。隆盛的地位，特殊的关系，高超的才干，廉洁的作风，再对比北周诸帝荒淫平庸的形象，长足地提高了杨坚的政治声望，在汉、鲜卑实力人物的支持下，营造了以他为首的势力集团。当年仅八岁的周静帝——北周的末代皇帝——上台后，他取得了总揽军政的辅弼大权，成为能摆布皇帝的大权臣。

按常理而言，人的欲望总是和其地位成正比的。目睹君主的无能，目睹皇室的腐败，杨坚逐渐萌发了最高的政治欲望：禅代北周，圆皇帝梦。他先后采取了三个步骤：以开明的姿态，改革的精神，清简法令，废除为人们所痛恨的苛政严刑，身体力行地提倡节俭，阻止奢靡之风，以争取人心；接着，他伸出铁腕，无情地镇压了挽救北周的反抗势力，特别是相州（今河南安阳）总管尉迟迥、益州（今四川成都）总管王谦、郧州（今湖北安陆）总管司马消难三大地方军事势力；然后，屠杀北周诸王，彻底铲除了北周政权赖以生存的政治基础。

无助的周静帝只能拱手将权杖交给了杨坚。

公元581年，杨坚走上皇位(庙号文帝)，宣布国号为隋，年号开皇。

建立新朝的杨坚，以实现南北统一为自己的使命。其实，想实现统一的，杨坚不是第一人，在他之前已大有人在，且南北都有。短暂统一过北方的十六国之一的前秦君主苻坚，曾挥百万雄师南下，但因内部的民族矛盾，在淝水之战中竟遭惨败。东晋的桓温等诸将，也曾多次北伐，终因条件不成熟而功亏一篑。这些统一战争虽未成功，然为后来者开了先河。到杨坚之时，统一大业已瓜熟蒂落。当时为什么是由北方统一南方，而非反之？

关于这个问题，韩国磐先生从双方的经济、政治和军事三方面作了细致的分析，其中最重要的几点是：北方的均田制有利于生产力的发展，而南方的大土地私有制则阻碍了生产力的发展；北方中央集权渐呈上升趋势，南方的人才选拔则承九品中正制的弊端；北方的府兵制构成了有效的军事体系，南方的军队则令出多门。(《隋唐五代史纲》)

笔者觉得在上述的分析上，至少还得加上一点，即北方以游牧为主要生产方式，带有浓烈的“蛮族”色彩，具有擅长攻击的剽悍战斗力，而南方虽有高度的文明，然在文明创造着相对富裕生活的同时，南人原始的勃发生机也遭到了软化与弱化，两方对垒，军事上谁优谁劣自不待言。

开皇八年(公元588年)的冬天，在一切部署就绪后，隋文帝次子晋王杨广被任命为最高军事长官，并与秦王杨俊、清河公杨素分任行军元帅，以五十万之众，向江南发动了全线的进攻。水军、马军、步军复合部队，构成了立体的军事全景，“东接沧海，西拒巴、蜀，旌旗舟楫，横亘数千里”。

(《资治通鉴》陈长城公祯明二年)重点突进路线有七条,其中以庐州总管韩擒虎、吴州总管贺若弼二路打得最为出色,直捣陈朝的首都建康(今江苏南京)。整个战争的态势简直是摧枯拉朽,陈军节节败退,不堪一击。躲进枯井的陈后主陈叔宝及其爱妃,成了隋军的阶下囚。

陈朝的灭亡,加上隋军在南方平叛的成功,使隋旗插遍了全国的山水。

统一的实现,使隋朝成了大一统的王朝。

二

隋文帝

从秦至隋创立四个大一统王朝的君主：秦始皇、汉高祖、晋武帝、隋文帝，在知名度上，是前二者响亮，然在历史评价中，当数隋文帝最高。不仅如此，即使在中国历代开国君主中，隋文帝也可以名列前茅。

隋文帝于历史是有大功绩的，他的大功绩不但表现在统一大业上，且表现在统一后对天下的治理。

历史对隋文帝形象的记录是，性格庄重严肃，不苟言笑，即使至亲也从不开玩笑，外表钝木而内里明敏，有雄才大略。

作为一个政治家，他有难能可贵的俭德，这种俭德非但表里如一，且贯穿始终。他在北周官居高位，私人生活却非常俭朴，俭朴到几乎有些寒酸的地步，做了一人之下万人之上的辅弼大臣，依然如此，并把俭朴倡导为全朝的风气。他的俭朴，不是自我标榜的伪饰，不是映照鲜卑贵族奢侈的权宜之计，而是贯穿始终的本质，在成为万乘之尊后，更是予以发扬光大。

隋文帝以“成由俭、败由奢”为座右铭，曾对杨勇说：“我闻天道无亲，唯德是兴，历观前代帝王，未有奢华而得长久者。”

隋文帝的内宫，可能是历朝最简陋的内宫，后妃宫女的衣服及日常器具，均有严格的供应制度，不得逾越私取半毫，若有破损，加以补缀再用。

隋文帝杨坚在位期间，颁行《开皇律》，改革官制，推行均田。（[唐]阎立本绘）

他本人的饮食，简单得不能再简单，除了必须的宴会，每餐至多一小盆肉。他本人的寝宫，全是布幔布帐。他摈弃金玉，摈弃锦绣，摈弃所有的器玩。相州刺史豆卢通进献斑斓的绸绫，他下令当殿焚毁，以此阻绝各等官员各种名目的进献。《隋书·文帝纪》说："帝令行禁止，上下化之。"

在隋文帝君临天下的时代，上自大臣贵族，下至富商大贾，穿的不过是布帛，装饰的不过是铜铁骨角，俭朴蔚然成风。

以俭朴为立国之道，在于隋文帝深刻体察到，国家的主要财政来源是农业，而农业每年的产值是有限的，要让农民安居乐业（农民安居乐业，才能保证社会秩序的稳定），惟有将对农民的剥夺压到最低限度。俭朴的风气，可减少用度，缩小无谓的消费，使有限的农业产出，维持社会最基本的生活。隋文帝懂得民众才是国家的根本，要想保住社稷江山，当充分考虑到农民的利益。他即位之初，就将五千头官牛分赐给贫苦的农民，后来又多次推出降低税役、轻徭薄赋、宽恤民力的政令。

以民为本，与民休息，使隋朝在立国后与统一后，迅速受到了民众的拥戴。

人是复杂的，是多面的，俭朴的隋文帝也有奢侈的倾向，只是被他深深地压抑着。北周首都设在长安（今陕西西安），由于长期的战争，都城已凋敝不堪，出于新朝万物更新的感觉，隋文帝决定在长安另外择地营筑新都，名为大兴城。营筑新都城花了不少的工役钱财，但为了帝国的形象，无可厚非。在开皇十三年（公元 593 年），他又下令在岐州（今陕西凤翔）造仁寿宫。仁寿宫的工程由杨素负责。杨素为讨得隋文帝的欢心，大发役夫，削山填谷。劳工的待遇是非人的，在棍棒的催逼下，万余人死于非命，工地上一片惨象。隋文帝知悉此事后，很是不悦。然当他游览新宫时，却为豪华气象笑逐颜开，直夸杨素是忠臣。开皇十八年（公元 598 年）

又大兴土木，从京城到仁寿宫之间，连置十二行宫，所耗费的人力物力是可想而知的。俭朴是难的，难在要克服追求享乐的欲望，努力克制这种欲望的隋文帝稍一松懈，便为佞臣所误，违背了他信守的初衷。

不遗余力地勤政，是隋文帝为君的特色。他每日坚持上朝，听取各级的奏报，甚至日落西山，仍精神不减地端坐着。有暇时，乘舆四出访问，途中遇见上表者，便停下来，亲自仔细询问，极有耐心。另外还派遣行人(特别的使者)，去各地采听风俗。由此，官场的得失，民间的疾苦，帝国的现状，尽在他的掌握之中。

勤政，使隋文帝成为明君。

出自真心地亲民，是隋文帝另一个为君的特色。关中闹饥荒，他派人前去了解百姓的饮食情况，有人带来百姓所吃的豆屑杂糠，他涕泪俱下，遍示群臣，沉痛地自我咎责，为惩罚自己，他撤去御膳，不近酒肉达一月。到泰山封禅，道中遇大量关中饥民往洛阳就食，车队行进困难，他关照警卫部队不得驱逐，从而出现了这样的奇观，饥民与御仗混同而行。他骑着马，见有扶老携幼者，或引马让路，或为之安慰。经艰险之地，令左右帮扶百姓。

亲民，使隋文帝深得人心。

中国政治道统，历来分两大体系：一是儒家的以德化天下，一是法家的以刑格天下。

隋文帝对待政治道统的态度，是兼容并蓄，他强调以儒家提倡的德来治国，不仅身为表率，且要求臣下、民众均得培养谦让节俭的美德；然与此同时，他却厌恶儒家的诗书，废除学校，实行愚民政治。

他相当偏爱法家法、术、势三位一体的理论，以势立自己的权威，以术驾驭群臣，以法对违法现象矫枉过正。从而，他是喜怒无常的、随心所欲的、变幻莫测的，以此不让朝臣熟悉他、窥破他。为明察群臣，派左右心腹到处打探，官员即使犯有小过失，他也必不轻饶，量以重罪。为考察官吏是否贪污受贿，他暗地派人送去钱帛，一旦有受者，即处以死刑。他常当殿杖责他所不满之人，有时一日竟达四次之多，怒气特盛时，便不顾青红皂白地推出斩首。他明令：盗军粮一升以上者，处死，家属没官；盗一钱以上者，处死，知情不报者连坐，同样处死。武库脏乱，他亲自临决，将有关人员处死数十人。

隋文帝用严刑的目的，是为了防止官场发生腐败，防止官吏不尽职守，防止犯罪现象在民间蔓延。然他弃法律而不顾，仅凭自己的好恶主观来草菅人命，从而制造了恐怖气氛。

用刑过滥，不遵法律准绳的隋文帝有暴君之嫌。

隋文帝未能汲取秦始皇暴政导致二世而亡的教训，他滥用刑法为隋炀帝的胡作非为提供了基础。隋朝的二世而亡，隋文帝难辞其咎。

《隋书·文帝纪》的末后有这样一段话，说隋文帝“天性沉猜，素无学术，好为小数，不达大体，故忠臣义士莫得尽心竭辞。其草创元勋及有功诸将，诛夷罪退，罕有存者”。是的，隋文帝与曹操等一些雄才大略的君主一样，都有好猜忌的毛病，他们夺人政权，待自己获得政权，又怕他人仿效他们。故而，对追随他们谋取天下的功臣与将领，始终放心不下，一有风吹草动，不管是事出有因，还是空穴来风，或解除他们的权位，或将他们打入囹圄，或把他们置于死地，情愿错置错关错杀，而决不姑息。

隋文帝只能同患难、不能共富贵的行为，使许多正直有良知的元老重臣被逐出了中央权力核心，以致在他身后缺乏一种制约隋炀帝奢欲的有效力量。他像后来的朱元璋一样，为儿子拔去了他认为的权杖上所谓的棘刺。但他自以为是的做法，不仅没有收到预期的效果，反而南辕北辙，使隋朝成了历史上最短命的王朝之一。

中国的王朝是家天下,家天下是按宗法制度父子相传,因而,一个君主是否能选择到能付以大任的接班人,是保证基业绵延长久的关键。隋文帝在这方面,铸下了不可弥补的大错,强行抛弃嫡长制的传统继承制,舍弃生性较为仁厚、不会作假的长子杨勇,而被巧言令色、善于伪装自己的次子杨广所迷惑,立了后者为太子,结果,社稷的继承人成了社稷的掘墓人。

最早对隋文帝做出整体评价的,根据《旧唐书·太宗纪》的记载,是在唐贞观初期。当时面对唐太宗的询问:"隋文帝何等主?"大臣房玄龄、萧瑀的回答是:"克己复礼,勤劳思政,每一坐朝,或至日仄。五品已上,引之论事,宿卫之人,传飧而食。虽非性体仁明,亦励精之主也。"

瑕不掩瑜,总而言之,隋文帝还是功大于过。

隋文帝驾崩于仁寿四年(公元 604 年)。有关他的死,许多人认为是杨广的谋弑,并举出了事实加以证实。

三

独孤皇后

独孤氏，这个连名字都未留下的女人，却是隋朝历史上的一个重要人物。她的重要，不仅因为她是隋文帝的正妻，关键在于她凭藉先前特殊的社会背景，以及后来国母的地位，直接和间接影响了杨氏社稷的兴亡。

她的身世，在第一节中已有所介绍。若不是她及她的家庭，用婚姻为杨坚和北周皇帝之间架起政治桥梁，杨坚不可能成为北周的辅政大臣，更不可能皇袍加身。说得不客气点，杨氏的江山，一半得力于独孤氏。

《隋书·文献独孤皇后传》引用的谱牒，称她是洛阳人，这种说法，很令人怀疑。她的父亲独孤信是鲜卑族，祖籍当是鲜卑的发祥地。鲜卑本是东胡族的一支，在秦汉之际，游牧于今内蒙古西喇木伦河与洮儿河一带。后因部落的兴衰多次发生迁移。到北魏初期，鲜卑有三十六部，独孤信的祖先伏留屯为其中一部的大人，祖父俟尼从云中（今内蒙古托克托东北）去镇守武川（今属内蒙古）。故而《周书·独孤信传》称传主为云中人。以独孤氏为洛阳人的说法，究其实，是鲜卑族创立的北魏、北周定都于洛阳，从而鲜卑贵族以洛阳为籍贯。

许多历史学家在谈到北朝鲜卑族与汉族的融合时，常站在汉族的立场，大讲鲜卑的汉化。这是事实，然这是片面的事实，全面地看，不仅鲜卑在汉化，而且北方汉族也有鲜卑化的倾向。杨坚的父亲等一些汉族大官僚，被赐鲜卑之姓，取鲜卑之名，便是一个有力的实例。惟有两族的互相渗透，才能造成民族大融合，否则，很难长期共处一地。双方的融合点，不止在文化，且在习俗。

独孤氏与杨坚的婚姻，应视为汉化的鲜卑人与鲜卑化的汉人的结合。

出身鲜卑贵族的独孤氏，为何嫁给不是鲜卑族的杨坚，是善于识人的独孤信看中杨坚长有一副奇表贵相：龙颜，目光精射，身长腿短（和刘备相似，刘备身长腿短，方能“两手过膝”），断定他前途不可限量。独孤氏出嫁那年，仅十四岁，可她已相当懂事，柔顺恭孝，恪守妇道。夫妇俩在花烛下立了誓，他们的誓言不是海枯石烂心不变的俗套，而是他们的子女不能是其他女人所生。言外之意，是杨坚不能娶妾纳小。

在婚后的岁月中，独孤氏被人最看好的一点是，尽管出身大贵族，姐姐为皇后，女儿为皇后，但无一丝骄横的气态，平易近人，和蔼可亲。她不但是贤妇，且是哲妇，有过人的见识，在杨坚被推为辅弼大臣后，她仔细分析了丈夫的处境与政治形势，派人传话给丈夫说：“大势已趋，骑虎难下，当自勉！”自勉，就是要丈夫不顾后瞻前，向更高的政治目标努力。杨坚得了妻子的鼓励与支持，更坚定了信心。

杨坚成了皇帝，夫贵妻荣，独孤氏当了皇后。

地位遽变，然独孤氏的秉性未变。她贤德依旧，只是从家庭扩大到国家。突厥与隋朝互市，有明珠一箱，索价八百万，幽州总管阴寿上奏独孤皇后，请她购下。可她的回答是：“这不是我所需要的东西。当今边境屡屡告急，将士疲劳不堪，不若用八百万分赏有功者。”她父母早亡，见了公卿大臣的父母，常常给予礼问。她对公主们说：“周家公主，多无妇德，失礼于公婆，间离夫家骨肉之情。这些不顺的事情，你们当引以为戒。”她的表兄弟大都督崔长仁犯法当诛，隋文帝看在她的份上，准备赦免。她反对说:“国家之事,岂可顾私情!”每遇司法部门处置囚犯,她都流涕呜咽,以示怜悯。

独孤皇后的德,与隋文帝的德相得益彰,在男女两界树立了典范。

与她的德未变一样,她关心政治的爱好也一如既往。她令宦官打听隋文帝的举动,若获悉朝政有得失,便及时匡谏,从而纠正了隋文帝不少的过失。她明说不可开妇人与政的先例,实际上却一直注视着朝政。为表示她也有管理国家的权力,每次隋文帝上朝,都同辇伴去,到殿门方止;待隋文帝退朝,又前往相接,一同返宫。他们夫妇间的话题,主要是朝政,彼此谈得很是投机,常所见略同。

独孤皇后的政治操作,深深地影响了隋文帝,影响了朝政的走向,影响了高级官员的人选。鉴于她和隋文帝有着不相上下的政治影响力,宫中把她和隋文帝并称为“二圣”。人们常以为“二圣”只是武则天与唐高宗的合称,殊不知,这是独孤皇后开的头。

与独孤皇后对人谦和相映成趣的,是她对隋文帝在女人问题上的专横。

笔者在拙著《皇冠与凤冠》中说过:“君主作为一个特殊的男性,对女性具有无可争辩的支配权。在至高无上的君权的作用下,除了伦理观念所排斥的直系亲属外,只要君主愿意,国内每一个女性都可以成为他的配偶或情欲宣泄的对象。”出于限制君主对女性过度占有的考虑,历朝制定了相应的后妃制度,确定不同级别嫔妃的人数。民间形象的说法是:三宫六院七十二妃。

在独孤皇后的干预下,隋文帝的嫔妃被减低到历朝内宫的最低数,除皇后之外,嫔三人,世妇九人,女御三十八人。如此做,独孤皇后并非没有道理,她与隋文帝是有约在先的,为了照顾到丈夫做皇帝的面子,她已经做了让步。后宫虽说有几十粉黛，但独孤皇后牢牢把着关，除了她和宣华夫人陈氏外，对其他嫔妃，隋文帝实际上难得见上一面。

独孤皇后还瞪大着眼，严密控制隋文帝与嫔妃以外的女人交往。有约在先，隋文帝对独孤皇后的约束听之任之。

尽管隋文帝不是好色之徒，但他毕竟有七情六欲，有次巡幸仁寿宫，还是被一个长得楚楚动人的宫女尉迟氏给迷住了，于是发生了男欢女爱的事情。

独孤皇后随即获悉了此事，表面装作不知，趁隋文帝上朝之际，找了个借口将尉迟氏杖杀了。

隋文帝闻报大怒，又不敢向独孤皇后发作，觉得了无生趣，一人策马出了宫，径入二十多里深的山谷。大臣高颎、杨素怕出意外，紧追不舍，拦住隋文帝的马头，苦劝他回宫。隋文帝叹息道："我贵为天子，竟然不得自由！"高颎劝慰道："陛下岂能以一妇人而轻天下！"折腾到半夜，隋文帝方被劝回宫。独孤皇后流泪谢罪，经高颎、杨素调解，夫妻重归于好。

经过此事，独孤皇后不敢再像以前那样管丈夫，但自我的压抑使她心理变了态，将怨气发泄到其他男人身上。她见不得诸王与朝臣的小妾怀孕，尤其见不得生男孩，凡获悉这类事，必百般诋毁，让隋文帝罢他们的官。最倒霉的是高颎，他原是独孤信的家客，和独孤皇后的关系很是亲近，但随口的劝语"一妇人"，被独孤皇后理解为是轻视她，由此被百般中伤，直弄到丢了官。

促使隋文帝将太子由杨勇换成杨广，独孤皇后起了莫大的作用。原因不是其他什么事情，也在于女人的问题。她不准丈夫多内宠，并用同样的态度对待儿子，也许她的本意不错，要丈夫、儿子把精力放在国家大事上，不要被儿女情长所误。然她的做法有些偏激，偏激得模糊了自己的眼光。

杨勇是个情种,他最爱的是情投意合的昭训云氏,还宠了不少嫔妃,独不喜欢母亲为他所娶的太子妃元氏。元氏心疾发作,仅两日就一命归西。独孤皇后怀疑是云氏所害,又怀疑是杨勇的怂恿,遂派人对他们进行暗察。暗察没有结果,可她对杨勇的感情却一落千丈。极有心机的杨广,窥破母亲的感觉,趁机将自己伪装成一个不近女色的正人君子,冷落所有的嫔妃,只与王妃萧氏共处。两子相较,独孤皇后把感情的砝码放到了杨广身上。由此,杨广萌发了代太子而立的想法,在母亲的帮助下,终于把想法变成了事实。

独孤皇后死在隋文帝前两年,时为仁寿二年(公元602年)。

没了正妻的约束,隋文帝开始同姿貌艳丽的宣华夫人陈氏、容华夫人蔡氏打得火热,从未纵过欲的他失去节制,以致纵欲过度,一病不起。在临终之前,他丢下了这样一句话:“假若皇后还在,我必不致如此。”

四

隋初功臣

某一姓欲得天下，必有一大批文臣武将的追随辅弼，事业若是成功，这批人也就成了元勋功臣。对待功臣，历朝基本上有两种做法：一是刘邦、朱元璋式的，寻找理由，将视为后患的功臣予以诛灭；二是赵匡胤式的，在杯酒释兵权后，对功臣厚加优待。隋文帝对功臣的态度，大致在二者之间走出了一条道。

篇幅有限，在这里不能一一详述功臣事迹，只能拣主要的举其大略。

李穆，陇西成纪（今甘肃静宁西南）人，对宇文泰的事业有杰出的贡献，为北周大功臣，被赐铁券，可恕“十死”。

杨坚执政，尉迟迥起兵反抗，拥有强大军事实力的并州总管李穆，成为双方力争的关键人物。李穆不顾儿子李士荣的反对，把宝押到了杨坚一边，他扣押了尉迟迥的使者，派人去晋见杨坚，并赠送了熨斗与十三环金带，其寓意分别为“熨平天下”与“夺取天下”。

接着，李穆公开亮出旗帜，将尉迟迥之子尉迟谊擒送杨坚，对尉迟迥采取了一系列的军事行动。再献密表给杨坚，明确表示支持他的政治作为，进行劝进。

杨坚在走上皇位前，为表示尊敬和感激，对进京的李穆说，如此做是听从了他的劝告。李穆得到优礼，进为太师，满门为官，赦免百死。杨坚给了李穆朝廷中最大的荣耀。

李穆是隋朝少见的寿终正寝的功臣，平安地活到了七十七岁。

梁睿，安定（今甘肃平凉）人，他比李穆晚一辈，和宇文泰的儿子们相处得极好，在北周历任高官。

北周末年，梁睿投靠了杨坚，被命前去益州，代有造反嫌疑的王谦为总管。他尚在途中，王谦已竖起了反旗。由此，他被任命为行军元帅，率军二十万进行讨伐。经过多次激战，擒住了穷途末路的王谦，推至市口斩首，平定了叛乱。

梁睿声震西川，加上他恩威并重，各少数民族纷纷闻风归顺，甚得当地民心。惟有南宁一地不肯宾服。梁睿以远振威名与有益军国为由，请求杨坚批准，让他领军继续深入，促使南宁归化。这本是好事，然好猜疑的杨坚，顾忌镇守蜀中的将帅常拥兵自重，担心梁睿步其后尘，遂以天下初定，民心未安为由给回绝了。

杨坚的"阴惮"，使得梁睿的处境非常难堪。幸得文臣薛道衡入蜀，为他出了个妙计。他按计而行，进献密表，劝杨坚符合天意民心，早登九五。这挠到了杨坚的痒处，由此改变了对梁睿的态度。

隋朝建立，梁睿成了功臣。

平陈之际，他进了策；对付突厥，他又进了策。隋文帝没用其策，但嘉奖了他的忠诚。

梁睿是聪明的，他知道自己远在巴蜀，又手握重兵，不管怎样表忠心、献孝心，终究犯了君主的忌。在隋文帝应允后，他放弃了益州总管之职，回到京师。他明确表示了功成身退的意思，托病在家，杜门不出。为防当年入蜀威名过盛而招忌的教训，大量接受贿赂以自秽。他终于保住了身家性命，但极其苦闷。在郁郁寡欢的境遇下，他走完了人生的道路。

刘昉，博陵望都（今河北安平）人。他是北周功臣之子，因善于逢迎，讨周宣帝欢心，而“宠冠一时”。

刘昉本被暗定为辅政大臣，然周宣帝临终前已不能言语。为了确保自己的前程，刘昉引出了有名声、有势力的杨坚来辅政。杨坚心中甚喜，表面却假惺惺地推让。刘昉为逼他就范，说：“公要做，请速做；如不做，我当自为。”话说到这般地步，杨坚不再推让。出于名正言顺的考虑，刘昉不惜伪造“圣旨”，命杨坚“总知中外兵马事”。

登台的周静帝虽幼小，然北周宗室也不是无人。皇叔汉王宇文赞，以首席宗室成员的身份，积极地参与了朝政，与杨坚平分秋色。刘昉设了一计，弄来一些美妓，献给宇文赞，并动听地要他：“眼下政局紊乱，王不如先去享受人生，待局面平静之后，再来当天子。”也想当皇帝的宇文赞信以为真，由此离开了权力中心。

刘昉为杨坚连建两大“定策之功”，被拜为上大将军，封黄国公。他与沛国公郑译出力最多，人称“黄、沛”。时人形容他们如何帮助杨坚取得执政大权时说：“刘昉牵前，郑译推后。”

牵前的刘昉，和杨坚的密切关系未能保持多久。他性格粗放，贪图财利，居功自傲。他先是拒绝前往抗御尉迟迥的韦孝宽部监军，后王谦、司马消难相继举兵，他不与杨坚分忧，却游玩纵酒，耽误了大量的要事。杨坚削除了他的丞相府司马的职位，登位之后，又改封他为舒国公，让他闲居无事。

疏远日久，刘昉开始恼恨，他不甘就此结束政治生涯，遂与也被隋文帝冷落的名将梁士彦、宇文忻结成团伙，准备发动政变，推梁士彦为帝。图谋泄露，他们一起被逮捕归案，处以死刑。

郑译，荥阳开封（今属河南）人。他凭着与周宣帝早年的特殊交情，被封沛国公，获得特地为他所设的上大夫一职。

郑译和杨坚有同窗之谊，从相貌到地位，他一直看好杨坚，由是倾心相结。杨坚为周宣帝所忌，他极力安慰杨坚，并为杨坚谋得南征陈朝的最高军事长官。周宣帝病危，他和刘昉密谋，引杨坚为辅政大臣。

杨坚辅政，遭到忠于北周皇室的御正中大夫颜之仪的反对。颜之仪联结宦官，准备推大将军宇文仲执政。闻讯的郑译先下手为强，带兵直入内宫，拘捕了一系列参与密谋的人员，为杨坚扫清了政治障碍。

郑译获得的报酬是：恕“十死”，先后出任相府长史、天官都府司会，总理六府之事。他是杨坚最亲密的心腹，可随便出入杨坚的卧室，杨坚对他言听计从。

然郑译为人轻浮，长于计谋而缺乏脚踏实地的精神，无心处理公务，而忙着贪赃受贿。杨坚逐渐产生厌恶之感，对他开始疏远，暗地关照官员遇事不要向他禀报。郑译明白自己的处境后，急忙向杨坚请罪，稍稍改善了彼此的关系。

与刘昉一样，在杨坚走上皇位后，郑译的状况是外荣内疏。他请道士为他设坛祈福，被人告发，受到了谴责。他不孝，与母亲别居，隋文帝削了他的职，并数落他不再有良谋奇策，一味卖官鬻爵：“若留之于世，在人为不道之臣；戮之于朝，入地为不孝之鬼。宜与母亲共居，熟读《孝经》。”

念着郑译的功，隋文帝最后还是网开一面，将他外放为地方官，后召回恢复爵位，让他参与整理音律，以此颐养天年。

相比刘昉的下场，郑译还算不幸中之大幸。

五

高　颎

高颎，又叫高敏，自称渤海蓨（今河北景县南）人。其祖先原是汉官，因到辽东上任，遂与当地人融合。父亲高宾，为独孤皇后父亲独孤信的门客。

在孩提时，高颎就显得很出色，涉猎文史，有器度，能言善辩。据说，家门口有棵柳树，高达百尺，亭亭如盖，闾中父老说："此家当出贵子。"（这和刘备早年的故事极为相似）借着独孤氏的势力，借着父亲的余荫，高颎年纪轻轻，就步入了北周的中央政权，在平齐大业中，立下战功。

精明强干，久习兵事，多韬略，高颎出众的才干，加上与独孤氏的特殊关系，使他成了辅政大臣杨坚物色的人物。当有人从中斡旋时，高颎很是坚决地表示："愿受驱使，倘若大事不成，甘当灭族！"从此成了杨坚的心腹。

尉迟迥起兵反杨坚，由韦孝宽统领前去讨伐的中央军，惧怕敌方的强大，畏缩不前。杨坚接连派心腹崔仲方、刘昉、郑译赴前线监军，然三人均托词不肯受命。高颎自告奋勇接受使命，托人将"忠孝不能两全"之语带给母亲，流泪上路。到了前线，深谙兵法的高颎审时度势，造桥进军，毁桥激励士气，用破釜沉舟的项羽式战术，大破敌军。最后，困守邺城的尉迟迥走投无路，在城破后自杀。

这一仗，打出了高颎的名气，打出了高颎在朝中的地位。班师回朝后，加官晋爵，成为杨坚手下第一红人。

杨坚夺得政权后，高颎高居相位，被拜为尚书左仆射、纳言，封渤海郡公。因高颎父亲高宾曾被赐姓“独孤”，杨坚亲切地称高颎为“独孤”，而不直呼其名。高颎常坐在朝堂北面的一棵槐树下理政，由于此树不顺树列，有司要伐去，杨坚不准，令留示后人，以为纪念。

胸怀大志的高颎没有躺在功劳簿上，他将自己的大志，与隋文帝的大志凝合起来，一同治天下。然南北分裂，国土未一，必须先打天下，然后才谈得上治天下。由此，他积极地帮助隋文帝策划伐陈战略。充分相信高颎的隋文帝，命他节制讨陈诸军。时正值陈宣帝驾崩，高颎出于攻心为上、攻城为下的考虑，提出“礼不伐丧”的战略，暂停伐陈，以此塑造隋军仁义之师的形象。

军队虽然班师，然高颎却未停顿，他一直在比较双方的优劣。当隋文帝问他对灭陈有何妙策时，他胸有成竹地说：“江北地寒，收成时晚；江南土热，水田早熟。在对方收获时节，我方征集少量部队，虚张声势，佯作进攻。对方必忙于屯兵防御，从而误了收获。对方防御，我则解除进攻之势，如此再三，对方便习以为常。此后再集结部队，对方必不再警惕，当其犹豫之时，我则一举渡江，登陆而战，士气肯定高涨。此外，江南土薄，屋舍多用竹茅，所有积蓄，不用地窖。我秘密派人前去，因风纵火，焚毁其积蓄；待其重修重积，再予焚毁。不出数年，对方必财力耗尽。”

经隋文帝拍板，此策成了大战前对陈战略的核心。

此策被用，效果确实如高颎所说的那般。

大军集结，高颎被任命为元帅杨广的副手——元帅长史。他有着极大的权限，三军事务全部由他实际处理。他处理得当，使隋军的战略推进得以顺利实现。

在整个合作过程中，杨广体现出了优秀的元帅素质，对高颎予以高度信任，放手使用，从未有过猜忌。然在建康得手之后，却在女人问题上，彼此发生了不快。杨广贪恋陈后主宠妃张丽华的美色，要纳她为妾，可高颎引用古训阻止说："武王灭殷，杀了妲己。今平陈国，不宜取张丽华！"下令将张丽华斩首。这事使杨广心生芥蒂，埋下了他日后嫌忌高颎的伏笔。

高颎才高、功高，引起了来自各方面的嫉妒，流言蜚语包围了他，最严重的一种说法，是说他图谋不轨。了解高颎的隋文帝，对此根本不信，杀了告密者，重赏高颎，授上柱国，封齐国公。面对重赏，高颎让位以示不敢当。隋文帝认定高颎是上天赐予他的"良辅"，是不可多得的"心腹"，要他抛弃一切疑虑，安心当好他的宰相。然而，这样仍未能杜绝朝中对高颎的攻击之言，由此，隋文帝又罢黜了几个说三道四的大臣。对君主的厚遇，高颎更为谦虚，谦虚中保持着从容。

隋文帝评价道："独孤公如镜，每被磨擦，愈显其明。"

高颎当年拜相，他的母亲不以为喜，反以为忧，告诫儿子说："你富贵已极，只缺一砍头，当慎而再慎！"高颎记着母亲的话，极力淡化自己的功劳。一次，隋文帝让他和贺若弼论平陈之功，他说："贺若弼先献十策，后又在蒋山苦战破敌。臣不过是一文吏，怎敢与大将军论功。"隋文帝听了满意地大笑，舆论认为高颎有谦让的美德。

由隋文帝作主，他的儿子高仁表娶了太子杨勇的女儿为妻。有这样前程似锦的联姻，有隋文帝的高度信任，自己又丝毫不张狂，然叫他百思不得其解的是，他始终难以逃脱人言的包围。突厥犯边，他被拜为元帅，前去抗御。他在前方血战，后方宫廷中近臣们却说他要谋反。

史书没有记载这些谣言源于何处，仔细分析一下，绝非空穴来风，没有实力人物的暗中运作，近臣们决没这般胆量。自以为行得正的高颎，得罪了两大要人：他劝隋文帝的随口语“一妇人”，得罪了独孤皇后；他杀张丽华，得罪了杨广。两人怀恨在心，自然要报复。这尚是浅层的，更深层的是，他和太子联了姻，成为太子的保护伞。而独孤皇后与杨广正在颠覆太子的地位，要废掉太子，先得除掉这把保护伞。用刺激隋文帝的谣言来打倒高颎，正是他们母子惟一可以采取的招数。讨好他们并被他们所收买的近臣，不过是他们的传声筒。

事情的复杂，远远超出高颎的估计，虽然隋文帝再次为他辟了谣，但隋文帝出于对太子的不满，准备重新考虑太子人选的做法，将他置于一个非常尴尬的境地。他不想躲避，实在也没有退路，冒着风险反对隋文帝改换太子。他不得不这样做，于公，他保太子，就是保住国本，以避免天下震动的后患；于私，他保太子，就是保住自己的身家性命。

太子终于没能保住，在独孤皇后的谗言下，在新太子杨广的推波助澜下，在宗室成员的诽谤下，继杨勇被废之后，高颎最后也“得罪”了隋文帝，以“重大罪行”被罢去了官职。

隋文帝未忘记这个老臣，说不忘记，只是让他参加一些宴会而已，没有重新启用他，并很武断地对高颎说：“朕不负公，公自负朕。”还对侍臣说：“不要学高颎要挟君主样，自许第一。”

高颎打落牙齿往肚里咽，无法辩解。他杜门不出，以免是非。可政敌们还是不放过他，告发他以司马懿自比，托疾等待时机，夺取社稷。这是一等死罪，可隋文帝为了减轻连杀功臣的声名，改为削职为民。

高颎不恨，以为从此免了杀头之祸。

高颎是免了杀头之祸，但仅免在隋文帝之朝。

隋炀帝即位，他被任为管礼乐的太常。按说，这个职务，是个与世无争的职务，然他以习惯了的责任感，批评起时政来。针对隋炀帝好声色，喜奢靡，兴长城之役，说是亡国之象；针对隋炀帝厚待突厥启民可汗，说是恐为后患；针对腐败局面，说是朝廷很无纲纪。

有人告发，隋炀帝将他推上了断头台，家属充军。

高颎死得冤。他以天下为己任，执政二十年，殚精竭虑为隋朝效劳，在统一和治国两方面建立了盖世功勋。他有度量，奖掖人才，推出了苏威、杨素、贺若弼、韩擒虎等一大批名臣。人称“真宰相”。

“真宰相”的被杀，加速了隋朝的崩溃。

六

韩擒虎、贺若弼

排列隋初的功臣，名列前茅的是韩擒虎与贺若弼。这是一对名将，一对名贯古今的名将，若非这对名将，隋朝的统一大业不可能如此顺利，至少，隋军不可能以迅雷不及掩耳之势直捣建康（今江苏南京），端掉长达几百年的南朝老巢。他俩以功立身，以功益国，然在功成之后，却用两种截然不同的态度，对待他们辉煌的功勋，结果，在伴君如伴虎的政治漩涡中，得到了截然不同的下场。

韩擒虎，字子通，河南东垣（今河南新安东）人。父亲韩雄，为北周大将，官居高位，建有大勋。韩擒虎生就一副英雄相貌，魁梧伟岸，慷慨大气，富有胆略。然他不是一介赳赳武夫，性好读书，读各类经史都能通其大旨。文韬武略，造就了他这个不可多得的文武全才，造就了他这个气贯长虹的儒将。

不是到平陈战争中，韩擒虎才横空出世的，早在北周平灭北齐时，他就已崭露头角，以三寸不烂之舌攻下了一城，复领兵克了一地。杨坚执政后，他多次击退陈军的进犯，史称“陈人夺气”。

隋文帝酝酿统一大业，他被拜为与陈朝接壤的庐州（今安徽合肥）总管，委以平陈大任，打响了前哨战。南征号角吹响，他担任先锋，以五百人趁夜渡江，轻取采石（今安徽马鞍山长江东岸）。他乘胜进军，仅用半日便夺得陈朝首都的门户姑熟(今安徽当涂)。门户洞开,陈人知大势已去,当军抵新林(今江苏南京西南)时,素闻韩擒虎威名的江南父老,昼夜不绝地来谒军营,以示输诚之意。陈军丧失斗志,连续数将前来投降。陈叔宝命陈将蔡徵在朱雀航布防,阻挡隋军。然此军听闻韩擒虎即将进兵,吓得一哄而散。建康成了不设防之城,韩擒虎率精骑直入朱雀门,效忠陈朝的军人还想负隅顽抗,归降韩擒虎的陈朝老将任蛮奴对他们说:"老夫尚且已降,何况你辈。"说得他们弃甲而走。

韩擒虎兵不血刃,俘虏了亡国之君陈叔宝。

从冬末到春初,骑青骢马的韩擒虎将隋旗插上了建康。

先是,江南流传着一首童谣:"黄斑青骢马,发自寿阳涘,来时冬气末,去日春风始。"到韩擒虎擒了陈叔宝,人们便把这首童谣附会到了韩擒虎的身上。

论功行赏,韩擒虎本当以首功封国公,然法律机关弹劾他放纵部下淫乱陈宫,由此降封县公,进位上柱国,拜凉州(今甘肃黄河以西地区)总管,防御边患。

韩擒虎寿终正寝,是隋初功臣中罕见的幸存者。他的幸存,一在能始终不犯隋文帝的忌,保得恩宠;二在他死得及时,未卷入更大的政治漩涡,逃脱了隋炀帝的杀戮。

贺若弼,字辅伯,河南洛阳人。父亲贺若敦,以勇略著称于北周,数建奇功,然功高却不得高位,于是口出怨言,激怒了执政的晋公宇文护,被逼令自杀。临刑时,他对年纪尚幼的儿子说:"我志在平定江南,然壮志未酬,你当继承我志。我口无遮拦,招受大祸,你当引以为戒。"说罢拿出锥子,刺得贺若弼舌头出血,以此让他牢记必须慎口。

贺若弼豪放有大志,武艺高超,弓马娴熟,博览群书,和韩擒虎一样,从文武两道把自己锤炼成一个出色的将才。将才耀眼，他得到了北周朝廷的重用。他谨记父亲遗言，每言必思量再三方才出口，从而在立太子的政治事件中，为自己留下了余地，避免了一场大祸。北周伐陈，他佐翊元帅韦孝宽，攻克了数十城。

隋文帝酝酿统一，考虑将帅人选，高颎推荐说："举目朝臣，文武才干，无人及得上贺若弼。"推荐得到了隋文帝的首肯，贺若弼被拜为吴州（今江苏扬州）总管，经营对陈战事。这是他父亲的遗愿，贺若弼以此为己任，向隋文帝献上令人称道的平陈十策。为麻痹陈朝，他在其防区内遍列旗帜，广设营盘，做出进攻的架势。陈朝信以为真，大调军队，进行防御。然贺若弼只是虚张声势，引而不发。时间一久，陈军松懈了下来。

百万雄师大举征陈，被拜为行军总管的贺若弼，以迅雷不及掩耳之势，渡过江去。其军纪律严明，秋毫无犯，稳定了所经之途的民心；攻城略地，所向披靡，直插建康近郊蒋山（今紫金山）之白土岗，消灭了任蛮奴、萧摩诃等多支劲军。

运兵神速且又功劳巨大的贺若弼，自以为必定能夺得首功，然万万没有料到，他还是晚了一步，晚了关键之关键的一步，让韩擒虎将陈叔宝擒了去。进入建康，他呼陈叔宝相见，亡国之君吓得一身冷汗，颤抖着拜了又拜。首功被韩擒虎所夺，贺若弼恨极，恨得食而无味，恨得夜不能寐，恨得咬牙切齿。他的恨是有道理的，他的军队激战、鏖战、死战，清扫了陈军的主力，却为韩擒虎乘虚而入提供了机会。他气不能平，要与韩擒虎争个明白。他争到了御前，怒不可遏地申诉道："臣在蒋山死战，大破对方精锐部队，显耀了上国的威武，遂得以平定陈朝。韩擒虎少有大战，岂能与臣相比！"韩擒虎毫不退让，辩白道："臣奉君旨，与贺若弼同时合势，以取伪都。而贺若弼不遵君旨，竟然挥军先行，逢敌而战，以致将士死伤甚多。

臣以五百轻骑，兵不血刃，直取建康，收降任蛮奴，擒拿陈叔宝，占得府库，覆灭其老巢。贺若弼直至黄昏之时，才叩北掖门，臣开城迎入，其充其量不过是将功补罪，岂能与臣相比！”贺若弼闻言大怒，拔刃刺向韩擒虎，幸被旁人劝开。隋文帝明鉴攻克建康是二人各有其功，便息事宁人地安慰双方说：“二将俱是上勋！”然韩擒虎因放纵部下淫乱陈宫，降封县公，而贺若弼却在进位上柱国的同时，封了国公，拜大将军，赐物无数，并得了陈叔宝之妹为妾。隋文帝对二将封赏有别，在于申明军纪，体现隋军是仁义之师，以平慰江南人心。

贺若弼在君主的厚赏下，比韩擒虎得到了更大的荣耀。他不懂功大震主的古训，充分享受着荣耀以及荣耀所带来的富贵。府中宝物珍玩不计其数，穿锦披绣的妾婢达几百人之多，丝竹之音绕梁不绝。

在时人啧啧称羡声中，贺若弼忘乎所以，以为自己在朝内功高无出其右，足以担任宰相。隋文帝看出他的心思，很是不快，命杨素为右仆射（宰相之一），让他仍留在将军任上。贺若弼忘记了父亲的遗言，对隋文帝的朝廷人事安排，心中不平，口出怨言，甚至怒色挂在脸上。隋文帝忍无可忍，下令罢了他的官。可他不吸取教训，怨气反而更重，于是被打入囹圄。隋文帝问他：“我以高颎、杨素为宰相，你每每中伤他们只会吃饭，这是何意？”贺若弼强项不服，回答道：“高颎是臣的故人，杨素是臣的舅子，臣深知他们，故有此语。”公卿百官早已痛恨他趾高气扬，纷纷上奏其罪当死。隋文帝怜惜他的功勋，仅将他废为庶民。年余之后，恢复了他的爵位，待遇虽很优厚，却没丝毫权力。

如此总算君臣相安无事。遗憾的是，贺若弼在隋文帝那里逃脱了大劫，可却栽在了隋炀帝的手上。隋炀帝原本就不太喜欢贺若弼，一是早先南征时，此人不听他的号令，擅自进军；二是此人从未对他做出亲近的举动，属于异己，且是很具危险性的老资格异己；三是此人自视甚高，高得过分（杨广为太子时，曾问贺若弼："杨素、韩擒虎、史万岁三人，俱称良将，其优劣如何?"贺若弼回答："杨素是猛将，非谋将；韩擒虎是斗将，非领将；史万岁是骑将，非大将。"杨广追问："那大将是谁?"贺若弼说："唯殿下所择。"其意在他自己）。

隋炀帝登位，贺若弼受到了冷淡。大业三年（公元607年），隋炀帝北巡，至榆林（今内蒙古准格尔东北十二连城），设能容数千人的大帐，宴请突厥启民可汗。随从的贺若弼以为过于奢侈，与高颎等大臣进行私议，为人所告发，被处死，年六十四岁。妻子没为官奴，流放边地。

七

李德林

李德林，是个地道的文臣，之所以如此说，在于他不但是行政意义上文臣的翘楚，且以一手好文章名闻天下。

李德林，字公卿，博陵（今河北安平）人。祖父李寿是北魏州政府的官员，父亲李敬族为文学博士、镇远将军。北周分裂后，李家站在了东魏、北齐一边。

李德林年方数岁时，仅用十多日便背出左思的《蜀都赋》。重臣高隆之对他赞赏不已，对朝士们说："这孩子只要有足够的寿数，必为天下伟器！"赞语流向朝野，邺都（今河北临漳西南）人多闻名前来李府，车水马龙，争睹李德林的风采。到十五岁，他已能遍诵儒家五经和各种古今文集，通晓多种学问。《魏书》作者、著名史学家魏收，将他与文坛才子温子昇相提并论。父亲亡故后，他在家服侍多病的母亲，无意于官场，在母亲的催逼下，才走上了仕途。

名声在外，李德林入仕后，受到了东魏定州刺史任城王元湝的重视。元湝是个极为重才的宗室成员，认定李德林能为东魏的生存与发展出大力，与之朝夕同游，尊为师友，并举为秀才，送往邺都。

元湝给尚书令杨遵彦的推荐信说："燕、赵多奇士，此言不谬。今岁所贡秀才李德林，文章学识，固不待言，观他风神器宇，终为栋梁之用。至于经国大体(治国平天下),是贾谊、晁错之流;雕虫小技(诗赋文章),是司马相如、扬雄之辈。"

为试李德林是否果真如元潽所说的那样,杨遵彦让他撰写《让尚书令表》。李德林立马而就,文不加点。吏部尚书陆印钦佩地说:"李德林的文笔,浩浩如长河东注;与之相比,后生们的制作,不过是涓涓细流。"举秀才,是汉代中央政府人才选拔制度中最重要的一种,比地方性的举孝廉高出一大截。时杨遵彦主持秀才考试,把关极严,罕有甲科。可李德林射策五条,均为上等,打破了纪录,被授为殿中将军。殿中将军并不带兵,只是一种闲职,李德林见没有他用武之地,托病还乡。

乱世重人才。在乱世中,有政治抱负的枭雄,需要人才为他们经营事业,需要人才为他们披荆斩棘,故而,每每以各种方式,将人才罗致到他们的帐下。当时的东魏名为元氏政权,实际却是高氏父子在把持。在高欢撒手西归后,他的儿子高洋成了高氏集团的领袖,也成了东魏的宰相。高洋为把元氏政权变为高氏政权,千方百计寻觅能辅佐他的人才。在这过程中,他把隐居在家乡的李德林召了出来,令参掌机密。北齐建立后,李德林官运亨通,青云直上。

北周武帝平定北齐,做的第一件惹人注目的事情是,让使者去李府宣布:"平齐之利,唯在得到你,宜来长安相见。"作为政治家的周武帝,他的言语自然有因需要而夸张的成分,然也确实反映了他的某种真实心态,汲取汉文化,拉拢汉族名士,以为他的政权服务。李德林本就有名,在周武帝超级赞语的映照下,名声更发扬光大,成了海内瞩目的大名士。

李德林赶往长安,授内史上士,主管诏令文书,选拔原北齐人物。李德林虔诚并忠于职守的态度,让周武帝激动地说出了这样一番话:"我以前闻李德林之名,又见到他为齐朝所撰写的诏令檄文,以为是天上人。没想到今日为我驱使，为我作文书，岂非大奇事！”大臣豆陵毅纥接口逢迎说：“臣闻明王圣主得麒麟凤凰为瑞兆。但瑞物虽来，不堪使用。如李德林来受驱使，是被陛下圣德所感，他有大才用，无所不能，远胜麒麟凤凰！”

君主赞赏，朝臣赞赏，李德林在北周鹤立鸡群，成为中央核心人物。

转眼到了北周末期，杨坚控制了政柄，准备改朝换代。到底是忠于北周皇室，还是择木而栖？不愿为没落王朝殉葬的李德林，选择了后者。他对为杨坚来游说他的人说：“德林虽愚庸，但也略识时务。若能得提奖，必不推辞。”在杨坚亲自与之谈了话后，他更是倾心尽力地投进了杨氏集团。

杨氏集团虽在朝廷举足轻重，大目标也一致，然主要成员却是鱼龙混杂，各有各的小算盘，就是如何利用本集团的力量，为自己谋得更大的利益、更高的地位。对权力和地位的分配，最为积极的两个干将郑译、刘昉提出的方案是：由杨坚出任冢宰（第一宰相），主持朝政；由郑译出任大司马（军队最高长官），统领军队；由刘昉出任小冢宰（第二宰相），具体管理政务。这方案，明为尊崇杨坚，实际则架空了他，而由郑译、刘昉分掌军队和政府的实权。杨坚心有疑虑，拿不定主意，遂征询李德林的意见，得到的回答是：“公宜作大丞相，掌握权柄，统领从中央到地方的各路军队。不如此，无以压服众人之心。”一语中的，杨坚采用了李德林的主张，仿照曹操任丞相的形式，切实掌握了军政大权，而将郑、刘二人纳入丞相府的职官体系，阻遏了他们欲自掌大权的野心。李德林的建议，为奠定杨坚至高无上的地位，作出了莫大的贡献。然也因此，郑、刘二人和李德林产生了很大的嫌隙。

前面有更大的挑战等待着李德林，但也为他大展身手提供了更广阔的舞台。尉迟迥、王谦、司马消难三大地方军事势力发兵反对杨坚，在危如累卵的形势下，李德林屡屡参与了最高统帅部的战略部署，贡献了他的智谋。不仅如此，他还全面负责军事文书的撰写。他表现出罕见的惊人才干，对不同内容的文书，可同时快速口述文辞，让人分头记录，没有半点紊乱，一日之中，能发出百件左右。

迎战尉迟迥的东道元帅韦孝宽之部进军迟缓。有人向杨坚报告，他的三员大将梁士彦、宇文忻、崔弘度接受了尉迟迥的贿赂，故意延误战机，弄得军内人心惶惶。事实上，韦孝宽的态度是积极的，他的部下也无受贿之事，只是在攻打永桥城时，见城坚兵足，恐怕急战不下，会有损士气，故而暂移师沁水东岸，待时再战。隋文帝不明真相，误信报告，大怒之下，要派人前去替换三将。李德林谏诤说："公与诸将是平等的，只是借助挟天子的威名，才能指挥他们。即使撤换诸将，又怎能保证后接之将必会效忠？贿赂一事，急切中难以查明。临阵易将，犯兵家大忌。不如派一有智略并为众信服的心腹，速去前线，以观真伪，相机行事。"醍醐灌顶，如梦初醒的杨坚忙不迭地对李德林说："非公，险些误了大事！"遂命高颎赴阵节度诸将，从而化险为夷，转危为安。

隋文帝禅代北周，所有重要文书出自于李德林之手。

平陈统一，李德林贡献了卓有成效的方略。本来隋文帝要将他列为首功，高颎恐杨广与众将领不服以致节外生枝，予以劝阻才作罢。

李德林功在杨家，功在社稷，功在天下，按理当随着政局的变化而获得尊荣。可令他遗憾的是，他没有如愿以偿，相反，多次遭到了隋文帝的谴责和冷落。直接的原因是，他犯颜直谏，逆了龙鳞。隋文帝皇袍加身后，欲尽诛北周宇文氏宗室，以绝后患，李德林数次上言反对，以为不可，激得隋文帝发怒说："你是读书人，不懂怎样处理这种事！"宰相苏威建议设立"乡正"，掌理民间诉讼，李德林认为不妥，但见隋文帝支持，只得转变了态度。推行之后果然产生了一些弊端，隋文帝要废除，李德林认为朝令夕改，有损帝王立法之意，以至隋文帝变色说："你是否把我比作王莽！"如此的事一而再地发生，原来融洽的君臣关系，被彼此不同的见解给破坏了。

最后，李德林被问了罪，罪行是：隋文帝提倡以孝治天下，他说孝本出自天性，毋需特地设教提倡；以逆人之产为名，强占民宅，开店营取巨利；为父亲编造当过太尉咨议的经历，骗取赠官。

发落的结果是，李德林被贬为怀州刺史。快快不得志的李德林死在了任上。

八

史万岁

老话说：建功立业，封妻荫子。这句很管用的老话，用到西汉的李广身上，可不管用；用到隋朝的史万岁身上，也不管用。

史万岁，京兆杜陵（今陕西西安东南）人。他出身北周刺史家庭，打小就雄姿英发，射得硬弓，将烈马骑得如飞。他不止有勇，还有谋，好读兵书，懂阴阳占卜，类似诸葛亮。十五岁那年，从父入军，在周、齐大战中，双方旗鼓相当，可他却看出周军已处于不利地步，急率部下撤退，在周军大败后保存了有生力量。父亲在平齐中殉职，他以忠臣子的身份，拜官封爵。

武艺盖世，足智多谋，在杨坚执北周政柄时，史万岁受到了重用。在镇压尉迟迥的战役中，他反败为胜，创立奇功，被拜为上大将军。

隋朝建立之初，史万岁卷进了大将军尔朱勣谋反案中，被削职为民，发配到敦煌做戍卒。他所在之队的队长很是骁勇，每每单骑深入突厥境内，掠取羊马，常有大收获。此人以孤胆英雄自居，看不起初来乍到的史万岁，随意辱骂。史万岁心里不服，自言也能如此。他讨了匹战马，携着弓箭，冲入突厥境内，竟也满载而归。队长服了，从此两人时常同行，直驰几百里。去得多了，他们名震北方各族。

时突厥为隋朝的主要边患，开皇三年（公元583年），隋文帝派秦州总管窦荣定率大军前去打击突厥。史万岁待大军开来之后，自往大帐，面见窦荣定，要求收录他。窦荣定早闻其名，非常高兴地当即将他收在军中。有了史万岁撑腰，窦荣定对前来迎战的阿波可汗说："士卒有什么罪过，令他们互相厮杀。不如各派一壮士一决胜负！"阿波答应了。史万岁和突厥壮士各自出阵，只见史万岁纵马过去，手起刀落，斩得首级策马而回。突厥大惊，不敢再战，撤兵而去。这一仗，使史万岁重新返回隋高级军事阶层，拜为车骑将军。

统一江南，史万岁以功加上开府。

对史万岁而言，他指挥得最精彩的战役，是征伐江南高智慧。陈朝被灭后，江南仍烽火连绵，其中力量较为雄厚的，数高智慧部。杨素被付以讨伐大任，他欣赏史万岁的军事能耐，特将他调来。史万岁率兵二千自为一路，从东阳别道行进，翻山越水，前后七百余战，转战千余里，攻陷了难以计数的洞穴。中间一度与大军失去联系，因时间长达一百多天，皆以为他已战死。远离主力的史万岁，见山川形势复杂，不便信使往来，想出一法，将书信置于密封的竹筒内，放入江流中。下游的汲水者拾得，交给了杨素。杨素大喜，隋文帝大喜，赐了史万岁家里十万钱，升他为左领军将军。

能者多劳，史万岁从江南返回后，不久被命为行军总管，率部去川蜀，镇压降而复叛的南宁部族首领爨翫。一路险山恶水，史万岁沿途一一消灭了负隅抵抗的敌军，直插南中。最有意思的是，史万岁与"诸葛亮"的遭遇。他在当地见到了诸葛亮纪功碑，碑阴铭刻着这样的文字："万岁之后，胜我者过此。"史万岁不愿当此盛誉，令人推翻了纪功碑，继续前进。他总行一千多里，破族三十多部，俘虏男女二万多人。南宁诸夷抵不住，派人来投降，贡献直径寸许的明珠，刻碑颂扬隋朝盛德。史万岁上奏朝廷，准备带爨翫入朝。可当朝廷批准后，爨翫却用财宝买通了史万岁，逃脱了惩罚。时蜀王杨秀正在益州，听闻史万岁受贿，派人来索讨，史万岁将财宝沉入江底，推说无这等事。

他领兵回朝，得到了嘉奖。

然到了第二年，爨翫又树起叛旗，杨秀上奏史万岁受贿纵敌，以致后患无穷。隋文帝责令有关部门仔细调查此事，结果事情属实，按罪史万岁当死。隋文帝大怒，亲审史万岁，说："受金放贼，劳师糜饷。朕念将士艰辛，寝不安席，食不甘味，卿岂是社稷之臣？"史万岁辩解道："臣留爨翫，是恐当地有变，故留之镇抚。臣确实接到了带爨翫入朝的诏书，但我部尚在远离南宁的途中，故而无法再带他入朝，实在不曾受贿。"隋文帝见他还在狡辩，隐瞒事实，怒斥道："朕以为卿是好人，为何官高禄重，翻为国贼！"随口吩咐刑宪部门："明日斩首！"到了这个地步，史万岁才生出惧意，俯首服罪，请求网开一面。幸得高颎、左卫大将军元旻等人为他说情："史万岁雄略过人，每行军用兵，无不身先士卒，尤其善于抚恤、驾驭部队，将士乐为他出死力，就是古代名将也难以比得上他。"三军易得，一将难求，这番言语打动了隋文帝，于是免了死罪，改削职为民。

这是史万岁第二次被削职为民，如此大起大落，在隋初大臣中是不多见的。不久，他以难得的杰出将略，再度官复原职。其原因是，令隋朝棘手的突厥，仍在不断地骚扰边境。旋即，他被拜河州（今甘肃兰州西北）刺史，复领行军总管以防备北方之胡。

开皇二十年（公元600年），雄踞北方的突厥达头可汗大举侵犯隋境。隋朝的应对战略是：杨广与杨素领军出灵武道（今宁夏陶乐西南），杨谅与史万岁率兵出马邑道（今山西朔县），分兵合进，共同粉碎突厥的进攻。以天子的两个亲儿子为两路元帅，以两个名将为两路行军总管，从政治到军事，构成了两个一流的统帅部，如彼此精诚合作，本该是胜券在握的，并有围歼达头所部的可能。然而，事情的发展，却是相当的悲剧化。

出塞之后，史万岁之部与突厥相遇。达头可汗遣人打探这支隋军的主将是谁，回报是史万岁，复问："是否敦煌戍卒？"当他得到肯定的回答后，竟惧怕得失去了斗志，立即下令沿原路撤退。史万岁闻报，率军猛追，一气追了一百多里地，才追上突厥，发动攻势，斩敌首一千多级，大破突厥。达头拖着残兵败将再逃，史万岁一直追入沙碛数百里，虑兵家不宜孤军深入的训条，方挥军返回。

史万岁是建了大功，可大功得有天子的承认，方才为大功。然而，作为军事英才的史万岁，在政治上十足是个门外汉，他急于建立奇功，而忽略了曾是他的上司、阴谋专家、也强烈地想建立奇功的杨素的心思，把功劳全都由他独个儿包了，由此犯了一个极大的失误，严重触犯了杨素。

杨素在军事名义上，和史万岁似乎一样，都是行军总管。然在政治上，他却是首席宰相，掌握着与君主交流的特权。凭着这特权，他对隋文帝说："突厥不是来犯边的，而是来归降的，在塞上只是畜牧。可史万岁贪功心切，居然大开杀戒，反虚报为功。"听到事情的"真相"，隋文帝没核实调查，既不加史万岁之功，也不问他的罪，不了了之。

史万岁不服，上表申述，却如泥牛入海，杳无音讯。

此时，杨素在史万岁的背后，再踹了他一脚。时隋文帝正准备废除杨勇的太子之位，并在追究他的党羽。史万岁在朝堂之外等待天子的接见，而杨素却说他前去拜谒太子，其意在于激怒隋文帝。隋文帝果中其计，将史万岁召进来问罪。

史万岁不知内中奥秘，一心要为自己、也为他的部下向君主叫屈。从而，见了隋文帝，意气激愤地指责朝廷压了他们的功勋。他说得忘乎所以,不知不觉得罪了隋文帝。隋文帝怒不可遏,以他惯用的方法,令卫士将他当廷乱殴而死。

史万岁死了,一代名将死了,他尸骨未寒,隋文帝就后悔了,后悔自己行事过于轻率。

消息传出,天下一片痛惜之声。

九

冼夫人

隋朝在北方对突厥的平抚，很大程度上得力于长孙晟、达奚长孺、史万岁等文臣武将的运筹帷幄以及奋身疆场，然也得力于启民可汗这样一类顾全国家大局的民族领袖。而隋朝在南方对岭南少数民族的平抚，则有赖于一个杰出的女性，一个丝毫不逊色于须眉的巾帼英雄。

此人姓冼，无名，因历封夫人，史称冼夫人。对此称呼，只消稍微注意一下，便可发现，其姓用的是女方的姓，而非按传统用夫家的姓，这透露出一个很有意思的消息，即在高度男尊女卑的中国古代社会中，只要女人有特殊的并为社会所称道的行迹，完全可以在历史上享受与男性同样的令誉。

冼夫人是高凉（今广东阳江西）人。祖上世代为南越首领，拥有部落十多万家。她生于斯、长于斯，尚在做姑娘时，就以多筹略被看重，能管理部众，能行军用兵。她是个贤妇，明达事理，常劝亲族为善，化解了不少冤仇，信义深结于本乡。

南朝梁代之际，主管当地的罗州刺史冯融，久闻此女有志向、有德行，诚下聘礼，娶为儿子高凉太守冯宝之妻。冯融本是北燕开国之君冯跋的后裔，他的祖父冯业在其国发生变故后，率众三百人渡海来到岭南，被刘宋政权任命为地方长官，到冯融时已传了三代。然虽说一直父子相传着刺史、太守之位，但因是外乡人，不为当地人所欢迎，以致衙门形同虚设，政令不行。故而，冯氏和冼氏的联姻，实是政治联姻，意在借重冼氏在当地的势力和威望，改善冯氏在岭南的实际政治地位。

这个联姻是成功的，冼夫人在婚后不久，就开始约束部众，学习汉族礼法，每与冯宝一同听决诉讼，不论是谁，哪怕是首领，哪怕是亲戚，只要犯法，决不宽贷。从此，“政令有序，人莫敢违”。从此，冼夫人从土族首领，踏着婚姻的跳板，成了当地半官方的政治领袖。

常言道：家有贤妻，夫无横祸。若将这句话用在冯宝与冼夫人夫妇身上，是再贴切不过了。

梁武帝时，发生了堪称浩劫的侯景之乱。广州都督萧勃广征辖内军队，前去救援梁武帝。高州刺史李迁仕名为响应萧勃的号召，实际另有异谋，欲借机征集本州军队，准备割据自立。

面对李迁仕的召命，冯宝按理当去，可被冼夫人拦住了，理由是：“刺史无故不得招太守，恐欲诈君共同造反。”

冯宝问：“何以知之？”

她辨析说：“刺史在接了都督之命后，不立即率兵前往，而托病不去，暗中整兵习武，然后再来唤君。今若前往，必被留下为人质，而胁迫君交出兵权。此意极是清楚，愿君勿动，以观形势变化。”

冯宝采纳了冼夫人的意见。没出几日，李迁仕果然公开打出了造反的旗帜。在李迁仕的主力部队和官军呈胶合状态时，冼夫人亲自领一千士兵，暗藏武器，表面却担酒挑物以进献的模样，前赴空虚的州衙。李迁仕见了，眉开眼笑，毫不设防。冼夫人一行走得近了，拔出兵器，发一声喊，冲了上去，打得李迁仕大败而逃。

冯宝病卒，冼夫人成了实际的首领，时值梁、陈换代之间，乱波涌向岭南，她凭着自身的勇略，保得数州为安宁之地。

早在打击李迁仕时，她曾与统领官军的陈霸先谋过面，事后认定此人乃非常人。故当陈霸先建立陈朝后，她表示了拥护的态度。投桃报李，陈朝拜她年仅九岁的儿子冯仆为阳春郡太守。后广州刺史欧阳纥将冯仆诱去，逼他一同造反。冯仆还小，派人返回告知母亲。冼夫人的回音是："我忠贞贯经梁、陈二代，不能为了保全你，而负国家！"她一面发兵抗拒欧阳纥之军，一面领南越众酋长迎接新广州刺史章昭达。两面合围，打得欧阳纥兵败逃窜。

为嘉奖冼夫人，陈朝封幸免于难的冯仆为信都侯，加平越中郎将，迁石龙太守；同时，派出专使册冼夫人为中郎将、石龙太夫人，赐以刺史的仪仗。

没过上多少安稳日子，一连串的变故，又降到这个好强的女人头上，先是儿子冯仆病故，接踵而至的是陈朝的灭亡。失去中央政府的管辖，岭南再次陷入了大乱之中。德高望重的冼夫人受到当地民众的拥戴，被推选出来主持政局，号为"圣母"，有效地采取了一系列保境安民的措施。

上述诸事，证明了冼夫人绝对是个了不起的女人，但真正让她名垂史册的，则是她对隋朝统一大业的支持。

随着建康的失守以及陈朝的灭亡，隋军以破竹之势向南挺进。奉命招抚岭南的隋军总管韦洸领兵开来，在入境之前，因畏冼夫人威名，犹豫彷徨而裹足不前。忠于陈朝的冼夫人，决心领众抵抗。

在此关头，隋军最高长官的杨广想出了一计，让陈叔宝写信劝冼夫人归诚，附来当年她送给陈朝作为信物的犀杖，并相赠兵符。

冼夫人看了，方才确信陈朝真的亡了，她带着数千个酋长，大哭了一整日。哭罢，她顺应时代潮流，同意归附隋朝，派孙子冯魂领众迎接韦洸进入广州。

由此，岭南正式成为隋朝的领地。为奖励冼夫人和平归化的功劳，隋朝拜冯魂为仪同三司，册冼夫人为宋康郡夫人。

岭南的政治归属问题，并没有因冼夫人的明晓大义，而得到一次性的解决。在韦洸入驻广州后，当地的一些民族首领不甘心就此臣服隋朝，秘密酝酿驱赶隋军，以实现自治。番禺人王仲宣首先发难，在其他首领的响应下，他们将广州城团团围住，随后进兵衡岭。

形势危急，何去何从，到底是拥护隋中央王朝，还是和王仲宣等人联为一气？两条路严峻地摆在了举足轻重的冼夫人眼前。历来奉行亲中央政府政策的冼夫人，没被难题所难住，她果断地作出了决定，派孙子冯暄领兵前去救援韦洸。然而，冯暄与一个造反的首领陈佛智有良好的关系，故意缓军不发。冼夫人即刻探明了冯暄的真意，遣使入军，将他抓了起来，投进大牢。与此同时，又派出另一个孙子冯盎讨伐陈佛智，结果大获全胜，斩了陈佛智。随即，兵进南海，会同其他部队，击败了王仲宣。

在生死攸关的战争中，冼夫人并不是只在大帐中调兵遣将，而是以飒爽英姿出现在阵前，她乘马披甲，上张锦伞，后边簇拥着劲骑。这极大地鼓舞了士气，从而在以少对多的劣势下，取得了可观的战绩。

战场上的胜利，换来了政治上的主动，在隋朝使者裴矩的劝喻下，各部落首领纷纷前来参谒冼夫人，其中影响力较大的大首领，有苍梧的陈坦、冈州的冯岑翁、梁化的邓马头、滕州的李光略、罗州的庞靖等人。冼夫人发出命令，鉴于他们能改过从善，可仍旧统领本部落。

尘埃落地，岭南重归安宁。

隋文帝诏令：冯盎任高州刺史；赦免冯暄，拜罗州刺史；追赠冯宝为广州总管，谯国公；册冼夫人为谯国夫人。最为重要的是，冼夫人可开谯国夫人幕府，内置一整套官吏，授印章，可调度部落六州兵马，遇紧急事，有便宜行事之权。

隋文帝下诏表彰，独孤皇后赐以首饰及宴服。

冼夫人毕生致力于统一，她在晚年还为隋朝做了一件大好事。时番州总管赵讷贪婪暴虐，逼得其辖区内的少数民族或叛或亡。冼夫人上书朝廷，揭露赵讷的罪行，最后将他绳之以法。另接受隋文帝的拜托，充当招慰亡叛的使者，不辞辛劳，不顾年事已高，亲自跋涉十多州，成功地再建了地方秩序。

冼夫人每逢部落大会，总将梁、陈、隋三朝的所赐之物，陈列在庭院中，以此训示子孙说："你们当尽赤心忠于天子。我事三代主，唯用一好心。今赐物全在，是忠孝之报，愿你们皆常思念！"

一〇

大索貌阅、输籍法

在隋代各种经济制度中，以输籍法及大索貌阅最为特殊，且最为闻名。

中国古代政治观念及其派生的经济政策，历来崇尚土地广阔，崇尚人口兴盛。土地的大小，决定着国家的规模；人民的多少，决定着国力的强弱。故古谚云："王者有二宝，土地与人民。"

隋朝承袭北朝的经济制度，以人头与土地相结合，推行均田制，及以此为基础的赋调力役课收制度。开皇二年（公元 582 年）规定：一对夫妇受田一百四十亩，每年交纳租粟三石，调绢一匹（四丈）加绵三两，或布一端加麻三斤；丁男每年服役一月。

自身极为节俭的隋文帝，懂得民众安居乐业对国家的好处。由此，他多次颁布政令，减轻民众的负担。开皇三年（公元 583 年），规定调绢减为二丈，成丁年龄由十八岁提高到二十一岁，每年服役期由一月减为二十天。平陈之后，江南免征十年，其他地方免征一年。开皇十二年（公元 592 年），下诏："既富而教，方知廉耻，宁积于人，无藏府库。河北、河东今年田租，三分减一，兵减半，功调全免。"诸如此类，不一而足。

这些优惠的政令，对安定国家秩序，促进农业与手工业生产，是很有积极意义的。然而，无论怎样，国家政权是赖赋税而生存的，因而，赋税的征收是全面的、恒常的，减免只是部分的、临时的。

要知道确切的赋税额，其前提，必须有个确切的户口数，也就是确切的户籍数。可是，从南北朝以来，政府所掌握的户籍数，与实际户口情况极为不符，隐漏非常厉害。造成隐漏的原因，大致是：有些家庭的户籍，仅报丈夫，不报妻子；有些家庭虚报年龄，或老或小，避开丁男年龄段；有些游手好闲者，荡逃在外。所有的表现，症结只有一个，即逃避赋税力役。

在隋初，户口隐漏相当普遍，相比较之下，数山东最严重："是时山东尚承齐俗，机巧奸伪，避役惰游者十六七。四方疲人，或诈老诈小，规免租赋。"（《隋书·食货志》）

为解决户口隐漏问题，隋文帝在开皇三年（公元583年），推出了检括户口的运动，即"大索貌阅"。运动首先在山东进行，继而，推广到其他各地。

大索貌阅的具体方法是："阅其貌以验老小之实"，就是按照户籍登记的年龄，来对照各家庭成员的实际形貌，以定真伪。此外，还检查每个家庭是否在户籍上有隐瞒、脱漏等欺诈行为。

如此大规模的户籍普查运动，仅靠中央政府的力量是远远不行的。隋文帝对此作出的对策是，将任务下放到基层组织，并由其承担责任。隋朝地方上的最基层组织是三长，京畿地区为保长、闾正、族正；一般地区为保长、里正、党长。三长负责大索貌阅的具体事宜，一旦发现其负责的范围内有户口不实的问题，三长当被发配远方。

此外，还开相纠之科，即让民众互相检举揭发，以使隐漏之人无处躲藏。

为进一步加强户籍管理，政府让堂兄弟同居一家的大家庭进行分户，建立容易检查的小家庭。

开皇年间大索貌阅的工作，做得相当细致、相当到位，可以说是卓有成效。最终，政府公布的成绩是：增加丁男四十四万三千，新附人口一百六十四万一千五百。

大业五年(公元609年),隋炀帝在大臣裴蕴的建议下,再度大索貌阅,并立法规:凡是某地户口有一人不实,当地长官削职;若某人检举出某家隐匿一个丁男,可以此被纠之家代替输缴赋役。

此法规颁布后,共计增加丁男二十四万三千,新附人口六十四万一千五百。

与大索貌阅相应的,是输籍法。若说大索貌阅是针对广大民众的,输籍法则主要是针对地方豪强及其依附民的。

时输缴赋税,是按户籍进行的,许多百姓想逃避赋税,而地方豪强又想获得劳动力,二者结合,造成了许多人口不自立户籍,甘愿成为豪强依附民的状况。而地方政府具体征纳赋税时,又有着极大的弊端,官吏和豪强串通一气,恣情胡报,搞得账目含混不清,中饱私囊,使国家损失了大量的收入。

面对这种情况,宰相高颎设计了“输籍法”,于开皇五年(公元585年)被隋文帝采纳,并推行贯彻。

输籍法的具体方法是:由中央政府确定划分户等的标准,叫做“输籍定样”,随后颁布到各级地方政府。其关键是,按照户等高下的不同,承担不同的赋税量。每年正月五日,由县令亲自出查,督察百姓根据居住地点的远近,由五党或三党组成一团,按照“定样”,重新确定户等高下,及应纳赋税量,并写成“定簿”。

输籍法施行后,人称“自是奸无所容”。它将许多豪强的依附民,改造为国家的编民,以此确保并增加了国家的赋税收入。此外,许多隐匿的户口,或出逃在外的人口,也因此得到了澄清,或返回了家园。

隋朝的经济繁荣,与大索貌阅和输籍法有着密切的关系。

一一

杨　素

和隋朝两代关系最为密切，且又在整部隋史上发挥极大作用，包括正反两方面作用的大臣，可推杨素。

杨素，字弘道，弘农华阴（今属陕西）人。他的祖父、父亲都是北周的官员。

杨素征战有术，隋文帝、隋炀帝对他恩宠有加。

有一部美须髯，有一副好仪表，有一手好书法，有一肚子好学问，加上有一个好门庭，杨素年纪轻轻就胸怀大志。他善思，实干，敢作敢为。北周权臣宇文护看重他，引为高级文官，随即升任大都督。

周武帝之际，时任汾州刺史的杨素父亲杨敷，在对北齐的战争中以身殉职，却未得朝廷褒奖。杨素为父亲鸣不平，上表申论道理。申表如泥牛入海，没回音。杨素接二连三地上，上得周武帝大怒，命推出斩首。杨素毫无惧意，且大呼："臣事无道天子，死得应该！"这股英雄气打动了周武帝，非但被免了死，且为父亲争得了大将军的赠号，为自己取得了车骑大将军、仪同三司的美职。

紧接这一大奇事后，杨素又制造了第二件奇事。周武帝让杨素拟写诏书，他信笔写去，片刻便成，辞藻优美，义理服人。周武帝鼓励道："你若自强不息，何愁不富贵。"若是寻常官员听到君主这般说，肯定激动不已，磕头如捣蒜，千谢万谢君恩浩荡。可杨素却应声答道："只恐怕富贵来逼臣，臣无心图富贵！"杨素自负得无以复加，胸襟宽阔的周武帝倒也丝毫不计较，遂成北周一段佳话。这是乱世，也是英雄惜英雄的时代，杨素生当其时。

不止有文才，杨素的武略同样十分了得。在漫长的平齐过程中，他率领父亲的旧部，连续立下了汗马功劳，基本上是每战有功。然后，他调转兵锋，先后多次重创陈军，下了数地。由此，他被封为县公。

许多人在读隋史时，常误以为杨素是杨坚的亲戚。其实不然，杨素与杨坚在血缘上毫无瓜葛，他与杨坚的关系，纯粹是政治关系，起始于北周末年。在杨坚当了丞相秉执朝纲后，杨素才靠上去。对文武全才的杨素，杨坚是求之不得，即刻委任为汴州刺史。杨素途遇尉迟迥起兵，杨坚加他为大将军，全权负责对尉迟迥之子尉迟胄的战事，他成功地完成了使命，晋爵清河郡公。

隋朝开国，“富贵”终于“逼”到杨素的头上，加上柱国；三年之后，成了御史大夫。可他仍狂放得很，口无遮拦。他的妻子郑氏极为泼悍，杨素忍不过，有次发火说：“我若作天子，卿定不配作皇后！”郑氏跑去告御状，隋文帝不是周武帝，以妄言之罪罢免了他全部官爵，还算手下留情，放了他一条生路。

平陈之前，杨素以高超的谋略上了一计。这一计上得隋文帝满意，让他担任了信州总管，主持这一块防区的军事准备。杨素准备的是水师，他命造大船，名曰“五牙”。这是地道的楼船，上有楼五层，高一百多尺，前后左右安了六拍杆，可容八百名战士。另外，还依次造了“黄龙”、“平乘”、“舴艋”等战舰。

这支水师，是中国历史记录中数得上的水师，不仅战舰容量大，且舰只数量可观，并能大小相互组合、彼此照应。

伐陈开始，像韩擒虎、贺若弼一样，杨素被任命为行军元帅，换言之，也就是方面军最高负责人。他率领水师沿江而下，以三峡为第一攻击目标。三峡既有陈军重兵把守，又地理形势危峻，是易守难攻的去处。诸将忧惧，可杨素胸有成竹地将日战改为夜战，亲自指挥数千艘“黄龙”轻缓而行，另派一部从岸上偷袭陈军大营，两下合力，拿下了三峡。

首战告捷，杨素释放了所有的俘虏，以秋毫无犯的军令，挥军进入陈境。纪律严明，且有仁义之风，杨素所部得到了陈人的赞扬。水师顺流东下，满江旌旗蔽天、铠甲耀日，容貌雄伟的杨素端坐在中间的大船上，威风凛然，引得观望的陈人惊叹道：“清河公就是江神！”

用兵如神，杨素一路扫荡过去，正可谓遇关斩将，逢军破敌。陈军望风披靡，以至巴陵以东未有敢守者，遂使杨素直至汉口。凯旋，被拜荆州总管,封越国公;不久升为纳言,再转内史令(宰相)。

陈朝政权虽然被灭,但江南人心尚未被收定,拥兵起事者此起彼伏。精于将略的杨素,再度挂帅出征,先后平定了李棱、朱莫问、顾世兴、陆孟孙、叶略、高智慧、汪文进、沈孝彻等各路造反者。经过杨素的经略,隋朝的根基才在江南扎了下来。

得胜回朝,杨素被命代苏威出任尚书右仆射,与高颎同掌朝政。

突厥达头可汗犯边,杨素再创奇功。原隋军与突厥交战,为防对方劲骑冲阵,每以车、步、骑三个兵种共同编阵,而将骑兵置于阵内。杨素出塞,审时度势,改变了原战术,将诸军一体编为骑兵。达头大喜,以为天赐良机,引十多万精骑迎击。然对阵的结果,是突厥大败,达头受重伤。

杨素是个常胜将军,他之所以能够常胜,除了精通兵法奥秘外,还在于有个妙法,就是用"斩"来约束军纪,提高战斗力。有犯军令者,无论轻重,立斩不赦;临阵,必寻部下过失,多则百余人,少则十多人,全部斩首;对阵,先令一二百人冲锋,不能克敌,全部斩首,再用二三百人冲锋,不成,再全部斩首。将士惧怕杨素之威,怀着必死之心上阵,表现出了攻无不克的高度战斗力。由此,杨素成了名将。再者,他是大权在握的重臣,对自己的部下即使轻功必给予重赏,而对其他部队的立功者多加以排斥,由是,他虽残忍,部下为了升官发财,很是乐意跟随他。

高颎得罪了隋文帝,杨素代为尚书左仆射,成为首席宰相。

位极人臣,杨素最高限度地实现了当年他对周武帝的一席话。

杨素不是高颎,他虽是文武全才的能臣,可他更是私欲多而公心少的"佞臣"。时朝廷围绕太子问题大起波澜,杨广处心积虑欲对杨勇取而代之。杨广通过伪饰,已赢得母后的欢心,为争取朝臣的支持,他不顾体面,卑躬屈膝地讨好作为百官之首的杨素。杨素自然知道杨广葫芦里卖的是什么药，为日后的“富贵”计，他迎着最大的风险下了赌注，抛弃已是太子的杨勇，而站到了准备“夺嫡”的杨广一边。杨素的考虑是：他和杨勇并无交情，若顺着已确定的政治格局来走，一旦杨勇按部就班地继了皇位，以一朝天子一朝臣的传统做法而言，他很难再继续保持一人之下万人之上的地位；如转而帮助杨广，一旦杨广争取到皇冠，那他就是最大的功臣，将可在隋文帝百年之后，依然大富大贵。

说得好听，杨素是足智多谋，说得难听，他是诡计多端。在易换太子的风波中，他首先弄清了独孤皇后的意图，然后使出一个简单却甚为有效的方法，在隋文帝之前，用谗言中伤杨勇，用谎言美化杨广。君主最难把握的，是对臣下言语的分辨，这是衡量他们昏明的一个重要标准。晚年的隋文帝是昏昧的，从理智判事，变为感情用事。他已讨厌杨勇，此时杨素的话，如同水银泻地，句句渗透了他的心。太子终于易人，杨素的计谋得逞。

杨广成为太子，恐手握重兵的蜀王杨秀遗为后患，再与杨素密谋，无中生有地罗织罪名，将他废为庶人。

作为首席宰相，杨素在用心用力，可他的心力不是用在治理国家之上，而是用在保权、保位、保私利。只要朝中有异己或他看不惯的人，不管对方官爵多重，功勋多高，必欲除之而后快。如贺若弼、史万岁、李纲、柳彧等，他都设阴计而将他们置于罪地或死地。对亲戚和附会的党徒，即使再无能、再庸碌，他必大力加以升擢，给予美官肥缺。朝臣奈何他不得，为避免迫害，为讨取富贵，纷纷逢迎他，以他马首是瞻。

不服者也有，兵部尚书柳述仗着是驸马，大理寺卿梁毗仗着一身正气，或上言，或上表，斥责杨素作威作福。说得隋文帝觉得杨素已权力过大，且有些心术不正，遂以优崇、关心杨素为名，暗中革去了他的实权。

隋文帝弥留之际，开始后悔易太子之事过于草率。时杨广严密守护着宫禁，控制父亲的一举一动，阻止朝臣与隋文帝相见。杨广有事致信向杨素讨教，然回信却被宫女误送给隋文帝。隋文帝大怒，加上宣华陈夫人说太子对她非礼，一气之下，大叫要召回杨勇。杨素为杨广采取紧急措施，矫诏将拟诏令的柳述等人抓了起来，让太子心腹宇文述统率东宫卫士前来"护驾"，另一心腹张衡入侍隋文帝。当天，对外宣布了隋文帝驾崩的消息。

隋炀帝登位，杨素再立新功，为新主平定了"造反"的汉王杨谅。

向来用阴谋算计别人的杨素，满以为从此能长保富贵，可他打错了算盘。比他更会算计的隋炀帝，只是利用了他，在利用之后，仅给了他表面的尊荣，背地里巴不得他快死。杨素患了重病，不肯服药，从此一命归西。

杨素的事情并未结束，他的儿子杨玄感在隋末掀起了一场特大风波。

一二

嫡长制的变通

中国王朝的皇位继承制，是按宗族法所制定的继承制，为保社稷天长地久，必须由一家一姓来绵延皇位。虽说在宗族内部产生继承人，然由于宗支体系复杂，出于简单化和明了化的考虑，更出于皇位传亲不传疏的考虑，从而演化成了这样两种形式：一是兄终弟及制，一是嫡长制。前者主要存在于殷商时期，后者则从西周开始，流传于后世的历朝历代。

任何制度都是人根据需要而加以制定的，当某种制度在现实中与最高权力掌握者的意图发生抵触时，那么，被改变的往往不是最高权力掌握者的意图，而是制度本身。这是一种屡见不鲜的现象，说得更为彻底些，权力要比制度重要得多。隋初的皇位继承问题，以及相关的风波，便是这种现象的生动写照。

隋文帝共有五个儿子，他信守了当年和独孤氏的婚誓，这些儿子全是独孤氏所生。五个儿子的排序是：长子杨勇，次子杨广，三子杨俊，四子杨秀，五子杨谅。杨勇是长子，且是独孤皇后所出，是堂堂正正的嫡长子。凭着这最起码也是最要紧的条件，他是名副其实的皇位继承人选。

隋文帝在早期，是遵守嫡长制原则的。还在北周当辅政大臣时，他就根据这个原则，将杨勇立为世子（这是权臣独有的特权，世子为权臣官爵的当然继承人）。改朝换代后，水涨船高，杨勇又被立为皇太子。对杨勇的政治安排，隋文帝是满意的，他对人说："前世帝王，溺爱嫔妃，废嫡子而立她们所生的庶子。朕身旁无侍姬，五子同母，可谓是真兄弟。不比前代帝王多内宠，孽子得位，自取亡国之道。"

杨勇不是无能之徒，他有才干，在北周时，历任多种高级官爵，主管过旧北齐地区。被册为太子后，参决军国大事。虽未制造过惊天动地的业绩，却也干得踏踏实实、井井有条，没授人什么口实。他是个仁者，极有恻隐之心。隋文帝见北方因战乱凋敝，而山东则流动人口甚多，打算将这些人口迁往北方，以充实边境。杨勇上书反对说："人们背井离乡，本是迫不得已。只要坚固北方边塞，致使天下太平，流散之人定会自返家乡。"他说得在理，隋文帝放弃了原来的设想。

杨勇是性情中人，他爱词赋，对人敦厚，有什么说什么，率意任性，好文士朋友，不会作伪，不会矫饰，不会察颜观色，不会见风使舵。令人遗憾的是，这种可贵的人之本色，却触犯了标榜正经的官场，即使他贵为皇太子，也不能有好果子吃。此外，他缺乏自我约束力的表现，和处处以"德"为规范且有些僵硬的隋文帝，逐渐发生了矛盾，在调和失效后，进入了很是难堪的境地。

先是，杨勇用锦绣装饰了一副蜀地所产的马鞍，被隋文帝获悉后，恐太子渐入奢侈之途，将他狠狠教训了一顿；后遇冬至，百官来朝拜杨勇，他非但不拒绝，且大张旗鼓地接受朝拜。隋文帝认为这有违礼制，下诏严厉申斥，并规定从此不得再犯。这两件事，尤其是后一事，严重损害了他们父子的感情，从亲近变为疏远，从信任变为猜忌。

明说太子违反礼制，实际是隋文帝对他的继承人产生了严重的怀疑，怀疑太子有非分之想。这类事情，历史上并不少见，立太子时，双方都是高兴的，时间一长，父子交流不够，加上党派或别有用心者的离间，彼此会产生各自的成见，距离越拉越远，最后，只能以最残酷的手段来加以解决，或皇嗣拥兵反抗父皇，或父皇下令废除或处死皇嗣，远者如汉武帝父子，近者如魏孝文帝父子，均是摆在眼前的事实。自上述两事发生后，隋文帝对杨勇的态度，由恨铁不成钢，转为政治上的不信任。为防事出万一，隋文帝从最坏处着眼，下令将禁卫系统中最强健的将士，调去侍卫自己，仅给太子的东宫留些老弱者。高颎提出异议，隋文帝辩解这是好事，太子既有仁德名声，无需什么强健卫士，嘴上如此说，心里却怀疑高颎与杨勇是亲家关系，也别有企图。高颎是杨勇最大也是最后的政治屏障，隋文帝既对高颎有防备之心，杨勇实际上已陷入相当危险的地步。

让杨勇雪上加霜的是，他喜欢女人。一个皇嗣喜欢些女人，本不是什么了不起的大事，再者，杨勇喜欢的女人，不是拈花惹草弄来的野女人，而是明媒正娶来的嫔妃。问题在于，他不喜欢母后为他迎娶的太子妃元氏，而和宠妾昭训云氏等人整日儿女情长，这使得独孤皇后很为不快。突然，元氏发心疾而亡，本就心存芥蒂的独孤皇后怀疑是云氏所为，并得到杨勇的支持。怒中生恨，独孤皇后对杨勇的态度，发生了巨大的转变。

如若仅是他们母子二人之间的事，也许随着时间的推移，会逐渐冰释前嫌。可杨广趁机加入了进来，他早就垂涎太子之位，苦于无机会，今天赐良机，他怎能放过。他用与杨勇截然不同的面貌，争取母后的欢心，然后进谗言，说杨勇每欲加害他。独孤皇后盛怒之下，已辨不清真伪，彻底倾向了杨广。面对杨广一次次的诉苦，她激动地叫着杨勇的小名说："睍地伐渐令人不可耐，我为伊讨了元家女，望他们能兴隆基业，可竟然不闻他们作夫妻，而专宠阿云，使元家女有如嫁给猪狗。元家女本无病痛，忽然暴亡，恐是他们派人下毒，才致使她夭折。事已如此，我也不能穷究，为何又在你的面前发如此意？我尚在，他竟敢如此，我死后，岂不要鱼肉你？

每思东宫无正嫡夫人，一旦至尊（皇帝）千秋万岁之后，你等兄弟当要到阿云儿前再拜问讯，此是何等的大痛苦！”话说到这里，杨广已知道母后的全部心思。

杨广欲夺嫡，单凭自己的力量是远远不够的，他的心腹张衡为他出了一计，拉拢已接替高颎为首席宰相的杨素。在心腹宇文述和杨素之弟杨约的密谋下，杨素终于加入了他们的政治圈子。杨素设法进一步套出了独孤皇后的想法，而独孤皇后与他一拍即合，以赠金的方式暗示杨素努力去办。

面对母亲、兄弟、宰臣三面联盟的围攻，加上父亲的冷淡与疏远，绝非政治材料的杨勇束手无策，不知如何是好。病急乱投医，走投无路的杨勇，竟然去向占卜之人求救。他用铜、铁等五种金属作厌胜法，再建庶人村，布衣草褥宿在其中，以为这样就能免去被废的灾难。

隋文帝闻报，派杨素前去观察。杨素故意让杨勇久等，以激怒他。无谋的杨勇中计了。杨素回报杨勇有怨恨之心，请隋文帝多作防备，以备不测。时独孤皇后也秘密派人打探东宫之事，然后罗织其罪。杨广威胁利诱，收买了东宫官员姬威，使杨勇变成了十足的透明人。在无数谗言的熏染下，隋文帝已失去明智的判断力，他采取从政治到军事的各种措施，像防贼一般防着他曾极喜欢的太子。

其实，隋文帝内心极其痛苦，他希望杨勇改邪归正，重新做个好太子。然谗言不断吹向他的耳里，他终于忍无可忍，大陈兵戎，在武德殿宣布将杨勇及其子女全部废为庶人。

嫡长制的原则，在险恶的政治斗争中被破坏了。太子之位的腾出，成全了杨广，使这个口是心非者成了日后大隋的最高主宰。

杨勇的下场惨得很。他被废之后，被彻底与父皇隔绝了。他要申冤，想说明一切真相,可见不到父皇的面,急切之下,他爬到树上,对着内宫大叫,希冀父皇能听见。杨素却对隋文帝说,杨勇神志昏乱,已被鬼魅所惑。

隋文帝不愿再见杨勇,直到临终前察觉到杨广的阴谋,才痛心地说:"枉废我儿!"可迟来的醒悟,既救不了杨勇,也救不了他自己。

隋文帝暴崩后,杨广矫诏处死了杨勇。

一三

雄心大欲的隋炀帝

提起隋炀帝，人们总是将暴君与荒淫等字眼联系在一起。他的一身，似乎是集了秦朝弊政之大成。他的暴行，毫不逊色于秦始皇；他的荒淫，又绝对超过秦二世。其让人最注目的地方，是在中国整个大一统的历史中，继秦朝之后，再一次制造了一个王朝二世而亡的纪录。

说秦、隋均是二世而亡，恐怕有许多人会有异议，并会拿出确凿的证据，来证明秦二世、隋炀帝之后，是有第三代君主的，如秦二世之后，有子婴；隋炀帝之后，有隋恭帝杨侑。殊不知，秦二世为赵高所逼自杀日，秦政权已在农民大起义的浪潮中陷入了灭顶之灾，子婴是受赵高摆布得位，而得位仅四十六天，即降于先入关中的刘邦，旋被项羽所杀，甚至连一个名号都没有，故算不得正式的君主。至于隋恭帝杨侑，似乎有庙号，又在《隋书》本纪中位列第三，当可以算正式君主了么？也不能算。这杨侑是在李渊入长安后，被扶植的傀儡皇帝，时隋炀帝尚在江都，到李渊称帝后，他便被剥去皇袍，第二年就莫名其妙地死了，年仅十五岁。他的庙号，是唐朝给定的；给他立本纪的《隋书》，又是唐朝修撰的。故而，从头到尾，杨侑是个李唐王室一手炮制的政治点缀品。以此而论，说秦、隋均是二世而亡，大约是能站住脚的。

现在要把话题倒回去，再说隋炀帝到底是不是一个十恶不赦的昏君。

隋炀帝杨广在位期间，开大运河，以科举取士。（[唐]阎立本绘）

中国的历史,尤其是中国的史家,习惯于以果论因的思维,喜欢盖棺而定。换言之,就是用人的后半生,来推定前半生;用人最后的行为,来审度一生所有的行为。若某人先前不良不善,后来改过自新,那叫浪子回头,金也不换,知名人物有晋朝的周处;若某人先前德高望重,后来恶贯满盈,那叫大奸大诈,包藏祸心,知名人物有王莽。这是一种简单的思维,带来简单的历史评判。这种简单的方法,也用到了隋炀帝的身上。

隋炀帝,姓杨名广,又名英,小名阿摐。幼时,因姿仪俊美,聪慧敏捷,特别受到杨坚和独孤氏的钟爱。十三岁,即隋朝开国那年,他被封为晋王,拜为柱国、并州总管。不久,拜武卫大将军,进上柱国、河北道行台尚书令。

受着时风的熏染,杨广迷上了文学,且能写出好诗妙文。他与杨勇放荡不羁的性格相反,举止端重,城府深沉,颇有王者之风,极被朝野各种政治人物看好。隋文帝曾暗中唤著名的相师来和给所有的皇子看相,最打动隋文帝的,是来和这样一句话:"晋王眉上双骨隆起,贵不可言!"皇子本是大贵之人,再说贵不可言,实是已在言他将贵有天下。

在隋文帝的诸子之中,杨广确实与众不同,善于收敛自己,并为他人着想。有一次,去观赏打猎,忽遇大雨,侍从为他披上油衣,他推开了,说:"士卒都淋湿,我怎能独自披这油衣!"这事传为美谈。隋文帝到他的居处去看望他,只见乐器的丝弦大多是断的,上面还积满了灰尘,像是久未触及的样子,认定这个儿子不好声色,心里喜欢得很。

如此的事不胜枚举,他被称为是仁孝并举的有德之人。可史书的评价是:"尤自矫饰,当时称为仁孝。"史家的言下之意是,杨广早年的有德表现,不是出于秉性,而是故意装出来的,装给隋文帝看,装给独孤皇后看,装给满朝文武看,装给天下人看。

按照杨广的德行和在公众舆论中的形象，若非有嫡长制的成规在先，他极有可能当时就被隋文帝立为继承人，从而也可省去日后血腥的太子之争。

对于杨广早年的表现，是否可以有这样两种解释：一种是，他为达到自己的政治目的而屈服于道德和文化的规范，从而极力压抑自己，使自己变成一个阳奉阴违的伪君子；一种是，他在那个阶段，是真诚地相信，一个在政治上有大抱负者，必须克服私欲，必须严以律己，否则，是难以完成上天所降的大任的。

杨广真正名闻天下，是得自于统一战争。在隋文帝对陈的战略部署中，他在名号上被任命为三大行军元帅之一，而实际被赋予统领全军的重职，下隶九十个总管，五十一万八千名将士。在平定建康后，他命令将陈朝湘州刺史施文庆、散骑常侍沈客卿、市令阳慧朗、刑法监徐析、尚书都令史暨慧这五个江南民愤最大的奸臣正法。同时，他封存了陈朝的府库，对资财丝毫不取。连续两个大动作，使他不仅在江南且在全国赢得了巨大的声誉，“天下称贤”。

在一定程度上，可以说，统一战争是杨广指挥的，军事上的顺利推进，当与他指挥得当有关。论功行赏，他进位太尉，随即拜并州总管。然而，陈朝政权虽然覆灭，江南各种政治势力并不承认隋朝，纷纷割据造反。于此之际，杨广再度到达江南，任扬州总管，镇于江都（今江苏扬州），负责剿抚造反者。他再次证明了他的能力，在他政治与军事两手交替之下，江南终于彻底成了隋朝的领土。杨广镇于江都，由此扬州成了他的“龙兴”之地。

史家对杨广非议最多的地方，当数他对杨勇太子位的取而代之。是的，杨广在这过程中，确实用了不少心思，并为达到目的而不择手段。然而，他不完全是个阴谋家，他想望当太子，也有他的道理和依据：他有比杨勇更强的能力，有比杨勇更高的威望，这能力和威望，通过平定江南及其他事情，得到了强有力的证明。他认定，他比兄长杨勇更有能力接好最高权力的班，因此，他必须先取得太子的资格。况且，立太子虽是以嫡长制为主要原则，然功勋制也是一种补偿原则，而根据功勋制的原则，自己是完全符合其条件的。层层剥笋，杨广为自己找了最好的理由。步步紧逼，杨广把杨勇逼到了绝地。全面审量太子风波，隋文帝也是有责任的，他让杨广而不是杨勇担任平陈战争的统帅，从此开启了杨广的政治欲望。

隋炀帝登位后，他所做的一切，几乎都是被史家否定的。

假传父皇的遗诏，缢杀废太子杨勇，以此绝了政治后患。

调动大军，征伐起兵"反叛"的五弟汉王杨谅，经过大规模的军事抗衡，最终生擒杨谅，将他除名为民，幽禁而死。

调发丁男百万，西起榆林，东至紫河，修筑长城。

调发丁男数十万，挖掘沟堑，从龙门始，东接长平、汲郡，至临清关，渡黄河，入浚仪、襄城，达上洛，以置关防。

营建东都洛阳。洛阳地处天下之中，在政治上，可以加强对关东及江南地区的控制；在经济上，便于解决粮食、物资转运问题。仁寿四年（公元604年），以杨素为营建东都大监，纳言杨达、将作大匠宇文恺为副监，每月役使丁匠二百万人，开始了大约一年的营建东都工程。工程是铺张奢靡的：将豫州几万户居民，以及各地数万家富商大贾，迁至洛阳，以繁荣市面；征集大江南北的良材美石，筑建宫殿；征集天下奇花异草、珍禽怪兽，充实皇家花苑。

开凿大运河（参见《大运河》）。

三征高丽（参见《征高丽》）。

……

隋炀帝的所作所为，确实有穷极豪奢享乐的一面。这虽与他的性格有关，然也与他登位前长期压抑，登位后得机会释放有关。享乐仅是部分的，更大的部分是在满足虚荣，比如下扬州的排场，比如会见突厥启民可汗等的巨大场面，以此耗费了无数的财富。但平心而论，在他好大喜功的行为中，比如开大运河，比如征高丽，也有繁荣经济、发扬国威的因素。关键的关键，也就是他失败的根源，在于他没有掌握动用国力、民力的分寸，不顾民众的承受能力，而予以滥用，结果，物极必反，加上官逼民反，引发了各种起事、起兵、起义，终于汇成农民大起义，导致了隋朝的崩溃。

大起义风起云涌之际，隋炀帝身在江都，他已回不了中原，只能撞钟度日。早已不满的北方将士终于发生哗变，遂被宇文化及等人所利用，大业十四年(公元618年)三月丙辰日，隋炀帝被缢杀。

此后虽在洛阳、长安仍分别有两个为王世充、李渊所扶植的傀儡政权，然究其实际，隋炀帝的被杀，已宣告了隋朝的灭亡。

一四

突厥问题

突厥，分东、西二支。与隋朝发生密切关系的，是突厥汗国，又称东突厥，或称北突厥。这是典型的游牧民族，逐水草而生产、生活，无固定居处。

东突厥以狼为图腾，姓阿史那氏，早年由叫阿贤设者开创部落，后渐强大。到北魏后期，经第一任可汗伊利的征战，破了北方强族茹茹。第二任可汗逸继振雄风。第三任可汗木杆灭茹茹，大拓领土，北方各族为之服膺。第四任可汗佗钵，自以为总可汗，下分立二可汗，以尔伏可汗统管东面，以步离可汗统管西面。佗钵实力雄厚，北齐、北周不得已而臣服，各自贡献，一则避免受攻击，二则争取他的支持以对付对方。从而佗钵骄狂地说："我在南两儿常孝顺，何愁贫穷！"

从伊利到佗钵，都是兄终弟及，没一人传儿子的。佗钵临终，感念其兄木杆可汗传位的恩情，关照他的儿子菴罗不得争位，当让给木杆的儿子大逻便。可佗钵亡后，突厥贵族却欲立菴罗，而拒绝大逻便。尤其是主管东面的尔伏可汗（名摄图，也是佗钵之子），更是以武力相胁，坚持要这样安排。最终，菴罗得立。然大逻便不服，每每唤人前去辱骂。菴罗无法招架，将第一汗位让给了最得人心的摄图，自为第二可汗。摄图当仁不让，号伊利俱卢设莫何始波罗可汗，又名沙钵略可汗。大逻便不甘，请求给予汗位，沙钵略心虽不愿，然恐他为患，令为阿波可汗，统率他的本部。

沙钵略为第五任可汗，他勇敢善战，深得人心，成为北方众望所归的领袖。时隋文帝已登基，他不像北齐、北周那样极力讨好突厥，而是采取了冷淡的态度。沙钵略怨恨，出兵攻击隋边境城镇。沙钵略的妻子宇文氏，是北周的千金公主，她为了向隋文帝复仇，日夜向丈夫吹枕边风。于是，沙钵略出动了四十万大军，向隋发动了更猛烈的进攻。可隋朝早已采用了大臣长孙晟的计策，拉拢西突厥的达头可汗，使东、西突厥互相猜疑。当沙钵略大举行动时，达头按兵不动，致使隋军的迎击获得成功，沙钵略被打得大败。

沙钵略是和阿波共同出兵的，但隋朝在他们中间也使了离间计。当阿波连遭败绩时，长孙晟派人对他说，当警惕沙钵略借机铲除你的阴谋，不如效法达头，与大隋言和。阿波最终被说动了，他遣使朝见了隋文帝。沙钵略本就一直暗忌阿波的骁勇，此番见他临阵叛卖，怒不可遏，独自先行返回，袭击阿波部落，杀得血流成河。阿波无家可归，投奔了西突厥的达头可汗。从此，东、西突厥进入了长期兵戎相见的阶段。

东、西突厥争得不可开交，为争取隋朝的支持，双方各自遣使向隋文帝请和求援。这下彻底改变了以往突厥控制中原的局面，由隋朝掌握了主动权。隋文帝拒绝了他们的请求，坐山观虎斗。不久，沙钵略陷入了窘境，他西被达头所困，东被契丹所扰，不得已，他卑词致书，以“丈人”呼隋文帝，自谓“儿”，说突厥所有财物都是“丈人”所有，子子孙孙永不改悔。隋文帝不愿让西突厥过分强大，他采取的战略是，平衡突厥双方的实力，使自己长居于仲裁者的地位。于是，他把天平转而倾向了沙钵略，从政治名分，到军事给养，给予了可观的援助。得了大量的援助，沙钵略击破了阿波，并与隋朝立约，以大碛为界，永为隋朝的藩国，时时贡献。沙钵略立了约之后,确实是这样做的。为羁縻沙钵略夫妇,隋文帝赐沙钵略之妻千金公主为杨姓,改封大义公主。

沙钵略原想选自己儿子雍虞闾为继承人,然虑雍虞闾性格有缺陷,转立其弟处罗侯。沙钵略撒手西归后,处罗侯与雍虞闾叔侄彼此真心谦让了一番,最后位归处罗侯。隋文帝承认了第六任可汗处罗侯,赐予乐队和仪仗。

处罗侯用隋朝所赐的旗鼓,前去征伐阿波,以示是奉大隋天子的旨意。这一招果然奏效,阿波的部下多被吓得放下武器,纷纷投降。结果,成了孤家寡人的阿波束手就擒。突厥内部争斗不已,使隋朝享受了几年的太平。

当处罗侯再次西征西突厥时,中箭身亡。雍虞闾终于被拥立为第七任可汗,唤颉伽施多那都蓝可汗,简称都蓝可汗。新可汗继续执行和隋政策,立市进行双边贸易。

北方的安宁,使隋朝得以全力进行平陈事业。统一后,隋文帝将陈叔宝的屏风赐给了大义公主。赏赐原本是高兴之事,然大义公主却触景生情,从陈朝的灭亡联想到北周的灭亡,不禁悲从中来,遂写了一首诗以叹自己的命运:

盛衰等朝暮,世道若浮萍。
荣华实难守,池台终自平。
富贵今何在?空事写丹青。
杯酒恒无乐,弦歌讵有声!
余本皇家子,飘流入虏庭。
一朝睹成败,怀抱忽纵横。

古来共如此，非我独申名。

唯有《明君曲》，偏伤远嫁情。

诗是好诗，情是悲情，然这首诗被隋文帝获悉后，却引起老大的不快。大义公主为北周报仇，复与西突厥泥利可汗联结。隋文帝恐引起后患，以大义公主与从人私通，下诏将她废黜。为免养虎遗患，隋朝发动内外各种力量进言，激怒都蓝杀了大义公主。生不逢时，远嫁突厥的大义公主，成了北周宗室最后一个政治牺牲品。

在杀大义公主之事上起了特大作用的，是沙钵略的另一子染干，号突利可汗。他以此事为功，向隋朝求婚。都蓝也曾向隋朝要求联姻，但迟迟未获回音。对两可汗的求婚，长孙晟的主张是：都蓝不可靠，不如允准染干的请求。这一主张的关键在于，用厚待染干的方法，来壮大其部落的力量，以为削弱突厥总部实力所用。隋朝嫁给染干的是宗室女安义公主，为离间染干和都蓝的关系，特地铺张了大排场，事先几度让宰相带使团出访染干部落。而染干为迎娶安义公主，从北方的治所南迁度斤旧镇，并前后三百七十次派使者来洽谈有关问题。

都蓝的请求被拒绝，体面大失，愤怒地说："我是大可汗，竟然反不如染干！"从此断绝了对隋朝的朝贡，"化玉帛为干戈"，数度出动军队骚扰隋朝边境。隋朝调几路大军予以反击，打得都蓝之部溃败而返。

得了安义公主的染干，为隋朝充当耳目，随时上报都蓝的军事部署。都蓝原想出击大同城，在遭到隋军的重创后，他愤怒地转而攻击染干部落，尽杀染干兄弟子侄。染干夜以五骑随长孙晟逃往长安，受到隋文帝的隆重接待，被拜为意利珍豆启民可汗，简称启民可汗，成为突厥第八任可汗。安义公主病卒后，隋文帝复将义成公主嫁给了他。

启民是忠于隋朝的，他成为隋朝的屏障，抵御突厥其他部落的侵扰。都蓝不久在其部的内乱中被杀，达头可汗自立为步迦可汗，派出军队攻击启民。在隋军的及时援救下，启民转危为安。他向隋文帝表示由衷的感激，愿“千万世，长与大隋放牧羊马”。

突厥内部大乱，隋文帝审时度势，令杨素护送启民进行北伐。北伐是成功的，达头全线溃败，泥利可汗紧步后尘，北方众多民族部落纷纷归附，拥戴启民为最高可汗。

启民一直将对隋的友好关系保持到隋炀帝时代，并改变服饰以适应汉化。

启民逝世后，隋炀帝为他废朝三日，立其子咄吉世为始毕可汗。

始毕对隋朝的态度，是按着隋朝的兴衰而变化的。初立之际，隋朝尚有较强的国力，他是恭敬来朝。当各路义军纷纷揭竿而起后，他开始准备脱离隋朝，成为独立的突厥可汗，由是数次进犯边陲，在大业十一年（公元615年），竟兵围隋炀帝于雁门（今山西代县），在隋救兵的增援下，方撤退而去。

隋朝与突厥的关系，到此中断。

隋末天下大乱，突厥由此复兴，恢复了强盛，使薛举、窦建德、王世充、刘武周、梁师都、李轨、高开道等人竞相称臣，以争取它的支持。

一五

大运河

大运河，又称京杭大运河，它与万里长城一样，是中国历史上由人力所构建的两大奇迹之一。它的最大的特点是长，现今全长一千七百九十四公里，以今天的地理概念而言，北起北京，穿越天津、河北、山东、江苏、浙江，南抵杭州，途经海河、黄河、淮河、长江、钱塘江五大水系，是世界上最长的运河。

大运河的形成，是历代努力的结果，然在其中用力最多且最具规模效应的是隋代，尤其是隋炀帝一朝。故而，提起大运河，人们总要联想到隋炀帝。

因而，隋朝的水利事业的主要成绩，在于运河。

隋文帝登基后，虽没有直接用力于今天意义上的大运河，但却开了造运河的先声。当时政治中心设在长安，因人口众多，粮食供应成了严重的问题。隋文帝于开皇四年(公元584年)，令人从大兴城到潼关，开凿一条运河，引入渭水。工程完成后，全长三百多里，起名广通渠，又名富民渠。此运河沟通了关中与关东的漕运，有效地解决了关中粮食供应问题。

隋文帝对广通渠的经营，应该说，对隋炀帝开大运河是有启发的。

隋炀帝上台，政治中心迁移到洛阳，为保证洛阳的粮食供应，为保证军事战略的便捷，为保证自己巡幸江南的排场，遂以洛阳为中心，下令修建了三个水利大工程。三个工程的连通，构成了大运河。

第一个工程，始于大业元年(公元605年)，是开凿通济渠。

通济渠以洛阳为起点，引谷水和洛水入黄河，在荥阳(今属河南)和开封(今属河南)之间改造汴渠，然后在开封东向挖一条新渠，与汴渠分道，在盱眙(今属江苏)直入淮河。

经淮河，在山阳(今江苏淮安)，通济渠与春秋吴王夫差所开的邗沟相连。邗沟因年久多有淤塞，而加以疏浚。

通济渠连通邗沟，直达江都(今江苏扬州)，连接起淮河和长江，形成了大运河的南段，全长一千一百公里。

第二个工程，始于大业四年(公元608年)，是开凿永济渠。

永济渠也是以洛阳为起点，在疏浚三国魏所筑的旧渠的基础上，加上利用部分天然河道，南引沁水入黄河，北向直贯涿郡(今北京)，全长一千公里。

第三个工程，始于大业六年(公元610年)，是开凿江南河。

江南河以京口(今江苏镇江)为起点，引长江水经太湖流域，直至余杭(今浙江杭州)，入钱塘江，全长四百多公里。

通济渠、永济渠、江南河，构成了大运河，全长二千五百公里。

大运河的三大段，各有其开凿的具体目的。

通济渠加邗沟，能将洛阳与扬州联为一气，便于隋炀帝下扬州。扬州是隋炀帝早年的发迹之地，即所谓"龙兴之地"，故定名为江都。此外，扬州是当年天下最繁华的所在，是风流的隋炀帝魂牵梦萦的地方。所以，这一段造得特别豪华，特别壮观。《大业杂记》说："水面阔四十步，通龙舟。两岸为大道，种榆柳，自东都至江都，二千余里，树荫相交。每两驿置一宫，为停顿之所，自京师之江都，离宫四十余所。"

将大运河向南延伸，除了隋炀帝的个人意图外，还有在政治上控制南方、在经济上依靠南方的政府行为。

永济渠，是为了征高丽。《隋书·阎毗传》云："将兴辽东之役，自洛口开渠达于涿郡，以通漕运。"

江南河，应当说是通济渠的延长，其流经的太湖流域，以及末端的杭嘉湖平原，乃是天下最富庶的地方。由此可以更深入地通进富庶的江南，使江南的财富和粮食源源不断地运向洛阳。

对隋炀帝开大运河一事，历来毁誉参半。

持否定观点者认为：开挖大运河调发了大量的民役，开通济渠，征集河南、淮北一百多万民工；疏浚邗沟，征集淮南十多万民工；挖永济渠，征集河北一百多万民工；通江南河，又征集了数量庞大的民工。这些民工的调发，都是强行的、无条件的，迫使农民放弃了田间生产，并受到极其严重的经济剥夺。

再者，民工在工程中的生活及其命运，是令人难以想象的悲惨。唐传奇《开河记》从一个侧面描述道：隋炀帝以著名的酷吏麻叔谋主管开河工程，他动用彪形大汉与刑杖，来督促民工们无休止地干活，结果不到一年，三百六十万民工竟然死了二百五十万，白骨积盈于两岸。

大运河的开通，犹如隋炀帝制造了一根特大的吸血管，将北方的民力与南方的民脂民膏，尽数吸入了他欲壑难填的血盆大口中。他下扬州的龙舟，长二十多丈，上建四层楼阁，分正殿、内殿和东西朝堂；此外，还为萧皇后建造了翔螭舟，为嫔妃建造了浮景舟，为随行人员和护驾将士各建造了三千多艘船舰。这六千多舟船，配备了八万多纤夫。整个船队行在大运河上，连绵不绝，长达一百多公里。如此的船队，其耗费之多是难以估计的。此外，从南方运向洛阳或运向扬州供隋炀帝挥霍的赋税，更是个天文数字。唐代诗人李敬方的一首诗说："汴水通淮利最多，生人为害亦相和。东南四十三州地，取尽脂膏是此河。"

由于隋炀帝通过大运河来进行穷奢极侈的游乐，致使民众失去了最低限度的生存条件，以致铤而走险，揭竿而起，爆发了农民大起义，导致了隋王朝的崩溃。故而，隋朝的灭亡，与此河有关。许浑《汴河亭》一诗云："广陵花盛帝东游，先劈昆仑一派流。百二禁兵辞象阙，三千宫女下龙舟。凝云鼓震星辰动，拂浪旗开日月浮。四海义师归有道，迷楼还似景阳楼。"

持赞赏观点者认为：大运河的开通，使中国从此有了经济大动脉，它贯穿南北，"商旅往还，船乘不绝"(《旧唐书·李勣传》)，极大地便利了漕运，便利了商业流通，不仅如此，还便利了文化交流，便利了政治运作，使黄河流域与长江流域有机地凝为一体。唐人皮日休撰《汴河铭》说："北通涿郡之渔商，南运江都之转输，其为利也博哉！"

大运河促进了南方的经济发展，特别是使长江中下游得到了空前的开发，其包括商业的开发，手工业的开发，城市的开发。

对大运河的评价，众说纷纭，莫衷一是，然往往贬者过于贬，褒者过于褒，较为客观且能调和的说法，当推唐代的皮日休和明代的于慎行。

前者在《汴河怀古》(其二)中云："尽道隋亡为此河，至今千里赖通波。若无水殿龙舟事，共禹论功不较多。"

后者在《谷山笔尘》中说：隋炀帝"为后世开万世之利，可谓不仁而有功矣"。

在盛大的文化古迹上，几乎都存在着这样一个"悖论"：越是能在后世为本民族赢得文化奇迹盛誉的东西，越是在建造时要付出损民损国的代价，代价越大，盛誉越重，隋炀帝开凿大运河是这样，秦始皇修万里长城也是这样。

一六

征高丽

隋朝的国威是巨大的，在隋文帝和隋炀帝两代君主的经营下，在外交和民族关系上，曾有过万国来朝的辉煌。

然而，在辉煌之车下，历来滚动着战争与和平两轮。在战争与和平两者中轮番交替的，莫过于与高丽的关系。

高丽与隋朝之间相互冲突的因子是始终存在的，再加上隋朝态度傲慢，而高丽实力不断上升，也有不小的野心。

开皇十八年(公元 598 年)，高丽王高元发兵进攻辽西，营州总管韦冲打响了保卫战，一举将其逐出境外。高丽入侵虽未得逞，但此事还是深深地震动了全国。因此时隋朝经过多年的生养积蓄，以及外交多方位的成功，已成为一流强国，高丽的挑战，激起了普遍的反击情绪。故史书云："开皇之末，国家殷盛，朝野皆以辽东为意。"(《隋书·刘炫传》)主战的论调占据了上风，只有名儒刘炫反对，撰《抚夷论》，主张改用亲抚之策。可刘弦的声音是微弱的，在当时就是没有得到任何人的响应。

主战的情绪影响了隋文帝，他决意讨伐高丽，组织了讨伐统帅部，以汉王杨谅、大臣王世积为行军元帅，以高颎为汉王长史，周罗睺为水军总管，领水、陆军三十万进行东征。这个东征的规模实际上是相当庞大的，因为还有一系列的后勤供应的问题，要大量征用民夫。

整个军事部署是兵分两路，然都遭受了气候的不利：一路是杨谅亲率陆军，从临渝关开进，途遇大雨、大水，粮食供应断绝，瘟疫流行；一路是周罗睺所领的水军，从东莱渡海直接进攻平壤，但在海上受大风侵袭，舰船大多被漂没。不得已，水、陆两路均撤退，到了长安，统计死伤人数，竟达十之八九。这是一个很尴尬的局面，幸亏高元不想和隋朝发生全面的战争，遣使送来谢罪表，隋文帝有了台阶，同意赦免他的罪行，结束征高丽的军事行动，重新发展睦邻关系。

隋炀帝登位之初，隋朝与高丽的关系，是在友好的面纱之后，隐含着不和谐的声音。

从高丽一方而言，当年高元的谢罪，是惧怕隋军的征伐，而并非出于真心。况且，在谢罪表中，他用了极其自污的文辞"辽东粪土臣元"，这虽说是能屈能伸的手段，但终究很失体面，不仅失了他本人的面子，也失了高丽的面子。对此，高丽相当多的人，希望在对隋关系中，有一日能改变彼此尊卑的关系。当高丽使者访问突厥时，流露了对隋朝的不满情绪。而忠于隋朝的启民可汗，旋即将这事转告了隋炀帝。隋炀帝听说高丽有不敬的言论，便对高丽使者说："你可转告高元，尽早来朝见。若有不臣之心，朕当率启民前去讨伐，即刻诛灭！"

高元没有来朝，隋炀帝遂以此为藉口，发动了大规模的征高丽行动，并连续进行了三次。

在征伐之前，隋炀帝做了全方位的准备，这准备大约延续了五个年头，其中最显目的两个举动是：开永济渠转运军饷；在涿郡（今北京）筑建林朔宫作为军事大本营。征兵量是空前的，以致"增置军府，扫地为兵"（《隋书·食货志》）。

大业八年（公元612年），隋炀帝正式下诏征伐高丽。出征的大军达一百一十三万三千八百人，号称二百万，组成二十四军，分为左十二军、右十二军，从二十四个方向向平壤进攻。另有水军从东莱出发，军锋同样指向平壤。宋代史学家司马光认为："近古出师之盛，未之有也。"(《资治通鉴》卷一八一隋炀帝纪大业八年)

隋军强大，强大得似乎对高丽能以石压卵。然这不过是虚像，战争的结果与出师的雄壮，正好成了鲜明的对照。右翊卫大将军来护儿统率江淮水军，浮海从高丽的溴水登陆，进至离平壤六十里地，大破高丽军。高丽军因势利导，索性装弱，让出平壤城，随后在城内设伏兵，打得入城的四万隋军精兵几乎全军覆没，来护儿仅与千余人逃出城去。左翊卫大将军宇文述、右翊卫大将军于仲文等多路军，共三十万人会于鸭绿江西。高丽遣派大臣乙支文德来诈降，以阻止隋军渡过鸭绿江。待乙支文德返回后，于仲文挥师渡过鸭绿江，向高丽腹地逼进，七战七捷，离平壤城三十里地扎营，由是隋军生出骄意。乙支文德再派使者诈降，益增隋军骄意。待隋军疲惫不堪，又严重缺粮之际，高丽军用四面包抄的战术，打得隋军溃不成军，右屯卫将军辛世雄战死。隋军狼狈逃奔，到达辽东城，仅剩下二千七百人，所有军械器具几乎全部丢失。

隋炀帝第一次征高丽，以惨败告终。

大业九年(公元613年)，隋炀帝再次下诏征伐高丽。由于去年士卒伤亡严重，遂募民为骁勇，大集天下兵于涿郡。此次的军事部署是，隋炀帝亲自到辽东指挥，宇文述、上大将军杨义臣统领陆军直接进攻平壤，来护儿依旧率水军从东莱浮海进攻平壤。隋军的进展，起初尚算顺利，打了些胜仗，待兵临城下后，双方陷入了僵持状态。隋军转而用贮土布袋积为与城齐平的高道(唤作鱼梁大道)，并用高出于城的八轮楼车俯射城内。一切准备就绪，然在攻城的前夕，后方传来了杨玄感起兵的消息。后院着火,隋炀帝只得放弃进攻,仓促命令军队立即返回国内,丢弃的军械器具犹如山积。

隋炀帝第二次征高丽,遂不了了之。

大业十年(公元614年),在杨玄感的起事被镇压后,隋炀帝又发出了征高丽的诏令。此时各地起义已此起彼伏,民众纷纷逃避兵役。隋炀帝不顾各地的形势,强行组织征伐行动。来护儿在离平壤不远的毕奢城击败高丽军,准备向平壤发起进攻。由于连年战争,高丽也已经兵疲财困,高元不得已向隋炀帝送来了降表,并遣还上年因受杨玄感株连而逃往高丽的将军斛斯政。急于返回的隋炀帝捞到了虚面子,迅速同意了高丽的投降,下令班师。来护儿犹以"将在外,君命有所不受"为由,欲领军继续进攻平壤,可在御史的威胁下,将领们惧怕得罪隋炀帝,纷纷接受班师诏令,成为孤家寡人的来护儿只得随众而回。

隋炀帝的第三次征高丽,终于得到了所谓的"胜利"。

这胜利是非常可笑的,在隋炀帝班师后,已"投降"的高丽,竟拒绝隋炀帝的召见之行。隋炀帝恼羞成怒,还想组织第四次征高丽,然已天下大乱,再也无法实施他的计划了。

征高丽,是隋朝对外规模最大的战争。这接二连三的战争,耗尽了隋朝的元气,使民众对隋炀帝及其政府产生了巨大的离心力。

故颇有些学者说:隋亡,亡于征高丽。

一七

隋末大起义

与残暴的秦政一样，残暴的隋政失去了起码的人心；与大起义遍布秦末一样，大起义也在隋末风起云涌；与短促的秦朝一样，短促的隋朝也是二世而亡。

两者也有不一样的地方，秦末的祸端尚与赵高有关，而隋末的苦酒则是隋炀帝一手自酿的。

俗话说，冰冻三尺，非一日之寒。天下之乱，并非一开始就是大乱，其实大风起于青萍之末。当乱萌已发，君主及其政府不能或不愿及时修补过失，这大风便毫无阻挡地刮了起来，进而啸卷成了狂飙。

有历史记载的乱，最早发生在大业六年（公元 610 年）的正月。一天黎明时分，洛阳建国门外来了几十个人，都是和尚打扮，自称是弥勒佛。守门卫士信佛，见之恭敬相迎。不料，来人突然抢夺卫士的武器，欲冲进去。正值隋炀帝次子齐王暕带兵出巡，才敉平了这场乱事。

此后，各地有关乱事的报告渐渐多了起来。

这些乱，仅是小规模、小范围的，发起人和参加者被呼为贼、呼为盗，或啸聚山林，或闯浪江湖，尚未对政权造成重大危害。

同年六月，在雁门（今山西代县），尉文通发动了三千人的起义；十二月，在朱崖（今广东琼山），王万昌发动了起义。这两次起义，虽均未造成大气候，但深深地刺激了隋政权。

大起义的序幕，于大业七年（公元611年）掀起于征高丽的前夕，掀起于山东。

隋政府征高丽，将山东作为壮丁、役夫、军饷、马匹、车牛的主要征集地之一，对此民众已不堪重负，加上洪水暴发，加上官吏侵渔，田荒乏粮……民众更是无法生存，由是“始相聚为群盗”。

既是“群盗”，可见已有燎原之势。其中影响最大、也最具规模的，当数邹平（今山东邹平）人王薄所领导的长白山（在今山东章丘境内）起义。王薄自称“知世郎”，对天下事无所不知。他所作的《无向辽东浪死歌》，成为当时号召民众拒绝服役、拒绝出征高丽、拒绝隋朝统治的著名宣传品。其歌词是：“长白山头知世郎，纯著红罗锦背裆，长矟侵天半，轮刀耀日光。上山吃獐鹿，下山吃牛羊。忽闻官军至，提刀向前荡，譬如辽东死，斩头何所伤！”

这首歌的效应是巨大的，逃避徭役、逃避当兵的山东人云起响应，纷纷投效长白山军，与隋军展开了争取生存权的战斗。

接着，官宦子弟刘霸道，利用豆子𠙶（今山东惠民）历朝多“盗”的条件，在那里树起旗帜，其众达十多万，号“阿舅贼”。

漳南（今山东武城）人孙安祖，自号将军，领数百人，入高鸡泊起义，得到同县人窦建德的帮助。

鄃（今山东夏津）地人张金称，聚众河曲（今山西芮城西风陵渡一带）境起义。

蓨（今河北景县）地人高士达，自称东海公，聚众清河（今属河北）境起义。窦建德加入其中。

此年至翌年的起义，主要集中于山东。当大业九年（公元613年）隋炀帝发动第二次征高丽后，起义不仅在山东得到扩展，且蔓延到江苏、河南、广东、陕西等地。各部的人数从数百、数千发展到数万、十多万。

大业十年（公元 614 年）到十二年，起义在上述各地继续蓬勃发展，并扩展到安徽、甘肃、河北等地。起义的性质有所变化，从农民最低限度的求生存，杂进了诸雄趁机经营自己的势力，谋求政治发展的成分，其显著的标志是纷纷称王称帝。如扶风人唐弼，推立李弘为天子，自称唐王；延安人刘迦论，自称皇王；离石胡人刘苗王，自称天子；鄱阳人操师乞，自称元兴王，战死后，其部将林士弘自称皇帝，立国号为楚；等等。

大业十三年（公元 617 年），各地的起义军，从零星分散的状态，凝聚汇集为声势浩大、政治组织性强的大起义军。他们共同的目标，是对付隋军及隋廷，先后各自组建了政权。与此同时，隋朝内部分裂出来的军事集团，以及各地方豪强，或进而争夺天下，或守而拥众割据。在如此天下板荡、群雄逐鹿的形势下，隋朝的核心政权已成空中楼阁，到次年就土崩瓦解了。

农民起义军，以这样三支最具规模：翟让、李密领导的河南瓦岗军（参见《瓦岗寨》）。窦建德领导的河北军（参见《窦建德》）。杜伏威、辅公祏领导的江淮起义军（参见《杜伏威与辅公祏》）。

从隋政权后院起火的兵变，以这样一起最为震动：贵族杨玄感领导的起事（参见《杨玄感事变》）。

从隋政权中分化出来的军事集团，以这样三路最有影响：李渊领导的太原军事集团（参见《李渊从太原起兵》）。王世充领导的洛阳军事集团（参见《王世充》）。宇文化及领导的江都军事集团（参见《宇文化及》）。

以下简略地表一表一些二流的起义军以及军事势力：

济阴（今山东曹县西）人孟海公，大业九年（公元 613 年）占据周桥，进而攻克曹、戴两州，自称“录事”，盛时有众三万人，武德四年（公元621年）败于窦建德。

齐郡（今山东济南）人孟让，大业九年（公元613年）揭竿。曾会合王薄长白山军，旋即转向江淮地区发展，有众十多万。败于王世充，投瓦岗军，有破洛阳外城之功，会同他部攻下回洛仓。后失败。

东海（今山东枣庄）人李子通，出于长白山军。大业十一年（公元615年）渡过淮水，会合杜伏威部，旋即分裂，自行为战，攻克江都，称帝，国号吴。遭辅公祏攻击，迁都余杭（今浙江杭州），占有吴越之地。武德四年（公元621年）因战败而降于先已降唐的杜伏威，后欲重新起事而被杀。

沧州阳信（今山东阳信南）人高开道，参加豆子䴚军，在首领格谦战死后，领众转向北方。武德元年（公元618年），取得北平，攻克渔阳，自称燕王。武德三年，接受唐封爵，不久，复反唐，与突厥联合，占得恒、定、幽、易等州。后因部将叛，被逼自杀。

清河漳南（今河北故城东北）人刘黑闼，参加瓦岗军，为王世充所俘，逃脱后率部投窦建德。在窦建德败后，他整集窦建德余部，恢复窦建德曾有过的地区。他连结突厥，称汉东王。在被唐军击败后，投奔突厥，引突厥军攻略河北、山东，复得河北。武德六年（公元623年），败于唐李建成，为部将所杀。

河间景城（今河北泊头东北）人刘武周，以鹰扬府校尉身份，于大业十三年（公元617年），和张万岁等人杀马邑（今山西朔州市）太守王仁恭，自称太守，拥众万余人。在取得突厥支持下，攻占雁门、楼烦、定襄等地，被封为“定杨”可汗，称帝。复联合突厥军，攻取太原、晋州等地，多次击败唐军。武德三年（公元620年），被李世民所败，投奔突厥，后被突厥所杀。

朔方(今陕西靖边北)人梁师都,大业十三年(公元 617 年)以鹰扬郎将的身份在本地起兵,攻取雕阴、弘化、延安等地,称帝,国号梁。北附突厥,被封为“解事天子”。多次联结突厥攻城略地。贞观二年(公元 628 年)在遭唐军进攻时,被部下所杀。

河东汾阴(今山西万荣西)人薛世雄,任左御卫大将军、涿郡留守。大业十三年(公元 617 年)进攻瓦岗军,在途中为窦建德所击败,退回后不久而死。

鲁郡(今山东曲阜)人徐圆朗,大业十三年(公元 617 年)攻下琅琊、东平大片土地。降李密,再降王世充,后降唐军。刘黑闼起兵反唐,他予以响应,自称鲁王。武德六年(公元 623 年),战败被唐军所杀。

同州蒲城(今属陕西)人郭子和(即李子和),曾任左翊卫将军,因罪被流放。大业十三年(公元 617 年)在榆林聚众杀郡丞,自称永乐王,联结突厥。武德元年(公元 618 年)降唐。

庐江襄安(今安徽巢县)人陈棱,任右御卫将军,曾率军镇压杜伏威,然遭惨败。隋炀帝卒后,他占据江都。武德二年(公元 619 年),败于李子通,归依杜伏威,被杀。

河东汾阴人薛举,出任金城(今甘肃兰州)府校尉,家巨富。大业十三年(公元 617 年)起兵,自称西秦霸王,占据陇西,盛时有众十三万。后称帝,都天水(今属甘肃)。与唐军有过大战。他死后,由儿子薛仁杲继位。薛仁杲与唐军激战,兵败投降。

武威姑臧(今甘肃武威)人李轨,任武威郡鹰扬府司马。大业十三年(公元 617 年)起兵,自称河西大凉王,后称帝。被唐使所擒,处死于长安。

湖州武康(今浙江德清西)人沈法兴,为当地豪强,任吴兴郡太守。以讨伐宇文化及为名起兵,攻克江南十多郡,自称梁王。后败于李子通,投水而死。

南朝梁皇室后裔萧铣，任罗川（今湖南湘阴东北）令。大业十三年（公元617年），校尉董景珍等人起兵，推他为主，自称梁王，旋即称帝，都江陵。据有长江中游，拥众四十万。后因兵败投唐，在长安被杀。

群雄幻灭，成就了李唐王朝。

一八

杨玄感事变

继山东王薄起义之后，在隋炀帝第二次征伐高丽之际，杨素之子杨玄感相机起兵，在隋廷的后院烧起了一把火，给了隋朝沉重的一击。

杨玄感，形貌酷肖其父杨素，雄伟健壮，蓄得一部好须髯。然他幼时却是很愚钝，周围人皆认为他有些痴呆，唯独杨素不以为然，对亲戚们说："此儿不痴。"知子莫若父，杨素果然言中，到杨玄感长成后，竟是文武双全，喜读书，善骑射。

生在官宦人家的子孙，不用担心前程，因有恩荫之法可让他们轻易地获取官位。杨素功大官也大，杨玄感靠着恩荫走进了官场。这可能是历史上少见的奇事：靠着父亲恩荫的杨玄感，居然和父亲同样是二品，上朝时站在一个队列。隋文帝如此做，自然是嘉奖杨素的一个方式，可上朝时看着看着，觉得父子同站一列，有失体统，由是当廷宣布将杨玄感降了一等。此时，杨玄感不以为耻，反以为荣，拜谢道："没想到陛下这么宠臣，竟然在公廷中让臣献了孝心。"这话，巧妙地挠到了隋文帝的痒处，给自己美化了形象。

杨玄感第一次当地方长官，是当郢州（今湖北钟祥）刺史。他虽是初出茅庐，却是少有的老到和有手段，到任后分布耳目，打听当地官吏的行状，无论是清廉还是贪赃，其能力如何，都弄得清清楚楚，然后找机会一一予以当场公布。从而使得官吏们不敢有半点欺隐，在一定程度上，纯洁了郢州的官场。对此，当地民众相当敬佩，纷纷称赞他的才干。

后转宋州刺史，到杨素过世后，杨玄感被调入中央，拜鸿胪卿，封楚国公，迁礼部尚书。

官居要职的杨玄感，有一点也很像他的父亲，为人骄矜，但偏爱文学，遂使天下名士竞相来往于他的门下。

文学只是杨玄感的业余爱好，他真正的兴趣仍在政治。他从事政治，可谓得天独厚，由于父亲的功勋，杨家名满天下；由于父亲做过将帅，做过宰相，无论是武的系统，还是文的系统，在朝廷上都有一大批追随者。这些条件，本是杨玄感继续飞黄腾达的资本。可是，在混乱的朝廷氛围中，隋炀帝因办事不顺手，对周围重要人物的猜忌心越来越重。在杨素病卒不久，隋炀帝就暗中说过："杨素即使不死，必有一日全家诛灭！"此话传出，成为杨玄感的一块大心病。他虽官高爵重，看似体面得很，其实内心一直恐慌不已，怕大祸临头。他不甘束手待毙，欲趁着朝政紊乱，准备发动政变：废除隋炀帝，拥立隋文帝第三子杨俊之子秦王杨浩。在随从隋炀帝征伐吐谷浑时，因部队发生混乱，他考虑下手，偷袭隋炀帝的行宫。然这行动被他的叔父杨慎阻止了，理由是时机尚未成熟。

既然时机尚未成熟，杨玄感调整了计划，积极投入隋炀帝的权力圈子中，跻身于军事最高领导层，在军队中建立他的威信，在等待时机的过程中，为日后行事打下坚实的基础。在兵部尚书段文振的帮助下，他被隋炀帝接受了，并得到了这样的赞语："将门必有将，相门必有相，此言不虚。"由是，赏物、礼遇、权柄，令人羡慕地加到了他的身上。

时机终于降临。这个时机，包含着两个方面：一是隋炀帝第二次征高丽，后方空虚；二是百姓苦于劳役，天下已出现乱象。时杨玄感被委以在黎阳督运粮饷，他故意拖延，希冀在前方的军队因缺少粮饷而削弱战斗力，直至被高丽军击败。隋炀帝派人来催，他的答复是：漕运的水路已被盗贼把握，粮船难以为继。

等杨玄感从前线秘密召来其弟杨玄纵等人，便正式宣布起兵。为避免直接针对隋炀帝而树敌过众，他用了贼喊捉贼的手段，宣称带领水军的来护儿在东莱谋反，他奉密诏讨伐来护儿。由此，他带兵进入黎阳县城，关了城门大索男夫，以为壮丁；按照隋文帝时代的样式，开府置官；传移文书给周围郡县，命令立即会兵于黎阳。

谋士李密为杨玄感出了上中下三策：上策是兵进东北，扼住隋炀帝的归路，其粮饷断绝，复被高丽所迫，可不战而擒；中策是西取长安，据险而守，徐图天下；下策是以精锐部队，袭击洛阳，以号令四方。

杨玄感求成心切，采取了下策。他以为拿下东都洛阳，即可取得政治象征。他挥师东向，在修武县渡河遇阻后，折道汲郡渡河。一路上，来从军者数不胜数，到达洛阳城上春门外，已众至十万多。洛阳地区的民众将杨玄感当作救星，夹道竞相献上牛酒，以示欢迎。杨玄感认定人心向己，每每誓众说："我身为上柱国，家积巨万金，至于富贵，已无所求。今不顾破家灭族，只是为天下解倒悬之急，救黎民之命！"这阵阵誓言，愈发打动了天下受苦受难人之心，每日来军营投效者，竟达数千人之多。

在外围打了些胜仗后，杨玄感将洛阳城团团围住。负责东都城防的民部尚书樊子盖，严明纪律，申颁法令，组织了守城战。两军僵持不下，而援军中的贵族子弟，如韩擒虎子韩世咢、观王杨雄子杨恭道、虞世基子虞柔、来护儿子来渊、裴蕴子裴爽等四十多人，皆向杨玄感投降。杨玄感甚喜，以为赢得了政治优势，立即将他们全部委以重任。

洛阳告急，刑部尚书卫玄率众数万，从关中驰援。卫玄出二万人挑战,杨玄感佯败而退,卫玄实施追击,不料中了伏兵,前军尽数战没。几天后,双方再战,兵锋刚一接触,杨玄感让部下大叫:“官军已得杨玄感!”卫玄军稍一松劲,杨玄感亲领数千骑兵冲锋,冲得对方大溃,俘虏了八千人。

杨玄感不是个在后面指挥的人物,他力大无比,且骁勇得很,每战都亲持长矛,身先士卒,呼喊叱咤,所当者莫不惊魂失魄,不能抵挡。由此,军中将他比作项羽。他不仅善战,并擅长抚驭部队,将士感激,以死相效,从而战无不胜。

卫玄数败,加上粮食不继,情急之下,驱众与杨玄感决战。一日之间,交锋了数十次。双方战得血流如河,尸体狼藉,直到杨玄感之弟杨玄挺阵亡,杨玄感军才稍微退却。在城上观战的樊子盖,趁机开了城门放出人马,杀了杨军数百人。从整个战局来说,杨玄感占了些上风,然他不能彻底打开僵局,对东都还是望“城”莫及。

就在此时,放弃了高丽战场的隋炀帝,命令武贲郎将陈棱进攻杨玄感的根据地——黎阳;武卫将军屈突通屯兵河阳,相机渡河向洛阳进发;左翊卫大将军宇文述发兵跟进;右骁卫大将军来护儿从另一路进援东都。

面对前后夹击的形势,杨玄感再次犯了战略错误,听从了谋士李子雄分兵相拒的主张,将军队一分为二,西路对付卫玄,东路对付屈突通。由于杨玄感的阻击无力,屈突通顺利渡过黄河,与卫玄、樊子盖遥相呼应,发起了大战,打得杨玄感二路军连连败退。

眼看取得洛阳的希望已成泡影,杨玄感又听从了李子雄放弃洛阳,转而进攻长安,然后以西击东,成就霸王之业的建议。关中的杨氏家族,接连派人前来接洽,愿意作为向导。

杨玄感进入关中,开永丰仓散粮于百姓,以争取人心。军至弘农郡(今河南灵宝),当地父老争相劝留杨玄感,要他夺取弘农宫。杨玄感同意了，可连攻三日，城不能下。宇文述的追兵迫近，杨玄感只得西去，随即布阵五十里，边战边行，却是一日三败。接着布阵于董杜原，双方进行决战，杨玄感惨遭大败。

他领着十余骑，突围而去。在追兵的追击下，最后，仅剩下他和其弟杨积善二人。眼看大势已去，穷途末路的杨玄感不愿遭擒受辱，让杨积善杀了自己。

杨玄感的起事，终于黄花委地。然这场起事，在隋朝后院猛烧了一把火，严重地破坏了隋炀帝的形象，在统治阶层中进一步导致了人心涣散，为隋朝自毁长城敲响了警钟。

一九

宇文化及

宇文化及的出身可谓得天独厚，一是源于鲜卑贵族；二是父亲宇文述为左翊卫大将军，且有助杨广夺太子之位的功劳。

宇文化及在隋炀帝即位时被授为太仆少卿。（图选自清刊本《说唐演义全传》）

他是个典型的纨绔子弟，凭着家庭的背景，横行不法，是长安有名的“轻薄公子”。轻薄归轻薄，可仗着父亲和杨广的关系，他成了杨广护卫队的负责人，自由出入东宫。几经升迁，官至太子仆。因贪婪无度，接受大宗贿赂，几次被隋文帝削去官职。然得杨广的庇护，每次事后均官复原职。在其弟宇文士及成为杨广之女南阳公主的东床快婿后，他以皇亲的身份愈发肆无忌惮，恣意凌辱公卿百官，向人索讨女子、狗马、珍玩，敲诈商贩。

恶名昭著的宇文化及，在隋炀帝登基后，非但没受到任何制裁，而且平步青云，当上了掌管马政的太仆少卿。坐在这肥缺之上，他的贪欲更加膨胀。在随同隋炀帝巡幸榆林（今内蒙古准格尔旗东北十二连城）之际，他伙同其弟宇文智及，违禁与突厥交易，以获取厚利。这是与国家争利，实是与隋炀帝争利，事发后，终于惹得隋炀帝大怒，将他兄弟俩囚禁起来，并准备开刀问斩。考虑到他们是南阳公主的姻亲，执法随意的隋炀帝在临刑前赦免了他们的死罪，赐给他们的父亲宇文述为奴。在宇文述死后，隋炀帝感念这个曾经为他出过大力的功臣，不仅恢复了他们的自由身，且任宇文化及为右屯卫将军，宇文智及为将作少监。

若非天下板荡，宇文化及充其量不过是个混混儿，官场上的高级混混儿，在贪官榜上名列前茅的混混儿（透过隋炀帝对宇文化及兄弟的信任，足以反映隋炀帝政治的腐败）。然大江东去，泥沙俱下，隋末的大动乱，竟使得这个浑身沾满铜臭、劣迹斑斑的小丑，在政治舞台上着实地表演了一番。

大业十三年（公元617年），李密领导的瓦岗寨夺取了洛口，获得兴洛仓，向洛阳进军。身在江都的隋炀帝，不敢再回洛阳，欲定都丹阳（今江苏南京）。禁军部队多是关中人，留得时间长了，思乡心起，生出怨望，私下酝酿叛逃。禁军领导人之一司马德戡，久已对隋炀帝不满，为谋求生路，开始倾向叛逃的士兵。他和武贲郎将元礼、直阁裴虔通商议如何对待兵变。商议的结果是：若告知猜忌心极重的隋炀帝，恐先招杀身之祸；若隐而不报，事后又恐遭族灭；进退皆死，不如与禁军一同叛走。随之，他们串通内史舍人元敏，鹰扬郎将孟秉，符玺郎李覆、牛方裕，直长许弘仁、薛良，城门郎唐奉仪，医正张恺等人，拜为刎颈之交，同谋此事。

众人聚谋之际，参与聚谋的乐人之子赵行枢、勋侍杨士览，将事情告知了宇文智及。宇文智及素来胆大，不怕风险，敢于铤而走险，闻得此事，决定加以利用，闹成政变。当他面见司马德戡，获知对方定于大业十四年（公元618年）三月十五日举兵叛逃，并劫持十二卫人马与当地居民、财物，结党西归的计划后，提出了修改的意见：隋朝亡在旦夕，趁天下英雄并起的难得机会，举行大事，以成帝王之业。司马德戡领导叛逃，原只是不愿给隋炀帝陪葬，讨条生路，并无具体的政治方略，也不知叛逃之后如何安排前景，故听到宇文智及的言论后，表示了赞同。原本仅是禁军叛逃，由于宇文智及的加入，事情的性质起了变化，变成了将矛头直指隋炀帝的政变。

政变需要有相当政治资本的人来号召，司马德戡、宇文智及都不足担当，有人提议抬出宇文化及为主，得到众人的赞成。可宇文化及既蒙在鼓里，又生性胆怯（他的胆怯，仅仅是政治上的胆怯，在经济上向来胆大得很，否则，无从解释他怎敢藐视法度纲纪，大肆敛财），在得知众人的决定后，吓得魂不附体，面如土色，直冒冷汗，许久才定下神来。

虽政变计划已经确定，然这尚是高层人士的主意，广大禁军将士还停留在叛逃的层次上。为赢得众将士的支持，他们让精通医道、颇得众人信任的许弘仁、薛良出面煽动，说："皇上已经听说禁军酝酿叛逃，准备下了许多毒酒，假借宴请，毒死你们，只留南人守江都。"此言不胫而走，传遍军营，众将士吓得惶惶不可终日。司马德戡见谣言生效，于三月十日召集众将士，托出了他们的意图。走投无路的众将士为了活命，同意服从他们的安排。

当夜，在司马德戡的指挥下，政变开始了。元礼、裴虔通负责宫殿，唐奉义负责城门，宇文智及、孟秉于城外纠兵数千，司马德戡于东城聚兵数万，举火与城外相应。隋炀帝见城内有火光，人声喧闹，问出了何事，裴虔通敷衍说是草料场失火。经过不太费力的战斗，叛军全面控制了局势，攻入玄武门，直逼宫殿。隋炀帝至此方知发生了兵变，易服逃向西阁。裴虔通领兵紧追，得宫内美人的指点，终于擒住了如丧家犬般的隋炀帝。

天明时分，孟秉领全副武装的骑兵，迎来了宇文化及。宇文化及骑着马来了，浑身战栗，说不出话，有人前来请谒，只是低首据鞍，口称罪过（史书以此表现，欲证宇文化及的无能。其实，这完全可能是宇文化及的政治权谋，以显示他与此事无关，是被逼无奈才走上这一步的）。在城门，他受到了司马德戡的迎接，引入朝堂，被奉为丞相。

成了囚徒的隋炀帝，被逼外出慰劳禁军。他还想强作天子威势状，宇文化及看得不耐烦，说："何需将此物弄出来，杀了算了。"裴虔通、司马德戡持刀将隋炀帝带进寝殿，先杀了隋炀帝的爱子赵王杨杲，在数落了他的罪行后，用丝巾将他给缢杀了。

随即，宇文化及下令大屠杀，杀尽在江都的隋朝皇室成员、忠于隋室的大臣。仅留下与宇文智及关系较好的秦王杨浩，扶为傀儡皇帝，派专人看管。

十多天之后，宇文化及令夺了江都所有的舟楫，领军沿水路向西而行。途中，他镇压了一次军中的武装反抗，并乘势占有了隋炀帝的妃嫔宫女，享用起隋炀帝的起居待遇与礼仪。他毫无处理政务的能力，凡是有人汇报事情,他均沉默不语,待人走后,再收取文本,让唐奉义等人参决。行到徐州,水路不通,改走陆路,又夺了当地居民的车牛,用于载他的宫人与珍宝。而所有的兵器军需,则让兵士们手拉肩扛。将士们本就对宇文化及的能力抱怀疑态度,加上路途遥远,弄得人疲马乏,情绪恶劣,开始怨声载道。

作为领导人之一的司马德戡也相当失望,对当初提议拥护宇文化及的赵行枢说:"你当初的决定,实在是误了大事。处于乱世,必得英主才行。而宇文化及庸碌昏暗,又有一批小人围在左右,前景肯定不妙,你看如何?"赵行枢正对自己当初的行为后悔,遂与司马德戡等人商议,杀了宇文化及,另立司马德戡为主。然此密谋被许弘仁获知,转告宇文化及。宇文化及来了个先发制人,收捕了司马德戡等谋事的十多人,全部处死。

兵锋西行,逼近洛阳,取了东郡。此时投靠东都集团的李密,用奇兵屡破宇文化及,打得他损兵折将,仅剩二万余人,北走魏县。由于连吃败仗,宇文化及部队内部人心涣散,众叛亲离。宇文化及面对败局,埋怨宇文智及当初立他为主。宇文智及反骂:享乐归你,事败归人,是否要杀我将功赎罪。兄弟相争,愈发搅得人心不安,丧失信心,纷纷出亡。

宇文化及见大势已去,不思寻找一个集团去依附,反使出无赖的本性,说:"人固有一死,岂可不当一日皇帝!"于是毒死了杨浩,自立为帝,国号许,年号天寿,设置百官。

宇文化及的称帝,只是一种临死前的哀鸣。他在军事上非但毫无进展,而且日见萎缩,只取了聊城(今山东聊城东北)苟延残喘。

以河北为根据地的窦建德,挥军前来攻伐。隋末最先起事的王薄,打入宇文化及的内部,作为窦建德的内应,开了城门,迎入窦建德的军队。窦建德生擒宇文化及、宇文智及及其党羽,一体斩首。

二〇

王世充

在隋末诸雄中，王世充既不同于窦建德等自拉的武装，也不同于李渊等从隋朝内部分化出来的政权，更不同于宇文化及用政变方式营建的集团，其是在忠于隋朝和背叛隋朝的边线上走出的军事力量。

王世充，字行满，家庭背景很是复杂，父亲王收官至怀、汴二州长史。他一头卷发，声音颇尖，有城府，多权谋，读了不少儒家经典，特别喜欢研习兵法。

开皇中，他步入军界，当禁军积了军功，升为兵部员外郎。他能说会道，善于舞文弄墨，加上精通法律，人称有“明辩”之才。

王世充的发迹，是在隋炀帝登基后，凭着让隋炀帝看好的才干，当上了江都郡丞。江都郡丞不是一般的地方长官，江都是隋炀帝数下扬州后的实际政治中心，由此他这个负责江都事务的郡丞，成了类似“首都”地区的行政长官。他擅长阿谀逢迎，每次隋炀帝来江都，他与之谈话，察颜观色，投其所好。他还兼了江都宫监，即江都宫殿的负责人，不时地修建池台，收罗珍宝，广采美女，取媚于隋炀帝。隋炀帝在雁门(今山西代县)遭到突厥围困，他尽发江都丁壮组成救援军，前去救驾。一路上，他蓬头垢面，一直哭泣，不解衣甲，卧于草上，隋炀帝知晓后感动不已。隋炀帝是个特重感觉的君主，王世充将他的感觉弄好了，自然龙心大悦，对他恩宠有加。

有才,不是对王世充的过誉。不管是正才,还是歪才,他确实有才。隋朝从大业八年(公元 612 年)起,大乱的征兆开始萌生。想乘乱大干一番的王世充,审时度势,开始注意培育自己的势力:他礼贤下士,恩结豪杰,拉拢人心;人有犯法,枉法开释,树立私恩;征讨地方造反队伍,有功归部下,有物赏兵士,自己一无所取。他工作勤奋刻苦,对人广行善事。由此,获得了崇高的威信。

除了政治之才之外,他还有军事之才,长期研究兵法和入伍后的实战经验,使他成了一个隋炀帝倚重的将帅。在江都的数年,他为隋朝镇压叛乱造反立下了赫赫战功。吴人朱燮等在江南起兵,响应杨玄感,隋炀帝派出大军围剿无功,结果他旗开得胜。齐郡孟让拥众十多万,进入盱眙(今属江苏),他以弱胜强,获得大捷。此后,又连破声势浩大的格谦、卢明月等军。

多管齐下,王世充成了隋炀帝身边顶尖的红人。

促成王世充离开隋炀帝,使他日后成气候的一个机遇,是李密的瓦岗军攻陷邻近洛阳的兴洛仓。洛阳是隋朝的首都,闻讯焦急的隋炀帝,令王世充为将军,统军前赴洛口,征讨李密。血战百余次,双方各有胜负。然在最后的会战中,王世充全线崩溃,仅带了千余人逃往洛阳。留守东都的越王杨侗,念他是个难得的将才,在急需用人之际,赦免了他的败绩之罪,并给予了重用。

在宇文化及杀了隋炀帝后,身在洛阳的王世充,与东都留守的主要官员元文都、皇甫无逸、卢楚等人合议,决定拥立越王杨侗为帝,继承隋统。说是参与合议,然王世充并非首席人物,洛阳政权的领导权基本掌握在元文都等人的手中,他是个外来户,在被用的同时,也遭到了一定的排挤。

他被任命为吏部尚书,爵封郑国公。

王世充处在这个政权中,本就有些孤立。在杨侗听从元文都等人的建议,拜正在与宇文化及争战的李密为太尉、尚书令后,王世充更感到了一种空前的失落,因为在众人眼中,李密的军事才干,远远高出于他。李密确实不负众望,及时获得了令洛阳政权上下心悦诚服的黎阳大捷。王世充曾与李密血战过,有相当程度的仇恨情结。为清除李密,他用话激怒他的部下说:"元文都之辈,不过是刀笔吏,早晚必被李密所除。我军人人都与李密血战过,杀了其军不少的父兄子弟,一旦成为他的下属,我等将死无葬身之地!"这种情绪在王世充的部队中迅速蔓延,危险的兵变一触即发。

元文都获悉后,与卢楚等密议。密议的结果是:支持李密,除去王世充。具体的行动方案是:诱骗王世充前来,设伏兵将他杀死。

可是,他们晚了一步,参与密谋的将军段达,让他的女婿张志将元文都等人的密谋通报了王世充。王世充当夜发动兵变,围住了宫城,在击败了两道抵抗的防线后,杀死了元文都、卢楚。杨侗迫于形势,只得含糊地认定了元文都等人的"罪状",与王世充结盟。杨侗不过是空头皇帝,他从元文都的傀儡,转为了王世充的傀儡,拜王世充为尚书左仆射,总督内外诸军事。王世充以其兄王世恽为内史令,入居内宫,看管杨侗。

洛阳发生政变时,李密尚未到过城内,他的军队在黎阳大捷后,一直继续在外与宇文化及大战。虽最后击破了宇文化及,但他的军队也受到了巨大的创伤,精兵良马丧失殆尽。李密返军驻扎在偃师(今属河南)的北山上,王世充见李密军大丧元气,欲乘机将他消灭,一雪当日兵败之耻,二除现时政治障碍。为让部下和他同心,编造周公托梦于他:要他急讨李密,建立大功,否则全体将士皆死。他的部下多是楚人,风俗迷信,相信了他。于是,他出奇兵偷袭李密,再施以火攻,乘乱逼迫李密军会战。结果,李密部队溃不成军,再在王世充的攻心战下,仅带了几十个骑兵逃脱。

偃师之役,大胜的王世充几乎是悉数收编了李密之军。他的威望和实力达到了前所未有的地步,东面和南面的各种割据势力,纷纷前来投靠。史书称之为:“东尽于海,南至于江,悉来归附。”

水涨船高,王世充在洛阳政权中的地位,更上了一层楼。杨侗在他的党羽威逼下,拜他为太尉,许设置官属,以尚书省为其府。武德二年(公元619年)三月,王世充受封郑王,拜相国之位,加九锡之礼。封王之举,等于向天下宣告,他王世充已有了独立的政治体系,并表明他已开始酝酿禅代隋祚。

王世充欲禅代隋祚,遭到许多臣僚的反对。然他一意孤行,最终废了杨侗,自己黄袍加身,宣布年号开明,国号郑。王世充的禅代,标志了隋朝在形式上的终结。

做了皇帝的王世充,没个皇帝样,听朝时言语极其啰嗦,一事反复叮咛,且千头万绪不得要领,大臣们疲于听受,侍卫不胜其烦。

这个政权,在这样的皇帝管理下,毫无生气,仅维持了两年。唐武德四年(公元621年),李世民率唐军向洛阳发动了猛烈的军事进攻。王世充自忖无力抵抗,请求窦建德救援。李世民采取围点打援的战术,先解决了窦建德,然后倾力围攻洛阳。王世充迫于攻势,开城出降。

亡国破家的王世充,被李世民带回了长安。唐高祖没杀他,将他废为庶人,安置去川蜀。途中,被仇人独孤修德兄弟所杀。

二一

瓦岗寨

瓦岗寨最初的领导者，是韦城（今河南滑县东南）人翟让。翟让原是东都的法曹，犯法被定了死罪，得狱吏黄君汉舍身相救，逃出大牢，拉人至瓦岗寨（今河南滑县南）起事。

翟让手下最得力的人物，是同郡的单雄信，健壮、骁勇，使一杆马槊。离狐（今山东东明东南）人、年方十七岁的徐世勣投进寨中，说服翟让，引众前往汴水流经的荥阳（今属河南）、梁郡（今河南商丘南），劫掠官私船只，以为资用。这一步的成功促进了瓦岗寨的壮大，闻讯来投者络绎不绝，遂聚众万余人。

瓦岗寨是隋末最早起事者之一，韩国磐根据徐世勣入伍时的年龄推算，约在大业七年（公元 611 年）左右起事。瓦岗寨并非是孤立的，在其周围，还有王当仁、王伯当、周文举、李公逸等一个个寨子。

瓦岗寨后成大气候，与李密有关。

李密，字玄邃，京兆长安（今属陕西）人。祖上历为高官，父亲李宽为隋上柱国，封蒲山公，知名于当代。

李密曾在隋炀帝的卫队中干过，又因在牛背上读《汉书》，为杨素所赏识。他有高超的智谋，然却仕途不畅，在杨玄感起兵后，被请去当军师。他向杨玄感提出过许多见地深刻的策略，但大多被束之高阁。杨玄感败后,他被逮捕,施计带领同犯逃脱,开始了流亡的生涯。他隐姓埋名,做了乡村教书先生。课余,想起生平抱负,不禁闷上心来,提笔赋五言诗一首,云:

金风荡初节,玉露凋晚林。
此夕穷途士,郁陶伤寸心。
野平葭苇合,村荒藜藿深。
眺听良多感,徙倚独沾襟。
沾襟何所为,怅然怀古意。
秦俗犹未平,汉道将何冀?
樊哙市井徒,萧何刀笔吏。
一朝时运合,千古传名谥。
寄言世上雄,虚生真可愧!

书罢,热泪成行。乡人见状可疑,密告官府,他闻讯再逃。

这一逃,李密逃向了瓦岗寨的地带。他先和周围的那些寨子取得了联系,继而得到了他们的信任与推重。尤其是王伯当,更是对他佩服得五体投地。在王伯当的穿针引线下,他和翟让见了面。他以"秦失其鹿,天下逐之"的道理开导翟让,使翟让拨云见日,看到了出路。一个从洛阳来投叫李玄英者,以童谣推断李密"斯人当代隋家",从迷信的角度提高了他的声望。

进了瓦岗寨,李密连立了五大功:一功是游说其他各寨子,让他们投奔了瓦岗寨;二功是建议攻荥阳诸县,取得了立脚的城池和充足的粮草;三功是领军击破了让翟让惧怕的隋将张须陀的征讨之军,并阵斩张须陀;

四功是领兵攻克兴洛仓，开仓放粮，大大争取了民心；五功是一战歼灭洛阳杨侗派来的征剿军。

翟让服了李密，先是让他独领一部，号为“蒲山公营”。接着，自知不如李密的翟让，向李密让出了首领的位置。李密称魏公，拜翟让为司徒。

瓦岗寨出名了，与此相应的是，李密成了天下诸雄中风头最健的人物。长白山义军孟让，率部归附；巩县县长柴孝和，举城归降；隋军征讨元帅裴仁基，原进驻武牢，进剿瓦岗寨，也倒戈投向了李密。

李密借此声势，推出了一项大战略，令裴仁基、孟让领军进攻东都。东都是攻进去了，然遭到了激烈的反击，裴仁基大败而回。李密接着亲自统军，进逼东都，击溃七万多来战的隋军，夺回洛仓，兵临洛阳城下，发出讨伐有十大罪状的隋炀帝的檄文。此举震动了天下，隋炀帝吓得龟缩在江都，不敢西返。可东都久攻不下，柴孝和建议留军守河南，主力西进关中，夺取长安，以号召天下。李密以部下多是山东人，放弃了这个建议。大战连着打，李密身中流矢，部队大溃，放弃回洛仓，退向洛口。此时，隋炀帝从江都派来的王世充军赶到，向李密叫阵。双方前后争战六十多次，李密是前期不利，中期各有胜负，后期得了大批来附的义军与官军，几乎全歼王世充部，仅逃脱了王世充等千人。

在与王世充激战之际，瓦岗寨内部发生了一场大事变。原让位于李密的翟让，大权旁移后，心里多少有些失落。他的心腹王儒信，劝他夺回大权，架空李密。他的兄长翟宽，进一步要他做天子。李密耳目甚多，在探出蛛丝马迹后，以宴请为名，邀翟让赴席，席间安排壮士将他给杀了。事变对李密而言，虽说是成功的，翟让旧部没做任何反抗，就接受了现实，然内心的嫌隙却深藏了下来。

击败王世充后，李密乘势取了偃师，建筑了金墉城，聚众三十余万。

这是瓦岗寨的全盛时期,也是李密个人最辉煌的时期。“东至海、岱,南至江、淮,郡县莫不遣使归密。”窦建德、朱粲、杨士林、孟海公、徐圆朗、卢祖尚、周法明等诸雄,纷纷遣使送来劝表,请李密黄袍加身。他的部下也群情涌动,要他早登九五。然此时的李密还算明智,以东都尚未攻下为由,给拒绝了。

李密不是不想当皇帝,而是认为时机还没成熟。他眼下的目标,只是当天下讨隋的盟主。他认定要当成这个盟主,首先须得到李渊的承认,由是致书李渊,请合纵灭隋。时李渊力量不及李密,且专意经营关中,正需要李密为他阻挡关外的隋军,遂卑辞赞许,以骄李密之态。李密得回信大喜,说:“唐公推奖,天下不足定矣!”

形势突变,宇文化及在江都杀了隋炀帝后,拥众西行。在进入李密的地盘后,与李密发生了军事冲突。在洛阳的杨侗,在元文都等人的推戴下,存亡继绝地成了皇帝。他为了打击首号的乱臣贼子宇文化及,不惜捐弃前嫌,遣使拜李密为太尉、尚书令、魏国公,令他先平宇文化及,然后入朝辅政。一直需要政治旗号的李密,立即转变了他灭隋的态度,同意向杨侗称臣,在政治上可以取得正统的名分,在军事上可以免遭两面受敌而全力对付宇文化及。

然一贯能制定正确战略的李密,此时犯了一个致命的错误。他忘记了螳螂捕蝉黄雀在后的古训,忽视了与他大战而结下大仇的王世充,在洛阳城内非但是政治决策人物之一,也是军事实力派之一的事实,过分相信了元文都等人能控制局势。他与宇文化及的战争,是场费时费力的消耗战,尽管在战场上他获得了主动权,但在打垮对方后,自己的损失也相当惨重,精兵几乎全部打完。

得胜的李密,抓获了直接杀死隋炀帝的于弘达,献给了杨侗。杨侗下令同意李密进入东都，辅助朝政。李密去了，可走到半途，洛阳发生了王世充的政变，他只能率部返回金墉城。他本是能厚抚部下之人，可在此时，他只有粮仓，而没有府库，缺乏财物赏赐将士，加上他特别照顾最早跟随他的人马，于是部队里怨言四起。

王世充没和李密撕破脸，虚与委蛇地用文书进行周旋。李密虽对王世充心存戒备，但未能妥善地备战，将金墉城交给王伯当留守，自己率部开往偃师，欲借邙山北拒王世充。王世充出奇兵，强行迫使李密会战，结果，李密全线溃败。王伯当无力守金墉城，退保河阳。而重要的洛口、武牢等城的守将，相继投降了王世充。

李密前往河阳，面对全局沦丧的惨象，他自觉无颜以对部下，举剑自杀。最最忠于他的王伯当拦住了他，哭叫得昏厥了过去。众将被感动，表示愿意跟李密走到底。走向何方？议论的最后决定是：李密兵战河南，对李渊夺取长安起了关键的作用，加上彼此皆姓李，唯有投靠李渊最为合适。

余众尚有二万，李密进入关中，一路受到李渊隆重的欢迎。可好景不长，在长安呆下后，受到的待遇越来越薄。官职也不高，仅被拜为掌管皇室膳食的光禄卿，封邢国公。加上唐高官的索贿，李密的心情日益恶劣。

其实，李渊接纳李密的真正用意，在于借助他过去的声望，招降他的旧部，以讨伐王世充。没多久，李密受命率所部人马，以王伯当为副手，前去河南。可走至桃林（今河南灵宝），李渊又令他返回。李密不想再回去受辱，决心反，遂夺了桃林县城，派人驰告旧部张善相，让他速来接应。但未等张善相到，李密就被唐将盛彦师击败，与王伯当一同阵亡，时为武德元年（公元 618 年）。

瓦岗寨起义，到此烟消云散。

二二

窦建德

一身豪气，轻财好施，重然诺，贝州漳南（今河北故城东北）人窦建德虽是普通的农民，却在乡里享有高度的威信。

窦建德参加高士达起义军，后被李世民打败。（图选自清刊本《说唐演义全传》）

他做过里长，不知何事犯了法，流亡他乡，会天下大赦，才得以返归故里。流亡岁月，让他在外面开了眼界，也了解了天下的形势，从而在豪气中又平添了一种见识与器局。

大业七年（公元611年），隋炀帝征高丽，在各地招募军队。贝州地方政府积极执行最高当局的命令，并选用特别骁勇者为基层军官。在这样的背景下，窦建德被补为二百人长。虽说成了军官，然他从农民的切身利益出发，和广大的农民一样，怀有强烈的反战情绪。队伍组成了，可未成行，窦建德依旧呆在家乡。

当时贝州在广义上被认为是山东地界，此年山东大水，漳南受灾严重。但让农民痛恨的是，政府仍然募兵不止。窦建德的同乡孙安祖，房屋被大水冲走，老婆孩子被饿死，却因他孔武有力，还是被抽了壮丁。孙安祖以家里的不幸，向漳南县令求情，希望能免去他的兵役。可求情没求到，反遭到一顿毒打。孙安祖一怒之下，杀了县令，投奔窦建德。隐藏逃避兵役又杀县令的要犯，窦建德知道要负什么后果，但他义无反顾地收留了孙安祖。

大水之后，紧跟着是大饥荒，颇有见地的窦建德结合征高丽的恶果，预感到天下从此将不太平。为救孙安祖，也是为自己留条后路，他说动孙安祖，聚众于芦苇茂密、地形险要的高鸡泊（类似《水浒传》中的梁山泊）做强盗，待时以成大事。在孙安祖应允后，窦建德凭着在当地的威信，招诱了逃兵和无业者数百人，让孙安祖带进了高鸡泊。孙安祖自称将军，行起了绿林好汉的勾当。窦建德依然做他的良民，暗中和高鸡泊保持着密切的联系（类似《水浒传》中早期的宋江，自己不入梁山泊，却与梁山泊好汉时有来往）。

在贝州地面上，做强盗的不止是孙安祖，另有张金称、高士达也各自聚众数百上千，占地为王。这是一伙真正的强盗（将所有的强盗都说成是农民起义军，实在与事实不符。强盗成了气候，转为农民起义军，有不少例证。然那些小强盗，终究只是强盗）。他们杀人越货，打家劫舍，焚烧房屋，到处骚扰地方。但让官府费解的是，他们从不侵犯窦建德的居住地。在没有取得真凭实据的情况下，官府断定窦建德与这伙强盗有联系，抓窦建德未抓到，遂将他的家属不分老幼少长，一齐处死。本来还在观望的窦建德，被逼之下，拉出了手下的二百人，投奔高士达（此时的窦建德犹如《水浒传》中中期的宋江，被逼上梁山）。高士达自称东海公，任窦建德为司兵。

以孙安祖为首的高鸡泊，是靠着窦建德一手策划并全力帮助，才得以建立的。而走投无路的窦建德没投高鸡泊，却去了高士达那里，实在有些令人纳闷。其实，这是窦建德的义气所在，他知道孙安祖的威望、人缘、资格均不如自己，如去了高鸡泊，孙安祖势必要将大头领的位置让于他，这是他所不愿的，不愿如此轻巧地夺了孙安祖浴血奋战的成果。然孙安祖毕竟缺乏谋略，他在和张金称争地盘时，被张金称所杀，他的部下数千人群龙无首，均投奔了窦建德。窦建德由此壮大了势力，兵达万余人，并时常前去高鸡泊。

窦建德为人较为坦诚，待人接物不拿腔捏调，很是诚恳，加上能和士卒同甘苦，使得部下能为他赴汤蹈火，万死不辞。

窦建德投奔的高士达，是个心胸磊落的人。大业十二年（公元616年），隋军前来征讨，大敌当前，他自知军事智谋不及窦建德，遂晋升窦建德为军司马，全权掌握部队。窦建德出手不凡，用诈降和偷袭双管齐下，大破隋军。继而，隋军良将杨义臣复来征剿，在灭了张金称后，大军向高鸡泊压来。窦建德收拾了张金称的余众，建议高士达高壁坚垒，在敌疲后再打，否则后果不堪设想。可高士达不听，率军迎战，留窦建德守营。一切不出窦建德的预料，高士达战死，窦建德寡不敌众，领百骑突围而去，行至饶阳，乘守军空虚，一气攻下。再招兵买马，重整旗鼓。

待杨义臣班师后，窦建德率军返回故地，招集高士达留下的散兵游勇，军势复振，自称将军。

窦建德的过人之处，在于他不同于草寇，对士人和一般隋官有着正确的看法。当时有些起事者，抓到隋朝官员和士人，不分青红皂白，一律杀死。而窦建德懂得，士人由于书读得多，在政治之道上有不可轻视的长处，故而，他每获得士人，必加礼遇，使得他的智囊团的素质，大大高出其他起事集团一筹。对待隋官，只要不是罪大恶极者，他也酌情加以录用，以分化隋朝营垒。这种政策是有效的，一些不愿再为隋朝陪葬的官员和士人，纷纷举地举城向窦建德投诚。他的实力迅速扩展，拥有精锐部队十万余人。

大业十三年(公元617年)正月，窦建德在河间乐寿(今河北献县)称长乐王，建年号丁丑。同年夏天，他大破来犯的隋将薛世雄，全歼其军二万多人。随即，围攻河间城，妙借隋炀帝被弑的形势，收降了守将王琮。他宣布建都乐寿，名为金城宫。同时派兵四出经营，广拓土地。

武德元年(公元619年)，窦建德改年号为五凤，宣布国号为夏，自称夏王，夏国蒸蒸日上，在河北破了魏刀儿的十万之众。次年，再打出为隋朝讨贼的旗号，在聊城平定了宇文化及。

成了夏王的窦建德，未改朴素本色。战胜获得的财物，均分给将士，自己不取丝毫。他的妻子曹氏，一身布衣。他从不食肉，只用蔬菜。击灭宇文化及后得到的上千有姿色的宫人，全部放散。他虚心纳谏，使夏政权出现了开明的气象。

夏政权在成长，今非昔比，它的力量在天下已名列前茅。为适应发展的需要，窦建德审时度势，推出了新的政策。他录用隋朝高级官僚，借助他们的能力，对夏国进行治理。他先是遣使朝见洛阳的杨侗，在杨侗被王世充废后，他与洛阳断交，自建天子礼仪，追谥隋炀帝为“闵帝”。他与突厥联好，不仅减少了后顾之忧，且可借力共同对付其他势力。迁都洺州（今河北永年东南），号万春宫。

然而，在多方位的军事拓展成功和一系列的政治经营成功后，窦建德开始滋长起刚愎自用与多疑的性情，从而犯下了两个不可挽救的错误：一是听信谗言，杀了勇冠三军、足智多谋、功勋卓著的大将王伏宝；二是杀了最能进谏言的纳言宋正本。这两人是他得力的左右手，杀了王伏宝，致使出兵征战多有失利；杀了宋正本，致使朝中无人再敢于直言相谏。清明的气象，已不复当初。

武德四年（公元622年）初，窦建德在平定了孟海公后，倾其主力驰救被李世民围困在洛阳的王世充。他本已与王世充绝交，不想救援，可他的中书舍人刘斌提出了这样的战略思想：“唐有关中，郑有河南，夏居河北，此为鼎足相持之势。今唐军尽其主力攻郑，历时二年，郑力已竭。唐强郑弱，其势必破郑。郑一旦被破，夏则当有唇亡齿寒之虞。不如救郑，与郑里外夹攻，以击唐军。若仅是击退唐军，可保三分之势。若破唐军，则乘势灭郑。继而，挟夏、郑二国之众，长驱西进，直捣关中，可得天下。”窦建德听了，正中下怀。再说，他曾与唐军大战过，战绩辉煌，因此有轻唐之心。

窦建德进兵后，一路以卷席之势，直迫河南，在武牢与李世民遭遇。他有众十多万，号称三十万。然与李世民争战数次，均遭败绩。军心思退，国子祭酒凌敬建议，挥军进入山西，威胁关中，以解洛阳之围。他却认为是书生之见,不足取。他的妻子曹氏支持凌敬的建议,又被认为是妇人之见,也不足取。

会战终于在窦建德的坚持下爆发了。可他完全错误地估计了唐军的战斗力,仅交合四五回,即被李世民的骑兵冲得大败。他身中枪伤,带伤溃逃到一个叫牛口渚的地方。然他终没逃脱,被唐军追兵所擒。

曹氏和大臣领数百骑,逃回洺州,见夏国大势已去,率百官,持着夏国版图,入关中向唐廷投降。

尽管夏国已投降,但唐高祖没放过窦建德。他在长安被斩,时年四十九岁。

二三

杜伏威、辅公祏

从乡里蟊贼到草泽强盗，再到江洋大盗，是隋政府对杜伏威档案的提要。

杜伏威，齐州章丘（今属山东）人。少时落拓无行，游手好闲，穷得叮当响，为了生计，常干些入室撬窃的勾当，是个典型的无业流氓者。虽说被乡人看不起，却以过人的胆识赢得了同郡临济（今山东章丘西北）人辅公祏的赏识，两人结为刎颈之交。

尽管是个惯偷，但杜伏威的生计很不稳定。辅公祏的姑姑家以牧羊为业，他为了接济杜伏威，多次偷拿姑姑家的羊送给杜伏威。姑姑家少了羊，发觉是他们二人所干，遂报了官。官府差人来捉拿，他们一起跑了。跑进草泽，拉人啸聚为盗。到外面打家劫舍，杜伏威总是出则居前，入则殿后，众盗钦服，遂被推为首领。

大业九年（公元613年），王薄领导的长白山义军，已发展成相当的规模。杜伏威率众前去投靠其中的左君行部，因受到冷遇，愤而率众出走，进入淮南，自成体系，号称将军。为扩大势力，杜伏威大量收编其他零星小盗，收得最大的，是下邳（今江苏邳县东）苗海潮部。

虽隋末天下大乱的形势，为杜伏威的起事提供了难得的机遇。然其生存状态仍是极为艰难的，既要对付官军的征剿，又要对付其他势力的兼并。可杜伏威凭着他出众的才干，领着他的部众，硬是一步步走了出来。

他经营的地盘靠近江都(今江苏扬州),江都留守派校尉宋颢领军前来征讨,他佯败将官军引入芦苇丛中,一把大火烧得官军全军覆灭。邻近有赵破阵的寨子,赵破阵恃强凌弱,要杜伏威并入其寨,杜伏威假装答应,在酒会上杀了赵破阵,反并了其部。

杜伏威势力遽增,震动了隋炀帝,他亲派右御卫将军陈棱来讨伐。陈棱军到,惧杜伏威,坚壁不出。杜伏威见他打又不打,撤又不撤,便学三国诸葛亮对司马懿样,遣人送去妇人衣服,讥之为“陈姥”。陈棱毕竟不是司马懿,耐不住气,怒而列阵相战。杜伏威亲自出阵挑战,额中对方一箭,他带箭冲入敌阵,指着射箭者高叫:“不杀你,我绝不拔箭!”他所向披靡,擒获射箭者,斥令拔箭,随之杀死,复杀了数十人。在杜伏威部的猛烈冲击下,陈棱阵脚大乱,全军覆灭,仅逃了自身。

杜伏威乘胜破了高邮(今属江苏),再攻克历阳(今安徽和县),自称总管,以辅公祏为长史。此时,他们成了气候,成为江淮间最大的起事者,由此,江淮间小打小闹的势力争相前来归附,愈发壮大了他们的声势。

杜伏威的用兵,自有一套。他特别训练了一支五千人的敢死队,与之同甘共苦,号为“上募”,享受着优异的待遇,专打难仗、硬仗、大仗。一仗回来,则对每人作例行检查,若是背后中箭者,必判为逃跑者,格杀勿论。所获的战利品,全部赏给将士。由此,他的部队勇往直前,所向无敌,横行江淮。

宇文化及在杀了隋炀帝后,为控制江淮地区,想收编杜伏威,任命他为历阳太守。杜伏威是有政治头脑的,他虽说反隋,但绝不愿和这天下各种势力都与之为敌的“乱臣贼子”为伍,于是毫无商量余地地拒绝了。

接着,杜伏威又做了一个大举措,将治所移到了丹阳(今江苏南京)。这里是六朝古都,他借此表明自己已是南方真正的统治者。确实,他在政治上也上了一个大台阶:开始招用士人,组织高级智囊团;大修器械,提高军需储备;轻徭薄赋,减少江淮地区民众的负担;废除殉葬,开化风气;凡民间犯奸盗,或官员贪污受贿,无论轻重一律处死,以整治社会秩序,肃清官场腐败现象。他的政令颇符民心,受到了江淮民众的欢迎。

出身草莽的杜伏威,深知自己缺乏进一步的政治号召力,由是上表洛阳的杨侗,表示愿意称臣,以取得正统的政治背景。杨侗正需要将政治影响扩大到江淮,同意了杜伏威的归附,拜他为东道大总管,封楚王。然而,他当隋臣没多久,王世充废了杨侗,自立为帝。杜伏威不愿向王世充称臣,转而寻找新的政治背景,他看好的是长安的李渊政权。从而当李世民率部征讨王世充,遣使到丹阳相招时,他爽快地答应了,被任命为东南道行台尚书令、江淮以南安抚大使,封吴王,赐姓李氏。他派出部队前往洛阳,协助李世民进攻王世充。

臣事李唐王朝,对杜伏威而言,还不具备严格意义上的君臣依附关系。直到武德四年(公元 621 年),他依然在拓展领土。他先是在杭州(今属浙江)破了势力浩大的李子通,并生擒李子通,送往了长安。继而,他又兵进歙州(今安徽歙县),破了另一股割据势力汪华。此时,他的领土范围已不再局限于江淮地区,而是"尽有江东、淮南之地,南接于岭,东至于海"。换言之,也就是北以长江为界,南达岭南,东至东海。

杜伏威虽然辉煌,但李唐王朝的统一态势远远超过了他。在李世民破了刘黑闼,再攻徐圆朗后,杜伏威已在丹阳坐不住了,他考虑若再拖延不去长安朝见唐高祖,恐怕这名义上的臣服难以遮盖实际上的割据,唐军兵叩丹阳将为时不远了。由此,在武德五年(公元 622 年),他无奈地赶往了长安。到了长安,他受到了殊隆的礼遇,被拜为太子少保。

杜伏威走后,在丹阳当家的是辅公祏。

辅公祏是和杜伏威共同起事的最大元老，且他年长于杜伏威，杜伏威呼为兄，军中称为伯。在杜伏威臣服李渊后，他被拜为淮南道行台尚书左仆射，封舒国公。他本和杜伏威同生死共患难，感情很好，可在市面做大后，有些倚老卖老，弄得杜伏威心里极不舒服。为压制辅公祏，杜伏威采取了表面尊崇实际架空的权术，外拜辅公祏为仆射，内里却提拔了他的两个养子——勇猛善战的阚稜、王雄诞——为左、右将军，执掌兵权。辅公祏非寻常人，虽心中怏怏不快，但绝无半点怨言，跟着道人左游仙学神仙，作逍遥状。

因此，说是辅公祏当家，其实他仅是在名义上当家，真正当家的却是王雄诞。杜伏威走前把军队付与了王雄诞，并关照说："我入京之后，若是不失职，绝不要让辅公祏生变。"他的言下之意是：他入长安后，若李渊善待他，则要防止辅公祏扯旗造反；若李渊和他过不去，则听任辅公祏所为。

王雄诞是忠实执行杜伏威意志的，可他非辅公祏的对手。武德六年(公元 623 年)，在左游仙的策划下，辅公祏设计夺了兵权，杀了不愿相从的王雄诞，伪造杜伏威的命令，树起了反旗。

杜伏威是无辜的，无辜的杜伏威"暴卒"于长安。

辅公祏一不做，二不休，干脆称了帝，宣布国号为大宋。以左游仙为兵部尚书、越州总管。武德七年(公元 624 年)，他顺利地用军事手段解决了占据毗陵(今江苏常州)的沈法兴。然对付小型割据势力绰绰有余的辅公祏，却在唐军面前一触即溃。李渊派赵郡王李孝恭领军前来讨伐，辅公祏预先设置的防线，似摧枯拉朽般被摧毁了。辅公祏见到败军之相后，不是组织力量再战，而是撒腿就跑。可跑到半途，被人心向唐的农民给逮住了，押往丹阳，被李孝恭斩首。

史书云："公祏与伏威同起，至灭凡十三载。"

二四

李渊从太原起兵

和隋文帝杨坚一样，李渊也是出自北周。北周是鲜卑族的政权，汉人混杂其中，时间一久，将祖籍搞得有些混乱。一说他是陇西成纪（今甘肃秦安）人，一说他是陇西狄道（今甘肃临洮）人。二说中有一点是相同的，即都是陇西人，他后来依靠关陇军事集团得天下，亦与此有关。他有着出身不凡的家世，他的七世祖是十六国之一西凉的开国君主李暠；祖父李虎以功被北周追封为唐国公，父亲李昞袭封。

李渊七岁袭封唐国公爵位，从而三世为国公。隋朝建立，被任为千牛备身。靠着母亲与独孤皇后是亲姊妹的关系，他受到了隋文帝的重用，在外放了多处地方官后，回到中央担任了要职。

大业九年（公元613年），隋炀帝发动第二次高丽战争，李渊以卫尉少卿的身份，前往怀远镇（今辽宁辽阳西北）负责督运军需。恰逢杨玄感造反，他得到紧急命令，赴弘化郡（今甘肃庆阳）担任留守，主持关右即潼关以西的军事。

从中央到地方，又从地方到中央，历经政治、刑法、民事、军事等各种要害部门，李渊深入了解了国情民风。在这过程中，他深刻地认识到，隋朝这条大船已经千疮百孔，无可挽救，行将覆灭。由此，他广结志士豪杰，逐步建立了以他为首的势力集团，为夺取天下作好了准备。他不想当忠

唐高祖李渊雀屏中选　隋定州总管窦毅的女儿才貌出众，不肯将她轻易嫁给人家，要选一个有本领的佳婿。窦毅在门屏上画了两只孔雀，对前来求婚的人讲，谁能两箭射中孔雀的两只眼睛，便把女儿嫁给谁。先后来了数十个公子，没有一个能射中的。李渊闻之赶来，两箭各中一目。窦毅甚为高兴，便把女儿许配给李渊。后称择婿许婚为“雀屏中选”，典出于此。

臣，为失尽民心的隋朝去陪葬。然而，尽管他行事周密，还是受到了隋炀帝的怀疑。隋炀帝召他去行在，他托病未去，隋炀帝暗中流露了希望他早死的意思。为打消隋炀帝的怀疑，他开始自秽，受贿、酗酒、玩女人，以掩盖他的真实行迹。这一招是有效的，隋炀帝改变了对他的看法。因隋炀帝确信，如此一个贪官、淫官、混账官，虽然行为很是不端，却是不可能胸有大志的，这要比那些廉官、好官、正直之官让人放心得多。为什么在衰世恶官层出不穷，聚蚊成雷，在其中也许可以得到些答案。

李渊的自秽，不仅取得了预期的保身效果，且迎来了官运亨通。在出任几个显眼的军事职务后，大业十三年（公元 617 年），他被任命为至关重要的太原留守。太原是北方的军事重镇，为防御突厥，此地建造了森严的深池坚城，集聚了大批的精兵强将，囤积了充足的粮食军需。此外，太原还建有晋阳宫，是隋炀帝在北方的行宫，由此具有相当的政治感召力。李渊受命的任务是，和马邑（今山西朔县）太守王仁恭成掎角之势，共同防御突厥。

精通政治的李渊深知，眼下的顺利，并未改变他真正的危境。若要在动荡的风云中占取主动地位，绝不能安于现状，必须抓紧时机，利用手中掌握的优势，先发制人。否则，一旦多疑的隋炀帝再对他采取什么措施，后果将不堪设想。他命令长子李建成、次子李世民进一步收罗壮士、谋士、死士，以扩充本集团的力量。二子不负父命，结纳了大批的人才。自然，李家父子出众的秉质，以及他们拥有的实力，也使得许多在寻找出路的人才，乐意投奔到他们的营垒中来。

投奔而来的人才八仙过海，各以各的方式，积极地为李渊集团效劳，出谋划策。其中，最得力的是李世民交接的二人，一是晋阳宫副监裴寂，一是晋阳县令刘文静。刘文静有非凡的观察力，能洞若观火，看出李渊志在天下，又看出李世民是非常之人，由是倾心相结。然他因和瓦岗寨首领李密联姻的缘故，无辜受株连被捕下狱。李世民去探狱，他分析天下群雄四起，隋炀帝困于江都的形势后，献出了这样一计：于太原百姓中招募十万军队，会同原先数万军队，乘虚进入关中，号令天下，不用半年即可成就帝业。李世民首肯这是好计，通过裴寂，将此计转呈于李渊，遂定下了起兵的大略。

对于募兵，李渊分两步走。第一步，让释放出狱的刘文静伪造隋炀帝诏令：太原、西河、雁门、马邑凡二十至五十岁之间的丁男悉数为兵，于岁末集结涿郡，参加征伐高丽。这些地区的人本就厌烦高丽战争，由此更加惶恐不安，人心思乱。在达到预期的效果后，随之走第二步，趁马邑人刘武周杀太守王仁恭，自称天子，联合突厥，率众前来进攻太原之机，再次伪造隋炀帝让他自行募兵的诏令，顺利地募到了数量可观的兵员。

然而，太原的最高领导层并非铁板一块。副留守王威、高君雅二人仍在效忠隋朝，他俩看出李渊行将谋反的行迹后，准备采取突然袭击，逮捕李渊。李渊得到情报，让刘文静等人捏造出王、高二人“勾结刘武周与突厥”的罪行，先行将他们处死。当刘武周和突厥的军队兵临城下时，李渊打开太原所有的城门，以疑兵之计将来犯之敌吓得不战而撤。

尽管李渊具有一定的实力，然为了不至于分兵作战或腹背受敌，他采纳了刘文静之计，化不利因素为有利因素，暂向突厥始毕可汗称臣妥协。同年六月，李渊正式竖起举兵的旗帜。与此同时，他开置大将军府，自任大将军，裴寂为长史，刘文静为司马，下设左右三军：李建成为左领大都督，统左三军；李世民为右领大都督，统右三军。在出兵之前，大开粮仓，赈济穷困，赢得远近一片欢呼声。

进入炎炎的七月，李渊以四子李元吉为太原留守；命刘文静出使突厥，请求军事支援；自率大军三万从太原出发，走对角线向关中挺进。

开始十日无战事，在抵达灵石的贾胡堡后，五十里之外的霍邑（今山西霍县），已由杨侑派出的将军宋老生布下了防线。这是第一仗，关系到李渊军出师是否顺利的第一仗。可天公不作美，连旬瓢泼大雨，后方粮饷难以继运，前方道路泥泞三尺，李渊不得已下令部队暂作休整，以待天气变化，以待粮饷供应。但等了多日，雨仍不见止，刘文静迟迟未来，军中忽然传出流言，说突厥已生变卦，准备乘虚袭击太原，军心开始动摇。面前的仗不能打，大本营又可能面临危险，李渊犹豫了，再三思量后，欲放弃进攻关中，调转兵锋，北撤太原，并命令部分左军作为撤退的先头部队。这个决定，遭到了李建成、李世民的反对（在许多史料中，李建成反对的事实被隐去了，仅剩下李世民一人反对），兄弟俩认为，后撤是错误的，非但大业将毁于一旦，且前景更是令人担忧的。他俩苦谏、长谏，终于谏得李渊回心转意，收回了成命。

到八月初，天终于放晴。李渊发出向霍邑的进攻令，为了弱化对方高城严备的优势，他亲自上阵，以弱兵相诱，将宋老生诱出城来。贪功的宋老生中了计，倾其主力出城，欲一举消灭李渊军。双方接触后，李渊佯败，向后退却，待宋老生进入预设的伏击圈后，李世民、李建成以精骑夹击敌军，阵斩宋老生，全歼其部，随之攻克霍邑。

凯歌高奏，李渊军乘胜向前推进。途中，出使突厥的刘文静赶来，他顺利地完成了使命，以“人众土地归唐公，财帛金宝归突厥”的条件，争取了突厥政治与军事的双重支持，并带来了突厥助战的军队五百人及二千匹战马。

九月初，李渊军兵临杨侑设下的第二道防线——河东城（今山西永济西）下。河东城位于黄河东岸，为隋骁卫大将军屈突通所把守，他凭借坚固的城墙和险要的地理形势，把河东城守得固若金汤，并撤去了河上的浮桥及各种船只，阻止李渊军渡河。李渊争取到当地居民及义军的支持，得了些舟楫，组织敢死队绕城渡河。可敢死队遭到了屈突通的夜袭，溃不成军。李渊围城挑战，然屈突通坚壁不出；发动攻击，却损兵折将，陷入极为不利的境地。李渊望城兴叹之际，李世民、裴寂等人献计，主力溯河北上，从梁山（今陕西韩城东黄河中）、龙门（今山西河津西北黄河中）渡河入关；分兵继续围城，阻止屈突通追击。

形势豁然开朗，龟缩在河东城中的屈突通不得动弹，李渊率主力按计渡过黄河，进入三秦地界，受到士民的普遍欢迎。他命李建成、刘文静率部进屯永丰仓（今陕西华阴东），兼守潼关，扼制东向来援之敌；命李世民率部沿渭水经营，直取长安。

李世民的部队并非孤军深入，他的堂叔李神通、妹妹平阳公主与妹夫柴绍夫妇等人相继起兵，联络当地义军，成功地扫荡了长安以外的隋军据点和营垒，前来与李世民会师。随后，李建成挥部入关，李渊统军西上，形成了对长安的包围。

夺取长安，是一场大战。时李渊军已达二十万人，在关中形成绝对的优势。然辅助杨侑的刑部尚书卫文昇、右辅翊将军阴世师、京兆郡丞滑仪誓死不降，领导城内军民展开了长安保卫战。李渊下令攻城，经过血战，于十一月攻陷了长安城。此时杨侑已成傀儡，任凭李渊摆布，被戴上了空头天子的名号，改元义宁。李渊自任大丞相、大都督，都督内外诸军事，受封唐王，总理万机。

得到长安，并拥立了一个傀儡皇帝，李渊集团成了天下诸雄中极为显耀的一路，接下来的事情，便是如何发展壮大了。

二五

唐朝的建立与统一

李渊夺取的长安，不是寻常的军事重镇，而是举足轻重的政治中心——西京，尽管隋炀帝多在东都洛阳理政，然长安在名义上仍是隋朝的第一首都。因而军事上的胜利，给李渊集团带来了难以估量的政治主动权。

设立傀儡皇帝，只是李渊的权宜之计，借用政治老招牌，为自己披上了一层保护色，从而得以进退自如。他懂得，在时机未成熟之际就急于称帝，是将自己架在炉火上烤的不明智之举。他在等，等全国形势有个更明朗的变化，也即隋朝的政治象征消融到无可挽回的地步。他不是在消极地等，而是在进一步拓展军事经营，以李建成为东讨元帅，李世民为副元帅，兵出潼关，进攻洛阳，争取拿下第二个政治中心。

大业十四年(公元618年)三月，隋炀帝在江都被杀，主谋宇文化及立秦王杨浩为帝，自任大丞相。洛阳方面闻讯，随即立越王杨侗为帝。如此，加上长安的杨侑，有了三个顶着隋朝名义的政权。李渊审时度势，认定隋炀帝的死已宣告了隋朝的覆灭，若继续拘泥于维持傀儡皇帝，将陷入三方争正统的无聊闹剧，失去独到的政治感召力。由此在五月，他踢开了杨侑，自己走上帝位，宣布国号为大唐，改义宁二年为武德元年，立李建成为太子，李世民为秦王，李元吉为齐王。

改朝换代，李唐王朝问世了，开国君主李渊史称为唐高祖。

然而，李唐王朝的建立，只是李渊集团的一厢情愿，并未得到天下诸雄的承认。当年的九月，兵至魏州（今河南安阳）的宇文化及如法炮制，鸩杀了杨浩，自立为天子，国号许，年号天寿。此后，洛阳的王世充废了杨侗，黄袍加身，国号郑，年号开明。

此外，在这前后，天下不知有多少人称王称帝。大者有：李密建立的魏，地在巩（今河南巩县），年号永平；窦建德建立的夏，定都乐寿（今河北献县），年号五凤；薛举建立的西秦，定都金城（今甘肃兰州），年号秦兴；李轨建立的凉，定都凉州（今甘肃武威），年号安乐；萧铣建立的梁，定都江陵（今属湖北），年号鸣凤；李子通建立的吴，定都江都，年号明政；刘黑闼建立的汉，定都洺州（今河北永年东南），年号天造；辅公祏建立的宋，定都丹阳（今江苏南京），年号天明……

政权林立，开了国的唐朝，充其量仍只是一路诸侯而已。然有一点意义非同小可，即在唐高祖终结了杨侑的傀儡皇帝名号后，宇文化及、王世充亦步亦趋，做了相同的政治举措，使隋朝彻底烟消云散。逐鹿的诸雄各自打出旗号，以彼此平等的身份，展开了无遮无盖的角逐。

鹿死谁手，李渊集团并没有十足的把握。

风云变幻之际，谁都没把握，地盘仅有关、晋的李唐王朝，起初只能展开远交近攻，相机行事，逐步蚕食。直到蔚成气势后，方有了统一的力量。这个过程是漫长的，长达七年之久。

在李渊登位后不久，关中就遭到了自称“西楚霸王”的薛举的进攻。李世民奉命迎敌，然出师不利。薛举病死后，十一月，李世民再度与继位的其子薛仁杲争战，采取袭击骚扰、深沟高垒、断敌粮道等战术，将对方二十万之众打得全军覆没，生擒薛仁杲，占据了陇右。

武德二年(公元619年),李轨政权内部发生裂变,主政的是户部尚书安修仁,其兄安兴贵在使唐后成为铁杆的亲唐派,兄弟俩联络当地少数民族部落,攻陷金城,擒了李轨,押往长安。由此,李渊不费一兵一卒,获得了河西。

同年,北方诸雄之一的刘武周,连连击败唐军,占据了本是唐军根据地河东的大半,并遣骁将宋金刚,领兵继续扫荡河东余地。在宋金刚的强势威逼下,唐高祖准备放弃河东。李世民坚决反对,他以太原是本朝发祥之地为由,请求领兵前去迎击。在取得唐高祖的支持后,他兵渡黄河,以坚营蓄锐的兵法,耗尽对方的粮食,武德三年(公元620年),待对方撤退之际,强行与其决战,从而彻底击败宋金刚,收降对方尉迟敬德等大将。继而,以破竹之势直取太原,逼使刘武周逃窜突厥,从而收复河东。

此年的下半年,李世民把兵锋指向中原,进攻王世充据守的洛阳。武德四年(公元621年),窦建德领军来援,李世民以分兵相迎的战术,生擒窦建德,然后迫降了王世充(参见《王世充》、《窦建德》)。

同年,赵郡王李孝恭、李靖奉命率巴蜀兵,顺江而下讨伐萧铣,另出三路军相配合。萧铣政权内部矛盾重重,人心涣散,毫无战斗力,节节败退。萧铣出降唐军,被送往长安后处死。长江中游入于唐朝版图。

武德五年(公元622年),李世民率军进攻窦建德旧部刘黑闼,以正、奇之道互补,断其粮道,坚壁清野,引洺水灌其阵,随之发动攻击,剿灭其部大半,迫使刘黑闼领残众窜入突厥,由此平定了河北。不久,刘黑闼借了突厥兵,折回攻略河北,李建成、李元吉出师猛击,陷入穷途末路的刘黑闼,被其部属执送李建成后处死,河北复归唐有。

武德六年(公元623年),李世民出兵曹州(今山东曹县西北),讨伐响应刘黑闼的徐圆朗,经过激战,收复了其所据的兖、曹等八州,平定了山东大部。

武德七年(公元624年),最后的大割据者、拥有江淮的辅公祏,被李孝恭所平定(参见《杜伏威、辅公祏》)。

至此,除了零星小股的草寇外,唐朝完成了统一。要说明的是,隋末以来乘乱崛起的各类政权与势力,并非全是被唐朝消灭或收编的,其中许多是灭亡于互相的火并与争战之中。唐朝在群雄逐鹿中是最大的赢家,其在依赖自己的军事经营的同时,在政治上兼收了渔翁之利。

有很多史家,将唐朝建国与统一的功劳,主要归诸李世民。是的,李世民于此确实建立了卓越的功劳,然平允而论,他的功劳,是不能与唐高祖相提并论的,他充其量只是起到了军师、将帅的作用。李建成的功劳,也是不能抹杀的,李世民所具有的功劳和作用,在不同程度上,他也是同样具有的。有关这方面记载的缺乏,实是与后来李世民得了天下有关。

功劳最大,作用最大,当还是首推唐高祖。没有他昔日在隋朝的政治地位,不可能有积聚起家的军事实力;没有他出色的领袖风范与素质,不可能有这么些人才的纷至沓来;没有他出类拔萃的组织能力,不可能将本集团凝聚成一体;没有他宽仁容众的度量,不可能使无数的志士仁人为之赴汤蹈火;没有他高屋建瓴的远见卓识,不可能在每个关键时刻推出行之有效的战略。总之,他才是真正的核心,真正的大唐王朝的缔造者,真正的天下一统的完成者。

唐高祖坐在皇位上,是坐得问心无愧的。

遗憾的是,唐高祖在建国后,忙于统一大业,在完成统一大业后,又在皇嗣问题上犯了与隋文帝类似的错误,以致提前结束了历史使命,未能在治天下上有大的建树。

二六

裴　寂

当后世的人们想到辉煌的大唐时，总不会忘记高祖李渊开国的丰功，李世民扫平诸雄的伟业，却几乎忽视了另一个人的存在。而若非这个人，李渊敢否起兵还是个疑问，李世民能否将宏图变为现实也是个疑问。

这个人没有萧何供应粮草的本事，没有张良运筹帷幄的智谋，没有韩信纵横沙场的能耐，但他确确实实是唐的第一位元勋，名叫裴寂。

裴寂，字玄真，蒲州桑泉（今山西临猗东南）人。祖父、父亲在隋朝都做过不小的官，然他是个孤儿，得几个哥哥的抚养才长大成人。眉毛稀疏，身材魁梧，裴寂有着一副好相貌，属于标准的英俊男子汉。

他做过两任微不足道的小官，家境清贫，连起码的生活水平都无法维持，若要到长安去，坐不起车，也骑不起马，只能迈着两条腿走着去。穷则思变，他有强烈的思变愿望，希望社会变，他可有个奋斗的机会；希望命运变，他可过上富贵的日子。而现实却如死水般地不起微澜，他为求得心理平衡，开始信神了，将改变命运的希望寄托到神的身上。去长安，经过华山，他进入华岳庙，上香，叩拜，口中念念有词地祷告："我穷困至此，诚心拜谒，请神主宰我的命运。若富贵可得，望能降吉梦给我！"这天夜里，奇迹出现了，他梦到一个白发老翁对他说："你属大器晚成的命，运起得较晚，要到三十岁以后方可得志，将能位极人臣。"好的梦是一种希望，是一种信仰，得到吉梦的裴寂，对生活充满了信心。

他的官运开始动了，从地方到中央一连串的官职，留下了他一连串的足迹，尽管名望还不大，他至少在官场上是个人物了。当他做到隋朝北都太原晋阳宫的第二号长官时，他长久企望变的形势来临了，并来得那么迅猛异常。天下将要大乱，当许多官僚惊恐“糟得很”时，裴寂心里直念着“好得很”。

裴寂会赌，有眼光，敢押宝。他赌的是政治，看好的是留守太原的实力派代表李渊，押上的是身家性命。他俩是旧交，裴寂看出这个旧交有远大的前程，有令人在当时不敢说出口的前程，因而将他排为社交第一人，做了知心朋友。李渊待他不薄，他对李渊也尽心尽意，常在一起宴饮、下棋、玩博戏，有时竟通宵达旦。

李世民想趁这形势大干一番，然对父亲又不敢说，他仔细观察后，认定只有裴寂有资格、有面子能向父亲谈这个“大逆不道”的话题。裴寂嗜赌，李世民以此入手打开缺口，拿出私钱几百万，让心腹龙山县令高斌廉和裴寂赌，许输不许赢，使裴寂发了大财。裴寂高兴得心花怒放，高兴之余和李世民也做了好朋友。朋友做了一段时间，李世民掏出了心里话，裴寂满口答应。

小侄对老叔玩的是把戏，有丰富江湖经验的老叔不会看不出，他之所以答应小侄，是他心里也早就有了这本谱，他乐得赚一票送上门的钱，再顺水做个人情。裴寂深知犯王法的事不能信口说说，于是对李渊用了计，让晋阳宫宫女陪着老友开开心，终让老于世故的李渊上了钩。

钓者收起钩后对老友说：“你家的二郎已准备好兵马，将竖起义旗行动，他为的是什么呢？为的是我把宫女送给你，怕事情走漏被皇帝杀头，所以他很着急。如今天下大乱，城外到处是盗贼，若拘泥礼法小节，那死期不会远了，而起义兵，将可得到天子位。现上下一心，只不知你意下如何？”

被赶上架的李渊似乎已没退路（其实内心早就如此想），吐出的话是：“我儿既有这个想法，且都安排好了，那照着做就是了。”

敦促李渊下定决心起兵，裴寂立下了第一功。

李渊独树一帜后，裴寂利用职权之便，拿出宫女五百人、上等米九万斛、各种彩帛五万段、甲胄四十万套，供大军所用。继对李渊的精神指南之后，裴寂又提供了巨量的物资，为唐业奠基建立了第二功。

旧交加新功，裴寂在太原地区成了一人之下、万人之上的人物。

李渊的兵锋首向河东，力讨蒲州割据者屈突通，对方坚壁清野，久攻不下。时间紧迫，李渊不能在此消耗时日，而失去取长安以号令天下的良机。然移军关中，又恐屈突通从背后掩袭，招致两面受敌。裴寂认为：放弃蒲州，必腹背受敌，自取其败；而拿下蒲州，则京师可不战自定。李世民持相反意见：宜以迅雷不及掩耳之势进入关中，招降群盗，增强实力，一鼓可克京师；屈突通不过是一自守之徒，不足为虑。两种相异的主张，反倒解决了李渊的疑虑，他分兵而行，获得了大成功。裴寂的保守，与李世民的奋进各得千秋，立下了第三功。

政治形势果然按着裴寂的看法在发展，傀儡隋恭帝“主动”逊位，禅让给唐公李渊。李渊“谦虚”得很，表示不敢当，一让再让。可这让来让去，把跟随他的人让得不耐烦了。裴寂在这难堪的局面下站出来了，代表大家请李渊即位。李渊沉默无言，还是“不肯”。裴寂“火”了，打开天窗说亮话：“夏桀、商纣覆灭时，不曾听说商汤、周武的大臣去相扶。我裴寂的一切都来自唐，如陛下不做唐帝，那我将只有弃官而走了。”李渊这下被“逼”得无法，才同意坐上龙椅。筹办登基大典，主持人裴寂着着实实忙了一大阵,在一个吉日,和李家子孙、文武大臣把黄袍给李渊披上了。

新皇帝感动得不得了,眼含泪光地对老友说:“我有这一天,全靠你老兄的大力!”

帮助李渊建立唐朝,裴寂立下了第四功。

滚滚而来的财富,屈指可数的地位,早日的梦应验了,裴寂充满了成功的感觉。此时的李渊,对裴寂有种发自内心的感谢,常把他挂在心上:有稀罕的东西,不忘给他送去玩玩;有好吃的东西,不忘让他尝尝。裴寂每日享用御膳,每次入朝和君主同坐一车,退朝后再到内宫聊聊,所受的赏赐不计其数。李渊从不直呼其名,敬用着一个老称呼:“裴监”,对他言听计从。满朝的权贵,没有一个及得上他的体面。

建国不久,荣耀达到顶峰的裴寂丢了次大面子。诸雄之一刘武周的猛将宋金刚挥军扑向太原,两支唐军相继覆灭。未曾领过兵的裴寂主动请缨,被授以全权率领一军前去抵御。他政治内行却军事外行,犯了和三国马谡同样的错误,扎营于高地,遭敌军切断水源后,被打得横尸旷野,死伤将尽,他在数骑的保护下,才得以逃脱。这一仗的后果是严重的,太原以东的城池全部丢失。李渊没怪罪他,仍然让他镇抚河东。生性无野气的裴寂,已吓破了胆,将虞、秦二州的民众强行迁入城堡,留下的房屋财产付之一炬。民心慌乱,地方势力和宋金刚里应外合,裴寂再度大败,被召回长安。李渊破脸将他痛斥了一顿,然后交给司法部门处理;待火气消后,才将老友给开释了,待遇仍然是老待遇。

经过此事,表面上君臣和好如初,按照习惯,李渊到外视察,总让裴寂留守首都。实际上彼此间已有了不可改变的看法,互相再难以像以前那样推心置腹。有人告发裴寂谋反,李渊命人把他审讯了一番,结论是查无实据。事后李渊安慰他说:“我有天下,是你所推。然皂白得辨清,不得不推究。”又让贵妃三人带着珍宝器玩，到裴宅打招呼。特准他铸钱，再结为儿女亲家。李渊不是不知道裴寂的将略水平，对他的败绩应不会太意外；李渊了解裴寂，应清楚他的造反可能性几乎等于零，屡屡跟他过不去，绝非是为了这表面之事，而是要昔日的老友明白：他们现在的关系是君臣，做臣子的是要自我约束的，不能太随便，也不能居功自傲，否则，有些话就不便说了。裴寂是聪明人，如何不懂李渊的用心，他以退为进，在一次盛大的宴会上，拜伏在地上，请皇帝批准他告老归乡。李渊不想留个容不得功臣的恶名，泪湿衣襟地挽留了老友。

李渊在世之日，裴寂还算是幸运的，至少能安享富贵。当李渊被迫退为太上皇后，李世民接了位，裴寂仅被保留了短暂的体面，尔后就每况愈下，厄运不断，彻底结束了政治生命。人传他和妖言惑众的和尚法雅有牵连，唐太宗立即公布了他现时的罪状，数落了他以往的失职，把这个帮助他起事的老叔赶到了蒲州老家，做个平头百姓。唐太宗是难容老叔的：当日赚了他的钱，一不能容；作为知根知底的元老，二不能容；作为太上皇的密友，三不能容。有此三不容，裴寂只得卷铺盖走人。

走了之后的裴寂，也难安生。狂人信行称“裴公有天分”，朝廷获悉后，他先后被流放到交州、静州。羌人起事，裴寂带家僮给平定了。唐太宗还算开恩，念及老叔的旧勋新功，将他召回了首都。

满花甲之年的裴寂，重新来到长安，百感交集，然他无福消受了，不出多久，就告别了人世。

二七

刘文静

唐高祖从举义旗到建立大唐王朝,帐下有难以计数的能人志士,而其中事迹最显著的则有二人,一个是裴寂,另一个是刘文静。

刘文静,字肇仁,自称祖籍彭城(今江苏徐州),后迁居京兆武功(今陕西武功西北)。他出身将门,一副伟丈夫相貌,举止倜傥,加上多韬略,有器局,先天的条件是十分的好。可是,他在隋末仅任晋阳(今山西太原)县令,虽说是一方父母官,但相对他远大的抱负而言,实在是微不足道。因职务关系,他和晋阳宫副监裴寂成了好友。

时天下已大乱,裴寂望着城上的烽火,仰天长叹说:"我等卑贱之极,家道空衰,又身处离乱,不知如何处世!"

刘文静笑着说:"世途如此,时事推而可知。只要我们二人携起手来,何愁处于卑贱!"

乱世出英雄,刘文静趁着乱世,想当一个大英雄,以摆脱卑贱。然做番大事业,得有个契机,刘文静将这个契机,寄托在了镇守太原的李渊、李世民父子身上。他通过观察,察出李渊有非常之志,察出李世民有非凡之才,由此积极和他们交往,逐渐加入到他们的阵营。

可还未等刘文静向他们敞开心扉,他就因与李密通婚罪,被隋炀帝直接下令,关进了太原的大牢。早已图谋起事的李世民,环视周围所有的人物，认为唯有刘文静可与商议大事，借着探狱的名义，开门见山地说出了他的心事，请刘文静为他筹划。一拍即合，刘文静徐徐为他分析了天下形势以及李家的优势条件，要李世民不失时机地做好准备事宜。

李世民照着刘文静的谋划去做了，旋即又想方设法救刘文静出狱。李世民一切准备妥当，然忧虑李渊不肯与之一起干。刘文静引出了和李渊关系极密切的裴寂，和李世民相交，共同做好了对李渊的说服工作。

举事风声有所走漏，太原副留守王威、高君雅将李渊拘捕。刘文静与李世民商议，准备提前举事。因证据不足，李渊被释。刘文静伪造隋炀帝诏敕，以对付高丽为名，招募了大量的军队，为举事提供了军事准备。随即，他状告王威、高君雅“谋反”，将他们给解决了。

清除了所有的障碍，李渊开大将军府正式举事，然他还是有所保留，仍用隋朝的旗帜。被任为军司马的刘文静，指出如此不足以打动痛恨隋朝虐政的人心，说动李渊改用自己的旗帜，以昭示义举。

接着，刘文静为李渊再出一计，联络突厥，以壮兵威。时突厥是北方最强大的游牧民族，对中原王朝有着莫大的威胁力。刘文静认为，用暂时带有屈辱的妥协，来换取大事的成功，应当是值得的。李渊同意了，让他前去办理此事。

行前，李渊叮咛刘文静说：“请求突厥出兵，不过是为了虚张声势。如出兵太多，便无法控制，会给民众带来祸害。故而，请得数百人就够了，多则没用。”

刘文静以使者的身份，抵达突厥，说明了来意。

突厥始毕可汗究问：“唐公起事，今欲何为？”

刘文静以道义与利益双重角度回答说：“隋文帝废长立幼，致使隋炀帝给国家造成莫大的灾难。唐公是国家的亲戚，不忍坐看民众遭殃，故而打出义旗，欲废黜无道的隋炀帝。请可汗发兵与唐公共入京师，民众土地归唐公，财帛金宝归突厥。”

对始毕可汗而言，道义他是管不着的，但巨大的利益深深地打动了他，由此派出五百骑兵，相赠二千匹战马，跟随刘文静而去。突厥兵来得正是时候，帮着向长安挺进的李渊，打垮了隋军的阻击。

李渊率军渡过黄河后，命刘文静领兵驻守潼关，以防东边来敌。隋河东（今山西永济西）守将屈突通挥军来攻。刘文静与之苦战，用奇兵消灭其前锋部队。尚有数万兵马的屈突通，见战局不利，向洛阳转移。刘文静出兵追击，生擒了屈突通，占领了大片地区，以功被任大丞相府司马，封鲁国公。

唐朝建立后，刘文静拜为宰相。他奉命组织法律专家，修订了《隋开皇律令》。这部被修订后的法律，受到唐高祖的高度赞扬，并成为当时所依据的“通法”。

说实在的，刘文静只是个政治谋略家，或是个典型的文臣，于军事并不十分在行。在对屈突通的战争中，他起先损失惨重，后又险些贻误战机，是在部将的补救下，才擒获了屈突通。他的这一缺陷，在随李世民征讨薛举时，又一次暴露。两军对垒，李世民病倒了，他关照刘文静等人：薛举孤军深入，且粮少兵疲，不宜与之硬战，当坚守不出，待其士气损耗，再相机一鼓击破。刘文静答应后，却没照着办，他贪功出兵会战，结果遭到大败。随之而来的处罚，是被唐高祖剥夺了官爵。

李世民还是看重他的，当再度征讨薛举时，让他随军而行。凯歌高奏，他摊得了一份功，被拜为民部尚书。后随李世民镇守长春宫。

对唐朝所给的待遇，心高气傲的刘文静很不满，他认为自己的才干在裴寂之上，功劳又在裴寂之上，而地位却在裴寂之下。他缺少胸襟，将不满化在了行动上,每当朝廷有事商讨,若裴寂以为是,他必以为非。时间一长,他和裴寂闹得不可开交。他的弟弟刘文起,跟着他一同闹,有次借着酒醉,拔刀击柱,叫道:“必当斩裴寂之首!”刘文静心绪不佳,总觉得家里有妖怪,病急乱投医,不顾朝廷的明令禁止,唤来巫师,作“厌胜法”,以克妖怪。他失宠的侍妾将事情告知其哥,其哥复告知了朝廷。按律,刘文静被收捕入狱。

唐高祖令宰相裴寂、萧瑀主持审讯。

刘文静自我辩解说:“义兵初起,我为司马,裴寂为长史,地位相当。今裴寂为仆射,占据了壮观的府第,而我受到的赏赐却和众人差不多,此外,长期东征西讨,家中没人照顾,心里确实有些怨气。或许醉后口出怨言,以致落到这个地步。”

定罪时,宰相李纲、萧瑀均认为刘文静并无谋反迹象,李世民列举他的一系列功劳,也极力为他开脱。然唐高祖一直暗中忌畏刘文静才干过高,裴寂对症下药地说:“刘文静的才略,确实超过了众人,加上他性情暴烈,又心地阴暗,口吐狂悖之言,谋逆之状已显露。当今天下未定,外有强敌,假若赦免,必后患无穷。”一言中的,唐高祖遂下决心,判刘文静、刘文起斩首,其家抄没。

临刑前,刘文静抚胸长叹:“高鸟逝,良弓藏,此话不虚!”

二八

玄武门之变

历史事件中有许多“之变”，然各种“之变”，都没有“玄武门之变”有名。因为这“玄武门之变”的结果，使唐朝产生了一位中国历史上最伟大的君主，即开创“贞观之治”的唐太宗。

李唐王朝诞生后，随后的数年，在与群雄争天下的战争中，显示了不同凡响的作为。这一场连一场战争的胜利，自然得力于运筹帷幄的谋士，得力于搏杀沙场的良将，得力于上上下下全体官兵。可最主要的，当推得力于李氏父子三人：李渊、李建成、李世民。他们父子三人，构成了唐朝的灵魂与精魄。俗话说，上阵父子兵，若非他们的齐心协力，在强手如林的纷战格局中，唐政权是绝不可能脱颖而出，最后雄睨于天下的。

当他们以同心同德的姿态展现在世人面前时，尤其在取得节节胜利后，彼此之间却逐渐滋生了导致悲剧的矛盾因素，症结在于权力。

按照嫡长制原则，在唐高祖登位之初，就立了李建成为太子，确定了皇位继承人。李建成能被立为皇嗣，他的嫡长子身份固然起了大作用，但他的功劳也非同小可，两种成分加在一起，使他成了名副其实的太子。在开朝之初，就用国家大典的仪式，用法律的形式，把皇储确定下来，唐高祖是明智的，是做了件于国于民有利的大好事。然究竟能否彻底解决皇储稳固，皇权相承这一问题，却远非那么简单，而且“殷鉴”不远，隋初隋文帝立了杨勇为太子，但却被杨广取而代之，造成了震动隋朝社稷的剧变。

遗憾的是，初唐的政权没有吸取这个近在眼前的“殷鉴”。

唐高祖共有二十二个儿子，分别为十八个后妃所生(见下表)。

排行	封爵	姓名	生　母	排行	封爵	姓名	生　母
1	太子	李建成	窦皇后	12	彭王	李元则	王才人
2	秦王	李世民	窦皇后	13	郑王	李元懿	张宝林
3	卫王	李玄霸	窦皇后	14	霍王	李元轨	张美人
4	巢王	李元吉	窦皇后	15	虢王	李　凤	杨美人
5	楚王	李智云	万贵妃	16	道王	李元庆	刘婕妤
6	荆王	李元景	莫　嫔	17	邓王	李元裕	崔　嫔
7	汉王	李元昌	孙　嫔	18	舒王	李元名	小杨嫔
8	酆王	李元亨	尹德妃	19	鲁王	李灵夔	宇文昭仪
9	周王	李元方	张　氏	20	江王	李元祥	杨　嫔
10	徐王	李元礼	郭婕妤	21	密王	李元晓	鲁才人
11	韩王	李元嘉	宇文昭仪	22	滕王	李元婴	柳宝林

前四个儿子，都是唐高祖的正室窦皇后所生(窦皇后是个能干的女人，但未活到唐朝建立)，其中三子李玄霸早夭(著名的古典小说《说唐》，即以李玄霸为影子，塑造了天下十八条好汉中的第一条好汉李元霸)，李建成、李世民、李元吉三人是嫡子，其他十八子均是庶子。在宗法制度中，嫡子比庶子具有优先的发言权和继承权，故而，他们三人在李唐皇室中的地位是得天独厚的。

兄弟三人分为了两派：一派是李建成和李元吉，一派是李世民。

李建成被立为太子后，唐高祖开始着力培养这个接班人，除了自己，无论政治还是军事，遇事都给予最高的名分与最大的权力。此外，功勋也很显著的李元吉，自幼和长兄的关系就比较亲近，此时更是紧紧相随，希望在长兄登位之后，自己能成为皇太弟。父皇的关照，弟弟的配合，李建成的羽翼自是长足地丰满了，使得东宫集团从正统的旗号到实际的力量，都成了天下瞩目的对象。

李世民的封爵是秦王，他是众兄弟中的佼佼者，打仗打得多，也打得精彩。长期的领兵打仗，使他掌握了一支无坚不摧的军队，且拥有不胜枚举的文武人才。他凭着出众的神采，非凡的气度，迷人的雅量，优异的将略，使得这批文武人才紧紧地簇拥在自己周围，形成了天下闻名的秦王集团。其中文士有饱学的十八学士：房玄龄、杜如晦、于志宁、苏世长、薛收、褚亮、姚思廉、陆德明、孔颖达、李玄道、李守素、虞世南、蔡允恭、颜相时、许敬宗、薛元敬、盖文达、苏勖。武将有：侯君集、尉迟敬德、秦叔宝、程知节、段志玄、张公谨等。在文武两才中，房玄龄、杜如晦、侯君集、尉迟敬德，再加上他的妻兄长孙无忌、舅父高士廉，组成了核心班子。

兄弟三人并非一开始就闹派系的，他们曾经有过亲密的手足之情，有过政治上的精诚团结，有过军事上的通力合作。只是随着唐朝在天下逐鹿显出优势后，在权力再分配上，他们彼此之间逐渐有了矛盾。这矛盾没有得到及时的解决（这矛盾永远不可能得到解决），在李建成被法定为皇位继承人后，愈发地恶化起来，由此形成了派系，闹得不可开交。

矛盾既起于双方，双方都有干系。

从李建成一派而言，在取得天下之本——太子——之后，他们有着一种近似于恐惧的担忧，即担忧功勋、实力、名声都大于他们的李世民始终包藏着“祸心”，早晚会越轨。魏徵对李建成明确地说：“秦王功盖天下，中外归心。”当然，他们也曾希望李世民能“认清”大势，放弃自成一格的体系，听命和服从于他们。在这希望破灭后，为消除担忧，他们采取了一系列的手段和措施，来压制、打击、迫害李世民。比如谗毁，比如侮辱，比如下毒,最后准备斥之以武力,只是功亏一篑。他们的行为,只是在清除政治对手,虽然有些过火,却很难说违反了政治游戏的残酷规则。

李世民不是省油的灯,李建成没过分地冤枉他。李世民在打了几次致使唐朝兴旺壮大的仗后,“功业日隆”,已不满足眼下的政治待遇。他是高度自信的人,高度自信之下,免不了有些看轻李建成。由于排行的缘故,他在嫡长制文化背景里失去了继承皇位的资格,这点他是很不甘心的。他也清楚,嫡长继承制并非历史上唯一的继承制,凭功成为皇嗣,这样的例子在史书上比比皆是。他有如此的想法,他的集团成员为了得到更大的功名和富贵,也不遗余力地开导他,引导他在这条路上越走越远。他反击李建成的迫害是事实,然这事实被他的政治动机夸大了,以至捕风捉影,甚至添油加醋。他最后忍无可忍的极端举措,确实有正当防卫的因素,保护自己及其集团,然更为重要的是,他借此铺就了走向皇位的大红地毯。

按理说,儿子们闹得厉害,作为最高主宰的唐高祖,完全应该出来进行调解,以阻止矛盾的发展,还李唐皇室一个安宁。是的,唐高祖是出来调解的,他的调解本意也很不错,在嫡长继承制与功勋继承制两者中破天荒地取得平衡,既不负李建成,也不负李世民。然而,他美好的设想一旦付诸实施,却是事与愿违,他在肯定李世民的功勋时,萌生了易换太子的想法,想降李建成为蜀王。由于周围的阻力,又别出心裁,欲仿效汉梁孝王的故事,让李世民分主洛阳,建天子礼仪,随后考虑不妥,又作罢。他在讨厌李世民的气势时,复将情感的砝码重新压到李建成的身上,极度冷落李世民,恨不得削尽李世民的权力。如此的反反复复,莫衷一是,致使两派的纷争愈演愈烈。唐高祖越调解越糟糕,终于弄得不可收拾,弄得自己失去了仲裁者的资格。

当两派闹到冰炭不同炉，各种调解归于失败后，不得不图穷匕首见了。

武德九年（公元 626 年）夏，李建成、李元吉准备采取彻底解决问题的办法，先是贬黜他们认为最难对付的房玄龄、杜如晦，然后以征伐突厥为契机，夺去秦府的精兵强将，伺机杀死李世民。

风声走漏，李世民与长孙无忌、高士廉、尉迟敬德、侯君集、张公谨等紧急商量，以捷足先登的政变，除去东宫集团。在收买了玄武门的守将常何后，六月四日，李世民率领长孙无忌、尉迟敬德、侯君集、张公谨、刘师立、公孙武达、独孤彦云、杜君绰、郑仁泰、李孟尝等十人，在玄武门设伏。京师之兵本为李建成所掌握，他绝没想到李世民敢有如此之举，故毫无防备，按着日常的规矩，和李元吉一起入朝。将至临湖殿，发觉有异，想退回东宫，此时李世民纵马跃出，引箭射死李建成。尉迟敬德领七十骑冲来，再射杀了李元吉。东宫将士组织反击，见尉迟敬德提了李建成、李元吉的首级相示，便立时作鸟兽散。

秦王集团政变成功，面对不由自主的局势，唐高祖只得“承认”东宫集团罪有应得，李世民救了社稷，救了他，连出“感激”之言。三天后，立李世民为太子。

八月八日，唐高祖自知多次得罪过次子，更知大势已去，为给自己留个体面，留条后路，宣布自己退为太上皇，由李世民继位，即唐太宗。

贞观九年（公元 635 年），表面安享晚年，实则郁闷至极的唐高祖病逝了。

二九

古今独步的唐太宗

中国五千年的历史，造就了一大串的君主。在这一大串的君主中，人们耳熟能详的不多，其中雄才大略的更不多。在雄才大略的君主中，被毛泽东看得上的，只有秦始皇、汉武帝、唐太宗、宋太祖、成吉思汗五位，他在那阕脍炙人口的《沁园春・雪》中说："惜秦皇汉武，略输文采；唐宗宋祖，稍逊风骚；一代天骄，成吉思汗，只识弯弓射大雕。"

在这五位君主中，最被人们称道的，当是唐太宗。唐太宗之所以能博得历史盛誉，在于他一生完成了一个君主极难完成的两件大事：打天下与治天下，从而成为独步古今的君主。

关于唐太宗姓名的来历，相传有这样一个故事：他四岁那年，随父亲李渊到岐州（今陕西凤翔南），有一书生自称善于看相，对李渊说："公是贵人，且有贵子。"在见到李世民后，脱口言道："龙凤之姿，天日之表，二十岁时，必能济世安民！"李渊遂采其意作了儿子之名。

李世民是将门之子，自小生长于军营，耳濡目染，加上性格勇略果断，到了十多岁，便能领兵打仗。在隋炀帝遭到突厥雁门（今山西代县）之围时，他奉命增援，有过出色的表现。十八岁时助李渊守太原，重创高阳草寇魏刀儿。

隋末将乱，李世民是太原军事集团中积极主张乘势而起者之一，为准

唐太宗赐绸尉迟恭　唐太宗和吏部尚书唐俭下围棋，唐俭抢先占了有利的位置，太宗大怒之下便把唐俭贬为潭州刺史。太宗对尉迟恭说："唐俭对我不尊重，我要杀掉他。你前去探视一下，看他被贬官后有没有怨言。"次日，太宗又再三询问尉迟恭，尉迟恭顿首说："臣实在没有听到唐俭有什么怨言。"太宗很恼火，把玉版都掷碎在地上。过了一会儿，太宗命三品以上大臣入宴，并对大臣说："敬德（即尉迟恭的字）今天做了好事：第一，唐俭得免于枉死，有再生之幸；第二，朕得免于枉杀，有改过之德；第三，敬德免说假话，有忠直之誉。这对三人都有利。"于是，唐太宗就下令赏赐尉迟恭绸缎千匹。

备逐鹿天下，他折节下士，出财养客，联络江湖好汉，蓄养了大批能为他效死的文武之才。

晋阳县令刘文静高度评价李世民说："此是非常人。大度类于汉高祖，神武同于魏武帝，年虽少，却是天纵！"

李渊举起义旗，李世民领兵成功地拿下了西河地区。旋即拜右领大都督，统领右三军；李建成拜左领大都督，统领左三军。此时，他们兄弟俩的关系是和睦的，同心协力地为李家事业在奋战。

李渊挥军西上，与阻击的隋将宋老生之军遭遇。时久雨不停，粮食告罄，李渊欲引兵回太原。李世民以兵退则散的理由予以反对，反对无效，他在帐外进行哭谏，从而打动李渊收回了成命。结果，他所率的城南之部歼灭了敌主力，阵斩宋老生，攻克霍邑。

在李氏父子进入长安，宣布建立唐朝后，屡建功勋的李世民被拜为尚书令、右武侯大将军，晋封秦王。

唐朝建立后，进入统一天下的阶段。在这个阶段中，李世民更是焕发出杰出的战略智慧，施展出无与伦比的战术才干。当然，他也败过，且大败过，然他有极强的心理素质，不怕败，不忌讳败，从败中汲取教训，从败中积累经验，在败中走出胜利之路。

他向新王朝献的第一份厚礼，是将薛仁杲的二十万众歼于一役；他打得最艰苦的一战，是平定刘武周、宋金刚势力；他打得最精彩的一仗，是围点打援，生擒窦建德，迫降王世充。

这是大战，此外，他还打过无数的小仗，无论是野战、夜战、阵地战、攻坚战、防守战、运动战，还是水战、平原战、山地战，他都打得有声有色，打出了水平，打出了威名。

对李世民打天下的战功，或许史家的记录有涂脂抹粉之处，然基本的事实则是确凿的。没有出生入死的军事经历，他不可能营造以他为首的势力集团，也不可能在以后的宫廷纷争中占据主动地位。

武德九年(公元626年)，李世民通过玄武门之变，杀死了他最大的政敌——李建成、李元吉，迫使唐高祖退为太上皇，从而黄袍加身，成为唐朝第二代君主(庙号太宗)。

唐太宗的年号是贞观，他在君临天下的二十三年中，励精图治，开创了自汉代以后从未出现过的天下大治的局面，史称“贞观之治”(参见《贞观之治》)。

唐太宗为何能取得大治的局面，这在于他及时抓住了历史赋予他的机遇：从国家形势而言，随着平定各路诸侯战争的结束，天下重归一统，中央政府名副其实地控制了全国，治理的方略得以贯彻执行；从社会状况而言，人心久乱思治，百姓嗷嗷待哺，从上至下欢迎治理的政策。

其实，这种机遇在每个大乱过后的时代，都毫无例外地存在，绝非历史单独钟情于唐太宗。然为什么唐太宗能取得大治的成就，而其他具有相同机遇的君主却未取得？这不能不归结于个人因素。唐太宗有着求取天下大治的深切愿望，为了这个愿望，他屏斥奢侈，甘于淡泊，放弃物质享受；为了这个愿望，他虚怀若谷，从谏如流，放弃精神享受。放弃物质享受固然可贵，然放弃精神享受更为难得，为何唐太宗能成为独步千古的君主，关键的关键，在于他敢于放弃作为君主本可享受的人世间最高级的精神享受。

有人把大治归结于唐太宗的个人禀赋和爱好，这有部分的道理，然英雄崇拜过了头，夸大了英雄创造历史的作用。

有人把大治归结于唐太宗接受隋朝灭亡的教训，这有更大的道理，然把事情过于抽象化了。

唐太宗之所以孜孜不倦地求取大治，实在是他内心有一种巨大的恐惧，一种如同梦魇般的恐惧：他和隋炀帝太像了！

第一个像是：他俩都出生在贵族家庭，尽管有着与生俱来的优越生活，但面对的是上层社会无休止的尔虞我诈的政治斗争，打小耳濡目染了权术，惯于经意、不经意地用权术来待人接物。

第二个像是：他俩都面对着乱世，并各有用各自的方式来夺取政权的父亲，在艰难的夺权过程中，他们渴望权力，尤其是最高权力，万死不悔地愿意用生命来换取。

第三个像是：他俩都在统一战争中出过大力，立过大功，他们善结人才，崇拜武力，有英雄情结，有豪情壮志，有四海之内唯我独尊的感觉。

第四个像是：他俩都在兄弟中排行老二，虽对本朝的建立有着莫大的功勋，然在传统的嫡长继承制下，对最高权位却是望尘莫及，这是他们所不甘心的，从而积极投身于宫廷争斗的漩涡里，不惜用超乎常规的手段，对原太子及其集团给予了毁灭性的打击，从而取得了皇位继承人的资格。

第五个像是：他俩都在取得太子资格后，对父皇施加了某种政治手段或压力，从而促使父皇过早地离开人世或退位，让自己走上了皇位，掌握了至高无上的权力。

还有许多的相像……

如此的相像，若排除道德因素，本无可厚非，但是隋炀帝的下场，以及由此带来的隋朝灭亡，着实让唐太宗刻骨铭心，他恐怕重蹈覆辙，自己重蹈隋炀帝的覆辙，唐朝重蹈隋朝的覆辙。他不想重蹈覆辙，由此深刻地认识到，必须反其道而行之：收敛欲望，收敛享受的欲望，一切从国计民生的需要出发，从治理天下的需要出发。这样做，光凭自己一个人的悟性，是远远不够的，这需要有制约，这制约就是让群臣监督自己，随时随地监督自己,保证自己一直在正确的轨道上走下去。隋炀帝曾说过:"我性不喜人谏……"(《资治通鉴》卷一八二隋炀帝大业九年)这句话常在唐太宗耳边响着,于是他提倡谏诤的风气,鼓励群臣大胆且无顾忌地谏诤,纠正自己的各种过失。

唐太宗确实这样做了,然做得很不易,做得很痛苦,有时觉得非常不自由,有时觉得失去了自尊,几度不想再做下去,他扬言要杀了谏诤不断的"田舍翁"魏徵,斥责刚直不阿的王珪等事例,便是显著的反映。但在长孙皇后的帮助下,在自己的反省下,他还是保持了纳谏的气度、开明的姿态,接受群臣的制约。

贞观之治来之不易,唐太宗的做法更是千古难得。

三〇

房玄龄、杜如晦

古典小说中常用这样一句话来比喻一个君主事业兴旺：文臣如云，武将似雨。这句非常朴素的话，透彻地揭示了君主事业与人才的关系。唐太宗能成就一番大业，与他的文臣武将大有关系。

唐太宗的文臣，是第一流的文臣。

唐太宗的文臣中，以房玄龄、杜如晦最为闻名。

房玄龄，名乔，字玄龄，以字行于世，齐州临淄（今山东淄博东北）人。在唐太宗率军进入关中之际，他自效于军门。李世民初次相见，谈得投机，犹如旧友。

房玄龄是个智者，又是个廉者，智廉一体，使他别具风采。他竭尽心力，为李世民处理事务，出谋划策，掌草文书。每次战争胜利，别人竞求财宝，他却独自忙着收罗人才。他有很好的人缘，他的人缘不是用在为自己谋利，而用在申明道义，激励谋臣猛将为李世民出死力。在他的努力下，李世民集团在内有了非同寻常的凝聚力，对外有着无坚不摧的战斗力。李渊对他评价极高，说："此人深识机宜，可委以重任。每为我儿陈奏事务，必通人心，千里之外，犹如面谈。"

在秦王集团与东宫集团相争之日，房玄龄与杜如晦二人成为李世民最得力的左膀右臂，以致李建成说："秦府中最让人畏惧者，当数房玄龄与

房玄龄参与“玄武门之变”的策划。在唐太宗李世民即位后，任中书令，前后为相二十余年。（图选自明刊本《历代帝贤像》）

杜如晦！”从而在唐高祖面前百般中伤，将他们二人逐出秦王府。李世民在发动玄武门之变前，让他俩化装成道士，潜入府中，一起筹划了事变大计。

辅佐唐太宗得了天下，论功行赏，他和长孙无忌、杜如晦、尉迟敬德、侯君集五人被定为第一。有赫赫战功的唐太宗叔父李神通等人不服，说他们首举义旗，出生入死，怎么到头来，却让房玄龄、杜如晦这些刀笔吏占了第一。

唐太宗声情并茂地解释说：“房玄龄如同汉代的萧何，运筹帷幄，有定社稷之功，虽未身临战场，然殚精竭虑，故得功居第一。”

房玄龄先是凭着他理事的能力，当上了宰相之一的中书令，帮助唐太宗治理天下。继而，他代长孙无忌为尚书左仆射，总理朝政。他处理事务，废寝忘食，力求无纤芥失误；度量宽宏，对人不求全责备，听到人有长处，犹如自己的一样高兴；谙达政务，精通文学；审定法令，务在宽平；量才录用，不分贵贱。

难得的宰相，人称良相。

他是个双料的功臣，谋国有功，治国有功，由此他和长孙无忌等二十四功臣，被画像于凌烟阁（人称凌烟阁二十四功臣），像下赞语是："才兼藻翰，思入机神。当官励节，奉上忘身。"

他尽管有功，唐太宗尽管英明，彼此又懂得君臣相处的道理，可伴君如伴虎的古训还是起了作用。先是房玄龄知趣地看到自己年岁大了，加上任职时间已久，于是提出辞去宰相。

唐太宗百般挽留，最后干脆说："公学汉代的张良、窦融主动让位，惧怕月盈而亏，知进知退，是难得的。然公任相日久，一朝辞去，则国失良相，朕失两手。公若是筋力不衰，切勿再烦着让来让去。"

由是房玄龄不便再让。可过了没两年，唐太宗却嫌他老了，以一件小事为借口，将他给罢免了。大臣中有人为他叫屈，说了许多道理，却不知唐太宗的真实心理，丝毫不起作用。

房玄龄卒于七十岁，临终前给唐太宗留了道表，说不要征伐高丽，让唐太宗很是感动了一阵子。

杜如晦，字克明，京兆杜陵（今陕西西安东南）人。他与房玄龄相同，好谈文史。他年轻时，以识人著称的隋吏部侍郎高孝基曾预言他"有应变之才，当为栋梁之用"。

杜如晦是在李世民平定长安时前来相投的。初来乍到，他就受到了重用。然这个重用，是和其他有才之士一样，仅得到了一个较高的职务，并未成为李世民的心腹。时李渊既依靠李世民，又有些防着他，恐怕他的势力过大，不好约束，遂将秦王府的英才多调出，另授他用。杜如晦名列其中。

房玄龄极度欣赏杜如晦，为保全杜如晦，他对李世民说："府中僚属出者虽多，但不足惜。唯有杜如晦聪明识达，是王佐之才。若大王想经营天下，非得此人不可。"

李世民如梦初醒，说："不是你及时相告，险些失去此人。"于是想方设法保下了杜如晦。

杜如晦不负李世民的殷切之望，不负房玄龄的推荐之诚，在此后的岁月中出色地体现了他的才干。从征薛仁杲、刘武周、王世充、窦建德等诸雄，他是参谋本部的重要成员之一，拿出过许多行之有效的方案。讨论军国大事，他剖断如流，深为同僚所钦服。

秦王李世民开天策府，设立了文学馆，以招徕天下文士。来投的文士如过河之鲫，其中著名的是十八学士，杜如晦名列榜首。十八学士有画像，他的画像下的赞词是："建平文雅，休有烈光。怀忠履义，身立名扬。"是的，杜如晦在辅佐李世民的事业中，立了身，扬了名。

唐太宗登基，杜如晦历任兵部尚书、吏部尚书，总监东宫兵马。他每任一职，都有称职之誉。后代长孙无忌为尚书右仆射，成了宰相，与房玄龄共掌朝政。同时，还一起制定了中央机构的规划和国家的文物典章。

杜如晦和房玄龄是合作成事的典范，他们彼此一片赤诚，互敬互让，无半点狭隘的嫉妒之心。杜如晦善断，房玄龄善谋，他们取长补短，合作得相当好，成为李世民最得力的谋臣，在打天下、得天下、治天下的漫长过程中，共同建立了首屈一指的功勋。

房玄龄、杜如晦辅弼有功，促成"贞观之治"，被誉为良相，并称

“房、杜”。

“房、杜”美名不胫而走，传遍天下，传及后世。人以相业相比，比之汉初的萧（何）、曹（参）；以交谊相比，比之春秋的管（仲）、鲍（叔牙）。

杜如晦死在房玄龄之前，年仅四十六岁。唐太宗哭得伤心，痛感：“朕与如晦，君臣义重。”

三一

魏徵、王珪

中国古代政治，评价君臣的德行，有一个重要的衡量标准，即君得虚心纳谏，方为明君；臣能犯颜直谏，方为良臣。上有明君，下有良臣，才可使朝廷政治清明，以达天下大治。

这样的君臣格局，中国历史上有，但出现得不多。在不多的几次中，最为人所传颂的是贞观时期。其具体的表现，首先是唐太宗与魏徵的关系，其次是唐太宗与王珪的关系。

魏徵是个特殊人物，特殊到提起唐太宗，人们必想到他；提起“贞观之治”，人们也必想到他。根据历史评价，似乎有这样一个感觉，没有魏徵，唐太宗即使是明君，恐怕也不会如此英明；而唐太宗不如此英明，“贞观之治”也难以达到如此之治。

魏徵，字玄成，巨鹿人，后移居相州内黄。家贫寒，出家为道士，悉心学习各种典籍，尤精纵横术。

天下大乱，他附武阳郡丞元宝藏投瓦岗寨，始终不得重用。后随李密归唐，仍受到冷落。他奉命安抚山东，说服了李绩举黎阳仓投唐。正遇窦建德攻黎阳，被擒，出任起居舍人。到窦建德兵败，才重归唐朝。

胸怀大志却一直不得志的魏徵，遇到李建成，才改变了处境。李建成可谓是他的第一个知己，在见到重归的魏徵后，立即将他引入东宫，拜为

魏徵生性刚直，每每以史为鉴，劝唐太宗轻徭薄赋。

太子洗马，且十分礼敬。魏徵洞察他们兄弟的矛盾已如水火，屡劝李建成先下手，以除后患。可李建成却犹豫着不肯动手，以致丧命于玄武门。

作为东宫主要谋士之一的魏徵，被李世民召去责问：为何离间他们兄弟？魏徵的回答是硬朗的，也是大气的：若是皇太子早听他言，必无今日的大祸！言下之意是，如李建成听他的话，今日他们兄弟的结局必是换个儿。李世民闻言不仅不以为忤，反而欣赏起魏徵的气度，把他收到了自己的东宫里，给予重用。

可能正是从李建成不听魏徵谏的教训中，李世民刻骨铭心地看到了谏言的深刻作用，看到了魏徵的可贵，从此拉开了他接受魏徵谏诤的序幕。尤其是在他登位之后，他们之间受谏和上谏的关系，达到了前无古人、后无来者的地步。

魏徵的上谏，具有两个长处：一是他有经国之才，精于政治之道，由此要么不言，一言必能中的；二是他性格耿直，从不知道什么叫碰壁，什么叫后果，由此要么不言，一言必说个明白。两个长处加在一起，使他的谏，谏出了道理，谏出了水平，谏出了力度，谏得唐太宗能听，谏得唐太宗不听也得听。

魏徵很清楚，他的犯颜直谏，可能会给他带来极大的危险。然他将危险置之度外，长期义无反顾地谏。然他是大智之人，又知道在危险中含有很大的安全系数。这安全系数就是，唐太宗有深度的恐蹈隋亡覆辙的心理，有想当尧舜之君的心理，只要抓住这两种心理，多能转危为安。

为保证安全，他向唐太宗提出了让他做良臣，而不要让他做忠臣的建议。唐太宗问良臣和忠臣有什么区别，他解释说：良臣是尧、舜信任的正直之臣，如稷、契、皋陶等人，而忠臣是商纣王诛杀的直谏之臣，如龙逢、比干等人。良臣能使自己得美名，子孙得富贵，君主得大誉，很实在。忠臣则自己受诛灭，君主得恶声，徒有虚名。两者相差甚远。这番话不仅说动了唐太宗，还得到了赏赐的物品。

魏徵只做良臣不做忠臣的原则，贯穿他的一生，在李建成那里是如此，到了李世民那里也是如此。

唐太宗能纳谏，在于他懂得，纳谏可提升君主的品位。他曾将自己比为金矿，将魏徵比为金匠，只有经过魏徵这金匠的冶炼，他这块金矿石才可能变为金子。更为重要的是，他知道纳谏是防止社稷倾败的一道长城。

然在具体的受谏和上谏的过程中，他们之间并非一帆风顺，而是有过风浪，且有过大风浪。魏徵的谏言，毕竟是有锋芒的，这锋芒时常刺得唐太宗的脸上很挂不住。在唐太宗理智占上风时，能提醒自己这是良药苦口；而在他感情用事之际，则感到对方过于咄咄逼人，有时免不了勃然发怒。有一次，他在上朝时，被魏徵谏得火起，回宫后，自言自语地大骂道："我要杀了这田舍翁(乡巴佬)!"(《魏郑公谏续录》卷下)幸得长孙皇后善言相劝，才平息了风波，和解了他们君臣的关系。其实，唐太宗只是在内宫骂骂出气，没长孙皇后的劝，他也未必会杀魏徵。因为唐太宗认识到："当今在朝臣中，论忠直，没人比得上魏徵。"

唐太宗高度评价魏徵说："贞观以来，尽心于我，进献忠言，安国利民，犯颜直谏，纠正我过失者，唯魏徵而已。"

魏徵的犯颜直谏能成功，并保持了十多年，除了魏徵的因素外，关键的是唐太宗能纳谏。魏徵曾对唐太宗开诚布公地说："陛下引导臣言，臣才敢言。若陛下不接受臣言，臣岂敢逆龙鳞，触忌讳。"(《贞观政要·任贤》)长孙皇后也说："主明臣直，魏徵能直言，是陛下开明的缘故。"

魏徵逝世后，唐太宗很是伤心，他怀念地说："以铜为镜，可以正衣冠；以古为镜，可以知兴替；以人为镜，可以明得失。朕很宝贵这三镜，今魏徵亡，失去了一镜。”他要群臣以魏徵为楷模，人人直言无隐。

王珪，和魏徵一样，对李世民而言，都来自于他所敌对的李建成阵营。

王珪，字叔玠，太原祁（今属山西）人，南朝梁名将王僧辩之孙。隋时入仕，李渊入长安后投唐。

李建成册为太子后，王珪被引入东宫，受到极高的礼遇。他在玄武门之变前，坚定地站在李建成一边，积极地出谋划策。事后，他被流放到了蛮荒之地。

时隔不久，唐太宗因王珪的才，将他召回给予了重用。王珪有才，但更正直，故而与其说唐太宗爱他的才，不如说是爱他的正直。唐太宗曾说：“正主御邪臣，不能致理；正臣事邪主，也不能致理。唯有君臣相遇，情同鱼水，方能使海内得安。”唐太宗是想用王珪的正直，来加强自己的正，来匡正整个朝廷的风气。

在王珪看来，君臣间正常的具体表现是，君主应虚心纳谏，臣子当直言相谏。由此，他对唐太宗一席话的反应是：“木从绳则正，君从谏则圣。按照古代圣主的规矩，须备诤臣七人，若谏而不用，直谏至死。我既然处在没有忌讳的圣朝，就当不顾人说我疯狂，直言相谏。”

针对王珪的提法，唐太宗特地设置了一个制度，即在三品以上官员入朝面君时，必须有谏官跟随，以随时纠正君臣的言语过失。

王珪言行一致，每每推诚进谏，秉直进谏。在唐太宗的鼓励下，他越谏越直，越谏位越高，直做到宰相。

宰相是正直之臣，是直谏之臣，当时朝廷的风气可想而知。

王珪的谏，数量虽不及魏徵多，但质量并不逊于魏徵。他善于因势利导：唐太宗夺了罪人的姬女入宫，还说这是罪人咎由自取。他用古人的例子，来影射唐太宗尽管喜欢善却不能用善，尽管厌憎恶却不能去恶。他得理不让人:唐太宗无端指责管音乐的太常少卿祖孝孙,他与另一宰相温彦博一同为祖孝孙辩护。唐太宗勃然大怒,斥责他们怎么不替君主说话,反替臣下说话。温彦博吓得跪下磕头,王珪却昂然站着,说这是"陛下负臣,臣不负陛下"。

他曾将自己与魏徵作过一次比较,说魏徵是以谏诤为心,耻君不如尧舜;自己是激浊扬清,嫉恶好善。

用魏徵,用王珪,是唐太宗政治生涯中颇为得意的一件事。他说:"魏徵、王珪,昔日在东宫,尽心奉事李建成,当时真是可恶。我能提拔他们,用到今天,此事足以不愧于古人。"

魏徵、王珪是贞观时的两大谏臣,而这两大谏臣竟全来自唐太宗的敌对阵营,实在是一件奇事。其实,说怪不怪,用此二人,既给唐太宗带来了改善政治的功用,又体现了他非凡的用人度量,于实于虚,都获益匪浅。

三二

凌烟阁二十四功臣

长安宫殿中有座三清殿，在三清殿的侧面，矗立着一座引人注目的凌烟阁。这凌烟阁的引人注目，它的巍峨气象是个原因，然更重要的，是它的里面画有二十四功臣图像。

这二十四功臣图像，是贞观十七年（公元 643 年）奉唐太宗之命所立

长孙无忌为唐朝的开国功臣，奉命与房玄龄等修《贞观律》。

的。图像的顺序依次是:赵公长孙无忌、赵郡元王李孝恭、莱成公杜如晦、郑文贞公魏徵、梁公房玄龄、申公高士廉、鄂公尉迟敬德、卫公李靖、宋公萧瑀、褒忠壮公段志玄、夔公刘弘基、蒋忠公屈突通、郧节公殷开山、谯襄公柴绍、邳襄公长孙顺德、郧公张亮、陈公侯君集、郯襄公张公谨、卢公程知节、永兴文懿公虞世南、渝襄公刘政会、莒公唐俭、英公李世勣、胡壮公秦叔宝。

长孙无忌,字辅机,祖籍鲜卑,为北魏皇室,列祖列宗均至高官荣爵。他是长孙皇后的兄长,以出众的才干,辅助唐太宗打天下并取得皇位。唐太宗登基后,将他倚为腹心,拜相,封公。他尽忠于唐太宗,在李承乾、李泰争嗣之后,力荐李治为太子。唐太宗驾崩后,他以辅政大臣的身份,主持朝政。他是唐高宗的舅舅,又是元老功臣,因坚决反对唐高宗立武则天为皇后,而得罪武则天。武则天的党羽许敬宗等人,诬构他谋反。唐高宗不辨青红皂白,将他流放至荒地,旋即下了赐死令。

李孝恭,李渊堂弟。他是宗室中功勋最显赫者。李渊得长安,他兵入巴蜀,战抚双管齐下,灭了朱粲势力,又平定了三十余州。武德三年(公元620年),率水陆两军沿江而下,灭了盘踞在江陵的萧铣政权。平定荆襄后,采用和平方式,招抚了岭表四十九州。他最大也是最后一个战功是,消灭了在江东的辅公祏政权。他生性豪放奢侈,闲来好两事:游宴和玩女人。然他为人宽恕、礼让,从不居功自傲。在宗室成员中,唐太宗和他的关系最为亲密。

杜如晦、房玄龄(详见《房玄龄、杜如晦》)。

魏徵(详见《魏徵、王珪》)。

高士廉,名俭,以字行。于隋朝入仕,并已成名。其妹嫁给名臣长孙晟,生子长孙无忌及一女。长孙晟亡故,高士廉将这外甥、外甥女接来抚养。他度见李世民为非常人，作主将这外甥女配与李世民为妻，此女即后来的长孙皇后。他因受投奔高丽的斛斯政牵连，被发配交趾。武德中归唐朝，成为李世民的心腹。在玄武门之变中，建立殊勋。贞观时，外放巴蜀为官，在地方上移风易俗，大兴水利，造福于民。回京后，按照唐太宗的旨意，主持《氏族志》的撰写，提高了皇族及功臣的地位，贬低了门阀士族的地位。在相位上病卒。

尉迟敬德，初为刘武周偏将。为宋金刚屡次与唐军交锋，建有大功。后宋金刚战败投奔突厥，李世民说降了他。李世民对他恩重如山，在刘武周的降将大多叛去的情况下，非但不猜忌他，反而给予了重用。他勇冠三军，将一杆长矛使得出神入化。在征窦建德、王世充、刘黑闼、徐圆朗的战役中，连建奇勋。最要紧的是，在玄武门之变中，他不仅是积极的策划者，且射杀了李元吉，并让唐高祖承认了现实。由此，和长孙无忌一同功居第一。

李靖，本名药师，隋名将韩擒虎外甥。相貌魁伟，有文武才略。隋末，任马邑郡丞，欲到江都向隋炀帝检举李渊谋反，途中滞留长安，为进入长安的李渊所获，以壮言而免死罪，入李世民幕府。自此屡建大功：协助李孝恭灭萧铣、辅公祏，以收江南；破突厥颉利可汗部落，拓边至大漠；平吐谷浑，收服西疆。唐太宗赞为："南平吴会，北清沙漠，西定慕容。"唐高祖评价他：古代韩信、白起、卫青、霍去病等名将皆不能相比。

萧瑀，字时文，后梁明帝之子。曾献计解隋炀帝雁门之围。李渊入长安后，任命他为民部尚书。复任李世民右元帅司马，参与进攻洛阳。唐高祖登基后，被倚为心腹，拜相，掌理政务。他兢兢业业，又铁面无私，无论谁犯有过失，必弹纠，为人所惮怕。贞观时被罢相，然仍为唐太宗所重视。唐太宗称他："性情耿直超过古人，但善恶过于分明，不免有时失误。"

段志玄，父亲段偃师追随李渊举义旗。他招募义兵千人加入唐军，屡为唐军攻战先锋。当刘文静与隋将屈突通相持，他力挽败局，重振军威，以致生擒了屈突通。从李世民讨窦建德、王世充，多建大功。拒绝李建成的引诱，将李建成的密谋告知李世民，与尉迟敬德同在玄武门之变中出了大力。贞观年间，领军驻扎城外，夜拒御使入营，唐太宗誉为："此是真将军，不逊于周亚夫。"

刘弘基，隋末至太原投靠李渊。和李世民关系相当密切，出则连骑，入则同卧。奉命招募军队，得二千人。与长孙顺德同擒反对李渊的王威、高君雅。随李世民击宋老生，并阵斩宋老生。以唐军先锋，进入关中，单军击破隋卫文升的阻击部队，由此获得破长安的首功。从李世民破薛举、宋金刚。贞观中，因与谋反的李孝常等人有交游，一度被除名。后恢复官爵。

屈突通，隋文帝时担任要职，敢直言相谏，和其弟长安令屈突盖同以严整执法闻名。时谚说："宁食三斗艾，不见屈突盖；宁服三斗葱，不逢屈突通。"出任将军，妙用兵法，建有军功。隋末，镇守长安，旋即为杨侑往河东拒唐军，回救洛阳，在潼关与唐军激战，兵败降唐。从李世民击薛举，以不取任何战利品而受到唐高祖的嘉奖。李世民击王世充，转而领兵对付窦建德，屈突通与李元吉兵围洛阳，城破后被评为第一功。

殷开山，名峤，以字行。原为隋朝县长，有能名。参与李渊起义，进入智囊团。曾随李建成攻克西河，复转为李世民部下。入关中，招抚了大大小小各种割据势力，与刘弘基共同击破隋将卫文升。再随李世民攻薛举、薛仁杲、王世充，卒于征刘黑闼的途中。

柴绍，字嗣昌。关中闻名的大侠，李渊尚微时，将女儿（平阳公主）嫁与他。李渊起义，他与李建成从长安历尽艰险，投奔太原。任马军总管，随唐军向西挺进，击宋老生有功。兵进关中，屡屡击破隋军，和诸将一齐攻入长安。复随李世民征薛举、宋金刚、王世充，在武牢擒拿了窦建德。用计击溃吐谷浑、党项的侵扰。

长孙顺德，长孙皇后的族叔。隋朝时逃避征高丽的兵役，身藏太原。参与李渊首义，奉命招募军队。平霍邑，破临汾，下绛郡，数建军功。从刘文静击屈突通，身先士卒，在桃林擒获了屈突通。在玄武门之变中，和秦叔宝同讨李建成余党。他曾受贿，在唐太宗的提醒下，幡然悔悟，在泽州刺史任上，一改以往不遵法度的习性，大力整治官吏贪贿的风气，被号为“明肃”。

张亮，早入瓦岗寨，后随李勣归附唐朝。他外表敦厚，实是足智多谋。在房玄龄、李勣的推荐下，进入秦王府，渐成为李世民的心腹。李世民与李建成冲突，他被派往洛阳经营，以为李世民留后路。贞观中，任相州等地方官，扬善惩恶，明察秋毫，颇有政声。他揭发了侯君集的谋反企图；领水军渡海击破高丽沙卑城。然他晚节不保，引术士以证自己有帝王之命，事发被处死。

侯君集，是最早跟随李世民的功臣。他在军事上有功，在玄武门之变中又多次提出行之有效的良策。贞观中，他与李勣同破吐谷浑。后任交河道行军大总管，平定高昌国。他出将入相，以杰出的才干，获得了令誉。然贪财，大量侵吞高昌的宝物，本当下狱，而以功勋得免。他不满意所得的待遇，积极参与太子李承乾的谋反，事发被斩首。

张公谨，字弘慎。初在王世充处任事，后投唐朝。在李勣、尉迟敬德的推荐下，进入秦王府，为李世民效力。李世民与李建成矛盾日深，多次询问如何对付，他每每提出良策，由此渐得李世民信任。在玄武门之变中，他与长孙无忌等九人一同设伏，在杀了李建成、李元吉后，他独自守住城门，抵挡了东宫兵的进攻。贞观间，提出屯田以省转运之策，直言极谏时政得失，力主平定突厥。

程知节，本名咬金。初聚众保卫乡里，后进入瓦岗寨，颇得李密信用。李密败，归王世充，又与秦叔宝等一同离去，投唐朝，为李世民所用。以左一马军总管之职，相继跟随李世民破宋金刚、窦建德、王世充。在玄武门之变中，出力甚多。在唐高宗时代，任葱山道行军大总管，讨西突厥阿史那贺鲁叛军。

虞世南，字伯施，著名书法家。和其兄虞世基（隋内史侍郎）被人比与二陆（陆机、陆云）。虞世基被宇文化及所杀，他随其伍西行。宇文化及败，他附于窦建德。窦建德败，他被李世民引为弘文馆学士，与房玄龄共掌机密文书。唐太宗钦佩他博学多识，常与之谈论经史。他性情昂烈，每每以古帝王得失，进行讽谏。唐太宗盛称虞世南有五绝：一德行，二忠直，三博学，四文辞，五书法，誉为当代名臣。

刘政会，隋末领所部归附李渊。参与李渊起义密谋，制造王威、高君雅"谋反"罪状，得以将二人除去。平长安有功，任李渊丞相府掾。后为太原留守，他内抚军士，外和各少数民族，在当地建立了崇高的威望。刘武周进攻太原，因地方豪强的里应外合，城破后被俘。在被囚期间，将所了解到的刘武周状况，写成密信，传给李渊。刘武周被平定后，恢复官爵。

唐俭，字茂约。他早与李世民关系密切，首倡李渊起兵。先为李渊大将军府的记室参军，继为李世民的行军司马。在入长安后，揭发了工部尚书独孤怀恩的谋反罪状，救了李渊一命。后随李世民击破宋金刚。贞观中，出使突厥，接回了隋炀帝的萧皇后等人。由于熟知突厥内况，奉命以计松懈突厥戒备之心，遂得以让李靖率军破了突厥颉利可汗部落。

李世勣，本名徐世勣，赐姓李，因避唐太宗讳，而用单名。早从翟让入瓦岗寨，献策取汴水官私船只，使瓦岗军得以壮大。与王伯当共同说服翟让，推李密为主。再献计取黎阳粮仓，赈济饥民，得兵二十万。一度随李密附洛阳杨侑政权，再从李密投唐。随李世民平窦建德、王世充、刘黑闼、徐圆朗，复与李靖破辅公祏、突厥颉利可汗。一征高丽，破其数城；二征高丽，平定其国。与李靖并称名将。

秦叔宝，名琼，以字行。早年在隋将来护儿帐下，后随张须陀讨伐据守下邳的卢明月，以勇气闻名远近。张须陀征李密，战死荥阳，秦叔宝投继领隋军来剿李密的裴仁基。旋即随裴仁基降李密，得重用。在与宇文化及的争战中，冒死独救李密。李密被王世充击败，他无奈暂归王世充，被拜为龙骧大将军，因鄙视王世充的为人，转投唐朝，效力于秦王府，任马军总管。在击破尉迟敬德、窦建德、刘黑闼等战中，屡建功勋。后随李世民诛灭李建成、李元吉。

三三

贞观之治

唐太宗之所以能享誉千载，关键在于他有个非同寻常的成果，即唐朝两大治之一的“贞观之治”。

大治天下，是每个雄才大略的君主所梦寐以求的理想。然要实现这个理想，却又谈何容易。其需要君主不是停于空想、停于空谈，而是有脚踏实地不懈追求的精神；需要一大批臣子不是安于享乐、安于现状，而是有同心同德为之奋斗的襟怀；更需要百废待兴、人心思治的社会条件。

唐太宗有这种精神，他的臣子有这种襟怀，他的国家有这种条件，万物皆备于他，从而促成了“贞观之治”的实现。

求治，在唐太宗登基之初，就被置为头等大事。“每思治道，至深夜方寝。”但是否能达到治，他心里惶惶然，没个数，感叹：“今大乱之后，其难治乎。”由此，他发起了一场讨论，要求群臣各抒己见。有见地的意见不胜枚举，而魏徵和封德彝的争论，成了两种直指要害的代表性思路。

魏徵认为：“大乱之后，不是难治，而是易治。因为天下久安，民众趋于骄佚，骄佚则难以教化；而经战乱，民众愁苦，愁苦则容易教化。这犹如饥者思食物，渴者思饮水。”

封德彝非议魏徵的说法：“自从夏、商、周三代以来，人心越来越奸讹，故而秦朝用法律，汉朝王道霸道相杂，这都是人心不能教化的原因。魏徵是书生，不识时务。若信了他的话，国家必败。”

魏徵反驳道：“古代大乱之后而大治的例子比比皆是。若是说古人纯朴，人心渐渐奸讹，岂不是到今天，都变成了鬼吗？人主还怎治理！”

争论的结果，是唐太宗站到了魏徵一边，并以“大乱之后易大治”的思想为指导，进入了探索求治的历程。

教化民众，首先得让民众能安居乐业，不要再断了生计，被迫为盗。故而，唐太宗反对用重刑来“止盗”，而是提出了去奢省费，轻徭薄赋，选用廉吏，使民衣食有余的四项方针，改善社会秩序。四项方针的贯彻是有效的，“自是数年之后，海内升平，路不拾遗，外户不闭，商旅野宿”。

唐太宗深知，凡事都有“本”，即根本之处，治国应从根本入手。他说：“凡事皆须务本。国以人为本，人以衣食为本，凡营衣食，以不失时为本。”

国以人为本，是大政；人以衣食为本，是实事。唐太宗以大政指导实事，全面推出了提高民众生活质量的措施。他根据战乱之后人口稀少，无主荒地大量存在的情况，重新制定了均田制，尽可能使人人有田，同时鼓励农民开垦荒地。在均田制的基础上，他又制定了减轻民众负担并能够接受的租庸调法。在这二项基本政策上，他劝课农桑，提高农民的生产积极性，告诫地方官不得扰民，以不违农时。此外，还大力兴修水利，改进农业生产条件；促进人口繁衍，增加劳动力。诸如此类，不一而足。

在唐太宗的一系列利农政策出台后，不仅使自隋末以来的衰破现象得到了改变，且迎来了许多年的大丰收景象，迎来了政清国晏的局面。

贞观四年（公元 630 年），“是岁，天下大稔，流散者咸归乡里，米斗不过三四钱，终岁断死刑才二十九人。东至于海，南极五岭，皆外户不闭，行旅不赍粮，取给于道路焉”。（《资治通鉴》卷一九三唐太宗贞观四年）

“至八年、九年，频至丰稔，米斗四五钱，马牛布野，外户动辄数月不

闭。至十五年,米每斗值二钱。”(《通典》卷七)

米价是民众实际生活最直接的指标,米价稳定地大幅度持续下跌,是唐太宗大治天下最有力的证明。

唐太宗求治的政策是成功的,他对民族关系的处理也是辉煌的。这辉煌的取得,也有魏徵的一份功劳在内。唐太宗登位伊始,关于如何处理民族关系,也曾引发过一场大争论。许多大臣,根据唐太宗打天下的赫赫战功,主张“震耀威武,征讨四夷”。唯有魏徵持不同意见,他劝唐太宗“偃武修文,中国既安,四夷自服”。唐太宗最终采纳了魏徵的意见。

国家的大治,极大地增强了国力。唐太宗尽量避免大型战争,只是用强大的国力来进行慑服。然避免战争并非排斥战争,在迫不得已的情况下,他还是启动了战争这架机器。他先击破东突厥,擒住了颉利可汗;继而,平定了吐谷浑;接着,统一了高昌;最后,沉重打击了西突厥。

唐太宗“和”的杰作,是将文成公主嫁给吐蕃的松赞干布,从而消弭了来自青藏高原的军事对抗。这个和亲故事,成了民族和睦的佳话,载进了史册。

以和为贵,以战辅和,有效的战略,使唐太宗的威望直线上升,如日中天。各族酋长,络绎不绝地前来长安,朝见唐太宗。贞观四年(公元630年),在颉利可汗被擒之后,西北各族一致给唐太宗上了个尊号:“天可汗”。

天可汗即万国之王,得了这尊号的唐太宗,意味着他执了东方的牛耳。

取得“贞观之治”的唐太宗,在得了“天可汗”尊号的当年,还留下了一段趣话。他说:“今颉利成擒,各酋长给朕带刀宿卫,各部落改易中国衣冠,此都是魏徵之力。唯一的遗憾,就是封德彝没能活到今日,以亲眼目睹这成就。”

对于百世称颂的“贞观之治”，与促成大治实现的唐太宗，以及承前启后的唐初诸帝，吕思勉提出了与众不同的见解。他说：“汉、唐并称中国盛世。贞观、永徽之治，论者以比汉之文、景，武功尤远过之；然非其时之君臣，实有过人之才智也。唐太宗不过中材。论其恭俭之德，及忧深思远之资，实尚不如宋文帝，更无论梁武帝；其武略亦不如梁武帝，更无论宋武帝、陈武帝矣。若高祖与高宗，则尤不足道。其能致三十余年之治平强盛，承季汉、魏、晋、南北朝久乱之后，宇内乍归统一，生民幸获休息；塞外亦无强部。皆时会为之，非尽由人力也。”（《吕思勉史学论著》，上海古籍出版社）

其实，强调大乱之后可致大治的时势，正是当初魏徵为唐太宗提供的理念依据。采纳了这一理念，唐太宗由“中材”一跃成了大材，成了历代雄主难以企及的大材；“贞观之治”成了大治，成了历代各种大治中最为人称道的大治。

认识到这一点，唐太宗才会由衷地感激魏徵，才会发出封德彝没能看到辉煌成就的遗憾。

三四

玄奘取经

玄奘取经，是中国佛教史上的一件大事，也可谓世界佛教史上的一件大事。这件大事流传到后世，越传越广，传到明朝的吴承恩，给演绎了一部《西游记》。《西游记》更是广为流传，将玄奘传得家喻户晓。

玄奘，俗姓陈，名祎，洛州缑氏（今河南郾师缑氏镇）人。父亲陈慧为江陵（今属湖北）县令，后辞官归隐。他出生在隋朝后期，当时整个国度得隋炀帝的倡导，沉浸在浓烈的佛教氛围中，他受此影响，从小笃信佛教，曾在洛阳净土寺内潜心学习佛经《维摩经》、《法华经》。

大业十年（公元 614 年），大理寺卿郑善果奉旨到洛阳剃度僧人，年仅十三岁的陈祎闻讯前去，因年纪太小受到拒绝，经他苦苦要求，终于感动了郑善果，被破例收录。出家后，他取法名玄奘。

剃度后，玄奘仍在净土寺内学经，他尤喜印度大乘瑜伽派创始人无著所撰的《摄大乘论》。此书开创了唯识学体系，重理性思维，玄奘由此进入了追求唯识学的境界。

到大业十四年（公元 618 年），天下大乱，地居中原的洛阳更是成为战乱的中心。为躲避战乱，也为了访师求学，玄奘离开了净土寺，前往成都，后辗转荆州（今湖北江陵）、扬州（今属江苏）、苏州（今属江苏）、相州（今河南安阳）、赵州（今河北赵县），最后到达长安。这个旅程于唐武德八年（公元 625 年)结束,长达八年之久。在这期间,他遍学各经,遍访名师。他以谦虚的态度,精湛的学问,受到了佛界的高度赞扬,并跻身于高僧行列。

已被旁人视为高僧的玄奘,在他自己的感觉上,仅是刚刚起步。他非但没有丝毫的成就感,且充满了疑惑。这疑惑来自版本不一的汉文佛经,来自大师们各执己见的矛盾说法,来自佛教教义的混沌不清。为解决这疑惑,他逐渐萌生了亲往佛教发祥地——天竺(今印度)求取真法的愿望。

西行取经,玄奘并非第一人,东晋高僧法显、智严已有成功的经历。然而,尽管前有先例,但困难仍是相当大的,大到令无数高僧为之生畏。可玄奘排除万难,决心追踪法显等他心目中的英雄,用大丈夫的气概继承他们的事业。首先,他努力学习梵文,克服语言障碍;随之,他拒绝了长安庄严寺方丈之位,摈弃殊荣;最后,他冲破了关禁的阻力,偷越出国境。

贞观三年(公元 629 年),玄奘上路了。一路不止是艰辛,且步步充满着绝望。玄奘在绝望中征服了大漠黄尘,征服了高山峻岭,征服了关卡盘查,征服了缺粮断水,征服了信徒挽留……历经重重劫难、重重魔障,在三年后到达了天竺。

天竺,又称身毒,或称婆罗门国,玄奘始译为印度。时天竺并非统一的国家,玄奘遍游天竺,足迹印在了难以计数的王国。

玄奘在天竺的岁月中,花在摩揭陀国那烂陀寺的时间最长。因佛祖释迦牟尼在摩揭陀国度过了大部分时间,被佛界尊崇为圣地。那烂陀寺(遗址在今印度比哈尔邦巴特那东九十六公里的巴腊贡村)是天竺最大的寺庙,也被视为最高学府。寺南有一大池,相传池内有龙名"那烂陀",故名。玄奘拜主持该寺的戒贤法师为师,学《瑜伽师地论》,以解决唯识学中佛性究竟是"本有",还是"始有"的问题。除此之外,他还学习了寺内所藏的各种经典,精通了梵文,在多次辩论中战胜了许多名僧。他综合大乘佛教的义理，撰写了《会宗论》。玄奘在那烂陀寺不仅学得了佛教的至高经义，并得到了佛教界的普遍承认。

使玄奘在天竺名声大振的，是羯若鞠阇国戒日王在其首都曲女城（今印度北方邦卡瑙季）为他举办的盛况空前的佛教大会。在大会上，玄奘妙动莲花之舌，以崭新的说法，阐释佛经，剖析佛理，诠解佛义，引起了一场场的大轰动。听者欢声雷动，各国国王争相施舍珍宝，场面极为壮观。尤其他在辩论中绝无对手的压倒优势，更是让大乘、小乘二派均心悦诚服。大乘派敬称他为“摩诃耶那提婆”（意为“大乘天”），小乘派敬称他为“木叉提婆”（意为“解脱天”）。

玄奘到天竺，是为了取经，是为了将佛教真义传回唐朝。在大会之后，他决计返国了，尽管各国国王一留再留，他还是坚决地走了。戒日王等国王派兵护送，并命沿途各国接连护送，直将他护送到唐朝的边境。

贞观十九年（公元645年），玄奘到达长安。与出国时冷清甚至违禁成鲜明对照的是，他返回长安时，受到了万人空巷的欢迎，民众自发的欢迎，政府组织的欢迎，唐太宗亲自接见的欢迎，掀起了此起彼伏的欢迎高潮。唐太宗推老子李耳为始祖，尊奉道教为最高宗教，本对佛教持保留态度。他以高规格的礼仪对待返国的玄奘，并非出于对佛教的热忱，而是出于对玄奘以九死一生的精神求索的敬佩。经过长时间的交谈，唐太宗认识到玄奘有高度的政治才能，前后两次殷切地要求他还俗，辅助他处理国政，然被玄奘委婉而坚决地拒绝了。唐太宗非但没有见怪，反而被其所感动，表示全力支持他的事业。

取经成功的玄奘，带回了大量的佛像和经卷。其经卷分别有：大乘经二百二十四部，大乘论一百九十二部，上座部经、律、论十五部，正量部经、律、论十五部，化地部经、律、论二十二部，饮光部经、律、论十七部，法密部经、律、论四十二部，说一切有部经、律、论六十七部，因明论三十六部，声明论十三部。

玄奘本要求去嵩山少林寺译经，但被唐太宗安置在长安城中条件更加优越的弘福寺，并由宰相房玄龄亲自关照其所需事务。在君主、宰相、王公等支持下，玄奘译经之事开展得极其顺利，五十多名学问高深的沙门被配备为他的助手，各种所需的人力、物力均得到了充分的保障。根据天竺佛界的规矩，吸收前代的经验，考虑时代发展的特殊情况，玄奘确立了译场的严密组织，以及相应的操作程序。在玄奘译成《瑜伽师地论》后，唐太宗亲自为他作了《大唐三藏圣教序》，太子李治作了《述圣记》。

当李治为其亡母长孙皇后建造了大慈恩寺后，玄奘迁入此寺继续他的译经事业，并主持寺务。唐高宗登基后，特敕在寺内西院用砖砌造一座石塔，让玄奘储藏带回国的经本、佛像，以防火灾。玄奘亲自身背竹筐搬运砖石，在他的感召下，匠工们尽心尽力，用了两年时间，将塔造得气势宏大，极为壮观，成为长安城中的一处胜景。此塔名唤大慈恩寺塔，后人称为大雁塔。

由于玄奘名震天下，礼谒者纷至沓来，络绎不绝。玄奘穷于应付，从而译经之事受到了很大的影响。由此，在他的要求下，唐高宗安排他去了僻静的宜君山玉华寺（故玉华宫）。在这里，他翻译了《大般若经》。

终玄奘后半生，总共翻译了经、论七十五部，达一千三百三十五卷。

在佛教的教派上，玄奘与其弟子窥基创立了法相宗，又称唯识宗、法相唯识宗、慈恩宗，与三论宗、天台宗、华严宗、禅宗、净土宗、律宗、密宗，合为唐代八大宗。法相宗将印度的因明学移植到中国，丰富了中国的逻辑思想。法相宗也因玄奘的关系，风靡一时，然终因与中国国情不太符合，仅四十多年便归于冷寂了。

在译经的同时，玄奘根据唐太宗的请求，在弟子辩机的协助下，撰写了记录他所到之处风土人情的巨著——《大唐西域记》。他西行十七年，行程五万里，历经一百一十国。其中许多地方，他的前辈张骞、法显等人从未到达。此书对深化中西交通，交流中西文化，起到了非同凡响的作用。其与园仁的《入唐求法巡礼行记》、马可·波罗的《东方见闻录》，被后人并称为世界三大旅行记。

三五

松赞干布、文成公主

有统一西藏高原的丰功，又有与文成公主和亲的佳事，以此英雄加美人的千秋不衰的话题，松赞干布成了唐代最著名的少数民族首领。

松赞干布，又译为弃宗弄赞、弃苏农赞，为吐蕃国王。吐蕃风俗，称强雄为赞，称丈夫为普，从而呼国王为赞普。

吐蕃源出于西羌，始居雅隆河谷（今西藏泽当、琼结地区），相传其始祖弃聂器赞出任六旄牛部首领，号鹘提悉补野，其后遂以悉补野为姓。在弃聂器赞所创之业的基础上，吐蕃逐渐强盛，设大论为正相，设小论为副相，下有一套较为完整的政权系统。进至6世纪的下半叶，松赞干布的祖父讵素若，以都匹播城（今西藏琼结）为都，接连统一了邻近的部落，极大地拓展了领土，成为西藏高原的一个强国，与其北的苏毗、其西的羊同，并称为三大国。松赞干布的父亲论赞索继位后，把边界大幅度地向苏毗推进，并让羊同表示臣服，从而使吐蕃成为三大国中的宗主之国。

在吐蕃日益强盛的形势下，松赞干布出生了，他长成后，为人慷慨豪爽，极富大丈夫气概，不仅按着传统的要求，练就了一身好武艺，且知晓历算、工计等学问与技术。十三岁那年，一场巨大的变故降临到了他的头上，吐蕃内部的一些部落贵族毒死了论赞索，并联结苏毗、羊同的势力，里应外合夺取了吐蕃的大片领土。于此之际，松赞干布在叔父论科耳、大论尚囊等人的拥戴下，登上了赞普之位。他登位之后，首先清查并严惩了下毒的贵族，消除了内部的隐患，然后出兵击败苏毗、羊同的军队，重新建立了吐蕃的统治秩序。

鉴于雅隆河谷地区旧贵族势力较大，松赞干布将都城迁到了吉曲河（今拉萨河下游）的逻些（今西藏拉萨），在布达拉山建造了王宫，在周围构筑了城堡。这是一块地势开阔的平原，物产丰富，位居西藏高原的中心，北有念青唐古拉山为依托，南为雅隆河谷，西为羊同，具有难得的攻守兼备且可控制全局的上乘地理位置。在新都，他改造了政权的人事结构，较大程度地消除了旧贵族的影响。

新都给松赞干布提供了新视野，在政权建设完成后，他继承了父祖的事业，将统一西藏高原当作自己的最高使命。他的战略设计是，先对付敌对倾向较浓的苏毗，然后对付实力相对较弱的羊同。他命大论尚囊领兵进攻苏毗。尚囊兵入苏毗后，政治、军事双管齐下，对敌方各部落进行分化瓦解，逐个击破，最后招降了苏毗，并东向使多弥、白兰、党项等部落臣服，将吐蕃的领土扩大到青海南部地区。随即，松赞干布亲统大军，向羊同发起了猛烈的进攻，成功地收服了羊同。

统一成功，吐蕃成了西藏高原的唯一王国。

在完成统一大业后，松赞干布以西藏高原之王的姿态，展开了更为高级的政治行动。贞观八年（公元 634 年），他首次派遣使者入唐。唐太宗为答复松赞干布的恭敬之意，立即派遣冯德瑕回访了吐蕃，转达他的问候。冯德瑕到达逻些，受到了松赞干布热情的招待。在交谈之间，松赞干布获悉突厥、吐谷浑等民族首领均已娶唐朝公主为妻后，认为能与唐朝和亲，是提高吐蕃政治地位的有力措施。由此又派出使者，持着大量珍贵礼品，随冯德瑕去了长安，向唐太宗提出和亲的要求。

和亲不是一般男婚女嫁的小事，关系到唐朝对和亲对象的政治承认度。在唐太宗看来，唐朝之所以与突厥、吐谷浑和亲，是因为彼此已经有了深刻的政治关系，且对方表示了臣服之意，然而，吐蕃与唐朝仅刚刚开始使者互访，不仅缺乏进一步的了解，且关系远远没有达到这个地步。由此，他拒绝了吐蕃使者的请求。

使者回到吐蕃，因惧怕没有完成使命，无法向松赞干布交代，遂编出一套谎话，说："我到唐朝后，天子对我是很厚待的，并几乎答应了和亲。然在吐谷浑诺曷钵可汗到达后，从中离间，遂使和亲未能成功。"

松赞干布闻言大怒，他集结部队，并征调了羊同的部队，由他亲自率领，向吐谷浑发动了巨大的攻势。吐谷浑诺曷钵可汗无法抵挡，朝青海北部撤退。松赞干布夺取了吐谷浑大批牲口物资，连破党项、白兰二羌（今青海果洛藏族自治州与四川阿坝藏族自治州）。

接着，于贞观十二年（公元 638 年），松赞干布再度集结二十万大军，向唐境逼来。对他的这个军事行动，吐蕃大臣多人予以反对，甚至有八人以自缢死谏。然松赞干布未被所动，他将部队运至松州（今四川松潘）的西边，同时派出使者，携带大批金宝，到长安请求和亲。他对部下说："如若公主不来，我当纵兵深入！"松州都督韩威派出小分队前去侦视动静，被吐蕃击败。此时，原已归附唐朝的诸羌部落，纷纷投向吐蕃。

形势紧急，唐太宗令吏部尚书侯君集为行军大总管，率军五万，分出四道，前去迎击。唐军迅速抵达松州，夜袭其营，杀吐蕃军千人。唐军神奇的战术，强大的战斗力，使以往战无不胜的松赞干布惧怕了，他将军队撤回了吐蕃，又派出使者入唐，向唐太宗谢罪，同时连连恳请允准和亲。

通过战争，唐太宗认识了吐蕃的军事实力，通过谢罪，唐太宗认识了吐蕃要求和亲的诚意。为和平解决西南问题，以腾出手来对付高丽，对

文成公主许嫁松赞干布。

付其他民族冲突，唐太宗终于同意了和亲。

当使者返回传达了唐太宗的意思后，松赞干布喜不自胜，让大论禄东赞持黄金五千两与多种珍宝，作为聘礼，亲去长安谈论具体事宜。禄东赞是吐蕃第一能臣，文武兼备，且口才出众，善于应对。他出色的辞令，更加坚定了唐太宗与吐蕃和亲的决心，也掀开了彼此的蜜月之页。

唐太宗确定的和亲人选，是宗室之女文成公主。文成公主是个识大体的姑娘，且有高深的文化素养。她接到诏命后，接见了禄东赞，详细询问了吐蕃的风土人情以及气候、物产。然后，她在唐太宗的帮助下，做了大量的准备工作，在行装中备上了芜菁、谷子等吐蕃缺少的植物种子，以及佛、儒、史、诗、文、农、医、历法与工技等大量书籍。

贞观十五年(公元641年)正月，一切准备就绪，文成公主在江夏王李道宗的护送下，带上连绵的车队，向吐蕃行进。

松赞干布亲自率兵到柏海(今青海札陵湖)迎接。待文成公主到达后，他举行了盛大的迎亲仪式，以女婿之礼拜见李道宗，以新郎之礼接文成公主。然后，他与唐朝工匠先行一步，为文成公主开辟道路，建成了后人所称的唐蕃古道。

娶到文成公主，松赞干布的兴奋丝毫不亚于当年的统一西藏高原。他说他的祖先没有一人能与中原天子之女婚配，由此他表示要为文成公主建造一座城，以昭示后代子孙。城筑好了，他又仿照唐朝制度，为文成公主修建了一座宫殿，以慰她的思乡之情。他极为尊重文成公主的感觉，文成公主不习惯吐蕃人用赭土涂面的风俗，他下令予以禁止。为取悦文成公主，他脱下吐蕃毡皮服装，换上了华丽的轻质唐服。

文成公主的到达，其意义远远不止于和亲，而是大幅度地交流了唐蕃文化，并促进了松赞干布以及吐蕃的汉化。松赞干布派了许多贵族子弟，到长安学习汉文典籍，又聘请了儒士到吐蕃掌管文书。唐太宗多次派出建筑、酿酒、碾硙等工匠，以满足松赞干布技术之援的请求。于此之外，他向唐朝讨取了蚕种，开创性地发展了吐蕃的桑蚕之业。闻名遐迩的小昭寺，便是文成公主让汉族工匠修筑的融合汉族风格的寺庙。

此后，松赞干布在唐太宗征高丽班师后，送了一只巨大的金鹅表示祝贺。唐高宗登基，他被册为驸马都尉、西海郡王。

终老于西藏的文成公主，虽史料不多，但却成了汉藏友好的杰出代表，也成了巾帼英雄中数得着的人物。

三六

药王孙思邈

今陕西铜川耀州区东一点五公里，有座药王山，山上供的是唐“药王”孙思邈。

孙思邈，京兆华原（今陕西铜川市耀州区）人。他七岁入学，每日能诵读千余言。年纪稍长，精心研究了诸子百家，尤善谈老、庄，并爱好佛典。北周洛州总管独孤信，即后来周明帝、隋文帝的岳丈，极口称赞他是“圣童”，并说他器局过于宏大，恐俗世难以让他施展身手。

其实，以老、庄之道立身的孙思邈，对入仕取富贵的通常做法很不感兴趣。他看着世道混乱，民众有病不得医，遂隐居到太白山（今陕西境内）中，潜心学医，终于成为一个有名的良医，据说能够手到病除。

北周末年，杨坚辅政，听得孙思邈的医术，以国子博士的头衔，想把他弄进朝廷。孙思邈不干，他对人说：“现在不是我出山的时候。再过五十年，当有圣人出，到那时我才会入世济人。”

再过五十年，正是唐太宗君临天下的时候，由此有人称孙思邈有预见。实际上，孙思邈不过是根据当时的情形判断，五十年后，世道当进入太平时代。唐太宗下诏召见，他没推辞，去了长安。时孙思邈已年老，唐太宗却见他容貌后生，视听敏捷，甚是惊奇，要授予爵位，却遭到他的拒绝。他拒绝的仅仅是爵位，但从此开始了他入世以医济人的生涯。

唐高宗登位，又以谏议大夫相召，孙思邈再度到了朝廷，但还是拒绝了官职。在朝廷呆了若干年，他以年老多病为由，要求返回太白山。唐高宗不愿放他，又不能拂了他的意，于是双方作了个妥协：唐高宗赐他一匹良马，让他居住在已故的鄱阳公主在立德坊的宅第。如此，给了孙思邈一个自由身，又方便他来往于朝廷和居所之间。

经三代君主的宣扬，医术精湛的孙思邈名扬天下。名士宋令文（著名诗人宋之问之父）、孟诜（以精于药理闻名）、卢照邻（初唐四杰之一）等人，为得到他的指点，纷纷恭敬地执弟子礼以师之。

孙思邈作为一个良医，受到整个社会的尊崇，尤其是上层社会的尊崇，关键在于他不是就事论事地只讲医道，而是将医道与人道、政道、天道结合于一体，来加以研究，加以阐述。从谈病源出发，终指治国理人的政治之道。在当时的文化背景下，摆正人与自然的关系，摆正人与社会的关系。

在孙思邈的各种言论中，数与卢照邻的一席谈最具代表性。

卢照邻问："名医治病，其奥妙在何处？"

孙思邈答："我认为善言天者，必究之于人；善言人者，必本之于天。天有四时五行，寒暑替代进行运转，和而为雨，怒而为风，凝而为雪，张而为虹，此为天的常数。人有四肢五脏，一觉一寐，呼吸吐纳，精气往来，流而为荣卫，彰而为气色，发而为声音，此为人的常数。阳用其形，阴用其精，天人相同。若有所失，蒸而生热，反之生寒，结而为瘤赘，陷而为痈疽，奔而为喘乏，竭而为焦枯，诊发于面，变动于形，以此不仅可推人，也可推天地。……良医导以药石，救以针剂；圣人和以大德，辅以人事。"

卢照邻问："如何处世做人？"

孙思邈答："当小心，如《诗经》所说的'如临深渊，如履薄冰'；当大胆，如《诗经》所说的‘纠纠武夫，公侯干城’；行动当方，如《左氏春秋传》所说的‘不为利回，不为义疚’；思考当圆，如《周易》所说的‘见机而作，不俟终日’。”

卢照邻问：“如何修性养心？”

孙思邈答：“修性养心必先自慎。慎以畏为本，士人无畏失仁义，农民无畏堕耕稼，工人无畏坏规矩，商贾无畏不赚钱，儿子无畏则忘孝，父亲无畏则不慈，大臣无畏难立功，君主无畏难治国。故而，从道家而言，首先是太上畏道，其次畏天，其次畏物，其次畏人，其次畏身。忧于身者不拘于人，畏于己者不制于彼，慎于小者不惧于大，戒于近者不侮于远。懂得这些，便尽懂人事了。”

作为良医，孙思邈不仅在当时以医术高明著称，还给后世留下了丰厚的医药学著作。在他的各种著作中，数《千金要方》、《千金翼方》最有贡献。此二书总结了他的医药学理论以及临床经验，并收集整理了民间秘方和针灸技术。其中收药方五千三百多个，记载八百多种药物性能。尤为难得的是，他破天荒地将妇科、儿科置于卷首，并发明了将脏病与腑病分类的体系，首创了复方治疗的方法，具有很大的开创性。

《千金要方》、《千金翼方》流传甚广，不仅流传到后世，还流传到日本、朝鲜等东方国家。

孙思邈以此二书，被后人尊称为“药王”。

三七

唐高宗

唐高宗李治,是李唐王朝第三代君主。

李治是唐太宗的第三个嫡子(长孙皇后所生),总的排行第九,按说这皇位是轮不到他的。可让他自己也感到意外的是,命运偏偏眷顾了他,使他成了九五之尊。

唐太宗的另外两个嫡子,是长子李承乾和四子李泰。

按照嫡长制,唐太宗在登位的当年,就将李承乾册封为太子。李承乾人聪明,也确实能干,很得父皇的喜爱。唐太宗有意培养他,授权他处理政务,并在出外巡游时,让他主持国政。然李承乾有个毛病,除喜欢声色外,还有同性恋倾向,常常在东宫中胡闹。但他善于遮掩,若知道东宫的某臣僚要进谏,必抢先作一番自我检讨。由此,倒也博得了不低的声誉。

本来,李承乾注意加强自身修养,将他的行为与政治道德规范相符,完全可以成为一个不错的皇位继承人。可他害了腿病,跛足,走路一拐一拐的,很不美观。唐太宗有些说不出的感觉。与李承乾身体形象成鲜明对照的是,被封为魏王的李泰,渐渐出落得仪表堂堂,并很是与唐太宗相像。此外,李泰还喜欢与士人交接,爱好文学,这点又和唐太宗脾胃相投。如此,唐太宗逐渐把感情转移到了李泰身上。

君主对儿子的移情,不同于一般家庭父亲对儿子的移情,其在政治权

唐高宗实施“建言十二事” 唐高宗性情懦弱，优柔寡断，武则天以天后的身份向高宗上了一道奏章，提出了治理国家的十二条意见，第一次较系统地阐述她的政治主张，史称“建言十二事”。其中有劝农桑，薄赋徭；对外停用兵，以道德教化天下；不论宫里宫外一律禁止浮华淫巧；广开言路；杜绝谗言；学老子《道德经》；避免大兴土木，节省开支和劳力；父在母亡，为母守孝三年等，切中时弊。唐高宗视之为“富国强民”的良策，予以褒奖，并命令加以实施。

力问题上产生了一种可能性，即可能重新安排既定的皇位继承人的人选。对此，李承乾和李泰两人都敏感地体察到了这一点，即使他们本人还懵懂不清，他们周围的人也会及时加以提醒。他俩对此分别作出了反应，李承乾开始处处猜忌和防范李泰，李泰则开始酝酿取代太子之位。他们互相不择手段地捏造对方的罪状，欲将对方置于万劫不复之地。

可是，他们都失算了。李承乾为情势所逼，铤而走险地策划政变，将矛头直接对准了唐太宗，事发后被废为庶人。李泰的所作所为，也惹恼了唐太宗，结果被囚禁了起来。

对儿子们争太子之位，唐太宗引以为鉴，特地立了一个制度，说："自今以后，凡遇太子失德，而他王窥视者，两弃之。这当传之子孙，以为永制。"

太子还是要立的，在两个嫡子均失去皇位继承资格后，剩下的嫡子李治，成了别无选择的人选。李承乾、李泰鹬蚌相争，到头来，成全了本与皇位无干的晋王李治这个渔翁。

李治能成为皇嗣，不全是侥幸，他的与世无争，他的厚道，使一班大臣，如长孙无忌、李勣、房玄龄等从臣子的安全角度出发而看好他，由此积极支持他进入东宫。此外，他浓重的孝情，使对李承乾谋反寒透心的唐太宗看好他。在成了太子后，他参与处理国政的得体，又使他获得了从上到下的一致好评。

贞观二十三年（公元649年），唐太宗逝世，李治按部就班地登上了皇位（庙号高宗）。次年，改元永徽。

历来认为在初唐政治史上，伟大的君主只是唐太宗、武则天、唐玄宗三人，唐高祖被排斥其外，而唐高宗的形象则更是庸碌无能。其实，唐高宗是有一定作为的，尤其在民族和外交事务上，更是独树一帜。

就在永徽元年(公元650年),将军高侃奉命兵击东突厥余部,生擒了车鼻可汗,并收降其众。唐高宗采取羁縻政策,释放了车鼻可汗,拜他为左武卫将军,率部移居郁督军山(今杭爱山)。至此,东突厥的领地全部归入唐朝的治下。为彻底解决对东突厥的管理问题,唐高宗在其领地内,上设狼山都督府,下隶单于、瀚海二督护府及二十二州,用原酋长做刺史、都督。

紧接着在翌年,唐高宗着手解决西突厥重新叛乱的问题。时被唐朝册封为瑶池(今巴尔喀什湖)都督的西突厥人阿史那贺鲁,招集西突厥的流散之众,树起反旗,挥军南下,击破了忠于唐朝的西突厥乙毗射匮可汗,在千泉与双河(今吉尔吉斯山北)两地建立牙帐,自号为沙钵罗可汗。阿史那贺鲁的势力迅速发展,没多久,达到了数十万之众。西域诸国见状,纷纷背唐,归附沙钵罗。形势是严峻的,为夺回对西域诸国的控制权和打击阿史那贺鲁,唐高宗启动了强大的军事机器。先是调遣八万大军前去征讨,击败其处月部,俘获其首领朱邪孤注。永徽六年(公元655年),再次出征阿史那贺鲁,然出师不利,唐军遭到大败。次年,汲取教训的唐军调集了回纥等骑兵,变换战术,终于灭了西突厥,生擒阿史那贺鲁。战后,唐高宗将西突厥的故地划分为东、西二部,分别设置了昆陵、濛池督护府,以分而治之的办法,杜绝西突厥再闹独立。

东、西突厥问题的解决,使唐朝获得了一个安宁的北方。

继北方之后,唐高宗的视点转向了朝鲜半岛。

朝鲜半岛时有三个国家:高丽、新罗、百济。这三国的对唐政策基本是:高丽持敌对态度,新罗持友好态度,百济持反复态度。其中,数高丽的国力最为强大,新罗次之,百济又次之。为能对抗唐朝,高丽多方拉拢百济,夹攻新罗,以清除唐朝在朝鲜半岛的政治影响。

显庆五年(公元660年),百济在高丽的军事援助下,多次对新罗发动猛烈的攻势。新罗抵挡不住,国王金春秋向唐朝呼吁帮助。基于新罗的战略地位,唐高宗派出大军,前去救援。唐军没直奔新罗,而是以围魏救赵的战术,进攻百济。百济不堪一击,唐军很快攻入百济的首都,百济国王扶余慈向唐军投降。灭了百济,唐高宗将其地并入唐朝的版图,设置熊津、马韩、东明、金连、德安五个都督府,以管辖各州县,并同样用羁縻政策,让原酋长担任都督、刺史与县令。

高丽地处北半岛,新罗和百济同处南半岛,在百济消亡后,高丽已陷入唐朝势力的南北合围之中。由此,唐高宗将消灭高丽提上了议事日程,以完成隋炀帝、唐太宗的未竟事业。龙朔元年(公元661年),三十五万唐军从水、陆两路,向高丽推进。进军是顺利的,外围战也是顺利的,然在次年初,兵临高丽首都平壤城下后,由于罕见的大雪,唐军缺乏足够的御寒物资,只能遗憾地撤退了。四年之后,也即乾封元年(公元666年),唐朝获得了天赐良机。高丽执政的莫离支(相当于唐朝宰相)泉盖苏文身亡,其子泉男生代掌其职。可当他出外视察时,其兄弟泉男建、泉男产发动了政变。泉男生本非亲唐之人,但迫于走投无路,只得向唐朝求救,以对付政变。唐高宗借此良机,以救援泉男生为名,再度进攻高丽。总章元年(公元668年),唐军在元帅李勣的统率下,攻克了平壤。拿下高丽,唐高宗没还给泉男生,而是建为唐朝的领地,按层设置了都督府、州、县。与此同时,在平壤设置安东督护府,以右威卫大将军薛仁贵为督护,领唐军二万人,驻防高丽。

在唐高宗开边安疆之际,国内发生过一次规模较大的起义。起义的领袖是个女子,叫陈硕真,永徽四年(公元653年),她与妹夫章叔胤,在浙东揭竿而起,自称文佳皇帝。连续攻克了桐庐、睦州、于潜(今浙江临安西)等地,声势颇大。唐高宗派军镇压,在地方军的配合下,陈硕真兵败身亡。

陈硕真是个不同寻常的女子,她的不寻常,不仅在于敢和官府对着干,且是中国历史上第一个称帝的女性。她的称帝,虽是昙花一现,既未得正统政治的承认,也未得历史的承认。然谁都没注意到,这是个信号,一个女性要求参政的信号,一个女性问鼎最高政治权力的信号,一个真正的女皇将呼之欲出的信号。

唐高宗自然没注意到这个信号,他和所有的男性君主一样,以为君位是男性永恒的禁脔。其实,一种响应这个信号的变化,已悄悄地在他的宫廷中酝酿。

唐高宗体弱多病,先是他父亲的妃子、后成为他的妃子、继而又成为他皇后的武则天,借着他久治不愈的头痛目眩病,逐渐移夺了政柄。

弘道元年(公元 683 年)的岁末,唐高宗病重驾崩,将政局留给了武则天。

三八

女皇武则天

唐朝，尤其是初唐，是个相当开放的时代。这个时代的开放，不仅表现在文化、政治以及中外交流上，且表现在社会风气上，其中一个显著的特征，就是妇女有着和男子近乎平等的地位。

在如此社会风气的烘托下，走出了一个千古绝唱的女人，一个长期被男性津津乐道的女人，一个永远被女性当做经典的女人。

这个女人叫武则天。

她是唐初二等功臣武士彟的小女儿，父亲亡故后，跟着守寡的母亲杨氏生活。

十四岁那年，唐太宗听说她长得美，将她召入宫里做才人（嫔妃的一种名号）。按说，上层社会的家庭是不愿让女儿进宫的，因那意味着从此天各一方。可君王之命不能违，母亲杨氏大哭着与女儿诀别。而武则天却洒脱得很，不仅洒脱，且带着兴奋说："见天子岂知不是福，何必为女儿哭泣！"

进了宫，因模样妩媚，唐太宗给她赐了个号，唤作"武媚"。据武则天日后回忆，那段时光，她是得宠的。这完全是言过其实，因为一则她的才人名号始终未曾向上挪动过，二则正处于生育旺期的她却从未怀孕过。

在唐太宗弥留之际，武则天生出了浓重的心事：按照唐朝内宫规矩，

武则天三任徐有功 武则天提倡告密,任用酷吏,稳固了自己的地位。但告密之风又毒化了社会风气,造成了大量冤狱。武则天起用刚直不阿的徐有功等人,先后平反冤狱数百宗。周兴等酷吏对徐有功恨之入骨,致使他多次遭受迫害,甚至被定为死刑。武则天看重其办案无私,及时赦免了他,先后三次重用徐有功。

先帝驾崩，凡没子女的嫔妃，都要被送入寺庙，出家为尼。这规矩等于要把她余下的漫长生涯，断送在青灯黄卷边。这是她所不愿的。为了改变命运，她使出手段，和太子李治建立了暧昧关系。

尽管按例她还是被送进了感业寺，然对她魂牵梦萦的李治，在上台后不久，就迫不及待地将她接进了宫。唐高宗的王皇后是欢迎武则天的，因她正在嫉妒嫔妃萧良娣的受宠，而要武则天来帮她一把。武则天百般奉迎王皇后，在取得昭仪名号，再夺了萧良娣的宠后，她变换策略，开始打击王皇后，欲取而代之。她不择手段，将王、萧二人置于死地。

武则天在她的左右手李义府、许敬宗的帮助下，终于成了皇后。然她是杀开一条血路，才冲破重重阻力的。在这前后，曾反对过她做皇后的元老大臣，如长孙无忌、褚遂良、韩瑗、来济等等，不是被赐死，就是被送上了断头台。在她成了皇后后，大臣上官仪密奏唐高宗，说她作威作福，滥用大权，建议将她废黜。唐高宗同意了，可武则天闻讯后，反而逼唐高宗处死了上官仪。

上官仪的被除，是一个重要的政治分水岭，标志着武则天彻底控制了政权。唐高宗长期头昏目眩，史称“痛风”，可能患有今名高血压的病，苦于理政，加上性格多少有些懦弱，很需要这个能干的皇后来帮他分担政务。每次上朝，唐高宗和武则天并坐在宝座上，在前面垂一道帘子。百官所奏的各种政事，多由她决断。各级机构、官员上表，将他们并称为“二圣”。

中国史学界在对武则天的研究中，一直将“二圣”这个称呼，作为武则天准备夺取帝位的过渡信号。其实不然，“二圣”并非武则天的独创，隋朝的独孤皇后与隋文帝也曾并用过这个称号，其只是显示了皇后与君主并驾齐驱的地位。真正的信号，是在上元元年(公元 674 年)，她借唐高宗称号“天皇”之名，自己进号为“天后”。天后的提法旷古未有，其使皇后从皇帝的配偶，提升为上天所降赐的女性最高掌权者。此时，为病魔所苦的唐高宗，对武则天失去了最后的约束力，不仅一任她所为，更准备下诏，将帝位转给她，只是在宰相的劝阻下才作罢。

弘道元年（公元 683 年），唐高宗病逝，由武则天所生的第三子李显继位（庙号中宗）。唐高宗共有八子，其中武则天生了四子：李弘、李贤、李显、李旦。早先册了宫人刘氏所生的李忠为太子，后被武则天用李弘所取代。李弘成了太子，却在许多方面与母亲不同心而遭鸩杀，改立李贤为太子。李贤仍看不惯母亲，结果流放远地，被逼自杀。李显是个无用之人，加上唐高宗有遗言，凡不能决定的军国大事，均由武则天处置，从而他只是个供摆设的傀儡，实际是皇太后武则天在临朝称制。

尽管李显无半点君主气象，可武则天为了加重她专权的威势，仅两个月，就将他废为庐陵王，外迁到房州（今湖北房县）。另立李旦为帝（庙号睿宗）。李旦是比李显更为虚化的政治符号，大小政务的处理权，全部落到了武则天手里。

李显、李旦均是长君，也就是成年的君主，按理应该由他们来亲政。然武则天非但把他们当成傀儡，且毫无顾忌地玩废立君主的游戏，吞噬了唐朝的政柄。这激起了所有忠于唐朝的政治势力的愤怒，他们为了维护唐朝和唐朝给他们带来的利益，纷纷起来，从朝内到朝外，用各种方式，反对武则天的行径。

反对得最激烈的，是李勣的儿子徐敬业，他以匡复庐陵王为号召，在扬州举起了反武的旗帜，自称匡复府上将，组军十万多，兴师问罪。武则天沉着应对，命左玉钤卫大将军李孝逸率三十万大军，前去征讨。徐敬业的军事才干远不及他的父亲，在战略上犯了严重的错误，不渡江向洛阳挺进，而贪于在江南发展地盘。最后，兵败被部下所杀。徐敬业的军事反武，不过是昙花一现，仅三个月即败，而初唐四杰之一的骆宾王为他所撰写的《讨武曌檄》，倒成了一篇经典散文，流传千古。武则天读了，竟说："此人没能为我所用，这是宰相的过失。"

继徐敬业之后，唐宗室成员也付诸了军事行动，唐太宗之子越王李贞起兵于豫州（今河南汝南），其子琅邪王李冲起兵于博州（今山东聊城东北），然均被武则天所镇压。

朝内反武的代表，是宰相裴炎。他要求武则天归政于唐睿宗，被武则天投入大狱后再处死。

为扫清朝内的政治阻力，她制造了"铜匭"，接受来自各方上下的言论，更接受不论事实的告密。只要符合她的心思，不仅予以接见，还可破格升官。即使告密失实，也不追究。如此，使朝廷臣僚们随时可能处于被告密的危险之中。此外，她大用酷吏索元礼、周兴、来俊臣、侯思止等人，让他们用各种惨无人道的刑具，审讯被告入狱者，并将其大多折磨至死。恐怖的气氛笼罩于整个朝廷，以致大臣每日早晨上朝，都要和家人诀别。如此，凡是不利于武则天的臣僚，几乎被清除一空。她大开杀戒，不仅杀宗室，杀大臣，且清算了从前欺负她的同父异母兄弟，除去了阻挡她篡权的家庭成员。

天授元年（公元690年），武则天一脚踢开了唐睿宗，向天下宣布易唐朝为周朝，自己走上皇位，号"大周圣神皇帝"。

作为女皇的武则天，以她独特的政治手腕，经营她来之不易的周朝。为打破传统政治格局，以建立承认她的政治基础，一边不拘一格，把仕途向所有人开放，有意造成官吏冗多的现象；一边对那些不称职者，随时予以贬职与杀戮。这种带有滥用性质的走马灯式的用人方式，为她改造了朝廷的人事组织,彻底实现了政由己出的政治局面。然而,同时她又用她的慧眼在审察着臣僚,对那些正直并有才干的大臣,如狄仁杰、姚崇、宋璟等,不仅给予一定的保护,还放手予以任用。在这些大臣的辅助下,朝廷逐渐出现了转机与生机。

武周王朝是乱的,但只是乱在初期,乱在官场,乱在中央,整个社会基本仍处于安宁的状态。当中央政府按照武则天的意志被改造后,乱就结束了(比如酷吏在完成作用后,全得到了严惩),重新发挥了正常的政治功能。客观而言,武则天的政治作为,大部分还是建设性的,其为"贞观之治"和"开元之治",做了承上启下的工作。

在外交和民族关系上,武周王朝是有得有失。早在垂拱年间,吐蕃以强劲之势,向西域发展,迫使唐朝放弃了对于阗、疏勒、龟兹、碎叶等安西四镇的控制权。长寿元年(公元 692 年),武则天调遣大军奔赴西域,征讨吐蕃,连克四镇,再度设置了安西都护府。在东北,契丹攻陷营州,武则天两次派出讨伐大军,一次中伏全军覆灭,一次大败而回。接着,她在神功元年(公元 697 年)第三次派出达二十万的大军,击破契丹,迫使契丹余众投奔突厥。

在政权结构上,武则天在任用了一批原唐大臣的同时,将她的侄子武承嗣、武三思等人安排到了执政的位置上,以构成武周王朝的特征。此外,她还先后置换了不少面首,如和尚薛怀义、御医沈南璆、美少年张昌宗与张易之兄弟等,一则消除理政的疲惫,愉悦身心;二则作为政治羽翼,以强化她的私人政治。

然而,不管武则天多么精明强干,能在许多无路的地方走出路来,但在改唐为周后,作为李唐皇族的媳妇,又作为武氏家族的族长,遇到了一个难以克服的悖论式的难题:在她百年之后,到底将皇位传给儿子,还是传给侄子？传给儿子，无疑会恢复李唐王朝；传给侄子，在姓氏上虽顺理成章，可究竟是传给了外人。武则天为此踌躇日久，在狄仁杰、李昭德等大臣的劝喻下，最终，她将李显接了回来，立为太子。

神龙元年（公元705年）年初，趁年事已高的武则天病重之机，宰相张柬之会同大臣敬晖、崔玄玮、桓彦范、袁恕己，组织羽林军发动了政变，杀死张昌宗、张易之兄弟，逼前后执政近半个世纪的武则天将皇位传给李显，使李唐王朝复辟成功。

当年的年底，被迁入冷宫的武则天在弥留之际，被迫取消了武周的帝号，改称“则天大圣皇后”。

武则天去世后，与唐高宗合葬在乾陵（今陕西乾县境内）。在名分上，她只是以皇后的身份，与丈夫唐高宗合葬。但由于她在历史上的影响比唐高宗大得多，后世已将乾陵视为她的陵墓，反而把唐高宗淡化了。为客观体现陵主身份，笔者在1994年参加国际武则天学术研讨会时，在与会论文的开首写道：“乾陵葬了两个皇帝，一个男皇帝，一个女皇帝。”

三九

狄仁杰

狄仁杰是中国历史上的名人，他的大名不仅在中国流传后世，且飞扬于世界。他之所以有如此的盛名，得力于一部公案小说《狄公案》，在其中，他被描绘成了一个有神奇断案能力的法官，非常引人入胜。

狄仁杰为人正直，多谋善断。一年内处理积案一万七千多件，被誉为"平恕"，武则天尊称他为"国老"。

其实，真实的狄仁杰和《狄公案》中的狄仁杰相去甚远。他确实是个名人，说得具体些是个名臣，一个在武则天时期最大的名臣。他以坚韧的努力以及万死不悔的精神，不仅缓和了当时的恐怖气氛，并在生前巧妙地设下了一个政治伏笔，从而改变了他身后的历史进程。

狄仁杰，字怀英，并州太原（今属山西）人。年轻时就以无畏和仁慈著称。在他入仕后，把这两种难得的禀质带进了官场。

他第一次显山露水，是在唐高宗仪凤年间出任大理寺丞，掌审狱量刑。一年中处理犯人一万七千多人，竟无一人叫冤，公正之誉不胫而走。武卫大将军权善才误砍唐太宗昭陵上的一棵柏树，竟要被标榜孝道的唐高宗处死，是他站了出来，不避君主的盛怒，引经据典，据理力争，终于让唐高宗收回了成命。司农寺卿韦机奉迎唐高宗，将故太子李弘的恭陵造得过于壮丽；左司郎中王本立恃唐高宗之宠，非法胡来，都在他的弹劾下受到了惩罚。

他对权贵不徇私枉法，而对百姓则充满了爱心。当他作为负责唐高宗巡幸的知顿使时，地方官为让君主满意，准备调集数万民工别开御道，他坚决予以制止，从而获得唐高宗"真大丈夫"的赞语。

出任宁州（今甘肃宁县）刺史，他治理有方，不仅改善了社会秩序，且和解了各民族之间较为紧张的关系，百姓为之竖碑颂德。御史郭翰奉旨考察地方官，进入陇右地区后，各地都有怨声，唯独宁州境内一片颂扬之声。

转任豫州（今河南汝南）刺史，正值越王李贞反武则天兵败，当地受牵连者达数千人，从中央来的司刑官敦促他快速行刑。他对这些人生出怜悯之心，一边请求司刑官缓期，一边给武则天打报告，为他们求情。武则天被他的报告所打动，将死刑改判为流放。

宰相张光辅率三十万大军平定了越王李贞，入豫州境后，将士们居功横行不法，并向狄仁杰求取财物。狄仁杰不仅加以拒绝，且当面严辞抨击张光辅放纵部下，滥杀无辜，扰乱地方，使豫州民怨沸腾，其乱远远超过了李贞，是"一贞死而万贞生"，若得皇上的尚方宝剑斩张光辅之首，自己万死不辞。张光辅无言以对，回朝后却打了小报告，使狄仁杰被贬为复州（今湖北沔阳）刺史。

虽遭贬职，然狄仁杰的种种德声早已传入武则天的耳中，在几经转折后，于天授二年（公元691年），也即武则天做女皇的翌年，他被重新调入中央，得到了超乎寻常的重用，拜为宰相。

拜相后，武则天问他："卿当年在豫州，很有政声，但也遭到了攻击，是否想知道是谁在攻击？"

他的回答很出乎武则天的意料，说："陛下若是认为臣有过，臣当改；陛下若是明察臣无过，臣是万幸。臣不知是谁攻击，但能与他为好友，而不愿知道他的姓名。"

听了这话，武则天深加叹赏。

然重用归重用，叹赏归叹赏，武则天并没有给狄仁杰彻底的信任，还是将怀疑谁有异心即格杀勿论的准则加到了他的头上。由此，引出了狄仁杰的一番传奇经历。

在满朝文武人人自危的恐怖气氛下，当了没多长时间宰相的狄仁杰，被酷吏来俊臣诬加了一项罪名：有谋反意图。接着，不由分说，将他投进了大牢。审讯是来俊臣亲自主持的。按照当时刑法的规定，如一审即承认的犯人，可以免去受刑。狄仁杰并非怕皮肉之苦，然他知道，一旦被施以惨无人道的刑罚，十有八九会毙命。他不愿作无谓的牺牲，为了争取上诉的时间，他一口承认了自己是在谋反，供词是："大周革命，万物维新。我是唐朝旧臣，甘愿被诛。谋反是实。"

既然承认了谋反，狄仁杰进入了等待被斩首的日子。具体负责该案子的法官王德寿，以减缓死刑的条件，引诱他诬攀尚书杨执柔一同谋反。他大义凛然地拒绝了，并以头撞柱，弄得满脸是血。王德寿怕了，再也不敢向他提此事。

狱卒见狄仁杰在等死，放松了看管。狄仁杰借口要写遗书，让狱卒给他弄来了笔砚。趁狱卒不备，他拆开被褥，撕了一块布，在上面写了向武则天申冤的诉状，然后依样缝好。随后，对王德寿说："天已热，请允许将被褥给家人拆洗。"

这是狱中很正常的事,王德寿同意了。

被褥送到家里,儿子狄光远取得诉状,立即入朝,向武则天呈报。武则天阅后,立即召见来俊臣,问是否有逼供。来俊臣隐瞒了真情。武则天派出使者,前往狱中,观看狄仁杰的情况。来俊臣强使狄仁杰穿戴整齐出见,并让王德寿代为写了一道《谢死表》,呈给使者。

随即,武则天召见了狄仁杰,问他:"为何承认谋反?"

回答是:"前时若不承认,早已死在鞭笞之下了。"

武则天又问:"那又为何作《谢死表》?"

回答是:"臣未曾作过此表。"

通过验证,《谢死表》知是由人代作。真相大白,来俊臣、王德寿是武则天有用的鹰犬,自然不便追问,狄仁杰却从鬼门关中逃了出来,被贬为彭泽令。武承嗣要求下达追杀令,武则天认为命令已出,不可更改,加以拒绝了。

万岁通天元年(公元 696 年),东北因契丹军的进犯,形势非常吃紧。在冀州(今河北冀县)被攻陷后,河北为之震动。为加强东北的防御,武则天特调狄仁杰前去,担任魏州(今河北大名东北)刺史。前刺史独孤思庄惧怕契丹来攻,将百姓全部驱赶进城,修缮战具,从而将大片农田给荒芜了。狄仁杰到任后,立即让入城的百姓悉数返归农田,以确保收成。

他说:"契丹兵尚远,何必如此。万一兵来,我自抵挡,不关百姓事。"

契丹知道狄仁杰,见他镇守魏州,闻风而去。百姓编了歌谣颂扬他,并立碑记录了他的恩惠。

狄仁杰的人生宗旨,是为国为民。他在做着许多为民之事的同时,也在为恢复李唐王朝而努力。时武则天的侄子武承嗣、武三思都在争取太子之位,他们反复向武则天吹风,要求按照武姓安排皇嗣。而武则天在传子还是传侄的问题上,却一直犹豫不定。

再度拜相的狄仁杰，看准了火候，向武则天进言说："太宗皇帝九死一生，得了天下，传于子孙。高宗皇帝又将李显、李旦二子，托付给了陛下。如今陛下想把皇位传给异姓之人，这恐非天意。况且，姑侄关系和母子关系相比，孰轻孰重，是明摆着的。陛下若立儿子为嗣，千秋万岁后，可得以配食太庙，永享香火。若立侄子为嗣，一旦侄子成为天子，岂会将姑妈附在他家的太庙中？"

武则天一脸冰霜地说："立嗣之事，是朕的家事，请卿不要干预。"

狄仁杰不罢不休地说："帝王以四海为家，四海之中，哪一件不是陛下的家事。君为元首，臣为股肱，犹如人体一般，不可分离。臣备位宰相，岂能不预知天下大事？"

当然，这样的话，不止狄仁杰一人在说，说的人多了，武则天渐渐把倾向移到了儿子一边。

有一次，武则天对狄仁杰说："朕昨晚做了一梦，梦见一大鹦鹉双翼皆折断，不知是什么征兆？"

狄仁杰为她释梦说："鹦鹉，乃武者，为陛下之姓；双翼，为陛下二子。陛下如重新启用二子，那就会振翅高飞。"

从此，武则天断了立侄子为嗣的念头。不久，将李显迎回，立为太子。

在迎回李显后，狄仁杰又为李唐王朝的复辟做出了一个漂亮的政治设计。他一直在为朝廷推荐贤人，前后有数十人成了公卿。在一次武则天要他举荐佳士时，他问要这佳士作何用，武则天说是用为宰相，他举荐了张柬之。然武则天仅让张柬之从荆州长史升为洛州司马，狄仁杰再度力荐，终使张柬之成了宰相。就是这个张柬之，在后来武则天病重之际，会同其他四大臣，发动了拥护李显的政变，使李唐王朝得以复辟。

狄仁杰没有亲眼看到李唐王朝复辟，然史家将这功劳记在了他的账上。

四〇

许敬宗、李义府

武则天能从一般嫔妃变为皇后，并以此走上政坛，主要得了两人之力，就是许敬宗和李义府。

许敬宗，字延族，是个典型的有才无德的文士。凭着文才，他一路顺风地就仕于隋炀帝和李密，后又被秦王李世民召为文学馆学士。在唐太宗登基后，他几经升迁，成了中书舍人。

他的无德，第一次显露是在长孙皇后的葬礼上。时百官都披麻戴孝，著名书法家欧阳询相貌丑陋，加上穿了孝服，更是模样古怪，他见了竟哈哈大笑。结果，以讥笑大臣受到御史的弹劾，被贬到地方。

然没多久，他靠着他的文才，尤其是史才，东山再起，以修《武德实录》、《贞观实录》，被加官晋爵。在唐太宗亲征高丽时，他受命和高士廉一起辅佐太子监国。随即又被召到前线，在唐太宗取得大捷后，他立马撰写诏书，文辞优美，深为唐太宗所赞赏。

唐太宗欣赏他的才，继唐太宗登位的唐高宗也欣赏他的才，居然任命这个曾以无礼遭到弹劾的人为礼部尚书。

他的无德，第二次显露是在嫁女之事上。他把女儿嫁给了南方少数民族的酋长冯盎的儿子，索取了大量的金银财宝。结果，又遭到弹劾，再次被贬到地方。

不久他又以文史之才，被唐高宗再度召回中央，担任弘文馆学士，主持修国史。国史修得唐高宗满意，被恢复了礼部尚书之职。

尽管礼部尚书的位并不低，可许敬宗觉得他是宰相的料，对时下的境遇很不以为然。然当时的朝政掌握在长孙无忌等关陇元老派的手中，他虽也是元老，但不属于此派，因而拜相的机会相当渺茫。在如此的形势下，他不肯罢休，到处寻找机会。

时唐高宗想废去王皇后，改立昭仪武则天为皇后，但遭到了长孙无忌、褚遂良、韩瑗和来济等元老的极力反对。许敬宗认定这是个机会，是改变政治境遇的天赐良机，由是，他把宝押到了武则天一边，和有同样意图的李义府一起积极予以支持。

他在朝廷中多次扬言："田舍翁多收十多石麦子，都会喜新厌旧，换易妻子。何况贵为天子，想废立皇后。这与其他人有何相干，为何要妄生异议？"

话终于传到了唐高宗的耳中，从而打消了疑虑，将这事给拍板了下来。

武则天成了皇后，但尚未站稳，为使武则天能长久地站住脚，许敬宗向唐高宗上了三个建议：一是剥夺废后王氏家属的官爵；二是将太子李忠废为外州刺史；三是将武则天所生的长子李弘立为太子。唐高宗见奏，照单全收。

武则天在许敬宗、李义府的帮助下，彻底改变了朝中的政治格局，由此将他们视为了心腹。投桃报李，他们甘愿成为武则天的爪牙。从外廷到内廷，他们和武则天结成了强大的政治联盟。为了给武则天报仇，更是为了扫清自己的政治障碍，他们合谋诬陷长孙无忌、褚遂良、韩瑗、来济等人图谋不轨，不仅全部从肉体上加以消灭，且斩草除根。

如此，武则天的心愿得以实现了，他们的心愿也得以实现了，许敬宗和李义府均以功被拜为宰相。许敬宗在武则天的关照下，在他博学强闻的卖弄下，受到了唐高宗的刮目相看，时称宠遇之重，当朝莫比。

此后，许敬宗又为武则天立下了更大的汗马功劳。时唐朝的社会风气是，政治地位和社会地位是两回事，政治地位按照由功勋得到的官爵来决定，社会地位按照世系门第的高低来决定。虽然贞观中，唐太宗在修《氏族志》时，已对这一现象作了些改变，然由于魏晋六朝以来强大遗风的影响，士族高于寒族的风气仍弥漫在国土之上。因而，武则天虽成了母仪天下的皇后，得到了政局的承认，但尚未在门第上得到社会的终极承认。为此，许敬宗奏请唐高宗，对《氏族志》加以改正。唐高宗同意了，下令另撰《姓氏录》。《姓氏录》的效果体现在两方面：一是将皇后母家武氏列为第一等，由此成为天下最显贵的士族；二是完全以官员品级高低为准，分为九等，其中士卒以军功而官居五品者，均跻身于士族，由此为武则天提供了一个广阔的社会基础。

许敬宗为武则天的政治设计是全面而又立体的，其为日后武则天改朝换代，走上帝位，作了全方位的铺垫。

公正地说，许敬宗堪称一代文臣，他曾领衔修纂了《隋书》、《晋书》、《西域图志》、《文思博要》等不下十余种的文史皇皇大著。然在修国史，也即修唐史时，再度多次暴露了他的无德。为贪财纳贿，为荣耀亲家，为报复仇家，他多方随意篡改史实，颠倒黑白，受到时人的强烈谴责。

李义府，与许敬宗一样，也是个有才无行的文士。他以妙文在贞观中起家，经刘洎、马周等大臣的推荐，以监察御史之职，兼侍晋王李治。李治成了太子，他升为太子舍人，加崇贤馆直学士。他与太子司仪郎来济都写得一手好文章，人并称为“来、李”。

唐高宗登基后，李义府被擢为中书舍人，兼修国史，加弘文馆学士。他因沾了唐高宗的光，在仕途上可谓一帆风顺，青云直上。可在他想更加飞黄腾达之时，却头撞了南山，因行为不端而得罪了掌握政柄的太尉长孙无忌。这长孙无忌岂是能轻易得罪的？他随即遭到了贬职，贬到壁州（今四川巴中东南）去当司马。然贬令尚未传到门下省，他已经获知详情。为逃避变相的流放，他向中书舍人王德俭问计。

王德俭教他说："当今皇上想立武昭仪为皇后，但一直犹豫不定，怕的是宰相们非议。你若能为皇上排忧解难，必定能转祸为福。"

李义府立即采用了此计，当晚，他代替王德俭值班，起草了一份要求废去王皇后，立武昭仪为皇后的奏议，理由是顺应天下民心。奏议立即起了效果，唐高宗接见了他，不仅保留了他的原职，还赐珍珠一斗。武则天也派人捎来了话，向他表示感谢。没出几天，他接到了晋升中书侍郎的任命书。

从此，他铁杆地站在了武则天一边，为她效犬马之劳。他的劳没白效，在武则天戴上凤冠后，他终于成了位极人臣的宰相。他与长孙无忌有仇，借着武则天的懿旨，将长孙无忌置于了死地。

李义府待人，貌似很温和、很恭敬，和人说话满脸堆笑，可心地却极其阴险毒辣，凡有人不愿依附他，便想尽办法进行陷害。在做了宰相后，这种特征愈发厉害，人背后讥为"笑中有刀"。又因他柔软害人，给他起了个绰号，叫"李猫"。

"李猫"好色，好色到了无廉耻且枉法的地步。时洛州有个姓淳于的妇人，因犯通奸罪，被关押在大理寺狱中。李义府听闻这女人有非同寻常的姿色，让大理寺丞毕正义为她开脱罪名，另择居所，准备纳她为妾。大理寺卿段宝玄怀疑其事有蹊跷，遂向唐高宗作了汇报，要求予以调查。消息传出，毕正义吓得畏罪自杀。唐高宗在武则天的影响下，对李义府进行了袒护，准备不了了之。侍御史王义方继之而起，当廷揭露李义府贪色枉法，以及当初因和刘洎、马周同性恋而受到推荐的秽行。因牵涉到性的问题，言辞被“正人君子”听来有些猥亵。唐高宗大怒，将王义方贬为地方小官，而李义府则安然无恙。

李义府凭着有武则天做靠山，不断作恶，卖官鬻爵，并逐渐将唐高宗不放在眼里。最终，数罪并发，被判发配，死在了贬地，朝野一致称快。

四一

来俊臣、周兴

酷吏在“二十五史”中多有专传，被录下姓名的酷吏有着相当的数量。自秦汉到明清，酷吏各有各的酷法，然最闻名的，莫过于唐朝的来俊臣与周兴。

来俊臣，出生于一个赌徒之家，因受家庭的影响，打小就染得一身坏习气。长大后，更是为人残忍，常做害人之事。又不务正业，从小偷小摸，发展成了一个盗窃犯。事发后，被关进了和州(今安徽和县)大牢，等着被判刑。

时正值武则天大开告密之风，且告密不论事实，不论身份，告得好了，便可升官发财。机灵的来俊臣从狱中得到消息，立即向地方政府申报，说有密要告，冀此摆脱牢狱之灾。然刺史是唐宗室东平王李续，本来就对告密风充满反感，再核实来俊臣所告的密，全是无中生有，将他杖了一百下，仍关进了大牢。

就在来俊臣在牢中养伤之际，李续因宗室的缘故，被罗织了罪名而予以处决。他得知后，直接向武则天投了诉状，说他前时曾告过密，内容是越王李贞、琅邪王李冲父子分别起兵于博州、豫州之事，结果竟遭到了杖责，却又无处申冤。

武则天亲自阅览了诉状，认定来俊臣是被冤关冤杖的忠臣，特地下令将他赦出牢来，破格升迁为侍御史，掌理刑狱。得了这个差使，来俊臣成了武则天手下最得力的酷吏，渐成酷吏之首。

他上任伊始，首先伙同周兴、索元礼、万国俊、侯思止、王弘义、郭霸、李仁敬等酷吏，各自养了数百名无赖，专门告密，从而形成一支庞大且破坏力极大的告密队伍。

为了使告密成为一门学问，来俊臣和他的党羽朱南山等人编撰了《告密罗织经》，详细教授怎样陷害无辜，怎样编制反状，怎样告密，怎样拘捕。其内容翔实，多有历史案例的引证，并有一套能够实际操作的具体办法。

为了有效地对付入狱的被告，撬开他们的嘴巴，来俊臣等酷吏极尽他们的聪明智慧，推陈出新，弄出了名目繁多、令人发指的刑具大系列。如将犯人的手脚撑开，绑在木架上不停地旋转，叫做“凤凰晒翅”；将犯人用绳子捆住腰，然后将手上的枷锁向前牵引，叫做“驴驹拔橛”；让犯人跪在地上，再于枷锁上置一大瓮，叫做“仙人献果”；令犯人立在高木上，将枷锁往后引，叫做“玉女登梯”。此外，或将犯人倒悬梁上，在脖颈上吊以大石；或用醋灌鼻，使犯人呛出血来；或用铁圈箍在犯人头上，在其中打进木榫，致使脑浆迸出。他对枷锁的使用别具匠心，令索元礼等人制作了大枷锁，分为十种花样：一是定百脉，二是喘不得，三是突地吼，四是著即承，五是失魂胆，六是实同反，七是反是实，八是死猪愁，九是求即死，十是求破家。

来俊臣在审讯犯人前，不管罪名轻重，一律先杀其气，或以醋灌鼻，或囚在地牢，或装入火瓮，或关进粪秽遍地的牢房，并断供食物，致使有些犯人撕抽衣絮充饥。不招认，至死不得出。他还领着犯人参观刑具，并详细介绍其功能。犯人见了，大多魂飞魄散，不打自招，从而审理了一件件“谋反案”，将武则天所痛恨的唐宗室成员、唐臣一个个送上了断头台，一千多家在他的手中家毁人亡。

在武则天眼中，没有来俊臣破不了的案，他成了破案奇才，于是不断地重赏，不断地加官，想方设法刺激他的积极性。来俊臣变成了朝廷中的猫，所有的朝臣变成了鼠，鼠见了猫，只有怕的份，只有躲的份，只有被玩弄的份。

来俊臣是告密成功的样板，是酷吏中的楷模。在这样板和楷模的影响下，几乎形成了这样一个共识，要想做官得先告密，要想做红人得先进入酷吏行列。于是，告密风愈演愈烈，酷吏队伍越来越庞大。

来俊臣审案，绝对不许对方辩解。为彻底阻绝犯人辩解，他在审理大将军张虔勖、大将军内侍范云仙时，做了两个杀鸡儆猴的实验。张虔勖咬定自己是无辜的，不服强加给他的罪名，被大刑伺候了一场，然他还是不服，向司刑丞徐有功申诉，言辞极为激烈，来俊臣命卫士将他用乱刀砍死。范云仙同样不服，向有关方面申诉自己的冤情，来俊臣命卫士当场割去他的舌头。此二事传了出去，从此无论贵贱，一成为被告，都吓破了胆，再无人敢辩解、敢申诉。

无论来俊臣多么精明，他也有失算的时候。他诬陷宰相任知古、狄仁杰、裴行本以及司礼卿崔宣礼、前文昌左丞卢献、御史中丞魏元忠、潞州刺史李嗣真七人谋反，将他们逼供立了反状。然在狄仁杰的智斗下，在被杀宰相乐思晦的儿子在宫门前的喊冤下，了解了真情的武则天下令免去了他们的死罪。

来俊臣的案越审越大，直审到太子李旦的“谋反”案。在武则天的支持下，他对李旦的侍臣和宫人进行了筛网式的审讯，每人予以严刑拷打。这些人经受不住，都一一自诬认了罪。

唯有一个叫安金藏的乐工，被打得遍体鳞伤，依然在抗争，他对来俊臣大叫：“你如不信金藏之言，我剖心以明太子不反！”

说罢，拿出佩刀自刺胸腹，以致五脏俱出，血流满地。武则天得报，将安金藏接入宫中，令御医给他抢救治疗。

翌日，安金藏才苏醒过来，武则天亲临探视，并激动地说："我的儿子不能自明不反，而使你如此。"

遂下令中止来俊臣的审讯，了结了此案。

酷吏并非一种自立的政治力量，它之所以能存在，关键在于有个作用，即能替掌权者用近于非法的手段除去异己。酷吏虽是个群体，但其是各自为掌权者效命的，一旦酷吏中有人被掌权者所厌弃，那么其他酷吏就会像狼群处理受伤的狼一样，扑上去将他噬咬得粉碎。

一则"请君入瓮"的成语，便与此有关。

这成语的出典，出自来俊臣和周兴之间。周兴是有名的酷吏，他的手上不知沾了多少条人命。他和来俊臣意气相投，时常在一起对饮，谈论如何对付犯人。一日，他们正在饮酒，突然武则天传来密令，要来俊臣负责审讯周兴和另一酷吏丘神勣图谋不轨之事。

来俊臣接令后，装作无事一般，继续和周兴聊天，慢慢将话题引了过去，问道："牢狱中有些犯人不肯认罪，不知用什么办法可以让他们招供？"

周兴回答说："这很容易，只要取大瓮一个，在周围燃起炭火，然后将犯人置于瓮中，他肯定马上认罪。"

来俊臣立即命人送来一个大瓮，燃起炭火，站起来对周兴说："朝廷送来状子，告你有谋反之罪。你若不承认，请君入瓮。"

周兴当即吓得叩头认罪，并立了供状。周兴被判流放，在途中被仇家所杀。

来俊臣贪财又贪色，为此，他制造了许多的冤狱。他向左卫大将军泉献诚索讨金帛遭拒绝，便罗织了谋反之罪将其缢杀。他又将同样的罪名，套在西突厥酋长阿史那斛斯罗的头上，以夺取其长得出色且能歌善舞的婢女。这类事做得多了，闹出不少丑闻。武则天开始有些讨厌他，将他贬了职。可他又用更大的告密，一次诛杀了千余人，重新取得了武则天的欢心。

作为超级打手的来俊臣，毕竟缺乏高级政治素质，然他野心又大得很，不甘心老是充当打手，凭着武则天对他的宠信，他突发奇想，欲全面摧毁武则天所依靠的政治集团，由他来取而代之，掌握朝廷政柄。他的具体计划分两步走：第一步，罗织武氏诸要人及太平公主、张易之连谋叛逆；第二步，罗织庐陵王李显与太子李旦串通大臣连谋叛逆。从武氏到李氏两个方面，掏空武则天的政治基础。在他准备付诸实施前，和他闹狗咬狗矛盾的酷吏卫遂忠获知其谋，向武则天作了呈报。被他罗织的对象，闻讯大惊大怒，立即组织了反击，弹劾来俊臣贪赃枉法、霸人妻女等罪状。

武则天终于愤怒了，更按着狡兔死走狗烹的不易古训，下令将来俊臣弃市。

行刑后，他的尸体被陈在洛阳街道示众，他的仇家纷纷赶来，争抢着挖眼、摘肝、剥面，须臾而尽。

洛阳市民庆贺说："自今往后，可以高枕无忧了！"

其他酷吏，也多无好下场，遭到了百姓相同的诅咒。

四二

唐中宗、韦后

唐中宗李显是个悲剧，其生是种悲剧，登位是种悲剧，死还是种悲剧，一种贯穿一生的悲剧。

李显是武则天所生的第三子，在唐高宗的儿子中排行第七，生于显庆元年(公元656年)十一月。在这前一年，他母亲武则天用断去手脚，浸于酒瓮中的残酷方式，害死了被废的王皇后和萧淑妃。她们死后，武则天不断梦见她们披发沥血的惨死状，换了居所，依然如故。这说明武则天是恐惧的，加上她为清除反对她的政治势力而焦虑，恐惧和焦虑给她带来了紧张的心理状态。李显就是在这段时间被怀上的，由此他在胎中受到了相当的损害。李显日后具有胆小、庸碌、怕事等性格上的缺陷，显然与此有关。

尽管生而为皇子，且是皇后一系的嫡子，与生俱来有着养尊处优的生活条件，然朝廷中血淋淋的争斗，以及狠心的母亲将兄长李弘、李贤弄死的惨剧，无时无刻不在震颤着他的心灵。

在二哥李贤被废后，他依次被册为太子。当了太子，他不仅无任何的兴奋，反而背上了更大的担忧：不知何时会重蹈兄长们的覆辙。

唐高宗驾崩，他按部就班地接了位。可他是空头天子，一切大权被母亲武则天掌握着。他对母亲具有一种先天的恐惧感，对枉为天子又有一

唐中宗观看八风舞　祝钦明精通五经，曾官至礼部尚书，封鲁国公。因被劾不孝贬官为申州刺史。时韦后执掌朝政，祝钦明为求升迁，百般献媚。韦后的亲族举行婚礼，中宗在皇宫宴请文武百官，一边喝酒，一边欣赏歌舞。祝钦明为讨好韦后，毛遂自荐，自言能跳“八风舞”。祝体肥貌丑，舞蹈时摇头晃脑，丑态百出，惹得中宗哈哈大笑，而一些正直官员对祝钦明的举动，无不感到羞耻。吏部侍郎卢藏用见状感叹说：“是举，《五经》扫地矣！”后用“五经扫地”比喻丧尽文人体面。

种失落感，从而他把感情移到了皇后韦氏的一家和他乳母的一家上。争取权力和感情的双重因素，促使他做出了一个决定：任用岳丈韦玄贞为宰相，任用乳母的儿子为五品官。然这决定遭到了中书令裴炎的激烈反对，并报告给武则天。武则天感到儿子的决定背后，包藏着危及她临朝称制的居心，立即果断地予以了反击，废去了他的帝位，降为庐陵王，赶至房州（今湖北房县）。

仅当了两个月皇帝的李显，是和韦氏一起被贬放的。在房州的岁月，李显是提着心过日子的，他很怕母亲不知什么时候给他送来赐死令。每当朝廷派有使者前来，他都认为是自己的末日到了。他受不了如此巨大的恐惧，想一死了之。

幸得韦氏有见识、有胆量，常安慰他说："祸福相倚，非人所料，岂可一死，不如等待时日。"

李显受到鼓励，感激地许下诺言说："如能一朝重见天日，当对你不加任何禁忌，任凭你所为。"

当时他们夫妇感情很好，为活下去而相濡以沫。他们在房州生儿育女，生下了最小的女儿安乐公主。李显最爱此女，常脱下自己的衣服裹抱，昵称为"裹儿"。

在朝廷中狄仁杰等忠于唐室的政治势力的争取下，李显终于被武则天迎回了洛阳，重新立为太子。神龙元年（公元705年），他在宰相张柬之、崔玄暐与左羽林将军敬晖、右羽林将军桓彦范、右台中丞袁恕己五大臣的强行拥护下，趁武则天病重之际，进行了政变，夺取帝位，复辟了李唐王朝。

唐中宗登位，为嘉奖张柬之、崔玄暐、敬晖、桓彦范、袁恕己五人之功，将他们均封为王。然而，他虽诛杀了张易之、张昌宗兄弟，却对武氏势力作出了很大的妥协，让武三思拜了相。

让武三思拜相，不是全出于妥协，而是唐中宗和皇后韦氏的一个政治设计。他们在复辟前，为了取得武氏力量的保护，将安乐公主许配给了武三思的儿子武崇训，从而结成了亲家。他们利用亲家关系，提携武三思，让他领导武氏残余力量，与五王平分秋色，以平衡政治关系。

韦氏在成为皇后后，因唐中宗庸碌无能，学了当年婆婆武则天的样，开始干预朝政，权势与日俱增。宰相桓彦范等人多次上奏，要求唐中宗防范韦氏尾大不掉。可唐中宗信守他当年许下的诺言，听凭韦氏为所欲为。

此时的政坛，又冒出了两个女人：上官婉儿与安乐公主。

上官婉儿是因主张废黜武则天而被杀的上官仪的孙女。她因祖父罪而被发入宫中为奴婢，然由于异常聪慧，做得一手好诗文，且精通政治之道，被武则天免了奴婢身份，掌管诏命，由此成了权势人物。唐中宗复辟后，她非但没受到处罚，反以出众的才华，被收为嫔妃，拜为昭容，专掌起草诏令。可她并没有只向君主效忠，见韦氏势力强大，遂把宝押了上去，以冀成为旷古未有的女宰相。她起劲地出谋划策，成了韦氏集团的主要骨干之一。

安乐公主仗着父亲的特别宠爱，也抓了大权在手，十分的骄横跋扈，王侯宰相多听命于她。她自制诏敕，卖官鬻爵，然后遮住文字，要父亲签署。唐中宗只是呵呵地笑，依言而做。她大造别墅，修了广达数里的定昆池，其中建起难以计数的亭台楼阁，华丽得令人瞠目结舌。她见父亲无能，就贴近母亲，成了韦氏集团的核心成员。她有自己的政治目标，其目标大得惊人，要改变皇位传子不传女的传统，代替皇太子而成为皇太女。她反驳大臣的反对意见说："武氏之女尚且能做天子，我是公主，如何不可做皇太女？"唐中宗笑而不答。

为抗衡五王，韦氏与上官婉儿、安乐公主、武三思结成了政治集团。

在上官婉儿的穿针引线下，武三思进入了宫中，和韦氏勾搭成奸。唐中宗知道他们的隐情，不仅熟视无睹，且有时在旁观看他们赌博，看得乐了哈哈大笑。士人韦月上书说，武三思私通宫掖，将有谋逆。唐中宗怒不可遏，下令将他斩首。为彻底控制朝政，在韦氏的支持下，武三思、上官婉儿、安乐公主合伙诬陷张柬之、崔玄暐、敬晖、桓彦范、袁恕己五王图谋不轨，将他们全部流放岭南，而后再将他们一一害死。

去了这些政敌，韦氏集团还有一大眼中钉，即非韦氏所生的太子李重俊。他们时常欺凌他、侮辱他，恨不得将他置之死地而后快。李重俊是聪明人，但从小缺少良好的调教，性情有些怪戾，缺乏政治气度。在忍无可忍的情景下，他没作周密的政治分析，就联结了左羽林大将军李多祚等人，矫诏调集了三百羽林军，发动了政变。他先领兵冲进武府，杀了武三思、武崇训父子及其党羽，随后包围了宫城，杀向韦氏、上官婉儿、安乐公主的住所。韦氏急忙拉唐中宗登上玄武门楼，让唐中宗用君主的号召力瓦解了李重俊的部队。李重俊兵败后，逃向山区，被部下杀死。

李重俊的身亡，使韦氏集团达到无所顾忌的地步。韦氏的尊号一加再加，从“顺天皇后”加到“顺天翊圣皇后”。“翊圣”，其名称虽不同于武则天的“二圣”，然实质已相差无几。她的党羽为其大造舆论，说她是顺天应人的“国后”，有天命在身。

韦氏为自己制造天命，实是想成为武则天第二，以圆她的女皇梦。唐中宗并非不清楚这一点，然为报当年韦氏相濡以沫之恩，他不仅一直在装糊涂，且为韦氏大开方便之门。

然唐中宗内心毕竟是矛盾的，他对母亲武则天的行径记忆犹新、历历在目，因为他在那个时期实在是经历了太多的梦魇，有时想起来还是芒刺在背。为此，他又不想让韦氏如此肆无忌惮地重复历史，让李唐王朝再蒙

李重茂十二岁坐了几天龙座 韦后和安乐公主同谋毒死中宗，立李重茂为帝，自己临朝听政。

受奇耻大辱。景云元年(公元710年),连续有人上书,说韦氏集团将要谋反。唐中宗杀了一个郎岌,又来一个燕钦融。

燕钦融是地方官吏,他上言说:“皇后淫乱,干预国政,宗族强盛,安乐公主、驸马武延秀(安乐公主在武崇训死后,又嫁给了武延秀)、宰相宗楚客等,企图颠覆社稷。”

唐中宗将他召来问,燕钦融据理力争,神色不改。唐中宗心中明白,默默不语。待燕钦融出廷后,宗楚客矫诏令飞骑将他摔死。唐中宗闻讯,嘴上不说,神情却是怏怏不快。

韦氏集团看出症候,认定唐中宗心理起了变化,发展下去对他们将非常不利。韦氏觉得丈夫的变化不利于她圆女皇梦;安乐公主觉得父亲的变化不利于她当皇太女。母女二人商量之后,认为往日她们所依靠的唐中宗不但已成为她们最大的政治障碍,且还可能危及她们的生存。由此,她们索性一不做二不休,暗中将毒下到了御膳中。被蒙在鼓里的唐中宗,吃了一命呜呼。

韦氏秘不发丧,派她的侄子、外甥统兵五万拱卫京城,并做好了各种防范措施。然后伪造遗诏,立唐中宗的幼子李重茂为帝(少帝),由韦氏临朝称制。

临朝称制,只是韦氏的一个过渡步骤,她的党羽纷纷劝她效法武则天,走上皇位。宗楚客上书援引图谶,以证明韦氏可以成为当之无愧的女皇。为给韦氏扫清登位的障碍,宗楚客与韦氏侄子韦温、安乐公主策划弄死李重茂,再诛杀曾做过皇帝的李旦及其妹太平公主。

然而还未等到他们动手,李旦的儿子李隆基捷足先登,率领听命于他的羽林军,用军事政变的方式,处死了韦氏、安乐公主、上官婉儿以及所有党羽,彻底解决了武氏的残余力量。事毕,扶他父亲李旦登上了皇位。

四三

唐睿宗、太平公主

唐睿宗李旦和他三哥一样，都是梅开二度的皇帝。

李旦为武则天第四子，在唐高宗儿子中排行第八。他出生以及成长之时，正是武则天当政方兴未艾之际。他不仅没得到皇嫡子身份这顶保护伞的庇护，相反，比其他人更容易卷入是非的漩涡中。在说话不慎就要说错、做事不慎就要做错的恐怖气氛下，他干脆不说话、不做事，摆出胸无大志样，只是孝敬父母，关起门来读书，借练书法以磨平性情，钻进文字训诂堆中消度时光。在如此环境中长大的李旦，英气萎缩，很是一副庸碌状。

他第一次登位，是在母亲武则天将三哥撵下台后。从那时起，他虽说是皇帝，然正殿也不得坐，坐在偏殿，当临朝称制的母亲的摆设。这一摆设被摆设了六年，在母亲易唐为周后，他被降为皇嗣。皇嗣本是皇太子的别称，然他只能叫皇嗣，享受皇太子的礼仪，却不能叫皇太子。这皇嗣他当得十分困难，几度被酷吏罗织进谋逆分子的行列，遭到了一夜三惊的审查，最终得以侥幸过关。

待到三哥从贬地被召回，李旦明白自己的皇嗣当到了头，由是知趣地提出了让位。武则天接受了他的请求，立李显为皇太子，将他改封为相王。他一如既往，保持着温良恭俭让。

李旦潜缩着爪牙，一直潜缩到神龙元年(公元705年)，终于伸展了爪牙，参加了以三哥为首的政变，一同诛灭了张易之、张昌宗兄弟，逼母亲移交政权，恢复了唐祚。他有功，以功被进号为“安国相王”，居百王之首。三哥考虑他也曾做过皇帝，为安慰他，假惺惺地要立他为皇太弟，意即在百年之后传位于他。他知道这王朝是三哥一家的王朝，不可能由他来分一杯羹，由是坚决地推辞了。

推辞之后，他百事不管地当他的安国相王，坐看韦氏集团胡闹。然他再不管也没用，韦氏集团还是认为这个有过皇帝经历的李旦，以及他的妹妹太平公主，对他们有着莫大的潜在威胁。

太平公主是武则天唯一的女儿(武则天另有一女，为嫁祸于王皇后，她亲手将襁褓中的女儿弄死了)，深得武则天宠爱。早先吐蕃赞普遣使要求和亲，提出娶太平公主为妻。武则天没舍得，将她嫁给了光禄卿薛曜的儿子薛绍。后薛绍兄弟被牵连进越王李贞的叛乱事中，被处死。武则天又暗杀了她侄子武攸暨的妻子，将她嫁给了武攸暨，以亲上加亲。

生得方额广颐的太平公主，多权谋，常参与朝廷的政事。武则天认为，这个女儿和她很相似。然由于武则天的厉害，太平公主对母亲很是敬畏，在当时挺收敛，并不敢惹是生非。

她对政治有浓厚的兴趣，更喜欢在政治大风浪中弄潮。在武则天病重之际，她降低了对母亲的敬畏，积极参加了李唐王朝的复辟活动。事后，封为“镇国太平公主”，被允许开府设置官属。她不像四哥那般韬光养晦，而是大露锋芒，推荐依附她的朝臣为大官，百般笼络文人学士，以扩大她的势力。由于她做得很得体，在朝中赢得了不小的声誉。她不仅擅长权术，且有大刀阔斧的泼辣，从而韦氏、安乐公主、上官婉儿对她很是忌惮。

唐睿宗李旦学舜禅位 有一天，唐睿宗对侍臣说："方术之士说五日当中将有急兵入宫，你们替朕早作防备。"侍臣说："这一定是小人离间东间，愿陛下让太子监理国家，此流言则会自灭。"不久，方士有"除旧布新"之言，睿宗又对大臣说："传位给太子以避灾难，朕下决心了。"太平公主和她的同党尽力谏阻，太子李隆基跪拜在地叩头说："儿臣以小小功劳，越位当了太子，还怕不能胜任，如今陛下突然要把皇位传给我，这是为什么？"睿宗说："你是孝子，对国家安定有贡献！再说古时有舜传位于禹之榜，何必一定要等我死后才传位？！"

在唐中宗被韦氏集团毒死后，他们将打击矛头暗中对准了李旦和太平公主，欲将他们及其一脉的势力来个一锅端。

然而，韦氏集团最终非但不能如愿以偿，反而遭到了灭顶之灾。这灭顶之灾是李旦的儿子李隆基带给他们的，也是太平公主带给他们的。在李隆基政变诛灭韦氏集团之前，太平公主积极地给予了道义以及人力、物力的支持，并派出她的儿子薛崇简加入其中。

政变成功，然皇位上还呆着少帝李重茂，李隆基和太平公主决定抬出李旦，以取代少帝。可李隆基抬自己的父亲恐遭物议，说他发动政变是出于私情。李隆基不能说，其他朝臣也不敢直说。太平公主见这是自己立功的大好机会，当朝臣们在朝廷中议论不休之际，她大步走上前去，将少帝从皇位上半扶半拖地拉下来，并对他说："天下事已归相王，此座非儿所坐！"

唐睿宗重新复位，坐到了久违的宝座上。

名实相符，才能当上大权独揽的皇帝。然而，唐睿宗本身并没实力，他是靠儿子李隆基和妹妹太平公主的联合支持，才登上台的。自然而然，他的新朝的实际权力，是由李隆基和太平公主在平分秋色。可是，李隆基和太平公主往日的政治联合，随着新政权的建立，出于权力再分配，逐渐破裂了，演化成尖锐的矛盾。唐睿宗不得已，只能充当和事佬，尽力弥补他们的缝隙，以使政权得到支撑。他的努力无济于事，无奈之下，他尽力起用一批旧唐臣，以建立本身的政治基础。从而，这个朝廷形成了一种很怪异的现象，唐睿宗、李隆基、太平公主三者，构成了近似各自为政的三角政治。

三角政治不过是种架构，太平公主和李隆基两大实力派仍无时无刻不在较量，以较量出胜负为止。

太平公主非常了解她的四哥，每出言献计，必能打中他的心思。从而，唐睿宗对她几乎是言听计从。得了这种便利，她大力扩展自己的势力，在她本人被加了实封万户外，三个儿子被封王，其他儿子均官居高位。时有七个宰相，其中窦怀贞、萧至忠、岑羲、崔湜四人竟然都出自她的门下。左羽林大将军常元楷、知羽林军李慈等军官积极向她效力。各地地方官争先恐后地讨好她，不时向她献上丰厚的物品。她占尽了长安的良田，庄园遍布京师，所用器物络绎不绝地从各地运来，府中的摆设、车马、倡优能与宫廷相媲美，侍候她的侍女、奴仆、苍头有千余人。

太平公主认为，要压制李隆基，最关键的一步，是阻止他成为太子。由是，她和党羽们借皇位嫡长继承制传统观念到处宣传，说李隆基不是长子，不宜册立为太子。而太平公主的这一策划，在一个角度上和唐睿宗的思路发生了契合，因他明知道李隆基有大功于社稷，是理所当然的皇位继承人，但他从自己的政治利益考虑，还是看中了较为温和的长子李成器，不希望李隆基成为太子。

然而，李成器是识大局的，他不想卷入险恶的斗争漩涡中去，坚决不肯被册为太子。他且以平时立嫡、危时立功的古训，声泪俱下地向父皇陈请，要求立李隆基为太子。加上朝中的舆论倾向，唐睿宗迫不得已立了李隆基为太子。

太平公主不愿承认现实，她继续在力挽狂澜，强行要求宰相们同意废除李隆基的太子地位，但遭到姚崇、宋璟的反对，无奈只得暂时作罢。

此时朝中政治力量的对比已有所变化，李隆基取得太子位，利用正统的身份，建立了更大的政治威信。他利用政治威信，发出了强有力的政治号召力，使得大批的朝臣转变了立场，站到了他的一边。

先天元年（公元 712 年），在皇位上被搅得心力交瘁的唐睿宗，已不想再充当这名不副实的皇帝，遂不顾太平公主的反对，向天下宣布退位，自称太上皇，由李隆基继立为天子（唐玄宗）。

唐玄宗登位后，太平公主仍不甘心，继续与之为敌。开元元年（公元713年），她孤注一掷，收买宫人元氏，让她在御膳中下毒。此事没能做成，她又与其集团骨干商议，决定发动政变。

最后，还是唐玄宗抢先了一步，他组织了军事反政变，调动羽林军，将太平公主集团骨干杀了个殆尽。

太平公主逃奔南山寺庙，三天之后，她在绝望中被迫返回京城，等着她的是赐死令。

四四

史才刘知幾

初唐是个史学丰收的时代，一部“二十五史”，其中有八种出于这个时代，其书目是：《晋书》、《梁书》、《陈书》、《北齐书》、《周书》、《隋书》、《南史》、《北史》。

这是史坛的一件盛事，然在这盛事之后，又出了一件大奇事，刘知幾撰写了千古奇书——《史通》。《史通》是中国第一部系统性的史评类专著，也是第一部史学史专著。

这部皇皇奇书共二十卷，原有五十二篇，现存四十九篇，分内篇和外篇两大部分。

内篇三十六篇，分《六家》、《二体》两块，总结以往史书的类别和体裁，以及优劣得失。《六家》为纪言的《尚书》，纪事的《春秋》，编年的《左传》，国别的《国语》，通史纪传的《史记》，断代纪传的《汉书》。《二体》为编年和纪传。

外篇十三篇，分《史官建置》和《历代正史》两块，前者叙述以往官方史书编纂机构以及主管官员；后者叙述以往官方对编年体与纪传体两种正史的编纂过程。

这部奇书，奇在包罗万象，奇在贯穿古今，奇在突破陈见，奇在标新立异，奇在直言不讳，奇在振聋发聩，奇在自成一家，更奇在空前绝后。当时的大学问家徐坚推崇道:“以史为职者,当以此书为座右铭!”清朝的大才子纪晓岚赞扬道:“其抉摘精当之处,足使龙门失步,兰台变色!”

刘知幾名子玄,因避唐玄宗讳而以字行,彭城(今江苏徐州)人。少时与其兄刘知柔以文学起步,获得声名后,进士及第,被授为获嘉(今属河南)主簿。

证圣元年(公元695年),武则天命九品以上文武官员上言论时政得失,刘知幾上表论了多事,言语相当激烈。时武则天为了将唐朝的政治旧基础改造为她的新基础,用滥施官爵和收紧法网双管齐下,使大批士人为此断送了性命。刘知幾痛感于怀,写了《思慎赋》,予以讥刺。在文坛以“苏、李”并称的苏味道、李峤见后大为惊奇,直呼:“陆机《豪士》所不及!”

人在官场身不由己,喜欢并擅长文学的刘知幾,在晋升后,被转入了官修史书的领域。他官职几变,一变为左史,二变为凤阁舍人,三变为太子中允,然一直兼修国史(唐朝史)。

唐朝官方修史,属于国家政治大事之一,君主极其重视。然任何事情都有个度,否则便过犹不及。由于君主的重视,从而常将多名宰相、大臣派去监修国史。时武则天派在史馆的监修官的阵容是:侍中韦巨源、纪处讷,中书令杨再思,兵部尚书宗楚客以及中书侍郎萧至忠。然这么多人领导,不仅没有收到预期的政府全力支持的效果,反而衍生出种种弊端,致使费时费力,却不能如期完成国史的编纂。而萧至忠不仅不寻找监修班子的原因,反而责怪一直在辛勤笔耕的刘知幾,说他没尽到责任。刘知幾一气之下,提出了辞呈,并上书萧至忠,详细地分析了官修国史的问题。

这道上书,虽夹杂着刘知幾的一些个人意气,然公允而言,绝不失为一篇总结官修国史问题的杰作。他说了五个问题,大意如下:一是古代国史都出于一人之手,如左丘明修《春秋》,司马迁修《史记》。到了东汉大集群儒，开始官修国史，但各以为是，致使长年累月修不出一部史。二是汉代修史的资料来源，有从下而上的一套合理的程序，由此史官得以写出记事丰富的史书。而到了近代，史官要自寻资料，又缺乏其他部门的配合，故而难以写出像样的史书。三是古代修史全部公开，以示公正。近代史馆，为防止人情干扰，严加保密。而现在的史馆，人多嘴杂，实在无密可保，致使史官畏惧人情而不敢秉笔直书。四是古代修史提倡惩恶劝善，有良史之道。而今监修官太多，十羊九牧，莫衷一是，又没是非标准，以致史官无所适从。五是设置监修官当有负责之实，如何定体例，如何作分配，如何来撰写，如今却一无所有，只能让史官虚度时日。

刘知幾的论述，道出了官修国史难以成功的实质。然他的直言无忌，触怒了宗楚客，他对史官们说："此人这般说话，到底想将我置于何地！"相比之下，还是萧至忠顾全大局一些，认为刘知幾史才难得，不准他辞职，强留他在史馆。

人虽留在了史馆，可刘知幾的主张，根本不为监修官们所认可。在无奈的境况下，他一边敷衍着修史的工作，一边将业余时间全用在了《史通》的修撰上。完全可以说，正是官修国史问题上的遗憾，才得以促成这部伟大的史评专著的诞生，否则，史学界将生出另一种遗憾。

在《史通》完成后，在史才上很自负的刘知幾，仍然感到很大的失落，他认为在这个世界上没人能理解他。从而他将修撰国史的工作，移交给另一个史学家著作郎吴兢，自己去修撰《刘氏家史》、《谱考》这二本谱牒类著作，受到史学界的赞誉。

刘知幾不仅在史才上自负，且在前途上也很自负，确切地说，是史才的自负激起了前途的自负。他在《刘氏家史》中考证出，他这一脉的刘氏子孙，当是汉宣帝之子楚孝王刘嚣曾孙居巢侯刘恺的后裔。由此，他多次对人说，他若能得到封爵，必以居巢为名。他的自我预言，在修撰《武则天实录》后，以修撰之功得以实现，被封为居巢县子。

刘知幾在史馆执掌国史修撰，长达二十年，经他手所编纂的史书，绝大多数得到了时人的称赞。

这个史学大才，并没能得到善终。晚年他把触角伸到了与政治关系更直接的经学界，不慎得罪了宰相，受到经学博士的攻击。旋即，他的儿子太乐令刘贶犯了罪，他认为儿子是无辜的，跑去向宰相申诉，结果引得唐玄宗大怒，被贬为安州(今湖北安陆)都督府别驾，抑郁而亡。

刘知幾著作颇丰，其中最有影响力的是《史通》；他谈话甚多，其中最为闻名的，是有关“史才”的界定。

礼部尚书郑惟忠曾问在文、史两界都有建树的刘知幾：“自古以来，为何文士多而史才少？”

刘知幾的回答是：“史才须有三长，世无其人，故而史才少。三长是：史才、史学、史识。若有学而无才，犹如有良田百顷，黄金满箱，却让愚者去经营，终不能增加财富。若有才而无学，好似巧如鲁班，而家中却无工具，终不能营造成宫室。最要紧的是史识，具体的表现是正直，善恶必书，使骄主贼臣知惧，这如同为虎添翼，所向无敌。不具备三长，不可居史职。然从远古以来，罕见其人。”

他嘴上说“罕见其人”，实际其人正是他自己。

四五

千古奇帝唐玄宗

光荣与耻辱集于一身，伟大和渺小熔于一炉，雄豪与软弱混于一体，英明和昏暗结于一生，千古奇帝唐玄宗，大写出了一个奇字。

唐玄宗李隆基，是唐睿宗的第三子，因排行缘故，宫中称他为李三郎，自称阿瞒。阿瞒是曹操的小名。曹操在东汉末，从无名之辈崛起一方，最后主宰中原，无论从气度、韬略、手段、用人、施政等哪方面讲，都胜人一筹，且功绩辉煌，堪称拨乱之主。唐玄宗自称阿瞒，不是偶然的巧合，而是反映出他要效法曹操，成一代雄主。欲以同名造成同等的事业，显然是不可能的，但其中的进取精神却可以一脉相承。

唐玄宗的一奇，在于他从皇室的旁支，成为俯视天下的君主。

李隆基走上政治舞台中心，是他连续奋斗的结果。他以诛灭韦氏集团之功，取得皇位继承人的资格，并成为皇帝；然后翦除太平公主集团，巩固了皇位。他从血淋淋的宫廷斗争中杀了出来，揭开了唐朝历史崭新的一页。

唐玄宗的二奇，在于他创造了一个盛世："开元之治"。

他上台伊始，从尚俭、戒奢入手，励精图治，革新政治，将整个身心投入到促使天下大治的大业中去。

他放手任用姚崇，用姚崇的治国才干与理念，构建治理天下的基础。他把日常政务全交给姚崇处理，并处处帮助姚崇建立权威。姚崇起先尚有些缩手缩脚，对任命郎吏等小官都不敢自行决定，前来请示。他仰视殿顶，一言不发。待姚崇走后，他对宦官高力士解释说："朕委托姚崇处理庶政，大事自然应该共同商议，但如任命郎吏这等小事，有何必要一一来烦朕！"当高力士把这个精神带给姚崇后，使姚崇领悟了他所身负的历史使命。

他努力扭正前朝以来卖官鬻爵的弊端，削除冗官，调整官吏队伍的组织结构。其中最有力的一项举措，是下诏废除斜封墨敕官、员外、试、检校等各种非正途选拔的官员。如此，节省了俸禄，减少了财政开支；维护了官僚队伍的纯洁，恢复了正常的选官制度；改变了机构臃肿，办事效率低下的状况，使政府机构得以运转灵活。岑仲勉就此评论说："政治不走上轨道则已，如其走上轨道，则泛滥之破格，实不可以经久。盖偶然破格，固任何时代所不免，而一般循资，则为任何时代所不能打破。更析言之，政务上之破格，有时或收效甚宏，常务而破格，势必引生不良之后果。在封建时代，人人得躐阶而进，更无异于奖励钻营，姚崇上玄宗十事，其一即请停罢斜封、待阙、员外等官，开元初叶所以致治，未始不由于此。"(《隋唐史》，中华书局)

在有着强烈民本思想的唐玄宗的眼里，地方官是朝廷和民众之间的纽结，地方官的形象及其政绩，关系到民众对朝廷的向背。故而，他十分重视对地方官的选拔和任命。他登位不久，就召见了京畿地区各县令，告诫他们在荒年饥岁时，不得忽视对百姓的抚养存恤。开元四年(公元716年)，当有人向他告发铨选充满黑幕，所授县令大多是滥竽充数时，他借这些新县令向他谢恩之际，突然考问起他们治民的方法。结果，除一人及格外，二十多人被改授其他官职，四十五人被遣回家乡重新学习，主司官吏部侍郎卢从愿、李朝隐引咎辞职。

唐玄宗李隆基步辇召学士　开元时期，唐玄宗尚能广开言路，虚怀纳谏。有一年的七月十五日，玄宗在便殿，忽然想与姚崇讨论时务，当时姚崇为翰林学士，博学多才。恰巧这天倾盆大雨，下个不停，道路泥泞盈尺，玄宗就命令侍御者抬着步辇召学士姚崇来。玄宗这种急贤待士的行为被传为美谈。后用“步辇召学士”比喻急贤礼士的心情。

唐玄宗大治天下，有个蓝本，这个蓝本就是唐太宗的“贞观之治”。由此，他大力效法唐太宗，在各种效法中，最为突出的是，他虚心纳谏。他听从太子舍人贾曾的批评，远离了声色；他听从宋璟的建议，不以私恩授官；他听从汴州刺史倪若水的谏议，停止在江南捕捉珍禽；他听从汝州刺史韦凑的谏奏，不再违反礼制为生母窦德妃建陵；他听从一行的劝告，降低了女儿出嫁的仪式规格。诸如此类，不一而足。纳谏使他始终保持着清醒的头脑，使他以明君的标准来要求自己。由此，史称：“贞观之风，一朝复振。”

唐玄宗是个深得驭臣之道的君主，他在不同的历史阶段，根据不同的历史任务，不断地调整中枢的人事安排。姚崇、卢怀慎为他打造了大治的框架；宋璟、苏颋为他推进了大治的进程；张嘉贞、源乾曜为他维护了大治的格局；张说、源乾曜为他添加了大治的内容；李元紘、杜暹为他支撑了大治的门面；萧嵩、宇文融为他谱写了大治的新章；裴光庭、张九龄为他注加了大治的活力。在开元前二十几年中，政纲不能说尽善尽美，政府不能说白璧无瑕，宰相不能说成圣成贤，然总的说来，建设大于毁坏，成就大于弊病，上升大于坠落。从而，大建设、大成就、大上升构成了大治，一种空前绝后的大治，一种黄金岁月的大治，一种永垂史册的大治。

大治处在开元期间，故称“开元之治”。“开元之治”比“贞观之治”更具大治的性质。得了“开元之治”的唐玄宗，跻身于伟君的排行榜中。

唐玄宗的三奇，在于他由明君转为了昏君。

“靡不有初，鲜克有终”，这是形容君主虎头蛇尾、有始无终的最地道的一句古训。把这句古训套在唐玄宗的身上，是再贴切不过了。

由明转昏这个转变，起因是唐玄宗在长期殚心竭虑理政之后，感到一种极大的身心疲惫，疲惫之余，对永无尽头的政事，产生了难以言说的厌烦。此外，“开元之治”的巨大成功，国泰民安的景象，也让他陶醉了，在道家清静无为观念的支持下，他相信自己有足够的理由，可以躲进深宫去彻底地放松放松，享受享受人生的乐趣。然政务还得有人来总领，由此，他把这个以前他自己担负着的重职，交给了宰相。

时宰相有两个，一个是具有强烈儒家观念的张九龄，此人是个不知转弯的直臣，无论遇到什么他看不顺眼的事，就要谏，且不停地谏，搞得唐玄宗挺烦；一个是具有法家观念的李林甫，此人善于处理各种复杂的政事，也有让百官唯命是从的能耐，他做事，很让唐玄宗放心。时张九龄和李林甫因政见不同、门派不同，时常斗，明里暗里斗个不停。最后，唐玄宗出于自己的需要，踢开了张九龄，将政事全部委托给了李林甫。

李林甫独掌大权后，为使唐玄宗能在深宫中高枕无忧地享乐，也为自己能彻底控制朝政，先堵塞了言路。

他召集全体谏官进行训话，说：“今明主在上，群臣唯恐顺从还来不及，岂用多言！诸君看见仪仗马吗？吃的是三品料，然稍有一鸣就被斥去，后悔也没用！”

谏官们被镇住了，不敢再上言。唯有一人不服，但立即遭到了贬职。从此，李林甫得以为所欲为，躲进深宫的唐玄宗，再也听不见外面的声音了。

出于保持自己独操政柄格局的考虑，李林甫为阻止地方军事长官进入中枢，以勇敢善战为借口，提出了用少数民族之人担任边将的设想。因李林甫的说法冠冕堂皇，立即被唐玄宗所接受。这个计划推行后，被任为范阳节度使的安禄山，利用中央政府所给予的优遇政策，快速地膨胀了他的集团势力，养就了一支胡汉杂混、具有强大作战能力的部队。

在李林甫把持的政局中，人才遭到排挤，异己遭到排挤，严酷的刑法代替了清明的政治。虽说大治带来的升平景象还笼罩着整个帝国，但其质已起了变化，盛况犹存，然已每况愈下，朝着衰世发展而去。

可以这样说，唐玄宗由明转昏的阶段，正是大唐帝国由盛转衰的阶段。

在李林甫身后，掌握朝政的是国舅爷杨国忠。他依靠着杨贵妃的裙带关系，平步青云地当上了宰相。他是个市井无赖，不学无术，根本没有廉耻和顾忌，一朝得势后，对百官颐指气使，并毫不掩饰地营私舞弊。他贪得无厌，府中积财如山，无论是谁，只要不贿赂他，便无法办事。

由于政治的腐败，唐廷派在云南的地方官，和南诏发生了严重的冲突。南诏为反抗压迫，联络吐蕃，将云南官军打得一败涂地。根本不懂军事的杨国忠，错误估计双方的实力对比，先后两次出动大军前去征剿，结果都招致了几乎全军覆灭的惨败。经此战争，唐朝元气大损，失去了以往在对外事务中的强势地位。

唐玄宗的四奇，在于他险些成为亡国之君。

手握重兵的安禄山，很能讨唐玄宗的欢心，由此成了天下第一宠臣。杨国忠为和安禄山争宠，双方闹到水火不容的地步。杨国忠屡屡进言说安禄山要反，安禄山被逼得走投无路，又见唐朝兵备空虚，从而扯起了反旗。他的部队所向披靡，接连拿下洛阳、长安。

唐玄宗逃往巴蜀，他一路逃，一路丢，先丢了他心爱的杨贵妃，接着丢了皇位，逃到成都，仅留了一顶聊胜于无的太上皇的帽子。

幸亏他的儿子唐肃宗领导抗叛，收复了长安。回到长安的他，在短暂的热闹过去后，被迁入了冷宫，直至忧郁而亡。

从大盛世，到大败亡，唐玄宗从顶峰掉进了深渊。

一场万劫不复的安史之乱，将唐玄宗钉在了昏君的耻辱柱上。

四六

姚崇、宋璟

唐玄宗的时代，是盛唐的顶峰，而其中的“开元之治”，是这顶峰中的顶峰。而将唐朝推向这顶峰之顶峰，唐玄宗得力于两个人，具体说来，是开元初期前后的两任宰相：姚崇与宋璟。

姚崇，本名元崇，为避开元年号讳，改名崇，字元之，陕州硖石（今河南三门峡）人。

唐玄宗的起家，是依靠了“龙武功臣”集团。然当他在皇位上坐稳后，也即在得了天下之后，将治天下当成了他的新使命。他知道，要完成这样伟大的使命，需要有个与他志同道合并极具才干的宰相来辅佐他。他审视整个功臣集团，并无这样的人物，最后，将视点落到了时在同州（今陕西大荔）担任刺史的姚崇身上。

拜姚崇为相，是唐玄宗精心考虑的产物。

姚崇在谋略、文才、吏治、人缘等方面，都有上乘的表现，在朝臣中犹如鹤立鸡群，是不可多得的国家栋梁人物。他起仕于武则天之朝，以文思敏捷、下笔成章闻名。此后，下至挽郎，上至宰相，外至刺史，内至中枢，军至兵部，用至司仓，在宦海中饱经沉浮。丰富的经历，使他熟谙国情民风，多次提出了切合事情本质且行之有效的条陈。他提倡正气，反对逢迎；主张仁和，反对严刑。由此，受到了武则天的高度赞扬。他参加了五王拥护唐中宗的复辟，事后，却以旧臣之情，对下台的武则天一掬同情之泪，从而被赶出中央。到唐睿宗登位，他再度拜相，又因不愿附和太平公主，重蹈前辙。他在担任地方官期间，深得民心，离任之际，当地民众为留下他而表现出了罕见的激动人心的场面。

在拜相之时，姚崇向唐玄宗提出了十大条陈，作为他就任宰相的条件：一是废刑法而行德政，二是数十年不求边功，三是不准宦官干预政事，四是停罢一切非正途之官，五是对君主宠臣施以法纪，六是杜绝贿赂之途，七是停造各种寺庙宫观，八是君主待臣以礼，九是让谏官说话畅通言路，十是不许外戚干政。唐玄宗一一予以答应，这十大条陈成了他们君相合作的契约。

在排除了功臣集团的阻力后，姚崇正式走马上任。他推荐黄门侍郎卢怀慎，作为自己的副手。卢怀慎为人清廉谨慎，敬重有才者，自认自己不及姚崇精于吏道，凡事都由姚崇定夺，成为陪衬性的人物，人称“伴食宰相”。这种格局，有利于姚崇充分展开他的政治作为。

姚崇的治国基点，设在以农为本的基础上。为解决寺院经济与国家争利，为阻止国人借当僧人来逃避赋税，也为争取大批劳动力，他在唐玄宗的支持下，大幅度地清理天下僧尼，迫使一万二千人还俗。

山东发生严重蝗灾，按照传统的习俗，认为蝗灾乃是天灾，非人力可以解决，非得修德祭天不可。然姚崇不顾地方官的强烈反对，坚决下令灭蝗，结果灭蝗十四万石。同时，针对朝廷中倾向传统的舆论，表示由他独自担当后果。由此，灭蝗运动得以全面展开，从蝗虫口中挽救了大面积的庄稼，使山东地区得以避免大灾的侵害。

姚崇的理政方式，强调权变，每每因事制宜地推出措施，从不陈袭旧规。执行起来，大刀阔斧，从不拖泥带水。由此，他在中枢里一言九鼎，同僚们多唯命是从。他为办儿子的丧事,请了十多天的假。卢怀慎一筹莫展,坐看政务堆积起来,他向唐玄宗请罪,却得到了这样的答复:"朕将天下事务委托给姚崇,尔等只需一旁坐着就可。"

姚崇假满之后,未费多少工夫,就将积聚下来的政务全部处理完毕,且处理得让人钦服。

他为此得意地问人称"解事舍人"的齐澣:"我的执政,和管仲、晏子相比如何?"

齐澣说:"管、晏之法,虽不能施于后世,却能用其一生。而公制法,随后即变更,似乎不及二人,可称救时之相。"

姚崇大喜掷笔说:"救时之相,也算难得了!"

姚崇仅执政四年,然在这四年中,他政绩显赫,得到全国朝野一致的好评,说他:"忧国如家,爱民如子,未尝私于喜怒,唯以忠孝为意。"

唐玄宗每日都要和姚崇谈论政事,来则起立相迎,去则相送告别。一日不见,便恍恍若有所失。某天,大雨滂沱,路上泥泞有一尺多深,姚崇无法入宫,唐玄宗特令侍者用御用便轿,前去将姚崇抬来。此事传了出去,朝廷为之轰动,认为这是自古以来君主礼待宰相的登峰造极的举动。

唐玄宗重用姚崇,借助他三朝元老的身份以及练达的才干,以制定治国大纲,奠定天下大治的基础。姚崇不负君主的厚望,以出色的工作,给唐玄宗带来了"开元之治"的曙光。

然而,泰极否来,姚崇巨大的成功,给他造就了丰隆的威望,也把相权提高到一个空前的地步。这终于触犯了唐玄宗的忌,在姚崇大致完成其作用后,唐玄宗让官员弹劾姚崇的两个儿子及其亲信接受贿赂,并量了重刑。站在巅峰的姚崇,不得不知趣地提交了辞呈。

唐玄宗准了姚崇的辞呈,并让他保有晚年的体面。

接替姚崇宰相之位的，是广州都督宋璟。

宋璟，邢州南和（今属河北）人。他在武则天之朝，是个闻名海内的直臣。持法刚正，刑赏得当，不避权贵，是宋璟执政的特色。为照顾社会各阶层的利益，为维护社会秩序，他严厉打击违法乱纪的权贵、豪强，并制定了许多利民的措施。朝野称颂他为“脚阳春”，意为他每到一地，如同和煦的春阳普照大地。

他注重人才，按才施用，不苛求全才，让百官各得其所。为此，他对唐玄宗说过一番精辟的见解：括州员外司马李邕、仪州司马郑勉具有才略，但性格怪异，好惹是生非，若加重用，必有后患，然捐弃他们的长处，则又可惜，应该选为民风较悍的渝、硖二州刺史；大理寺卿元行冲公认有才，初用时能孚众望，时间一长却难以称职，可任为谏官性质的左散骑常侍，让持法公道的李朝隐来代替；陆象先以德理政，宽仁而不容曲非，可授为河南尹。

用才得当，知人善任，是宋璟声望高扬、相业隆盛的一个重要原因。

对那些用阿谀奉承或卑鄙手段索求富贵者，宋璟是深恶痛绝的。有人推荐隐士范知睿及其特为宋璟所撰的《良宰论》。宋璟阅后，在文上写下了这样的批语：“观此文颇有佞谀的意思，隐士应直言相陈，怎能偷合苟容。文章若作得好，应从科举中求出身，不该私自送上。”

宋璟将个人得失置于脑后，对唐玄宗常犯颜直谏。处于政治上升时期的唐玄宗，对宋璟的意见，即使心存异议，也多屈尊予以同意。唐玄宗曾将一双御用金筷赐予他，以表彰他的正直。

在当时天人感应思想盛行的时代，宋璟以无畏和务实的精神，反对君主的愚妄行为。天文官预报将要发生日食，唐玄宗认为这是上天在通过日食向他发出警告，从而立即穿上素衣，接连下诏，撤除伎乐，减少膳食，释放冤枉被囚者,赈济饥民,劝励农桑,期望苍天开恩,赦免他的罪孽。宋璟认为这些行为本身都是无可指责的,但为日食特地而做,似乎有些荒唐。他委婉地对唐玄宗说,日食既然是上天劝人君修德的信号,那人君只要推诚即可,不需要接连下诏。他还从此事中强化了他的理念,即只要把利国利民的事一以贯之,是不需要临时抱佛脚的。

宋璟在朝廷积极倡导开明的政治风气。他主张政治是国家的政治,不是君主私人的政治,政治不但要光明磊落,还要有适当的牵制,具体的做法,是尽量减少君臣的私议和密议。他要求恢复贞观时期开明的政治制度:大臣奏事,谏官、史官必须在场,以记录君臣的议论;各机关长官的奏事,御史弹劾百官的奏文,应当公开,以此杜绝大臣惑君、小臣进谗言的途径。唐玄宗同意了宋璟的主张,然作了一个补充规定,说是特别秘密的事除外,从而留下了一个伏笔。

除了开明之外,宋璟还在官场中提倡朴实的作风。他在广州施有惠政,在他当了宰相后,广州官民为他竖立了遗爱碑。然宋璟对唐玄宗说:“我在广州没有什么特别的政绩,现我职位显达,他们便来谄谀,请从我开始革除此风。”唐玄宗为此签发了一道诏书,严令全国刹除立碑之风。

宋璟虽拒绝了官民为他所立的遗爱碑,然他的政绩却是有口皆碑。他继姚崇之后,以萧规曹随的精神,把“开元之治”推向了一个新的高度。

与姚崇一样,宋璟为相也是四年。最后,也是在唐玄宗认为宋璟完成了使命后,以阻压有罪者上诉以及恶钱泛滥二事,罢了他的相职。

史家对姚、宋相随,促成“开元之治”,中肯地评价道:姚崇善于应变,宋璟善于守法,二人秉性相异,却同归于道,齐心辅弼,以成大治。

四七

开天盛世

开天盛世，是指以“开元之治”为基础，而以开元、天宝两个时期为时空范围的大盛世，其包括了整个唐玄宗时代。

大诗人杜甫在回忆开元盛世时，通过《忆昔》一诗说道：

忆昔开元全盛日，小邑犹藏万家室。
稻米流脂粟米白，公私仓廪俱丰实。
九州道路无豺虎，远行不劳吉日出。
齐纨鲁缟车班班，男耕女桑不相失。

户口的多少，在以农为本的社会中，决定着生产力的高低，也决定着赋税的收入，总之，决定着国力强弱的程度。开元、天宝时的户口数，在政府人口政策的支持下，在社会秩序安定的保障下，呈现出稳步上升的趋势，比唐初有了一个大发展。

开元、天宝时期，共有过六次全国性的户口统计，其具体数字如下：

第一次，开元十四年(公元 726 年)，7 069 565 户，41 409 712 口。

第二次，开元二十年(公元 732 年)，7 861 236 户，45 431 265 口。

第三次，开元二十八年(公元 740 年)，8 412 871 户，48 143 690 口。

第四次，天宝二年(公元 743 年)，8 525 763 户，48 909 800 口。

第五次，天宝十三年(公元 754 年)，9 069 154 户，52 880 488 口。

第六次，天宝十四年(公元 755 年)，8 914 709 户，52 919 309 口。

唐初为 38 万户，按天宝末 8 914 709 户计算，户数增加了二十多倍。

大量的人口，产生了大量的劳动力，大量的劳动力，开垦出了大量的耕地。据元稹说，当时四海之内，高山绝壑，到处可见耕作的景象。(《元次山集》卷七《问进士》)又据史学家汪篯在《唐代实际耕地面积》一文中研究，天宝时的耕地大约在 800 万顷到 850 万顷，相当于今天的 6.288 0 亿亩到 6.881 亿亩。

水利是农业的命脉，从一个政府兴修的水利，便可以反映出该时代的农业状况。开元、天宝时，政府规定了每年兴修水利的固定时间，仲春疏通沟渠，筑立堤防，到孟冬结束工程。经过长年累月的兴修，加上前朝留下的工程，政府统计天下水利共有 300 033 559 处。

时江南塞北遍布大大小小的水利网，其中开元、天宝时兴修的有：

华州：利俗渠、罗文渠、漕渠、敷水渠。同州：通灵陂。洛州：伊水石堰、梁公堰。会州：黄河堰。陕州：上阳堤、积翠堤、月陂堤。蔡州：玉梁渠。汴州：漕渠。并州：甘泉渠、荡沙渠、灵长渠、千亩渠。恒州：水渠。冀州：漳水堤。赵州：千金渠、万金渠。沧州：衡漳东堤、水渠、无棣河、阳通河、浮河堤、阳通河堤、永济北堤、甘井、靳河。瀛州：漕渠。鄚州：通利渠。瓜州：水渠。郎州：北塔堰。益州：万岁池堤、官源渠、新源水。蜀州：远济堰。眉州：大通济堰、小通济堰。和州：韦游沟。杭州：捍海塘堤。越州：防海塘、湖塘。明州：小江湖、西湖。衢州：神塘。

这些都是较大的水利系统，浇灌田地，多的可达几千顷，少的可达百余顷，其他尚有许多不知名的小型工程。整个水利网络，对粮食及其他农作物的丰产，提供了有力的保障。

由于农业生产的蓬勃发展，当时的物价，尤其是粮价，一直保持着稳定且低廉的价位。据载：

开元十三年（公元 725 年），因连年丰收，东都洛阳的米价为十钱一斗，而山东青、齐地区米价仅五钱一斗，粟三钱一斗。

开元二十八年（公元 740 年），西京长安米价不到二百钱一斛，绢不到二百钱一匹。

天宝五年（公元 746 年），关中、中原地区米价十三钱一斗，青、齐地区米价仅三钱一斗，绢二百钱一匹。

发达的农业基础，促进了官、私手工业的发展。

在纺织印染行当中，有布、绢、絁、纱、绫、罗、锦、绮、缣、褐十大纺织品，有组、绶、绦、绳、缨五大编织品，有䌷、线、弦、网四大线结品。唐玄宗妃子柳婕妤之妹，发明了工镂板印花工艺，印出了织机所不能织成的生动图案。

熔铸业的艺术成就，主要体现在金器、银器和铜器上，其工艺有浇铸、镂刻、平脱三种。今通过考古发现的金银平脱天马鸾凤镜，背面的图案是凤马相戏，金色的凤翅凤尾、马鬃马尾，配以银色的马身、凤身，如日月交辉。东海人马侍奉造的白银酒山，其中有机械装置，以风为动力，可自动注酒，上有随意出入的酒使，若见客不饮，便出来劝酒。

名窑遍布各地，著名的有越州窑、邢州窑、鼎州窑、婺州窑、岳州窑、寿州窑、洪州窑等，出产的瓷器有青瓷、白瓷、黄瓷、褐瓷等。当代人陆羽在他所撰著的《茶经》中，将瓷色与茶色是否相配，作为评定瓷器等级的判断标准。尤有时代特色的，是黄、绿、白、赭、蓝五色交映的“唐三彩”。

还有造船业、木器业、漆器业、编织业、文房四宝业等等，也都有各自精湛的工艺和上乘的产品。

时交通相当发达，无论陆路还是水路，每隔三十里设一驿站，陆驿备马，水驿备船，全国共有驿站 1 643 所。这是官家的交通，至于民间的交通，时称："东至宋、汴，西至岐州，夹路列店肆，待客酒馔丰溢。每店皆有驴，赁客乘，倏忽数十里，谓之驿驴。南诣荆、襄，北至太原、范阳，西至蜀川、凉府，皆有店肆，以供商旅。远适数千里，不恃寸刃。"(《通典·食货典》)

开天盛世，尤其可贵的是，人才喷涌，大家辈出。这个时代多人物，随便说说，都能说出不同凡响的人物、一流的人物。

开创比"贞观之治"更辉煌的"开元之治"的奠基人姚崇、宋璟，绝对不亚于西汉之萧何、曹参，绝对不逊色于唐初之房玄龄、杜如晦，他们是一对被民众颂扬的贤相，是领导大唐进入盛世被千秋肯定的政治家。

即以在中国历来不占主导地位的科技论，僧一行等人的出现，极大地改变了传统意识，将一样样卓越绝伦的奇迹推到了世人眼前。他和另一科学家梁令瓒合作制成了观察日月运动的黄道游仪，观察天象的浑天铜仪；他发明的《覆矩图》，在世界上第一次测出子午线的长度。

艺苑奇葩绽放，绽放得姹紫嫣红。由杨玉环领舞，将天上胜景移入人间的《霓裳羽衣舞》，一经上演，便引起轰动，其轰动效应至今未衰。还有那个民间舞蹈家公孙大娘，人誉为剑器动四方，天地为之低昂。梨园高手李龟年，一动歌喉，就让听者如痴如醉，彩声不绝，绕梁三日。

丹青高手，有善鞍马画的曹霸、韩干，有善仕女画的张萱，有善青绿山水画的李思训，有善水墨山水画的张璪，有善花鸟虫兽画的李湛然。书法大家，有擅用行楷写碑的李邕，有创立颜体的颜真卿，有以狂草惊世的怀素，有得小篆真意的李阳冰，有皆能写八分体的郑迁、郑逾、郑遇三兄弟。

最兴盛的莫过于诗界，这里可开出一连串人们耳熟能详的名单，如孟浩然，如贺知章，如张九龄，如储光羲，如岑参，如高适，如王昌龄，如王之涣……或寄情山水乡村作田园诗，或纵马大漠戈壁作边塞诗，或愁叹官场人生作感伤诗。

诗中有画，画中有诗，诗画合璧，则造就了王维。

文坛上赋与散文的作家层出不穷，最具盛名的，是以“燕许大手笔”并称的张说、苏颋，其次可推萧颖士、李华。

不要以为上面尽数了一流人物，且慢，超一流的人物尚未提及。尚未提及的人物非但超一流，且成“仙”成“圣”。李白是“诗仙”，杜甫是“诗圣”；写狂草写得雄逸天纵的张旭是“草圣”；画道释画得摄人心魄的吴道子是“画圣”；被郭沫若赞誉为可与米开朗基罗等量齐观的雕塑家杨惠之是“塑圣”。

这些人物，不止在那个时代风流，不止是那个时代的骄傲，他们是泱泱中华的风流，是泱泱中华的骄傲。直到今天，来给以前所有的历史人物定位，他们仍然是一流的人物，超一流的人物，成“仙”成“圣”的人物。

开元、天宝，一个数十年时间的时代，有如此大批人才的涌现，并达到群星璀璨，实在是千古独步。

盛世大批人才应运而出，与君主唐玄宗有关，与他领导下的政府有关。唐玄宗本身是个大才子，是历代君主中罕见的大才子，从政治到艺术，从治国到娱乐，件件精通，事事内行。正因为他有大才气，便不觉得下面的人有才对他的威望有威胁，对他的自信有干碍，对他的能力有怀疑；便生出大气量，生出大派头，生出大无畏；便敢于寻才，敢于拔才，敢于用才，敢于人尽其才。上行下效，用才方得以蔚然成风。

巨大的国力，使开、天时期的唐廷实现了民族大融合，文化大交流。

这个大盛世，是大太平、大富强、大气象、大辉煌的组合，创造了国强民富的典范。

明清之际三大思想家之一的王夫之总结说：“开元之盛，汉、宋莫及。”

四八

张九龄

张九龄这个名字，在流传后世的历史名人中，或在唐朝名人中，很难说是著名还是不著名。现代人了解他的角度仅在文学，在于他写有“海上生明月，天涯共此时”等感伤诗句。除此之外，似乎对他就不再有更多的印象。

其实（笔者在这里着重用了“其实”二字，以强调转折的语气），张九龄的人生经历及其意义，远非这么简单。他是盛唐时代的一个关键人物，由于盛唐是中国历史的关键时代，由此而推，他当是中国历史的关键人物之一。

张九龄作为盛唐的关键人物，在于他有过几年的宰相生涯。他这个宰相，不是有名无实或聊胜于无的政治陪客，而是一个实打实的真宰相，一个秉执中枢大权的宰相，一个能与唐玄宗坦诚对话的宰相。若没有显耀的相位，张九龄至多不过是个出色的文人，绝对无法影响盛唐的政治进程。

张九龄，又名博物，字子寿，曲江（今属广东）人。从相关的传记来看，他在孩童时极为聪明，并钟情于文学，七岁能写出流畅的文章，十三岁时上书广州刺史王方庆，刺史大人读后，口中蹦出了这样一句话：“此子必能致远。”

好文学，是当时的社会风尚，这个风尚的流行，自然有传统的精神因素，但直接刺激它的，则是能换取富贵官爵的科举制度，其中最为体面的进士考，包含着大量的诗赋等文学内容。从小打下的扎实底子，加上出众的天赋，使张九龄一举金榜题名，年纪轻轻就成为被人们视为天之骄子的进士。时为太子的李隆基拔举天下文藻之士，张九龄对策高第，被正式任命为向皇帝进言的谏官之一——右拾遗（一入仕途就做谏官，伏下了张九龄日后祸福双重之机，唐玄宗起先欣赏他的敢谏，以此对他产生了高度的信任，然谏多了，却开始烦他的谏，终因无法忍受他的谏，而产生了将他调出中枢之心）。

李隆基走上帝位二十多年后，将当年他亲自提拔的张九龄，任命为中书令（宰相之一，且时居宰相之首）。张九龄一步一个台阶，从右拾遗做到了宰相。他能走到这一步，前宰相张说起了很大的作用。

张说是帮助唐玄宗登台的功臣之一，为相期间进行了从府兵到募兵的兵制改革，主持过边境战争，并写得一手好文章，被人誉为“大手笔”，文韬武略，是不可多得的相才。可遗憾的是，此人贪得很，为贪财，中过仇家姚崇临终留下的遗计，为姚崇撰写碑文；为受贿，他丢掉了相位，锒铛入狱。贪，使他贪小失大，毁了一世的英名（此足为有才者复欲成为有财者戒）。

张说看中张九龄，是看中他的文才，并预言他将是“后来词人称首”。两人都姓张，由此认为同宗。根据《开元天宝遗事》的记载，好文学的唐玄宗，对张九龄的文学才干更是称赞备至，对侍臣说：“张九龄文章，自有唐名公皆弗如也，朕终身师之，不得其一二。此人真文场之元帅也。”史家分析说，张九龄之所以能入主中枢，除政治德能之外，其主要原因在于他的文学才能与成就。

张九龄被拜为宰相及其结局，是唐玄宗在个人政治转型之际的特殊产物。已取得“开元之治”辉煌成就的唐玄宗,在惯性的驱使下,需要一个有浓重儒家意识的仁人君子来主持政局,以体现德泽天下的浩荡皇恩;需要一个有高度文学成就的文坛巨匠来粉饰朝廷,以体现歌舞升平的祥和气象。二者合一,张九龄是最合适的人选。然而,这仅是一方面,另一方面,唐玄宗在长期的政治劳作之后,对政务事必躬亲的做法已产生厌倦,想退进深宫享受享受人生,由此他需要一个带有强烈法家色彩的人物来主持政局,以推行法制来锁定政治模式,便于他放松对政权的控制;需要一个擅长领导吏治的务实人物,来使大唐帝国的事务从上到下都得到有序的管理,便于他坐享其成。二者合一,他发现了李林甫。

出于奇特的政治构思,唐玄宗在将张九龄推入中枢后不久,又酝酿提名李林甫为宰相候选人(宰相不是一个,是多个并存)。道不同不相为谋,对君主的提名,张九龄表示了反对。然反对无效,李林甫还是顺顺当当地进了中枢。继而,李林甫以宰相的身份,再提名以吏治见长的凉州都督牛仙客为相。张九龄再一次反对,可有唐玄宗做后台,李林甫又占了上风。整个斗争过程是漫长的,也夹进了各种其他的事端,最后,出于唐玄宗政治转型设计的完成,张九龄彻底败给了李林甫,被贬出中枢。

从现象而言,张九龄与李林甫的冲突,当是标准的政治冲突。然而,依笔者之见,事情的性质决非这么单纯。1993年,中央电视台在无锡外景基地召开“中国国际唐文化学术研讨会”,笔者提交的论文题目即为《张九龄与李林甫的文化冲突》。在此文中,笔者将张、李狭隘的政治冲突,置放到宏观的文化背景中去考察,条析出他们明为政治冲突,实是文化冲突,其表现状态有三种:一是儒学与法学的冲突;二是文学与吏治的冲突;三是书生与官僚的冲突。(拙文收入《唐文化研究》,上海人民出版社)

张、李冲突的结果,其意义不在于一人一事的政治权益得失,而在于在盛唐日后的走向，影响到整个唐帝国的发展趋势。张九龄的倒台，至少在以下几个方面，给当时的政治与学术带来了一连串的“终结”。

张九龄是个典型的儒士，他最为推崇的是儒家的“德”与“孝”，以此作为社会的政治标准与道德标准。在他下台后，政府的指导思想转换为李林甫所倾向的法家理论，从而造成了儒家治国思想在朝廷的终结。

张九龄是个杰出的文士，他主张以文学为治国手段，重用熟悉传统治国方略的文人。在他下台后，李林甫在用人问题上全面贯彻了“吏治”，即使用文化素养不高但有丰富工作与社会经验的纯官僚，从而造成了文士主导政治局面的终结。

张九龄是个倔强的谏士，他以“忠”作为自己做臣子的本分，然他表现的忠君行为不是盲忠，而是忠国家、忠社稷，一贯明言上陈朝政的得失，犯颜直谏，而不顾君主的好恶。在他下台后，李林甫以权谋对付上下，堵塞言路，从而造成了朝廷中开明政治风气的终结。

英国学者崔瑞德在《剑桥中国隋唐史》中评论张九龄与李林甫同处中枢机构共事时说：“张九龄是一个有名的难以相处的人，拘泥、固执、碍事，并且对一些小的原则问题斤斤计较；他心胸狭窄，偏见很深。”言下之意，张、李关系的弄僵及破裂，张九龄的“难以相处”是个重要因素。其实（笔者在这里又要用“其实”了，“其实”二字是史家破谬揭实的重要转折词汇），张九龄的待人之道，还是很宽和仁恕的，有着不少朋友。《旧唐书·张九龄传》说他“与中书侍郎严挺之、尚书左丞袁仁敬、右庶子梁升卿、御史中丞卢怡结交友善。挺之等有才干，而交道始终不渝，甚为当时之所称”。崔瑞德先生可能在阅读时忽视了这段史料，故而得出了上面的结论。

张九龄值得批评的地方，不在他的待人之道上，而在他有种书生型的软弱(他有时也表现出书生型的刚强)。这种软弱轻易不暴露,直到被李林甫追打得无招架之力,为保住现有的官爵,他忍气吞声地向对手发出了讨饶。讨饶是以他善于制作的感伤诗的形式出现的,名为《归燕诗》:

海燕虽微眇,乘春亦暂来。
岂知泥滓浅,只见玉堂开。
绣户时双入,华堂日几回?
无心与物竞,鹰隼莫相猜。

他将自己比喻为微不足道的海燕,而将李林甫誉为高猛的鹰隼,说绝无相争之意,让对方高抬贵手。张九龄此时的表现是可怜的,为保住世俗利益,竟然低下了高贵的头颅,损失了庄严的人格。从而难以想象,他为了大义,会去实现儒家杀身成仁的境界。

张九龄是唐玄宗朝最后一任儒家宰相,最后一任文人宰相,也是最后一任能犯颜直谏的宰相。他的执政,是唐玄宗励精图治精神的最后表现;他的下台,则是开元之治在中央政府人事上的终结。

四九

李林甫

溯着历史长河漫游，游到盛唐河床，可发现巨大的耻辱柱最显眼处钉着一个人，此人从唐天宝末年起被钉，一钉钉了一千二百多年。

此人叫李林甫，他是个奸臣，一个旷古的大奸臣，一个口蜜腹剑的大奸臣，一个无出其右的大奸臣。他还是个权臣，一个包揽朝政的权臣，一个把天子弄得高居无为的权臣，一个破天荒地行了十九年专政的权臣。

权臣加奸臣，李林甫名传千古，家喻户晓。

李林甫的罪名是奸，奸只是表，骨子里是权术。据史称，他特爱玩权术，特能玩权术，玩得得心应手，玩得炉火纯青，玩得让无数大人物坠入其计，失了官爵、失了前程、失了性命。

从身后名来说，李林甫是悲哀的，盖棺论定，他成了绝对的反面人物，只能与秦桧、严嵩并列，春花秋月千度枯荣圆缺，没人敢同情他，没人想理解他，没人能为他翻案。经过道德文化过滤的反面人物，总一无是处；经过历代口耳相传的反面人物，更是罪贯满盈。传到后世的李林甫和曹操一样，鼻上涂满了白粉。

李林甫，小名哥奴，是远房宗室，唐高祖堂弟长平王李叔良的曾孙。他初出茅庐，补了一个不起眼的小官。靠着舅舅功臣姜皎的帮助，他的地位才得以向上挪动，先是来到太子身边供职，几经转折，被调到最高教育机构——国子监——当了一名官员。凭着不同寻常的政治嗅觉,凭着坚韧不拔的意志,凭着为达目的不择手段的作风,他打破层层阻力、重重障碍,一次次寻找机会和创造机会,终于进入了梦寐以求的中枢,做了那率领百官的宰相。

李林甫在政治上倾向有序,反对杂乱无章。从迈进政坛之日起,李林甫就欲以法治来理政,理至少属于他的那部分政务。在国子监任职期间,他的初次实验得到了成功。国子监是个学生成堆的地方,浮夸风盛行,纪律涣散,前几任官员对此束手无策。李林甫到任后,制定出一套管理章程,大刀阔斧进行整顿,没出多久,把这个高等学府搞得焕然一新。学生们年轻,无固定观念,乐意接受新事物,尤其乐意接受改变现实的事物,他们对有创新精神的李林甫佩服之至,为他立了块德政碑。李林甫发现后,严厉地追问:"我李林甫有何德何能配以立碑,这是谁想出的主意!"学生吓得连夜磨平碑上的文字。继行事魄力之后,李林甫的人格魅力再次征服了莘莘学子。

也许性格上接近暴力论,也许官场的倾轧强烈体现了人性恶,也许一直受到儒家排挤,李林甫的处世观,从一开始就投向了法家学说。他没学过多少法家高深的理论著作,但靠着自己的感悟,靠着深刻的社会体验,靠着要和把持政坛的儒家作一番大较量的决心,他将法家学说当做了自己的政治支撑点。

唐玄宗用李林甫为相,有着独特的政治背景。

自取得辉煌的"开元之治"后,自姚崇、宋璟退出中枢后,宰相班底成了大江东下的趋势,一波低于一波。倒不是这些宰相能力低下,也不是他们不听使唤,而是这些人大多出自儒家门下,或受儒家文化的深刻影响,为了所谓修身治国平天下的责任心,为了自身青史留名的荣誉感,处事动辄搬出儒门教条，搬出孔孟训条，太不讲究实际，太酸文迂腐，太不理解他这个当君主的心理需要以及这个国家的发展需要。应该说，这些宰相有些建树，起码没功劳也有苦劳，然却常各持己见、各执一词地闹意气，闹到最后窝里斗，很不顾大局。他们搞文学在行，搞经典在行，搞局部的具体事务在行，然实在缺乏恢弘的气度，缺乏摄众的权威，缺乏高屋建瓴的眼光，总之，他们难以担当领导帝国的重任。

唐玄宗看中李林甫，看中的是他外圆内方的务实精神，行事公允的秉政原则，善于驾驭百官的出众才干。唐玄宗特别看中的是李林甫以法治世的法家学说，这能使朝廷和国家秩序化、制度化、条理化、格式化，真切地做到在行政管理上有章可循，在法律量刑上有法可依。如此，方能让“开元之治”的成果得到巩固，大唐继续欣欣向荣地上升。如此，自己方能在功德圆满之后，实现老子无为无不为的治国要旨，高枕无忧地躲进内宫享福。

唐玄宗想得切实，认定了李林甫。

君臣契合，唐玄宗在后台，李林甫在前台，推出了一场厉行法治的大运动。不过，这场运动没有以大张旗鼓的形式出现，而是悄悄地、渐渐地降临。

开元二十二年（公元734年），李林甫进入中枢伊始，唐玄宗就委托他负责一个重要的工作，即主持大规模的法律条文修订工作。

李林甫召集了一批行政和法律官员进行这项工程，经三年之久才完成。编成律十二卷，律疏三十卷，令三十卷，式二十卷，《开元新格》十卷。又撰《格式律令事类》四十卷，按类相从，以便于查看。开元二十五年（公元737年），颁布天下。

然后，他再次领衔完成了一部著名的行政法典——《唐六典》。它以吏、户、礼、兵、刑、工六部，比附《周礼》的天、地、春、夏、秋、冬六官，并按此系统分门别类阐述行政布局及条规。

此次法律条文修订的规模和程度，在唐代可以算得上是空前绝后。修订后的法律条文具有系统化、规范化、精简化、方便化等优点。行政法典则更为周到细致，尽管有些牵强附会的弊病，但对各级政府部门确定了职能属性及相应责任。

从法律到行政，李林甫制定了全面的法规章程。在其中，大量体现了他的法学思想。反过来，在制定的过程中，他原来依稀含糊的想法变得清晰明朗、具体可行。二者相辅相成，加强了他以法治国的感觉。

为给朝廷树个榜样，李林甫从反人情入手，并先从自己做起。他处处以法为秉政原则，升用官员必按有关规定进行，哪怕是名门之后、贵族子弟也不例外。处理朝政，强调纲纪，慎而又慎，甚至被人认为是过分小心。从对李林甫有着深切反感的史家记载的文献中，也可看到这样鲜明的辞句："自处台衡，动循格令，衣冠士子，非常调无仕进之门。""每事过慎，条理众务，增修纲纪，中外迁处，皆有恒度。"他严格遵循法条，无论政敌攻击他是沽名钓誉也好，还是包藏险恶用心也罢，他真正做到了以身作则，且相当彻底。

为取得天子的支持，李林甫对唐玄宗处处让着，事事顺着，极讨巧卖乖。但在贯彻法度上，却毫不含糊，毫不迁就。

法家以法、术、势为三位一体，主张以法治人，以术驭人，以势制人。李林甫虽非出自法家门下，但因天性的缘故，加上宦海的感受，无师自通地得到了法家的真传。完全可以这样说：在历史上无数的权臣中，绝无一人在领受韩非子思想精髓上，能出李林甫之右。法家学术原是提供给君主使用的，李林甫变通用之，用得炉火纯青，令人叹为观止。

在“术”的方面，他以此为武器，夺权，固位，置敌手于死地，使难以计数的将相大臣败在他的手下。他常借御前进言之机，陷害政敌、异己势力，人称“肉腰刀”；或用甜言蜜语诱导所恨之人犯过失，再在君主面前加以中伤，以至朝廷中传布说：“李公虽面有笑容，而肚中铸剑也。”《资治通鉴·唐纪》中说他“口有蜜，腹有剑”，后世“口蜜腹剑”的成语即源出此人。他的术，在帝王术上作了发展，除了以术驭人外，更主要的是以术击人。

在“势”的方面，他积极培植自己的势力，并不断调整其中的人员结构，如对杨慎矜、王珙的先拉后打，对杨国忠先拉复打再拉等，使整个势力体系始终服膺自己。他以术增威，弄得不可一世的安禄山把他当作神明，甚至在隆冬季节见到他时也畏惧得汗流浃背。他处处树立他的威势，培养他的威望，增加他的威权。他执政十九年，朝臣惮怕他的威权，没有敢分庭抗礼者。天宝间，他在朝野的威势实际已经超过玄宗。群臣相见噤若寒蝉，中枢同僚形同木偶，连拥有重兵、包藏祸心的安禄山每次遣使入朝后，也总要向使者询问李林甫给他带来什么话，内心颇为忌惮。

李林甫以法家的观念来理政，也用同样的观念来打击异己，打击竞争对手，从而制造了许多带有冤案性质的大案，如李適之案，如韦坚案，如杨慎矜案，使难以计数的宰相大臣贵戚倒在了血泊之中，从而让自己站到了深渊的边缘。他的儿子李岫有次手指着役夫说他，一旦大祸临头，恐连此也不能得。李林甫无奈地回答说，势已至此，那有什么办法。

和所有的朝臣斗，李林甫都是胜家。然当无赖杨国忠、安禄山等联手倒他时，他陷入一筹莫展的困境，终于郁郁病死。死后被抄家，亲属遭到流放。

五〇

高力士

唐玄宗身边始终有个最贴心的人，此人不是宰相，不是朝臣，也不是那个和他作七夕盟誓的女人杨玉环，而是宦官的首领、他的总管家高力士。

高力士，原姓冯，名元一，潘州（今广东高州）人。曾祖父冯盎，为唐初高州总管。父亲冯君衡，为潘州刺史，因犯罪被籍没，冯元一被阉为奴。十五岁时被岭南讨击使李千里带入宫中，服侍武则天受到赏识，但没多久因小过被逐出宫外。宦官高延福收为养子，改姓名为高力士。

唐玄宗在当藩王时，高力士倾心相结。唐玄宗成为太子后，他更是紧随左右，成为心腹。唐玄宗即位后，高力士因参加诛灭太平公主有功，被授为右监门将军，知内侍省事，成为主管宫务的宦官总机构的首领。

高力士不是一般的宦官，而是具有功臣的身份，他凭着这身份，参与了朝政。在他之前，宦官非但地位受到严格的限制，且明确不准干预朝政。即使在他之前发达的大宦官杨思勖，充其量只能领兵出外征讨，为皇帝清查一些大案。高力士的参政，可谓是唐朝宦官参政的始作俑者。故史家称为："宦官之盛自此始。"有学者认为高力士的封赏，是因功臣的缘故，并非因宦官的缘故，从而否定了这一说法。然这个观点，仅从高力士被授官的角度出发，而忽视了高力士参政的事实。

高力士有效地调节了君主和宰相之间的矛盾，在一定程度上帮助理顺了两者的关系。

当开元初期大治序幕刚揭开时，身为首席宰相的姚崇，还不明白他已被唐玄宗暗中授予了领导治国的重任，对任命低级官员仍去征求唐玄宗的意见，由此遭到了唐玄宗的冷待。姚崇惶惶不安地离去了。高力士对唐玄宗说："陛下初理大业，宰臣有事相问，当直说可否。然陛下对姚崇的请示，却一言不发，臣恐宰臣必然大惧。"这番话，才引出了唐玄宗大用姚崇的真实心理。高力士了解后，立即前去转告了姚崇，使姚崇扔掉了顾虑，放开手脚推进大治的展开。"开元之治"的框架，出于姚崇的设计，并在他的领导下取得初见成效的局面。平心而论，这个局面的出现，其中应有高力士的一份功劳。

高力士为维护自己及宦官的权力、地位，和其他集团的争斗也是有的，但在争斗中，他更注重唐玄宗的好恶及其需要。

早年，唐玄宗在平定韦氏、太平公主两大集团时，曾着力地依靠了以王毛仲、葛福顺为首的龙武功臣集团。由此，这个集团的主要成员都被授予了要职，并掌握了北门禁军。然而，王毛仲等人依仗着大功，在朝廷中很是飞扬跋扈、作威作福，尤其看不起宦官，对高力士等大宦官极是无礼，对小宦官则动辄辱骂，甚至视为僮仆。在这样的态势下，唐玄宗生出了龙武功臣集团尾大不掉的担忧，高力士为了报复，趁机把君主的担忧变为了"事实"。在王毛仲添丁之际，唐玄宗令高力士携带大量酒肴、金帛、财宝前去祝贺，并授予新生儿为五品官。高力士回宫后，唐玄宗问王毛仲是否高兴。

高力士奏道，王毛仲手抱新生儿说："此儿难道不能做三品官！"

唐玄宗闻言大怒，开口骂道："昔日诛韦氏时，此贼首鼠两端，朕未与他计较。今日他竟敢以婴儿怨我!”

高力士乘机进言说:“北门豪奴,官职太盛,若不早日除之,恐生大患!”

这一言,促使唐玄宗下了铲除龙武功臣集团的决心。不久,龙武功臣集团的主要骨干几乎全被处以流放性的贬职,王毛仲出京后,唐玄宗下令予以追杀。龙武功臣集团的覆灭,使以高力士为首的宦官集团少去了强势的压制,从而得到了萌芽的机会。

王毛仲死后,高力士从唐玄宗一般的心腹,变成了第一心腹。然他取得这个地位后,不论对君主,还是对朝臣,始终保持着谨慎谦恭的态度,没有半点骄横的气焰。他不仅尽心尽力为唐玄宗分忧解难,且明确地将为唐玄宗全方位的考虑,作为自己参政的基点,从而成为唐玄宗惟一能彻底信任的人。在唐玄宗的高度信任下,四方进奏文书,均先送高力士过目,小事自行处理,大事呈报唐玄宗。

唐玄宗常说:“高力士值班,我睡觉才安稳。”

得了处理与转达四方文书的权力,高力士在朝中的地位扶摇直上,不仅宰相大臣要让他三分,就是太子李亨(唐肃宗)也敬称他为“二兄”,亲王、公主都敬呼为“阿翁”,驸马之辈敬呼为“爷”。

李亨能被立为太子,主要是得了高力士之力。在前太子李瑛被赐死后,唐玄宗看好第三子李亨仁孝恭谨,而李林甫却串通武惠妃,多次劝立寿王李瑁,唐玄宗因此踌躇不定,常显得闷闷不乐。

了解唐玄宗的高力士,明知故问有何心事。

唐玄宗说:“汝,我家老奴,岂不能揣我意!”

高力士在确定是立太子事后,说:“大家何必如此劳损圣心,只要推长而立,谁敢复争!”

一锤定音，唐玄宗连着说：“汝言说得是！汝言说得是！”

于是李亨成了新的皇位继承人。

不止在立太子事上，高力士对唐玄宗起了作用，他在择拜朝廷重臣事上，对唐玄宗也有绝对的影响力。宇文融、李林甫、李適之、盖嘉运、韦坚、杨慎矜、王珙、杨国忠、安禄山、安思顺、高仙芝等人，都多少得了他的相援，才得以出将入相。至于其他官职者，更不计其数。然他援引归援引，绝不与之结党，一旦唐玄宗嫌弃了谁，他也不伸手相救。

关于高力士的私事，有两件奇事。一是他幼年与生母麦氏离散，三十年后，他凭着胸前的七颗黑痣，终于与母亲相认。一是他首开宦官娶妻的先例，娶了小吏吕玄晤漂亮的女儿为妻，帮助吕玄晤升了刺史。

据《大唐故开府仪同三司赠扬州大都督高公神道碑》说，高力士对唐玄宗“顺而不谀，谏而不犯”。此不是纯粹的吹捧，倒很有些事实依据。

在李林甫解决了长安用粮问题后，唐玄宗私下问高力士：“朕不出长安十年，天下无事，朕欲高居无为，将军国大事，全部委托给李林甫，不知可否？”

高力士明确地表示了反对，说：“军国大权不可假人，若掌政者威势一旦振于朝野，谁还再敢复言！”

唐玄宗原本想借机躲进深宫享乐和追求长生不老术，见高力士意见与他不合，立即面露不悦之色。高力士见状，连连顿首谢罪，才解了唐玄宗的不悦。

尽管唐玄宗置酒为高力士压惊，并好言安慰，然高力士还是受到了一场大惊吓。唐玄宗离不开这个忠心的老奴，为了笼住他，把他的位置一级级地往上抬，一直抬为冠军大将军、右监门卫大将军，爵封渤海郡公。

位置越来越高，高力士深得三昧地感知了宦海的险恶，他皈依了佛、道二教,以寻找精神寄托。他资产丰厚,超过了王侯。他拿出资产,在长安的来庭坊建造了宝寿寺,在兴宁坊建造了华封观,两处寺观建造得富丽堂皇、美轮美奂。在宝寿寺的大钟落成后,他作斋庆祝,群臣毕至。他规定,击钟一下,施钱百缗。群臣纷纷击钟,讨好者有击二十下的,至少也击十下。

史称,他经那次大惊吓后,"自是不敢深言天下事"(《资治通鉴》卷二一五唐玄宗天宝三载)。其实不然,高力士为了尽忠于唐玄宗,还是在言,且言得很有深度。杨国忠在对南诏战事连连遭到败绩后,却谎报获得大捷。受到蒙蔽的唐玄宗,以为将朝政委托宰相,将边事委托边将,足可高枕无忧。高力士却直言不忌地反驳说:"臣闻云南数次丧师,边将又拥兵过盛,陛下将以何制之?臣恐一旦祸发,不可复救,何得言无忧!"

此后,大雨成灾,群臣屈服于杨国忠的淫威,无人敢奏报。惟有高力士对唐玄宗揭示真相说:"自陛下委权于宰相后,法令不行,阴阳失调,致使有此大灾,然无臣敢言。"

在安禄山成了气候后,他又多次向唐玄宗表示了他的担忧。

高力士凭着他的良心,想辅助唐玄宗保持天下大治的格局。然错综复杂的政治关系,使他的尽忠都落了空。安史之乱爆发,他追随唐玄宗逃往巴蜀。长安收复,他又随着回来。但新起的宦官李辅国容不得他,将他处以流放。在遇赦回京的途中,听到唐玄宗去世的消息,伤心得呕血身亡。

高力士的参政,公允而论,是正面的效应多,而负面的作用少。然而作为宦官参政,却从此开启了唐朝及以后宦官参政乃至专政的先河。

五一

杨贵妃

唐玄宗的闻名，固然得力于他的大功：开元之治；也得力于他的大过：安史之乱；但更得力于一个女人：杨贵妃。

杨贵妃，名玉环，祖籍弘农华阴（今属陕西），后迁居蒲州永乐（今山西芮城），父亲杨玄琰到巴蜀任职，她于此际降生到人世。父亲死后，年幼的她为在河南府供职的叔父杨玄珪所收养。

杨玉环长成后，出落为聪明颖悟、能歌善舞、熟谙音律、姿色丰艳的绝代佳人。开元二十三年（公元 735 年），她被选为唐玄宗爱子寿王李瑁的王妃。

两年之后，为唐玄宗所宠爱的武惠妃病亡，唐玄宗在精神上陷入了极为空虚惆怅的状态。他为填补这种空虚，消弭这种惆怅，开始注意能替代武惠妃的人选。几经寻觅，他的视点最后落到了儿媳杨玉环的身上。

开元二十八年（公元 740 年），唐玄宗跨越伦理的羁绊，不顾李瑁的感觉，让高力士将杨玉环接到了骊山温泉宫。为洗去杨玉环儿媳的名分，他将杨玉环度为女冠（女道士），赐号“太真”，回长安后，安排居住在宫内的太真宫。

经过这样的“脱胎换骨”，杨玉环名正言顺地成了唐玄宗的情人。因受胡风的影响，唐代的男女关系相对比较松弛，整个社会对女性的贞节并不很看重，对两代人超越伦理的爱恋也少有指责。前朝唐高宗与庶母武则天的关系发展，从另一个方面证明了这种时代风尚。

唐玄宗和杨玉环以情人的关系，同居了五年。杨玉环以无与伦比的色艺，将唐玄宗彻底地迷倒了，一颦一笑，都让唐玄宗为之销魂。时杨玉环并没有任何名分，然在宫中的地位却是鹤立鸡群，宫人都敬称她为“娘子”，礼仪待遇都享受着皇后的级别。

天宝四载（公元745年），在唐玄宗将左卫郎将韦昭训的女儿册为李瑁的王妃后，他在凤凰园中举行了盛大的仪式，在《霓裳羽衣曲》的乐曲声中，给杨玉环册了“贵妃”的名号。由此，杨玉环，不，应称杨贵妃，正式成

杨玉环《华清出浴图》。（[清]康涛绘）

了唐玄宗的女人,一个在宫内压倒所有女人的女人。时唐玄宗六十一岁,杨贵妃二十七岁,两人相差三十四岁。

杨贵妃虽未成为皇后,但实际的享受远在皇后之上。她是唐玄宗的最爱,几乎是每求必得,每愿必遂。内廷中有专门为她服务的组织和项目,织绣制衣有七百人,雕刻熔造也有数百人。她自幼喜食荔枝,唐玄宗特令进贡质量最佳的南海荔枝。荔枝虽味道甘美,但娇嫩难藏,采下后隔夜就要变质。南海官员为保质保鲜,让人采下后用连驿的方式快速运入长安。尽管南海和长安南北相隔几千里,但杨贵妃仍能保证每天吃上新鲜的荔枝。

岭南经略使张九章、广陵长史王翼为讨得唐玄宗的欢心,先讨杨贵妃的欢心,尽心搜罗当地珍奇的物产,奉献给她。他们的做法果然奏效,不久就受到了唐玄宗的大奖励,张九章升为三品官,王翼升为户部侍郎。此例一开,内外各种官员争相仿效,极力打听杨贵妃的嗜好,绞尽脑汁地投其所好,以博取高官厚禄。

杨贵妃得幸于君主,满门沾光叨恩。父亲追赠太尉、齐国公,母亲封凉国夫人。叔父杨玄珪拜光禄寺卿。三个才貌双全的姐姐全被封为国夫人,大姐为韩国夫人,三姐为虢国夫人,八姐为秦国夫人。堂兄杨铦授鸿胪卿,杨锜任侍御史。整个杨氏家族以杨贵妃为背景,生活上享尽荣华富贵,政治上权倾朝野。他们每有关照,地方官都当作圣旨一般办理,唯恐奉承不周。他们门庭若市,朝臣、富豪争先恐后地进献各种无奇不有的礼品。三个夫人可以自由出入宫禁,在唐玄宗前畅所欲言。杨锜娶武惠妃生的女儿太华公主为妻,宅第和宫廷相连接。

靠着杨贵妃,原在巴蜀地区军界混得很不成人样的杨国忠,以远房堂兄的身份进入京师发展,在仕途上一路上升,成为权力中心的重要人员。

在李林甫死后,出任了宰相,将杨家势力更是提高到“李家天下杨家党”的地步。为保障相位的巩固,他大力排斥异己,和安禄山闹得势不两立,从而加速了大乱的到来。

杨贵妃以女色占尽君王之心,把满门老小带入了富贵乡的现状,和传统的重男轻女的观念唱起了反调。由此,社会上流传起不少这样的歌谣:“生女勿悲酸,生男勿喜欢”;“男不封侯女作妃,君今看女作门楣”。

杨贵妃之所以不同凡响,关键在于她不是个唯命是从、唯唯诺诺的女人,她敢于顶撞夫君,敢于漠视夫君,把夫君当成平等的情侣。唐玄宗爱她这点,也恨她这点,爱恨交织,反而加深了对她的爱。杨贵妃先后有两次忤旨,都被大怒的唐玄宗遣出宫外。

第一次是她封为贵妃的次年,被遣到杨铦府中。高力士深深了解唐玄宗对杨贵妃的感情,用百车将各种器用一同送去。在杨贵妃离去后,不到半日,唐玄宗已起了想念之绪,不思饮食,烦闷暴躁,无故笞挞左右从人。高力士见状,奏请迎回杨贵妃,给唐玄宗找了个台阶。当天晚上,杨贵妃回到宫中,伏地请罪,要夫君宽恕她的任性。由是两人相好如初。

第二次是天宝九载(公元750年),杨贵妃再次忤旨,复被怒气冲天的唐玄宗逐出宫外。著名的酷吏吉温,对唐玄宗正言反说:“妇人智识浅薄,忤逆圣意。贵妃久承恩顾,应就戮于宫中,不可受辱于外。”这一番话,牵动了唐玄宗的情丝,让宦官给杨贵妃送去了御食。杨贵妃剪下一束青丝,请宦官带给夫君。唐玄宗见发如过电流,速令高力士召回杨贵妃。大起大落的风波,非但没有影响他们的爱情,反而促进了他们的交流。

关键的关键,杨贵妃是唐玄宗难得的红粉知己,她了解他的烦恼,了解他的心事,用温柔来化解他的烦恼,用体贴来分担他的心事。有年八月,太液池中的千叶白莲花昂首怒放,美不胜收。唐玄宗在一旁的亭台中设宴，邀请贵戚们共赏莲花。赴会者竟相赞美莲花，然唐玄宗却手指杨贵妃，一语惊人地说："莲花虽美，怎及我的解语花！"这朵解语花，为唐玄宗解了无数心结，使他获得了人生之趣。

这对连理枝、比翼鸟在卿卿我我的氛围中过了十几年，渔阳鼙鼓响起来，先失洛阳，再失潼关，面对长安门户洞开的败局，唐玄宗不得不带着杨贵妃以及家属、官员，向巴蜀流亡。

逃到马嵬坡（今陕西兴平西）的马嵬驿，在龙武大将军陈玄礼的主持下，在太子李亨的秘密支持下，疲惫不堪、饥饿难当且前途渺茫的六军将士发动了兵变，杀死杨国忠及杨家所有人员。

唐玄宗迫于形势，不得不出来安慰将士，劝他们各自归队。然群情汹涌，仍不肯散去。

唐玄宗问他们还有何要求，陈玄礼说："杨国忠谋反被诛，贵妃不宜再供奉，望陛下能割恩正法！"

唐玄宗辩解说："贵妃深居宫中，怎知杨国忠谋反！"

官员韦谔叩头流血谏道："众怒难犯，安危只在顷刻，望陛下速速作出决定！"

高力士又插言说："杨国忠有罪被诛杀，贵妃即使无罪，但因是杨国忠之妹，还在陛下左右，将士们怎能放怀！"

犹豫了许久，处在绝路的唐玄宗，不得不以牺牲杨贵妃，来保全自己。唐玄宗忍痛发出了赐死令，杨贵妃走出厅门，悲凄地请高力士帮助她自裁。

她泪流满面，语无伦次地向唐玄宗诀别："愿陛下好自为之。妾既负国恩，死无所恨。乞请准许拜佛。"

唐玄宗心酸至极，说："愿妃子能善地受生。"

进入佛堂礼佛后，高力士将她带出，缢死在佛堂前的梨树下。时年三十八岁。

杨贵妃刚气绝，南海进贡的荔枝送到了。

杨贵妃虽死得悲凉，然她凭着这悲凉，被后人列进了四大美人之中。更是凭着这悲凉，李、杨缠绵悱恻、回肠荡气的爱情，得以传之千秋。

五二

僧一行

一行，是唐代最伟大的科学家，也是中国古代史上数得着的大科学家。

一行是和尚，人们按风俗呼为僧一行。他俗姓张，名遂，魏州昌乐（今河南南乐）人。他的祖父张公谨，是唐太宗时凌烟阁二十四功臣之一。父亲张擅，仅是个县令。

僧一行精通历象、阴阳五行，所修《大衍历》沿用近千年。

他资性聪颖，然他没将这聪颖用在时人趋之若鹜的科举上，而是将此全部投在了学问上，在博通了儒经、历史后，又花大功夫研究天文、阴阳、五行以及道家典籍。他对学问的超凡悟性，在当时引出了一则美谈。

有个道士唤尹崇，以博学驰名于学界与政坛，被推为前辈，家中藏有大量的珍贵书籍。作为后生的一行，来向尹崇求借被人认为极其深奥的扬雄《太玄经》。他借得此书后，没几日就来归还了。

尹崇很是奇怪，问："此书意旨深奥，我读了多年，尚未弄懂其意。你想研究此书，为何如此快地来归还？"

一行答道："我已探得其意。"

说罢，拿出他所撰的《大衍玄图》及《义决》二书，交给尹崇。尹崇粗略地翻了下，惊奇不已，便和一行探讨起《太玄经》的奥旨。探讨的结果，是尹崇对一行彻底佩服，并对人说："此人是颜回再世。"

经尹崇赞扬，一行出了大名。

大名传出，传到了宰相武三思的耳中。武三思企羡一行的学问，派人捎信来，要和他结交。一行不想答应，他一则鄙视武三思的为人，二则不愿卷入险象迭生的政界之中，然又不能公开拒绝，由是找了一处地方藏匿了起来。藏匿了一些日子，觉得还是不保险，遂以断绝红尘之念为遮掩，到嵩山削发为僧，拜和尚普寂为师，从此在晨钟暮鼓下研习起佛经来。

唐睿宗登位，命东都留守（嵩山在其管辖之下）韦安石以礼相召。嵩山是朝贵权要常来礼佛之地，通过这些人的言谈，一行清晰地了解到当朝政治，看似随着新主的登位已气象更新，实际潜伏着更大的政治冲突危机。以学问为生命宗旨的他，不想置身于腥风血雨中，再次借托身体多病而拒绝了。为躲开韦安石的纠缠，他离开嵩山，前往荆州当阳山（今湖北境内），师从沙门悟真学习佛义。

开元前期,励精求治的唐玄宗以极其真诚的态度,让一行的族叔张洽到荆州来召一行。张洽临行前,唐玄宗特地关照:若一行不来,抬也要把他抬来。一行作了拒绝,但拗不过张洽,终于来到了唐王朝的首都长安。一行的应召,关键在于世道的改变,“开元之治”的初步形成,已把唐朝推入太平盛世。

在长安,一行受到了唐玄宗非同寻常的礼遇。然唐玄宗只是久闻其名,并不知道他是否具有真正的过人之处。由是,唐玄宗在首次接见一行时,开门见山地问他有什么长处。一行说他擅长记忆,可过目不忘。唐玄宗叫人拿来一书,当场进行测试。一行用不长的时间读了一遍,便一字不差地背诵了出来。如此难得的本领,让唐玄宗顿时生出深深的敬意。

一行被安置在宫廷内的光太殿,唐玄宗时常前去,聆听他的安国抚人之道。一行以他渊博的学识、超凡的智慧,对这个开创了黄金时代的君主,给予了发自肺腑的真切指导。他是唐玄宗的帝师,也是唐玄宗的诤友,对唐玄宗一些有失考虑的事情,给予了直言的谏诤。唐玄宗的爱女永穆公主出嫁,唐玄宗令有关机构按照以前太平公主的婚礼规格来进行。一行认为这很不妥,说:唐高宗惟有太平公主一个女儿,所以赐予了如此殊常的婚礼,但实际效果并不好,正是超乎礼仪规定的做法,导致了太平公主的狂妄,让她做出了后来大逆不道的事,因而必须记住这个惨痛的教训。唐玄宗觉得有理,下令有关机构对永穆公主的婚礼改用常礼进行。如此的谏诤,对一行而言,是常有的事,从而他获得政界的高度评价,起到了大臣们所不能起到的作用。

此时,一行利用宫廷中的条件,继续他对历法、天文等学科的研究。在这方面首先让唐玄宗膺服的,是他撰成了他的从祖父张太素所著的《后魏书》中未竟的《天文志》。

他的研究没停留在书本上，而是作出了一连串的贡献，其中有三个是划时代的贡献。

一个是撰成《开元大衍历经》。唐高宗时编有《麟德历》，应该说这是本不错的历法，但里面有许多疏误。唐玄宗令一行对此加以改造。一行遍考前代的历法，按《周易》大衍之数的理论，在《麟德历》的基础上，重编了新历《开元大衍历经》。此历精湛详当，涉及面极广，其主要内容有：平朔望与节气，七十二候，太阳、月亮、五大行星的每日位置及运动轨迹，每日的星象与昼夜时分，日食、月食的预测，等等。此历问世之后，被使用了半个多世纪。在实际的使用中，被证明具有历法里程碑的意义，其理论依据以及具体操作方式，对后代编修历法有相当大的影响与指导性。

一个是创造了“黄道游仪”。开元九年（公元721年），以一行为首，与另一天文学专家梁令瓒等人合作，制成了观察日、月运动的黄道游仪，用此仪器精确地重新测定了一百五十颗恒星的位置，并在世界上第一次提出了恒星运动的理论。

一个是发明了《覆矩图》。一行在唐玄宗的支持下，发起了在全国十二个地点进行天文观测的活动。然后，他根据南宫说一组的测量，用他的《覆矩图》，在世界上第一次推算出了子午线的长度。

一行是思想大师，是科学大师，更是他的本行中的佛学大师。

唐代佛学门派甚多，有八大派之谓。一行起初在嵩山学的是禅宗，后到天台山（今浙江境内）学天台宗。入长安后，到西明寺师从天竺（今印度）高僧善无畏学密宗，并协助翻译密宗最高经典《大日经》。学成后，自撰《大日经疏》十四卷，由此创立了中国的密宗教义。此外，他又从学于天竺高僧金刚智，习密宗法咒仪式。终于成为大阿阇黎，即密宗中可解释教义与主持仪式的权威。

因一行贡献巨大，他不仅在佛教界赢得了普遍的尊敬，且还得到道教界的推崇，由此流传两则虚玄的神话。一则说他当初到天台山求法时，寺前的流水竟然为之倒流，即东流转为西流。一则是大道士邢和璞说，汉代洛下闳造历法，预言八百年后，将误差一日，有圣人来纠正，而一行正是这圣人。

兴许是用脑过度，这位高僧并没有高寿，仅四十五岁就圆寂了。唐玄宗亲自为他写了碑文，赐谥号为“大慧禅师”。

五三

诗仙李白

李白，毋庸置疑，是中国历史上最为响亮的名字之一，他超过了许多富有江山的帝王，超过了许多功绩彪炳的将相，达到了妇孺皆知的地步，达到了名扬四海的地步。杜甫有诗赞诸葛亮说："诸葛大名垂宇宙"，其实，李白大名同样垂宇宙。

然而，翻开皇皇的新旧两《唐书》，其中关于李白的记录之简，与其大名之赫竟成绝然之反差，《旧唐书》只有区区十行，《新唐书》的内容稍多，也仅一页半不到。这与那些至今已湮没无闻却占着大量篇幅者相比，不能不让人掩卷长思。

长思的结果，是明朗的。李白是个地道的文人，虽然凭借文名，被唐玄宗召入中央，曾在翰林院供过职，然那是"待诏"，是种清职，毫无实权的清职，给皇帝解闷逗乐的清职。故而名曰官，看似荣华富贵，实际毫无权势，骨子里与在野布衣无甚大区别。唐朝，尤其是盛唐，重诗，重赋，重华彩文章，由此连带起来，重了文人，可这所有的一切，是国家政治的花边，是为体现强大国力的光环，究其本质，仍是依照传统而来的官本位在左右人之地位的升降。从而，一个文人即使锦口吐绣，妙笔生花，行文能使洛阳纸贵，只要他没有进入官场的核心，获取实权大权，终究不过是"流外"之人，居不到正统地位。而一部二十五史，观其形式是为一朝一代文化的总结，洋洋洒洒，林林总总，方方面面，遍及芸芸众生，而其实质却也是遵循官本位的观念，主要在为皇帝立纪，为大官要官作传，文人仅仅是点缀。李白终身不得大官，依着文名，能在青史中占得一页半页，已是大幸，若说不幸，当是不幸中之大幸。

李白被称为“诗仙”，杜甫曾写“李白斗酒诗百篇”。（[清]苏六朋绘）

李白的传记是简略的，然简略的传记还是释放出了多层次的信息，加上一些其他史料，如笔记，如野史，如他的文集等等，构成了立体多彩的李白。

李白的籍贯是个谜，有多种说法。

《新唐书》：他是李唐王室的旁支，为凉武昭王李暠的九世孙。李唐王室的籍贯是陇西成纪（今甘肃秦安），故唐李阳冰《草堂集序》直说他是陇西成纪人。李白在《赠张相镐二首》中自说：“本家陇西人。”

《旧唐书》：他是山东人（此处山东，非今日山东，其广指崤山或华山以东地区，或专指黄河流域）。

李白的出生地更是个被争论不休的问题。

《新唐书》：他祖先因罪被流放到西域，返归后客居于巴西（今四川阆中）；《宣和书谱》由此说他“生于巴西”。由此形成了李白为四川人之说。

范传正《唐左拾遗翰林学士李公新墓碑》：他祖先因“隋末多难，一房被窜于碎叶”。郭沫若据此在《李白与杜甫》一书中考证说：“李白出生于中亚碎叶。”此说已被学术界基本接受。中亚碎叶，在今吉尔吉斯斯坦北部托克马斯附近。

李白，字太白，相传是母亲生育他时梦见长庚星（又称太白金星），故起了这样的名字。太白金星，在民俗文化中是文曲星的别称，它是对有才情的文人最溢美的赞誉。不知是先有了民俗意义的太白金星，李白母亲用此为儿子起名，希望他日后能驰骋文坛，有个辉煌的前程；还是因有了李白的文学成就，后世才将他的名字与星宿相联，制造出了民俗意义的太白金星。

李白以诗闻名，闻名于文坛，闻名于政界，闻名于天下。他的诗，才气横溢，大气磅礴，设想雄浑瑰奇，拟造了一团团天地人合一的化境。

诗作得出神入化，人称“诗仙”。

“诗仙”的诗充满浪漫主义色彩，遂被后世冠为浪漫主义诗人的代表。

“诗仙”的诗高踞唐诗鳌头，在后世化为了代表唐诗的符号。

“诗仙”的诗，让无数狂士为之折服，且折服得五体投地。

李白成名在诗，然他的壮志不在文坛，而在政坛。他作诗，竭尽心力作诗，将诗作得登峰造极，却不想以诗人身份终老此生。他有浓重得化不开的政治情结，有强烈的政治抱负，一生不能释怀。如同当时所有诗人一样，仅把诗作为敲门砖，以敲开朝廷的政治大门。当他受唐玄宗之诏前往长安前，曾洋洋自得地说：“仰天大笑出门去，我辈岂是蓬蒿人！”他要做官，且要做大官，最好是做宰相，目的不是贪图荣华富贵，而是以权位为舞台，来进行治国平天下。他在年轻时，就抒发他的理想是：“奋其智能，愿为辅弼，使寰区大定，海县清一。”

到了长安，著名诗人贺知章一见就说：“此天上谪仙人也。”

踌躇满志的李白，误以为前程灿烂的政治生涯拉开了帷幕，从此可以大展身手，实现他的抱负。然而，现实与他的理想相差甚远，他只是供奉翰林，隔三差五为唐玄宗献上华美词章。君主高兴时，亲自为他调羹，以示宠爱。宠爱不是敬重，李白不过是唐玄宗的高级玩物。

待李白看出自己在君主眼中真正的地位后，很是痛苦了一阵子。然他没把这痛苦放在脸上，而是化入了酒中。虽“举杯消愁愁更愁”，可除了酒，别无其他消愁的法子。他和贺知章、李適之、李琎、崔宗之、苏晋、张旭、焦遂常在一起，把酒喝得烂醉，人称“酒八仙人”。

酒喝得多了，原本很狂的李白，现出了更放荡的狂态。他是自视甚高之人，从来就看不起那些权贵，此时胸中有气，索性将权贵当成了他玩弄的对象。他借着醉意，斜卧在殿堂上，吆喝着高力士为他脱靴。高力士为报复，挑拨杨贵妃，说李白在诗中将她比为赵飞燕。由是，杨贵妃使出了她的手段，阻止唐玄宗给李白实职。李白的狂态，不止是得罪了高力士一人，而是得罪了一大批权贵。权贵们一致讨厌他，把他逼在清客的位置上不得动弹。

李白见做不上官，实现不了抱负，再也不愿呆在朝廷受那窝囊气，由是弃了许多文人梦寐以求而不得的翰林待诏之位，离开了长安，云游四方。

他的足迹，踏遍了大江南北、黄河上下。丰富的经历，宽阔的眼界，使他酿出了更神奇、更瑰丽、更豪迈的诗篇。

看似闲云野鹤的李白，作诗虽取得了四海仰望的成就，然这仅是他在借抒胸臆。他决然没有出世的念头，也没放弃与生俱来的抱负，一直在寻找机会。

安史之乱爆发后，唐玄宗在西奔巴蜀的途中，任命他的第十六子永王李璘为江淮兵马都督、扬州节度使。此时唐肃宗已在灵武即位，要求李璘率所部向他靠拢，共同抗叛。然李璘却为自己设计了一张蓝图：克广陵

（今江苏扬州），取金陵（今江苏南京），割据半壁江山。

李白不知李璘的真实意图，在宣州（今安徽宣城）毛遂自荐地成了李璘的幕僚。他想抓住这个风云动荡的机会，靠着李璘而建功立业。

然而，他这一宝押错了，李璘并非具有领袖素质的皇子，不出两个月，就落得兵败被杀的下场。李璘败后，其性质被定为唐廷的叛逆，作为幕僚的李白，被唐肃宗判了死刑。幸得郭子仪的解救，李白才改流夜郎（今贵州正安西北）。

流放被赦后的李白是潦倒的，并潦倒终身。潦倒中的李白更加迷恋酒，以至醉死在宣州。

后世的人们不忍让诗仙这样死去，编出了他在采石矶醉后捉月而去的故事。

五四

诗圣杜甫

盛唐时代，出了两个成千古绝响的大诗人，一个是“诗仙”李白，另一个是“诗圣”杜甫。两人并称，人号“李、杜”。

“李、杜”虽并称，然对他们的评价时有起伏。在李白横空出世后，他以气吞宇宙的诗篇，征服了所有的文人墨客。在相当长的时间内，杜甫相

杜甫有“诗圣”之称，与李白齐名。“三吏”、“三别”是其代表作。

对遭到了冷落，他的诗被讥为俗不可耐。直过了半个世纪，到唐宪宗元和年间（公元806—820年），才有诗人元稹出来为杜甫平反，认为杜甫的诗大大超过了李白，说："至于子美，盖所谓上薄《风》、《骚》，下该沈（佺期）、宋（之问）；言夺苏（味道）、李（峤），气吞曹（操）、刘（备）；掩颜（回）、谢（灵运）之孤高，杂徐（陵）、庾（信）之流丽，尽得古今之体势，而兼人人之所独专矣。……诗人已来未有如子美者。"（《唐故工部员外郎杜君墓系铭》）

元稹的评论，超拔了杜甫在诗坛的地位。自此以后，"李、杜"复又并驾齐驱。又过了十一个世纪，诗人郭沫若写了一本《李白与杜甫》，再度把李白捧了个够，把杜甫贬了个够。以后，随着风云变幻，李白、杜甫重新平起平坐。

其实，公允地说，"李、杜"是并峙的各具雄姿的双峰，各有千秋。将仁者见仁、智者见智一语用在他们的身上最为合适。豪放者推崇李白，深沉者仰慕杜甫，正所谓青菜豆腐人各有爱。

杜甫，字子美，祖籍襄阳（今属湖北），后移居河南巩县（今河南巩义）。对于祖先，最让杜甫自豪的有两个人：一个是他的十三代祖，即注《左氏春秋传》又参与统一三国的杜预；一个是他的祖父，即唐初五言律诗奠定者之一杜审言。

杜甫和李白一样，都有强烈的功名感。然如何来实现这功名，他又和李白大不一样。李白是想靠着诗文平地拔起，或成帝师，或为宰臣，治国平天下。杜甫则不然，他想通过朝廷为士人所设的进身之途——科举考试，尤其是特别荣耀的进士考试，来成为一名大官，治国平天下。他俩是殊途同归，然而都失败了，李白仅成了皇帝身边的清客，而杜甫考进士科也名落孙山。面对失败，两人的态度又不一样，李白离开了宫殿，去江湖作逍遥游；杜甫则用他的诗文，想办法走进宫殿。

在内心深处，杜甫也有浓厚的逍遥游的兴趣，然官场情结牢牢地系住了他，迫使他与李白走了两条道。冯至认为：此时杜甫的诗中充满了怀念李白的情意，“羡慕李白还继续着那种豪迈的生活，而他自己却不得不跟这种生活告别”（《杜甫传》，人民文学出版社1980年版）。

杜甫的官场情结，不全是为了出人头地，更有为生活所迫的原因。杜甫不像李白，声名已享誉四海，上到君主，下到命官，都在主动为他提供生活物资。而杜甫科举落第后，年已四十，困在长安，一贫如洗，用他自己的话来说，是“衣不盖体，常寄食于人，窃恐转死沟壑”。

为了打破困境，杜甫不得已，学了汉代司马相如的样，用直接向君主献赋的方式，向唐玄宗一连献了三大礼赋：《朝献太清宫赋》、《朝享太庙赋》、《有事于南郊赋》。优美的文辞打动了唐玄宗，他觉得好奇，命宰相将杜甫召去应试文章。应试的文章还是写得好，杜甫终于被授了一个官职：京兆（今陕西西安）府兵曹参军。这是个首都地区管治安的武职，让他这样一个大文人去管抓盗贼的事，对杜甫来说，也不知算是成功，还是不成功。

不管是成功还是不成功，杜甫在这个位置上呆了没多久，安禄山的叛乱就发生了。国家大动荡，朝廷大变化，身处非常形势下的杜甫，政治判断力倒比投永王李璘的李白清晰得多，离开了一片混乱中的长安，去投奔正统的唐肃宗。一路吃尽千辛万苦，一度被叛军所俘，幸得逃出，到了彭原（今甘肃宁县西北），才见到了唐肃宗，被授为左拾遗。

投在唐肃宗的旗帜下，杜甫着实兴奋了一阵子。正在做着宰相的房琯，不仅是他当年的布衣之交，更要紧的是，房琯很敬重文人。然而，杜甫的兴奋很快就被打破了，本不太懂军事的房琯，强行与叛军大战，遭到了惨败，被罢了相。杜甫出于交情，也出于对自己前途的考虑，站了出来为房琯辩解。这下惹恼了唐肃宗,他被交给司法部门审讯是何动机。亏得宰相张镐从言路考虑,为他说话而免了罪。可书生气极浓的杜甫依然不知高低,又上疏称赞房琯,希望唐肃宗能重新起用房琯。唐肃宗更是不悦,表面未和他再作计较,却从此冷落了他。

尽管杜甫在朝廷为官,然他寄居在鄜州(今陕西富县)的家属,因战乱的煎熬,生活无着落,致使孩子被饿死。杜甫回去探视了一回,可待他返回,被外放了华州(今陕西华县)司功参军。这是个苦差使,那地方闹饥馑,饭都吃不饱。于是,他辞了官,去了秦州(今甘肃天水市),以打柴、采果为生。此年是乾元二年(公元 759 年),他在以平民状态受尽战争和官兵的骚扰后,写出了他反映民间疾苦的一系列代表作,其中有著名的"三吏"和"三别"。

秦州的生活终于无法维持,杜甫又选择了成都为栖身之地。成都地处剑南,是在战争时期相对安宁的一块土地。他结庐于成都西郊的浣花溪畔,这就是后人为纪念"诗圣"而建的"杜甫草堂"所在之地。他所结之庐,说得雅致点叫做草庐,而说得通俗点就是茅屋。茅屋建得并不结实,常被大风吹破,致使满屋是水,他在难眠的夜里作了一首《茅屋为秋风所破歌》,大声呼唤:"安得广厦千万间,大庇天下寒士俱欢颜。""三吏"和"三别"是杜甫为民众诉出了疾苦,而这首诗则为天下寒士诉出了疾苦,由此他以诗成了社会底层之人的代言人,在日后绵远的历史中,不断受到人们的怀念。实际上,杜甫在他颠沛流离的后半生,曾建过难以计数的茅屋,为什么"杜甫草堂"会被后世的文人选址在这里,成为中国文学史上的一块圣地,其原因正是杜甫在这里写出了这首让后世寒士能片刻"欢颜"的诗。

不要以为只有李白才豪放、狂放,而杜甫是个谨小慎微的人。其实,这是个误区,一个千百年来为豪放诗和现实诗所导致的一个误区。杜甫的诗,相比李白的诗,只是更多现实性,更多写实的风格,由此形成“诗史”的特征,然而,绝不缺少大气磅礴、鬼斧神工之作。诗是如此,作为人,杜甫也绝不缺少豪放、狂放的秉质。“尝从(李)白及高適过汴州,酒酣登吹台,慷慨怀古,人莫测也。”(《新唐书·杜甫传》)

李白、杜甫都有狂放的秉质,只不过李白狂放得早一些,杜甫狂放得晚一些。有一点是相通的,就是他们在彻底看透官场的黑暗后,毫无顾忌地将一腔怨气通过狂放喷发出来,由此狂上加狂了。对于他们的狂放,统治者和他们的御用文人都没有好言辞。李白喝令高力士当殿脱靴,唐玄宗在背后讥他“一副穷薄相”(《朝野佥载》卷五)。杜甫登剑南节度使严武之床,则被史家讥为:“性褊躁,无器度,恃恩放恣”(《旧唐书·杜甫传》)。问题的关键在于,他们的狂放,损了统治者的尊严,坏了统治者的规矩。

严武和杜甫是世交,在严武主持剑南事务后,杜甫的生活确实有了很大的改善。严武为杜甫奏请了参谋、检校工部员外郎之职(以此后世尊称杜甫为“杜工部”),还常上门问寒送暖。然好景不长,严武死后,杜甫失去了依靠,在成都呆不下去,再度过上了颠沛流离的生活,从巴蜀一直飘泊到湖南。

最后的杜甫,其情景是极为凄凉的,年老多病,缺衣少粮。耒阳县令聂令慕名给他送去了牛酒,他因贪吃加剧了病情,遂致身亡。

诗人的不幸,成就了诗坛的大幸,杜甫是个最典型的例子。

五五

安史之乱

血流漂杵的安史之乱，是一场万劫不复的大灾难，它拦腰折断了大唐的黄金盛世，使之从此走上了下坡路。

历史之所以将这场大乱称为安史之乱，是因为先后发动领导大乱的两个首领，一个叫安禄山，一个叫史思明，还有安禄山身后的安庆绪，史思明身后的史朝义。

安禄山，生于营州柳城（今辽宁朝阳），古籍中称其杂种胡人。年轻时投靠幽州（今北京）节度使张守珪，被收为养子。因对时称二蕃的契丹、奚作战有功，加上他善于逢迎和贿赂上级官员，官阶直线上升。

在他百般钻营下，直接和唐玄宗搭上了关系，他向唐玄宗大献媚忠，又拜杨贵妃为母。由此成为天字第一号的宠臣，一身兼了平卢、范阳、河东三镇节度使，爵封东平郡王。然太子李亨很看不惯他，认为他表面装愚，实际包藏了狼子野心，早晚要成祸害。

安禄山基于太子对他的态度，常为唐玄宗百年之后自己的前景担忧。为避免担忧成为事实，给自己留条后路，他靠着唐玄宗的信任，大肆壮大自己的力量，以御寇为名，在范阳筑了雄武城，内存储了大量的兵器、粮草、战马、牛羊。同时养了同罗、契丹、奚等民族的八千健儿为假子，编成名为“曳落河”的精锐部队。在家僮中，挑选出百余勇悍者，训练成以一当百的贴身卫队。他精心组织了政治、军事相结合的集团核心班子，用高尚、严庄、张通儒、平洌、李史鱼、独孤问俗为幕僚，引史思明、安守忠、李归仁、蔡希德、牛廷玠、向润容、李庭望、崔乾祐、尹子奇、何千年、武令珣、能元皓、田承嗣、田乾真、阿史那承庆为武将。其中，以高尚、严庄为谋主。

安禄山如此行径，在唐廷中激起了轩然大波，舆论指责他想谋反。他确实想反，然考虑到唐玄宗对他的恩情，他一直犹豫着不肯最后摊牌。可和他发生严重权力之争的宰相杨国忠，不断夸大着他的反情。安禄山被逼得等不及了，于天宝十四载(公元 755 年)十一月，以奉密旨讨杨国忠为名，提前发动了叛乱。

安禄山率军十五万，号称二十万，从范阳出发，一路南下。在属于他管辖的河北地区，未遇什么抵抗，便下了各个城池。随后，进入河南地区，克陈留(今河南开封东南)，陷荥阳(今属河南)，直逼东都洛阳。

驻守洛阳的是新任平卢、范阳节度使的封常清，他在当地募兵六万，然都是些从未习过武的市民。他先出武牢关阻击，失利后退进洛阳城，乌合之众的新募部队根本不是范阳劲旅的对手，结果洛阳失陷。

从洛阳退出，封常清前去陕州(今河南三门峡)，与名为讨叛副元帅、实则连连兵败的高仙芝会合，共同抢占了长安的门户——潼关。叛将崔乾祐屯兵陕县，双方形成了对峙状态。可呆在长安的唐玄宗无视实际战况，追究高仙芝、封常清军事失利之责，不顾临阵易将之大忌，将二人斩首，替换上多病的大将哥舒翰把守潼关。

本来，安禄山欲亲攻潼关，然在郭子仪、颜真卿等在河北接连胜利的威胁之下，他只得亲自驻守洛阳。天宝十五载(公元 756 年)，安禄山为加强政治感召力，自称雄武皇帝，国号大燕，年号圣武，封其子安庆绪为晋王，建立政府班子，正式与唐朝分庭抗礼。然整个局势对安禄山很是不利，郭子仪在河北大败叛军骁将史思明，准备直捣其范阳老巢。哥舒翰采取坚守不出的战术，使叛军难以向西推进一步。成了骑虎之势的安禄山后悔了，后悔听从严庄、高尚起兵的建议，将二人大骂了一顿。

正在唐廷有了转机之时，求胜心切的唐玄宗犯下了一个致命的错误，轻信了杨国忠的谗言，逼促哥舒翰出关相战。挥泪出关的哥舒翰，在灵宝（今属河南）被崔乾祐用计打得几乎全军覆灭，他自己也成了战俘。

安禄山绝处逢生，叛军跨过潼关，直逼长安。唐玄宗向巴蜀逃亡。至此，唐朝二京全部落入叛军之手。叛军倒行逆施，在二京大肆抢掠破坏。

得了长安的安禄山，以为取得二京，等于取得了唐朝的天下，从此再无长远的打算。由于对外失去了目标，叛军集团产生了严重的内耗，君臣间相互猜忌，将相间争权夺利。安禄山原有眼疾，因情绪低落而发作，几乎失明。他还患有疽病，身体的欠佳，使他脾气十分暴躁，经常无故捶挞左右，挨打次数最多的是宦官李猪儿，就是严庄也免不了皮肉之苦。此外，他偏爱宠妾段氏所生的儿子安庆恩，欲取代安庆绪作为皇位继承人。至德二载（公元 757 年），安庆绪、严庄、李猪儿一同策划，秘密杀死了安禄山，对外则发布了安禄山因病而亡的讣告。

接替安禄山成为大燕皇帝的安庆绪，是个昏愦懦弱、语无伦次的人，他的能力根本不足以统治全局。为避免产生不良的后果，严庄掌握了大权，他要这个新皇帝深居简出，尽量与外人少接触。为拉拢叛军集团中最具实力的史思明，洛阳方面任命他为范阳节度使，全权处理河北事务。

史思明也是营州人，先安禄山一日而生，彼此关系极为密切。他勇悍善战，积功升为平卢都知兵马使。在渔阳烽火燃起之后，他留守范阳，主持河北战局。

他最大的战绩，是消灭了以常山（今河北正定）太守颜杲卿为首的忠于唐廷的力量。接着，他和李光弼大战，互有胜败。然在郭子仪增援李光弼后，他遭到了惨败。后趁郭子仪、李光弼运兵他地，他调兵扑向太原，再次与李光弼展开鏖战。在安禄山被杀后，受安庆绪之命，回到了范阳。

范阳是叛军的大本营和根据地，在叛军拿下二京后，曾将大批物资运来此地作为储备。史思明手中既有精兵强将，又有丰厚物资，其实力已在洛阳之上。他看不起安庆绪，也不满足眼下的地位，常常对洛阳方面的指令抗而不从，双方逐渐开始分化。

在唐军收复二京后，安庆绪北走邺郡（今河南安阳北），他在严庄的策划下，以调兵为借口，准备兼并史思明的势力。史思明见江河日下，安庆绪又始终威胁着他，在忍无可忍之际，以所领范阳等十三郡以及八万军队，向唐廷上了降表。唐肃宗封他为归义王，授范阳节度使，令他领众讨伐安庆绪。然由于史思明与唐廷双方互不信任，以及他对唇亡齿寒的警惕，终于又叛唐，重新投到安庆绪的一边。

说是投到安庆绪的一边，实际上史思明根本不帮安庆绪，而是重新拥兵自重。当唐廷派出九节度使围攻邺郡时，陷入绝望的安庆绪用以位相让为条件，向史思明求救。史思明虽派出了大军，却观望不进。

乾元二年（公元759年），史思明在魏州（今河北大名北）自称大圣燕王。于此之际，他虽仍名为燕臣，实已自成体系。称王之后，他用五万精兵，与六十万唐军展开了一场大决战，因突起大风，飞沙走石，双方都受到了惨重的损失。旋即，他兵进邺城南郊。日暮途穷的安庆绪，为取得史思明的支持，不得已对他上表称臣。史思明诱以互结兄弟之国，将安庆绪骗至其营杀死。在兼并了安庆绪之众后，他返回了范阳，自称大燕皇帝，改元顺天，将范阳定为燕京。

在大燕从安家王朝变为史家王朝后，有不凡军事才干的史思明，以自己的构想,再度南下发展。他渡过黄河,连下汴州(今河南开封)、郑州(今属河南),攻克了洛阳,出兵向陕州经营。

史思明虽精于军事,但因残忍好杀,使得部下多有寒心。他先立了长子史朝义为太子,立后又欲以少子史朝清取而代之,并密谋诛杀史朝义。史朝义的性情较为谦谨,很是爱惜将士,故颇得人心。拥护史朝义的力量捷足先登,于上元二年(公元761年)杀死了史思明,在洛阳拥立史朝义为帝。

史朝义登位后,由于在范阳诛杀史朝清母子,导致了内部互相大残杀,使范阳陷入了长期的混乱,先后死了数千人,从而严重地自损了叛军的势力。各路节度使各自为政,对史朝义仅剩下名义上的隶属关系。叛军尽管地跨河北、河南,实则已经分崩离析,一蹶不振了。

宝应元年(公元762年),唐军和回纥兵联合进攻洛阳。史朝义力不能支,退出洛阳,向河北流窜。叛军各节度使纷纷向唐军投降。唐军对史朝义紧追不舍,他所到之处,均遭到叛军守将的拒绝。翌年初,走投无路的史朝义,在石城县(今河北唐山东北)附近温泉栅的树林中自缢身死。

到此,长达八年的安史之乱终于结束了。

安史之乱是一场典型的叛乱,毫无正义可言,其破坏甚烈,危害甚大。北方大部分地区民户离散,屋舍焚毁,人烟断绝,白骨遍野,千里萧条,以致荆棘丛生,豺狼出没。其摧毁了北方经济的基础,遂使经济重心向南方转移。其归降唐廷的各节度使,肇始了独立与半独立的方镇割据。

安史之乱是野蛮的,其野蛮程度不用到其他地方去找,只要看一看其伪帝位的更迭,便可以管中窥豹。子杀父,连续两次的子杀父,臣杀君,连续三次的臣杀君,足见这个集团泯灭了基本的人性。连起码的人性都不具备,更遑谈什么得民心、得天下。

从开元之治到安史之乱,从大盛世走向大灾难,整个唐朝经历了大喜大悲,整个中国经历了大喜大悲。

五六

张巡、许远

笔者读武人诗词，总觉得最接近岳飞那阕《满江红》的，是天宝末年张巡的一首《守睢阳作》。其诗如下：

接战春来苦，孤城日渐危。
合围侔月晕，分守若鱼丽。

张巡自小聪明好学，博览群书，智勇双全，死守睢阳城十个月，为平定安史之乱赢得时间。（图选自《历代名臣像解》）

屡厌黄尘起，时将白羽挥。

裹疮犹出阵，饮血更登陴。

忠心应难敌，坚贞谅不移。

无人报天子，心计欲何施？

笔者在拙著《盛世魂——大唐玄宗时代》中，曾如此评说这首诗："这诗作得惨烈，作得冷静，道出了奇男子的志，道出了伟男子的意，捧出了一颗灼热滚烫但又无奈的报国心。"

张巡，其实是个文人，他在进士考中名列前茅，并和其兄都有文名。入仕后，也是做的文官，当了一名县令。然他却无文人的酸态、迂态、忸怩态，为人极其豪爽，重气节，讲义气，能倾财接济窘困者。

若无安史之乱，张巡肯定只能永远站在文官班列中，可大乱改变了他的命运。安禄山发动叛乱之初，在做真源（今河南鹿邑）县令的张巡，是第一批站出来抗叛的唐臣。吴王李祗奉诏到河南组织抗叛军事力量，正在大修城池的他，立即予以响应，凭着平日的关系，招募了大批豪杰投身其中。

时雍丘（今河南杞县）县令令狐潮准备举其城降叛军，可城中官民不答应，趁他出城，关闭了城门，引进张巡。张巡杀了令狐潮全家，以示与令狐潮势不两立。令狐潮领着叛军精兵来攻，张巡展现了出色的将才，将城守得固若金汤。

令狐潮和张巡并不陌生，过去曾有过交往，一日，两人一个在城上，一个在城下，像故交一般拉起了家常。

说着说着，令狐潮忽问："天下大势已去，足下坚守危城，是为了谁？"

张巡接口反问："足下平日以忠义自许，今日之举，忠义何在？"

问得令狐潮羞惭而走。

羞惭归羞惭，但令狐潮没有撤军，彼此又相持了四十多天。在唐玄宗西去巴蜀后，令狐潮送来了一封劝降信，雍丘有大将六人得信，请张巡识时务。张巡杀了这六人，以鼓励士气。为打破僵局，他反守为攻，以疑兵、奇兵偷袭敌营，成功地逼退了令狐潮。

令狐潮去而复来，来而复去，拉锯了好几次。

令狐潮是奉了死命令来夺雍丘的，其间又夹着他个人的报仇因素，故是志在必得。最后一次，他带来了数万大军，在雍丘之北建造了杞州城，以彻底断绝雍丘的外援。而张巡手下仅有千余人，且粮食已告罄。此外，叛军杨朝宗部直奔宁陵（今属河南）而来，以切断张巡与外联系的最后一条通道。在这种情况下，张巡果断地放弃了雍丘，会合睢阳（今河南商丘）太守许远之军，运动到宁陵，大破杨朝宗部，以功被拜为河南节度副使。

时河洛地区，仅剩睢阳一座孤城，叛将尹子奇挥十三万众来攻。许远向张巡告急，张巡率部进入睢阳，与许远并肩展开了保卫战。

睢阳打得比雍丘更可歌可泣。张巡主武，许远掌文，两人精诚团结，领导军民在十六天里，擒得叛将六十多人，杀叛军二万余人。

尹子奇惨遭大败，下令撤军。然不久又卷土重来，可却付出了被射瞎左眼的代价。

尹子奇第三次围城，城内在长期坚持后，粮食全部吃完，只能用茶纸、树皮充饥，形势已相当严峻。在茶纸、树皮吃完后，开始吃战马，吃麻雀，吃老鼠。在所有还可以吃的东西吃完后，张巡献出了他的爱妾，当众杀了，令将士就食。可离睢阳较近的谯郡（今安徽亳州）许叔冀部、彭城（今江苏徐州）尚衡部、临淮（今江苏盱眙）贺兰进明部等唐军却坐视不救，甚至面对大义凛然、痛哭断指的睢阳求救使者南霁云，依然无动于衷。睢阳军民大哭了一场,决心殉城。

城终于破了,张巡和许远被俘。许远被押往洛阳处死。

尹子奇问张巡:“听说你每战眼角暴裂,牙齿咬碎,何至于此!”

张巡怒斥道:“我欲气吞逆贼,只恨力不够!”

尹子奇用大刀撬开了他的嘴,见所存牙齿仅三颗。张巡不屈,和他的一些爱将一起被惨杀了。

后来,朝廷在讨论给张巡记什么功的时候,有人以他将人作食的事,提出不能给他记功,可最后还是以他坚守的道义,给记了大功。

五七

人如其字的颜真卿

提到颜真卿,人们大多耳熟能详,然这种耳熟能详,仅仅是熟在他的书法成就上,详在他的“颜体”上,而对于他一生的事迹,大约还是知之不多。

颜真卿,字清臣,祖籍琅邪临沂(今山东临沂)。他受封为鲁郡公,后世尊称为颜鲁公。他的五世祖颜之推,写过一本名著,叫做《颜氏家训》,说的主要是治家的事。得了家训,颜真卿打小在自身修养上下了大功夫。

他在开元中以进士入仕,任监察御史。他到地方,澄清了多年悬而未决的冤案,正值久旱而雨,人称“御史雨”。他性格耿直,由于不肯依附杨国忠,被贬去当了平原(今属山东)太守。

这一贬,贬出了颜真卿一番轰轰烈烈的大事业。

平原时属河北,系在安禄山管辖之下。由于这层关系,颜真卿观察出了安禄山早晚要反。未雨绸缪,他以预防霖雨为名,对平原进行了大幅度的修城浚池工程,同时暗募丁壮,储存武备和粮食。表面上,他装得若无其事,大会文士,饮酒赋诗,泛舟于池水之上。有人向安禄山密报,安禄山派人来察看,最终得出的结论是:颜真卿不过是一介书生,不足为虑。

不出多时,渔阳鼙鼓敲响了,战火迅速蔓延到整个河北。各个城池由于事先没有准备,纷纷不堪一击地陷落了,惟独平原城屹立在叛军之前。

当初,唐玄宗听到安禄山反,曾长叹说:“河北二十四郡,岂没一个忠臣!”在阅了颜真卿派人送来的忠于唐廷的奏表后,喜不自胜地对左右说:“朕不识颜真卿形状如何,竟能有此作为!”

抗叛是得人心的事,不出十日,颜真卿募得万余人。安禄山攻陷洛阳,派了特使段子光,以形势来说降颜真卿。颜真卿不为所动,斩了段子光,誓死与叛军抗战到底。在平原旗帜的号召下,河北抗叛斗争风起云涌,各路忠于唐廷的势力联合了起来,得众二十万,共推颜真卿为主帅。

唐玄宗任颜真卿为户部侍郎,仍领平原太守。颜真卿变守为攻,主动出师,会同清河(今河北清河西)等郡兵,攻伐魏郡(今河北大名北),杀敌万余,取得大捷,重振了唐廷的威势。

安禄山在取得长安后,命史思明全力收拾河北。史思明挥大军而来,所向披靡,直扑平原。敌众我寡,颜真卿放弃平原,领军沿江淮、荆襄一线运动,前往灵武,投奔唐肃宗。唐肃宗任他为刑部尚书、御史大夫。入朝之后,他积极倡导礼仪,以规范群臣行为。他又秉公而言,直论军国大事。由此先后得罪了宰相以及权宦李辅国,两度被贬为外职。

唐代宗即位,颜真卿回到了中央,他依然如故,知无不言。

宰相元载当面讽刺他说:“公虽言之有理,然却不合时宜。”

颜真卿一脸怒容地反驳说:“用不用在于相公,言者有何罪?但朝廷之事,岂容相公再来破坏!”

元载不能答,却从此衔恨在心。

为阻止言路,便于自己专权,元载竟想出了极荒唐的办法,规定百官有言上达,必须先报告上级长官,由长官呈报宰相,再由宰相传递给皇帝。颜真卿对此予以了痛斥,说这规定是宰相遮掩皇帝的耳目,以陷皇帝于昏昧之中。元载便寻了个藉口以诽谤罪,再度将他撵到了地方。

元载被诛，颜真卿返回朝廷。在唐德宗朝，又遭宰相杨炎忌，被改授太子少傅，名为尊崇，实夺其权。

颜真卿遇事即说的作风，几乎遭到了每个宰相的反感。他最后得罪的宰相，是被历史定为奸臣的卢杞。卢杞表面对他毕恭毕敬，实际处心积虑要将他置于死地。在淮宁（今河南汝南）节度使李希烈自称天下都元帅，公开叛唐后，卢杞说动唐德宗，让颜真卿到许州（今河南许昌）去劝慰李希烈。此消息传出，朝廷一片哗然，说是徒然让一德高望重的四朝老臣去送死。然唐德宗仍坚持要颜真卿去。

颜真卿抵达许州，在森严的枪林刀丛中，指责了李希烈的不臣行径。李希烈将他囚禁起来，他却从容地自撰了墓志铭、祭文，以示必死之心。

李希烈威胁利诱，以宰相之职相许，要颜真卿支持他称帝。颜真卿拒绝了，慷慨赴死，死前大骂李希烈是逆贼。

颜真卿就义后，他的书法凭藉着他的人品，垒成了一座历史丰碑。

五八

唐肃宗

唐肃宗李亨是唐玄宗的第三子，他是个在安史之乱中即位，又在安史之乱中驾崩的君主。

李亨本无太子名分，是个不太令人注意的皇子。唐玄宗将前太子李瑛赐死后，准备替以武惠妃所生的寿王李瑁，后因朝廷的舆论，于开元二十六年(公元 738 年)改立“仁孝恭谨”的李亨。

成了太子的李亨，并没有像人们想象中那样威风与神气，而是一直夹着尾巴做人。他先是受到李林甫的挤兑，后又遭到杨国忠的倾轧，在胆战心惊的日子中捱到了安史之乱。安史之乱对整个时代、整个国家、整个朝廷都是万劫不复的大灾难，惟独对他是一种拨云见日的良机。

在唐玄宗逃亡巴蜀的途中，一场兵变解决了杨贵妃、杨国忠的杨家势力，使李亨终于去掉了悬在头上的利刃。有人怀疑这场兵变是李亨在背后策划的，虽有旁敲侧击的考证，但毕竟缺乏确凿的史料。

马嵬驿事变之后，唐玄宗继续西行，李亨被留下安抚百姓。安抚毕，在儿子广平王李俶(后改名豫)、建宁王李倓以及宦官李辅国的劝阻下，他没再追赶唐玄宗，决定自成一体，来对付叛军。他们筹划的依据是：入蜀有违民心。再者，一旦入蜀，若叛军烧毁栈道，重出巴蜀便增加无数困难，更遑论收复中原。不如收西北守边之兵，同时召郭子仪、李光弼二部于河北，进行大东征，以收复长安、洛阳二京。

李亨早就厌透了唐玄宗对他的猜忌和高压，此外，他极想用军事功勋来促成帝业，两者合一，他与唐玄宗分道扬镳了。他率众向朔方地区挺进，一路募兵数万人，添马数万匹，渐渐提高了军势。

至德元载（公元756年）七月，李亨备尝艰辛地抵达了灵武（今宁夏灵武西北），在随从官员以及朔方官员的合力劝进下，他登上了帝位，遥尊唐玄宗为太上皇。从此开始，他领导唐朝军民，与叛军展开了长期的斗争。

为使本政权有个名实相符的样子，唐肃宗特调郭子仪领兵五万从河北来灵武，授他为兵部尚书、灵武长史；任命李光弼为户部尚书、北都（今山西太原）留守，二人均拜为宰相。

时叛军几乎占领了半壁江山，即几乎控制了整个北中国。唐肃宗从政治角度和自身利益出发，没采用直捣叛军老巢范阳（今北京）的战略主张，而是令唐军全力收复长安，以恢复唐朝的政治象征。至德二载（公元757年），他移驾凤翔（今属陕西），令广平王、郭子仪以及回纥兵，共十五万人，向长安发动强攻。通过香积寺（今陕西西安南）大捷，击破了叛军，获得了长安。此年十月，唐肃宗回到了长安。

尽管外面依然在血肉纷飞，但得到长安的唐肃宗，已俨然以天子样，开始经营他的朝廷。然而，他并不能掌握全部大权，由于历史的原因，权力被宦官李辅国和他的张皇后给分了去。

李辅国是因养马有功，四十多岁时被高力士推荐到东宫的。他以参与马嵬驿兵变，劝唐肃宗登位之功，被唐肃宗视为心腹。收复长安后，他身兼十多职，占尽了肥缺和要职，并被封为成国公，掌领禁军。他是百官与唐肃宗之间的中介，百官向唐肃宗奏事，必须通过他转达。军国大事，基本由他说了算；大狱重案，基本上也由他说了算。在他的眼里，宰相只是他的属官,群臣只是他的随员。他常到银台门处理事务,用了“察事听儿”数十人专门伺听朝臣的过失。他每次出门,均有数百人扈从,为他开道护驾。朝臣都不敢直呼其官职,而敬称为“五郎”。出身士族的宰相李揆,竟然对他以子弟之礼相见,并恭称为“五父”。

李辅国权势炙手,遮住了一半天。

张皇后,早年被选入东宫,册为太子良娣。她能干,肯吃苦,对政治又极有兴趣。在随唐玄宗西逃的路上,她说动了唐玄宗,将她的丈夫留下安抚百姓。往灵武的途中,险象环生,她每每走在丈夫之前,以便遮护。

李亨感动地问她:“捍卫不是妇人之事,为何一直居前?”

她答道:“今大家(唐朝内宫对皇帝的敬称)涉履险地,卫士不多,若有万一,妾可遮挡,可保大家平安。”

到了灵武,她正逢生产,三天之后,便起床为战士缝补战衣,李亨要她注意产后保养,她说:“此非妾调养之时,当先办殿下事。”

立为皇后之后,唐肃宗为了报答她,不仅封赏了她的全家,更是对她百依百顺,用当时的话来说,是“宠遇专房”。然她没以丈夫的宠爱为满足,而是学了武则天、韦氏的样,积极地干预起了政事。为了扩大势力,她无休止地向唐肃宗提出各种要求。为了提高形象,她接受内外各级命妇的朝见。为了搬除障碍,她用谗言害死了建宁王李倓,又准备对太子李豫下手。

张皇后权大骇人,又遮住了一半天。

李辅国、张皇后各遮一半天,唐肃宗只能生活在他们两半天之间的缝隙中。他很不满,但也很无奈。李辅国升为兵部尚书仍不满足,要求做宰相。唐肃宗正面不敢加以拒绝,可怜地让宰相们不要举荐。张皇后的贪欲无止境,他心中愤怒,表面却不敢发作。

对于李辅国的专权，唐肃宗在忍无可忍的状态下，通过宰相李岘的帮助，还是推出了一些措施：非正式的诏令，停止执行；所有政务，归相应的机构负责；禁军、宦官等有关问题，交御史台、京兆府处理；重大案件，由法律部门与中书、门下二省会同处置。在这些措施的作用下，李辅国的权力受到了一定的限制。不过为时已晚，唐肃宗在长期的精神压抑下，在鞍马劳顿的侵损下犯了病，且病入膏肓，已无法进行正常的政务处理。

于此之际，李辅国和张皇后的关系发生了剧烈的变化。他们有过密切的合作，曾一度联谋，强迫太上皇唐玄宗迁入冷宫。然随着时间的推移，彼此发生了权力分割的矛盾，渐渐不和，继而闹得水火不相容。

宝应元年（公元762年），当唐肃宗弥留之际，为了争取新君登台后的朝中地位，李辅国和张皇后各自展开了最后的拼杀。

李辅国的对策是，联合另一权宦程元振，提高宦官集团的实力，加强对禁军的控制，以在最后时候用武力进行摊牌。

此时，张皇后所生的儿子尚幼，她无法用改易太子的方式，来使自己日后临朝称制。由此，她及时改变了策略，在表面上与太子李豫和解，力图将他争取到自己的一方。

她对李豫说："李辅国久掌禁军，控制诏敕，逼迁太上皇，罪恶滔天。他所忌者，是我和太子。今皇上已弥留，李辅国与程元振阴谋作乱，不可不诛！"

然李豫并未被打动，他一直为建宁王被谗杀的事耿耿于怀，又对自己久遭张皇后的陷害而不能释怀，他托词不敢惊动皇上，不敢擅杀功臣，拒绝了张皇后。

不能拉住李豫，张皇后再度调整策略，许诺越王李系为皇位继承人，让他一起发动政变。李系答应了，调集他所亲近的宦官二百人，在长生殿设伏，再由张皇后伪造圣命诱骗李豫前来，以将他消灭。

李辅国截获情报，他抢先笼络并保护了李豫。随之，他命令他所掌握的禁军，将李系与张皇后一网打尽。

唐肃宗本是风前之烛，一惊一吓，撒手而去了。

未等为唐肃宗发丧，李辅国先杀了张皇后、李系以及他们的党羽。

李豫（唐代宗）登基，唐朝的历史又翻了一页。

五九

李　泌

李泌先后事唐肃宗、唐代宗、唐德宗三朝，是个标准的三朝元老。这个三朝元老，是一个传奇人物。

李泌，字长源，祖籍辽东襄平（今辽宁辽阳）。他出生官宦家庭。在年轻时，就获得了能名，博通经史，对《易》尤其有研究。

他自负有王佐之才，虽有入仕之心，但不想走常规的道路，换言之，也就是不想参加科举考试，而采取了上书唐玄宗谈论世务的方式。书中言得很有道理，唐玄宗召见了他，在作了一席谈之后，让他待诏翰林，到东宫做太子李亨的属官。

李亨和他相见恨晚，彼此很合得来，称他为先生。他是个大才，如此的大才辅佐太子，遭到了企图动摇太子的杨国忠的嫉恨，由是加了一顶讽刺时政的帽子，被贬了出去。

他不在乎遭贬，躲进大山，当了隐士。

塞翁失马，焉知非福，躲进了大山的李泌，躲过了天宝末朝廷中的政治风险。安史之乱爆发，唐肃宗在灵武即位，立即派人召来了李泌，向他征询如何处理天下大事。李泌援引古今成败教训，谈得头头是道，且一针见血。唐肃宗将他倚为智囊，从拜相到政务，事无论大小，都要征询他的意见。唐肃宗要他出任宰相，可他拒绝了，理由是做天子的宾友贵于做宰相。

李泌六岁以“奇童”闻名长安城，长大后研究《周易》。唐肃宗拜他为右相。（选自明刊本《帝鉴图说》）

其实，李泌是不想用官衔来束缚自己，他认为以布衣的身份，更能达到出言无忌的效果。他虽不是宰相，但在唐肃宗的眼里，远远超过了宰相。

身处安史之乱，李泌不断在政治上对唐肃宗进行引导，引导他从大处着眼，引导他避免失误，引导他放宽胸襟，总之，引导他成为一个有道之君。

时唐肃宗立了嫡长子李豫为太子，为了对付叛军，准备任命另一子建宁王李倓为天下兵马元帅。

李泌对此提出了反对意见，说："建宁王确实有帅才，但太子是他的兄长，如建宁王一旦大功告成，岂非要让太子让位！"

唐肃宗的解释是："太子没必要担当元帅的重任。"

李泌说："不然，今天下处于艰难之际，众心所归于元帅。若建宁王成功，即使不用他为太子，追随他的人岂肯甘休。太宗皇帝、当今的太上皇，就是两个最好的例子！"

最后，唐肃宗听从了李泌的意见，以太子为天下兵马元帅。

唐肃宗当初被册立太子前，曾经受到李林甫的百般反对，由此多年来，一直怀恨在心。有次，他咬牙切齿地对李泌说，若能恢复长安，一定要将李林甫焚骨扬灰。李泌劝导说："陛下的大业是定天下，不必与死者计较，否则，枯骨没有感觉，倒显得陛下气量不宽宏。当今追随安禄山的叛乱者都是陛下的仇敌，一旦他们知道陛下心胸狭隘，还有谁会悔过自新，前来投降。"唐肃宗听得甚有感触，觉得自己大不如李泌，从此极力提高自己的襟怀。

李泌极有战略眼光，针对叛军已占据范阳、长安、洛阳的战局，他提出了一套运动战与游击战相结合的北伐方案。

他说："以臣之见，叛军将所得的战利品全都运回到范阳（今北京），可见其没有雄踞四海的打算。既然对方缺乏远大的目标，从而可以断定，不出二年，即能加以平定。具体的军事布置是，命李光弼从太原（今属山西）出井陉（今河北井陉西北），郭子仪从冯翊（今陕西大荔）入河东（今山西永济西），叛军的史思明部便不敢离范阳，安守忠部便不敢离长安。此部不敢向外运动，洛阳的安禄山当处于孤立无援的境地。然后调集所征部队，屯驻扶风（今属陕西），与郭、李二军相互呼应，俟机出击，使叛军不能首尾相顾。同时采取这样的战术，暂不攻城，不阻击，敌来避锋，敌去出袭，使敌往来数千里而疲于奔命，官军则以逸待劳。待形势变化，命李光弼直捣范阳，倾覆叛军老巢。如此，长安、洛阳之敌当退无所归，留则不安。再各路大军进行合击，此必胜无疑。"

遗憾的是，唐肃宗贪于长安的收复，没采纳李泌高明的战略方案，致使抗叛斗争延续了好多个年头，连他自己都没能看到最后的胜利。

尽管大敌当前，流浪政府的内部还是充满了倾轧。唐肃宗听信张皇后以及太监李辅国的谗言，杀了有杰出军事才干的建宁王李倓。而宰相崔圆与李辅国对李泌的地位极是嫉妒，准备对他下手。为了避祸，李泌暂时离开了唐肃宗，做了闲云野鹤。

在唐肃宗的催促下，唐军花了重大的代价，收复了长安。唐肃宗回到京师，再度召见李泌，要他出来做事。

可李泌坦率地回答说："臣对陛下报恩已足，只想再为闲人。"

唐肃宗说："君臣患难与共多年，今正可同富贵，为何如此急着要去？"

李泌说他有"五不可留"："遇陛下太早，陛下任臣太重，宠臣太深，臣功太高，迹太奇，不可留而硬留，等于是陛下杀臣。"

唐肃宗表示，他决不会当勾践，诛杀功臣。李泌因势利导地要唐肃宗以误杀李倓为戒，不再使太子落到同样的下场。

李泌终于走了，到衡山学神仙。

曾受到李泌保护的李豫，在继了帝位(唐代宗)之后，将李泌从衡山召到长安，在宫廷内外分别为他造了居所，以随时向他讨教，再想让他就任宰相。可李泌还是老原则，当王者师，当王者友，尽己力辅佐君主，但不做宰相。

李泌不愿做宰相，不是做作，是想保留个自由身，以躲避伴君如伴虎的危险，以躲避木秀于林风必摧之的危险。然唐代宗不像他父亲，他不想让李泌保留自由身，而要李泌彻底放弃他的原则，交出身体来为他效命。

时逢端午节，王公大臣、妃嫔公主都向唐代宗献了礼，惟独李泌不见动静。唐代宗问他为何不献礼。

李泌反问道："臣住在宫中，从头巾到鞋袜都是陛下所赐，所剩只有一身体，拿什么来献？"

唐代宗说："卿往日不肯屈就先帝的宰相，从今往后，卿当献身给朕，身不再为卿所有！"

李泌问究竟要他做什么。

唐代宗的回答是："朕要卿食酒肉，有家室，受禄位，为俗人。"

李泌大泣，请唐代宗不要堕其志。唐代宗不睬，强行为他葬了双亲，再给他娶了士族卢氏之女为妻。

李泌拗不过唐代宗，他清楚再拗下去，只能自取其辱，由是迫不得已地当了俗人。作为妥协，唐代宗没强迫他做宰相，而让他当翰林学士。当了俗人后的李泌，却和官场很不融洽，宰相元载借口他有才，将他放了外任。元载被诛后，转了几个地方的李泌，被唐代宗召回了京。但没多久，宰相常衮如法炮制，又将他撵到地方上去。

唐德宗继位，逢朱泚作乱，放弃长安，逃奔到梁州（今陕西汉中）。在这危难之际，唐德宗想起了曾做过他文学老师的李泌，想用他来为自己排忧解难，由是遣使将他召了来，任为左散骑常侍，在中书省听候调用。

到了唐德宗手下，李泌已完全放弃了学神仙，放弃了做隐士，成了彻底的俗人，在家里有了儿子，在朝中是个标准的官员。他不再以王者师的面貌出现，而是开始扎扎实实地做事。

在藩镇割据的形势下，他帮助唐德宗做了些消弭分裂势力的工作。陕虢都兵马使达奚抱晖鸩杀了节度使张劝，自立为节度使，上表要求朝廷予以承认。唐德宗命李泌前去解决此事。李泌单骑而往，以政治攻势化解了参与叛乱的军官，并说服达奚抱晖自选去处，使虢都回到了中央政府的控制之中。淮西兵马使吴少诚杀节度使陈仙奇，自署为留后，李泌以伏兵在陕州（今河南三门峡西）大破其兵。此外，他积极呼吁恢复府兵制，取消募兵制，以断绝藩镇割据的军事渊源。

贞元三年（公元787年），李泌被拜为宰相，他没作推辞就上任了。在解决了胡人留京、边兵军饷等问题后，他就太子李诵（唐顺宗）妃母亲部国公主被人检举交通外臣之事，百般劝说唐德宗，担保李诵无事，从而保住了李诵的太子位。

两年之后，李泌走完了他传奇的一生，终年六十八岁。

六〇

郭子仪、李光弼

在中国民间有一种说法，说安史之乱爆发后，若无郭子仪的力挽狂澜，恐唐朝再难复苏了。这其实是传奇小说带给人们的影响，有些夸大了郭子仪的历史功绩。但也不可否认，郭子仪确实是唐朝抗叛的第一功臣。

郭子仪的名与字是一样的，都叫子仪，华州郑县（今陕西华县）人。他是标准的军人，通过武举考试而步入军界。他统兵有方，作战有功，不时升迁，到天宝末安史之乱爆发，已任朔方（驻地灵武，今宁夏灵武西）节度使。

他转战河东（今山西）一带，攻城略地，在官军纷纷败退之际，独自撑起了一片天地。然后，他和他所推荐的李光弼合作，兵进常山（今河北正定），通过九门之战，大破叛军史思明部，掀起了河北抗叛的大浪潮。

为减轻镇守潼关的哥舒翰的压力，郭子仪提出北取范阳，直捣叛军老巢，打烂叛军的根本。然未待唐玄宗做出批示，潼关已经陷落，朝廷向巴蜀流亡。

唐肃宗在灵武即位，灵武是朔方军的治所，由此他将屡战屡胜的郭子仪视为了他的干城。他急调郭子仪回灵武，任命为兵部尚书兼宰相，仍领朔方节度使。在另一宰相房琯率军和叛军相战大败后，朔方军更成了唐肃宗身边惟一能倚重的军队。

郭子仪根据唐肃宗急欲收复二京的政治规划，将河东作为首要的战略要地来考虑，因其东征可图洛阳，西行可取长安，占得此地，等于控制了二京的门户。他先在河东设下内应，然后，自己率军拿下冯翊（今陕西大荔），隔黄河威胁河东。河东内应奋起，大杀叛军，叛军守将崔乾祐弃城而走。郭子仪渡河追击，乘胜取得了河东。随之，他击败叛军安守忠部，夺得永丰仓，打通了关中与陕地。

外围扫清，郭子仪出任天下兵马副元帅，会合其他部队以及回纥等军，先西进攻克长安，再东征夺回洛阳，为唐朝收复了二京。

在迎接郭子仪的仪式上，唐肃宗感激地对他说："这虽是我的家国，但实由卿再造！"

郭子仪对唐朝有再造之功，由此获得了殊荣，但也由此功高震主，使唐肃宗对他有了提防之心。乾元元年（公元 758 年），唐肃宗调集各路大军围讨镇守邺城（今河南安阳）的安庆绪。参加会战的将领中有九个节度使，其中以郭子仪与李光弼名望最高。然唐肃宗出于对他们的防范，却不设主帅，命宦官鱼朝恩为观军容宣慰处置使，负责整个战局。在唐军的猛攻下，邺城危在旦夕，然终因缺乏统一指挥，而功亏一篑。

次年，唐各路联军再与史思明大战。大战之间，忽起大风，飞沙走石，天昏地暗，以致难辨敌我，由此双方均遭惨重损失。郭子仪率部向河阳（今河南孟县）撤退，以确保洛阳安全。为推卸战败的责任，鱼朝恩竟向唐肃宗汇报，说是郭子仪作战不力。唐肃宗不辨曲直，召郭子仪回京，免了他的军职，让他在家赋闲。

然时属多事之秋，党项等羌人在长安以西地区不断挑出事端，京师受到了极大的威胁。不敢用郭子仪的唐肃宗，却想出了一个法子，让威震天下的郭子仪空顶那地区邠宁、鄜坊二节度使的名头，以震慑党项，但人仍留在长安。直到朔方军发生以拥护郭子仪为名义的兵变，唐肃宗不得已，才封了郭子仪汾阳王的爵位，让他以副元帅的身份，进驻发生兵变的绛州（今山西新绛）。郭子仪秉公处置了组织兵变的将领，同时解决了激发兵变的事由——军饷问题。

唐代宗登位，郭子仪再一次遭到了猜忌，被解除兵权，调回长安。

不久，安史之乱结束了，而吐蕃却以强劲之势，一路向长安攻来。此时，唐代宗才不得不重新起用郭子仪。然为时已晚，几乎没有什么装备和军队的郭子仪，难以抵挡二十万吐蕃大军的进攻，眼看长安陷落。可久经沙场的郭子仪却沉着应对，组织散兵游勇，用疑兵之计击退吐蕃，收复了长安。

这是郭子仪第二次收复长安，回到长安的唐代宗，惭愧地对他说："用卿不早，以致落入这般地步。"

郭子仪年事渐高，然在仆固怀恩联结吐蕃、回纥侵犯唐朝时，他还是显示了宝刀不老的威力。

仆固怀恩是员名将，在安史之乱中曾有大功于朝廷。渔阳战火熄灭后，他统朔方兵驻扎在汾州（今山西汾阳）。时朝廷衰弱，很是忌惮有大功者。仆固怀恩看得心寒，由此渐渐拥兵自重，暗与回纥联络，以为后盾。这本是仆固怀恩自保后路的做法，但事实上却产生了与朝廷二心的后果。河东节度使辛云京向唐代宗上了一道密本，说他勾结回纥有谋反的企图。得知消息的仆固怀恩，从此再也不敢入京。

无论仆固怀恩是否真的想反，起码唐代宗容不得他这一系列的行径，由此朝廷展开了对付他的讨论。讨论的结果是：仆固怀恩是郭子仪的旧部，若让郭子仪前去接管朔方军，仆固怀恩便将无所作为。

郭子仪奉命上路。然未等郭子仪到达，为摆脱绝境的仆固怀恩彻底亮出了反旗，发兵进攻太原。可他不仅没拿下太原，反遭到惨败，率残部逃往灵州（今宁夏灵武）。他干脆联结吐蕃、回纥、党项、羌、浑、奴刺等三十万众，大举向长安杀来。

尽管唐代宗已布置了阻击防线，然因实力对比过于悬殊，长安仍危在旦夕。在汾州妥善处置了朔方军的郭子仪，远程赶来。他借着自己巨大的威望，仅领数十骑进入回纥阵营，晓以大义，喻以利害，离间了回纥和吐蕃的关系。随后，反化回纥为盟军，又趁仆固怀恩暴病而死之机，大破吐蕃兵，粉碎了联军的进攻，成功地保卫了长安。

郭子仪的结局是圆满的，满门封王封侯，贵同皇室，以八十五岁的高龄，在唐德宗朝寿终正寝。

郭子仪与许多功臣一样，曾多次遭到君主的猜忌、冷落、摈弃，可他始终不为所动，随遇而安，保持着不卑不亢的态度。而当国家、民族、朝廷需要他时，他会不存任何芥蒂地出来效力。由此，化释了君主的疑心、同僚的嫉妒，成了历史上罕见的能保善局的大功臣。

李光弼和郭子仪齐名，世称“李、郭”。

李光弼，祖籍营州柳城（今辽宁朝阳），系契丹族。父亲李楷洛为契丹酋长，在武则天时入朝，有破吐蕃大功。

自幼长在长安的李光弼，成年后已相当汉化，喜读《汉书》，然他又保持着游牧民族的习性，爱弓马。他承父风踏入军界，以优异的将才，一路升迁上去，并得到唐玄宗时名将王忠嗣、哥舒翰的高度赏识。

安史之乱爆发，李光弼受到郭子仪的推荐，成为河东节度使，从此进入了他抗叛的生涯。

他打的第一个大仗，是围绕常山（今河北正定）展开的。常山是叛军从范阳南下的第一个战略要地，其直接关系到叛军的供给与后援问题，由此成了双方必争之地。至德元载（公元756年），李光弼从郭子仪那里分出朔方数千人，出井陉（今河北井陉西北），向常山逼近，常山民兵奋起响应，绑了叛军守将安思义，献出城池。史思明闻常山失守，亲自领兵二万，前来争夺。李光弼豪放地采纳了安思义的计策，以坚守与偷袭的战术，御敌四十多日。在郭子仪的增援下，终于击退了史思明。

常山解围，李光弼运兵河北，连连获捷，取得了大片土地。唐廷任命他为范阳大都督长史、范阳节度使。这项任命意味着，端掉范阳叛军老巢的任务已落到他的头上。然当他准备实施对范阳的战略进攻时，潼关失守，整个战场的形势发生了急遽的变化，他不得已放弃了这个战略意图。

唐肃宗在灵武登位，李光弼被授为户部尚书、北都留守兼宰相，受命退出河北，前往太原，声援灵武。他到了太原，首先关押了胡乱用权的侍御史崔众，整顿太原军队。时正值唐肃宗晋升崔众为御史中丞的诏书到，李光弼对使者说："崔众有罪，必须斩首，你若不宣诏，只斩侍御史，你若宣诏，当斩御史中丞。"使者吓得不敢拿出诏命。李光弼斩了崔众，威震三军。

太原是北方重镇，历来是兵家必争之地，叛军自然也来争。史思明合蔡希德等叛军大将，点兵十万，兵临太原城下。然李光弼的精锐部队已被抽去朔方，城内仅剩下一般部队，且不足万人。部下建议，面对强敌，当修缮加固城墙，以增强防御力。李光弼不以为然，他说："太原城方圆四十里，敌来再修，是徒劳我方。"他不死拘兵法，采取了敌变我变的机动战术。针对叛军集团冲锋，他制造了用二百人一起拉发的大石车，一炮打去，敌倒地一大片。针对叛军临城建造高楼，他开掘地道，使敌楼崩塌。针对叛军的嚣张气焰，他施以诈降，然后趁其松懈，发动突然袭击。结果，史思明怕了，自己离去，留蔡希德攻城。蔡希德更非李光弼的对手，在损失了七万人之后，望城兴叹了一番，也撤走了。

太原保卫战取得成功后，李光弼封为魏国公，被召入朝，受到了隆重的欢迎。

接下来，是他一生中最为痛心的一战，即九节度使合攻安庆绪之战。由于缺乏统一指挥，全军失利。他提出围点打援的计划，又遭到了鱼朝恩的否定。不出多时，史思明驰军来援，唐军再遭大败。惟独李光弼在实力消耗战中，取得了和叛军伤亡相当的战果。唐各路军败后，兵变为匪，沿着逃跑的路大肆抢掠，骚扰居民。也惟独李光弼军整齐地撤向太原，于民秋毫无犯。

旋即，他代郭子仪，被拜为天下兵马副元帅，镇守洛阳。

洛阳是史思明势在必得之地，他率重兵朝洛阳扑来。李光弼见双方实力对比悬殊，排斥了众人坚守东京的主张，主动领军向河阳（今河南孟县西）转移。史思明知李光弼善谋，见状不敢轻易逼近洛阳，待唐军全部有秩序地撤退后，才进了洛阳城。

李光弼转到河阳，史思明复遣军来攻。首次交战，唐军斩了叛军骁将刘龙仙。史思明为迷惑唐军，将他的良马循环地赶到河中洗澡，以示其兵强马壮。李光弼弄来几百匹牝马，将对方的良马全部吸引到了河阳城内。史思明派出火船来烧浮桥，李光弼令人用百尺长竿顶住火船，使火船自焚而尽。史思明全力攻城，李光弼亲自守城，以与将士同存亡的誓言，大大激发了士气，杀敌数千，迫使史思明下了撤退令。

河阳是洛阳外围重镇，河阳在唐军手中，洛阳自然不得安。本来，在唐军实力相对弱小时，能以河阳与洛阳对峙，在河南与叛军平分秋色，已算一件不错的事。可唐肃宗轻信鱼朝恩的一面之言，要李光弼迅速收复洛阳。李光弼奉命后，只能勉为其难，和仆固怀恩一同进攻洛阳。两人约定分兵合击，可仆固怀恩却违约未能到达指定地点。叛军乘唐军凌乱之际，打得唐军大败。李光弼遂被迫放弃河阳，向闻喜（今山西闻县东北）退却。

李光弼被改为河南副元帅、太尉兼侍中，领河南、淮南等八道行营节度，出镇临淮（今江苏盱眙）。在那里，他参加了收复洛阳之战，后又派部下镇压了浙东的袁晁起义。

李光弼极会用兵，逢战必三思而后行，故常能以少胜多。他为人严肃，治军严格，诸将对他不敢仰视。在代郭子仪领朔方军时，营垒、将士、旗帜一无所改，仅凭他一声号令，军容顿时焕然一新。

他战功赫赫，被推为中兴第一战功。

他是功勋卓著的名将，很自然地遭到了朝廷的猜忌，可他对付猜忌的办法，与郭子仪大不一样，他呆在地方，尽量不入京，对朝廷的有些危难坐视不救，以求自保。因他的这种表现，部将田神功等人对他的敬畏态度大有变化，从而使得他抱愧成疾，郁郁而终，年仅五十七岁。

六一

唐代宗

唐代宗李豫，原名俶，封广平王，当初其父唐肃宗在灵武登位后，他被拜为天下兵马元帅，是实际主持抗叛的领导人。

李豫有着出色的组织能力，且以恩信深得人心。时叛军声势强大，官军屡屡败北。为扭转战局，他和前来为唐助战的回纥叶护王子结为兄弟，使本有超级战斗力的回纥军更加奋勇作战，配合官军，取得了恢复长安的关键一战——香积寺大战的胜利。

然回纥不是完全出于道义来援唐的，其附加着苛刻的条件，即攻下长安与洛阳二京后，土地、民众归唐，而金帛、女子皆归回纥。由此，在进入长安前，叶护王子要求兑现协议。

李豫却要求暂缓兑现，说："今刚得长安，若进行扫掠，洛阳之人闻讯，必为叛军死守，请到洛阳再如约。"

叶护王子听他言之有理，不但同意，且表示愿意再为唐攻打洛阳。攻下洛阳后，李豫再说动叶护王子，用万匹锦罗替代了协议内容。如此，避免了回纥的劫掠，保护了二京民众的生命财产。

李豫的功绩，天下有目共睹，各族盛称："广平王真华、夷之主！"

唐肃宗驾崩后，李豫以太子身份即位。然他所面临的形势，仍是外忧内患。这外忧内患，可分两层来说：一层是从国家来说，外有吐蕃之忧，内有叛军之患；另一层是从朝廷来说，外有叛军之忧，内有宦官之患。

为真正建立至高无上的皇权，唐代宗首先着手解决身边的李辅国专权问题。

李辅国可谓是帮助唐代宗登位的大功臣，他居着这功，比在唐肃宗时更加飞扬跋扈。朝中事无大小，一切均由他拍板。公卿百官入朝，得先拜见他。

至此，李辅国还不满足，公然要唐代宗当空头皇帝，嚣张地说："陛下但居禁中，外事听老奴处分。"

唐代宗装着不和李辅国计较，并以将欲夺之必先予之的韬略，加倍地尊重他，敬称他为"尚父"。唐代宗谦恭的态度，使李辅国放松了戒备。时当初和李辅国合为一伙的另一大宦官程元振，因一没得到令他满意的回报，二遭到李辅国欺人太甚的压制，逐渐生出怨恨，常常向唐代宗检举李辅国的劣行。见宦官集团内部开始分裂，唐代宗笼络禁军军官，向李辅国开刀了：用左武卫大将军彭体盈取代他各种要任的头衔，用右武卫大将军药子昂取代他判元帅行军司马的头衔，从经济到军事，剥夺了李辅国的权力，由此间接剥夺了他的政治权力。

此后，唐代宗名义上赐给李辅国一所外宅，实际是将他从宫中给撵了出去。李辅国搬出宫后不久，就被人给暗杀了。此案最后不了了之，很多人认为，这是唐代宗派人所为。

李辅国被除去之后，程元振替补了上去。他的气焰比李辅国有过之而无不及，大肆贪污受贿，排斥不肯顺从的将相大臣。宰相来瑱早先在地方任节度使时，曾拒绝过程元振的索贿，由此被诬告为和史朝义叛军有勾结，致使遭到流放，复被赐死。程元振的专权，使朝中有功者均处在阴云的笼罩之中。

内廷如此,边境的形势更吃紧。自安史之乱爆发,唐廷为抗击叛军,将西北戍边部队全都调往了内地,使西北成了军事真空地带。一直在伺机发展的吐蕃,趁机进行蚕食。广德元年(公元763年),吐蕃兵入大震关(今陕西陇县西),尽取河西、陇右地区。如此,凤翔(今属陕西)以西,邠州(今陕西彬县)以北,全部丢失。吐蕃得了大片土地,并未打住,又以二十万部队攻克泾州(今甘肃泾川),直向内地深入。进到奉天(今陕西乾县)等地,长安为之震动。

唐代宗仓促调动军队,急命雍王李适为关内元帅,郭子仪为副元帅,领军出镇咸阳(今属陕西)。然唐军寡不敌众,连传败报,遂使长安暴露在吐蕃军之前。唐代宗见无力守卫京师,不得已放弃了长安,向陕州(今河南三门峡西)流亡。

长安陷落。

逃到陕州后,朝廷依然被程元振所掌握。他先前隐匿吐蕃东侵的消息,致使唐廷没能及时调军抵抗。此时,他为了遮盖自己的过失,竟然多次向唐代宗打小报告,说郭子仪用兵不力,居心不良,将有不利于朝廷的图谋。郭子仪迫于谗言,上表请求解除他副元帅和节度使的职务,以明心迹。唐代宗没同意,复下诏调发各路兵,要求立即前来驰救。诏令下达后,拥有重兵的李光弼等将领,因恨程元振专权害人,拒不前来。

程元振不去,唐难未已。一腔热血的太常博士柳伉认为程元振罪大当诛,然程元振之所以能专权,问题出在唐代宗的怂恿。他冒死向唐代宗进言说:“吐蕃长驱直入,兵不血刃进入京师,烧杀抢掠,武士无人力战,此是将帅叛陛下;朝廷宦官当政,大臣被疏,酿成大祸,群臣无人犯颜直谏,此是公卿叛陛下;陛下出京,百姓不以为忧,此是百姓叛陛下;诏征诸道兵,四十天来竟无军队前来,此是四方叛陛下。若要转危为安,必得斩程元振，然后下罪己诏，以示改过自新。”

这一席话，唐代宗只是采纳了一小半，仅削去程元振的官爵，放归原籍。

尽管唐代宗很有保留，但还是激励了各路将帅。勤王兵从各地赶来，对吐蕃军进行了攻战。郭子仪在商州（今属陕西）组织了军事大反攻，终于将吐蕃赶出了长安。

唐代宗从陕州返回长安。程元振闻讯，想东山再起，扮成女人潜往长安。走到半路，被京兆府拿获，以图谋不轨的罪名，被唐代宗处以长期流放。

同年年初，叛军的最后一任皇帝史朝义自杀身亡，历时八年的安史之乱终告结束。无论唐代宗功过如何，这大战乱的结束，当给他添了不少政治光辉。

安史之乱的平定，吐蕃军的被逐，虽是全国军民抗战的成果，但在将帅之中，尤以郭子仪和李光弼建功最多。在这二人中，当以郭子仪居前。他是挽救唐廷的中兴之臣，曾经有过多次自立为天子的机会，都被他拒绝了。对这样的大功臣，唐代宗无以为报，只得搬出尚书令相酬谢。尚书令一职，是最高的宰相，因李世民曾领过此职，故后来长期被空缺，已成为惯例。直到唐代宗登基伊始，为提高太子李适的实际政治地位，有利于对叛军的抗战，才将尚书令一度授予李适。郭子仪懂得尚书令几乎已是唐皇室的禁脔，对如此的酬谢，他是无论如何不敢接受的，坚辞了三次给辞掉了。

其实，唐代宗给郭子仪尚书令一职，不是真给，若是真给，郭子仪是推辞不掉的。他是借这酬谢，试探郭子仪，试探其到底是忠心耿耿的纯臣，还是包藏野心的奸臣。他更是借这酬谢，试探天下人心，这江山社稷究竟

唐代宗李豫不护昇平公主　唐代宗的女儿昇平公主与郭子仪的儿子驸马郭暧吵架，郭暧动手打了（金枝）昇平公主，并说："你靠父亲做皇帝就显威风了吗？我父亲才不高兴当皇帝呢！"昇平公主一气之下将郭暧对皇帝不敬的话向父皇哭诉。代宗没有袒护她，说："你才不懂哩！他父亲要是真愿意做皇帝，天下还会是你家的吗？"郭子仪知道后，将郭暧亲自绑来向代宗请罪，代宗笑着说："俗话说'不痴不聋，不作家（读姑）翁（即家长）'，儿女们吵架，何必当真呢！"

仍是李唐皇室的囊中之物，还是已潜伏着改易他姓的危险？有了这一试，他多少放了些心。

从郭子仪而言，对于皇位，他不想要，更不敢要，在长期的平叛斗争中，他认清唐皇室依然有着强大的人心基础。由此，他给自己设立的人生最高目标，只是建功立业，建大功、立大业，封王拜相，封妻荫子。

对皇位归属问题的潜在争议，不仅存在于唐代宗与郭子仪君臣之间，且还存在于他们的晚辈之间。为笼络郭子仪，唐代宗将自己的女儿昇平公主，嫁给了郭子仪的儿子郭暖，从而君臣成了儿女亲家。

小两口闹别扭，昇平公主自恃金枝玉叶，羞辱郭暖。郭暖气不择言，脱口说："你不过仗你父为天子，殊不知，我父还不愿为天子！"

昇平公主入宫向唐代宗告状，得到的回答却是："郭暖说得极是，若其父愿为天子，恐天子轮不到你家！"

郭子仪闻讯，急忙入宫请罪。唐代宗反安慰他说："不痴不聋，不做家翁。儿女闺房之言，不值计较。"

郭子仪为化释唐代宗的猜忌，回府将郭暖责杖了一顿。

后京剧界根据这故事，编了一出《打金枝》。

唐代宗在位共十八年，在位期间，他做了些有利民众的事。

六二

唐德宗

唐德宗李适，是唐代宗的长子。前为雍王时，出任天下兵马元帅，有破史朝义与收复洛阳之功。

在唐德宗登位后，虽安史之乱结束已有些年头，然大乱给唐王朝带来了极其严重的后遗症，许多藩镇以半独立的形态，与中央政府分庭抗礼。统一只是流于表面，分裂的因素深深地布满了大地。

作为一个负有将国家真正实现统一使命的君主，唐德宗出台了一系列抑制藩镇的措施，并努力促使其产生效果。对许多藩镇首领而言，唐德宗的措施是致命的，他们不甘坐以待毙，遂以明的、暗的、软的、硬的各种方式，继续负隅顽抗。彼此之间由是爆发了大冲突，再一次激起了政治大动荡，动荡的规模虽不及安史之乱，然其负面效应深刻地影响了唐朝中晚期的运势。

藩镇半独立的割据，基本上是节度使、留后父子相传，或拥兵自重，然后逼请中央政府加以承认。唐德宗为分化瓦解藩镇间的联合，有时承认了些一时难以对付者，有时则相机予以拒绝承认，有时让藩镇间互相攻伐。他的这种方略，在收到了一些效果的同时，也种下了让藩镇更加轻视中央的恶果。

建中初期，镇冀镇也称成德镇（今河北部分地区）李惟岳、淄青镇（今山东地区）李纳相继擅承节度使之职，唐德宗皆予以拒绝。由此，这二镇联合山南东道（今四川、陕西、河南部分地区）梁崇义、魏博镇田悦共同反唐，形成了“四镇之乱”。在被唐德宗派兵粉碎后，继而卢龙镇（今河北部分地区）朱滔、成德镇王武俊、魏博镇田悦、淄青镇李纳分别称冀王、赵王、魏王、齐王，形成新四镇反唐联盟，推朱滔为盟主。唐德宗再次进行讨伐，由于军事上失利，被迫颁发了赦免令。四镇取消了王号，在名义上臣服唐朝，实际却加深了割据程度。

建中三年（公元 782 年），淮西镇（今河南部分地区）李希烈，因征讨梁崇义有功，却未得到他想得到的地盘，遂自称天下都元帅、太尉、建兴王，闹起了独立。朱滔、王武俊、田悦等人为了自身的生存，纷纷遣使劝李希烈称帝，彻底与唐决裂。次年，李希烈正式反唐，并付诸军事行动，连取汝州（今河南临汝）、安州（今湖北安陆）等地。

李希烈的行为，是唐德宗绝对不能容忍的，他令左龙武大将军哥舒曜领军万人，前去征剿李希烈。可随着战局的展开，却是李希烈用兵三万，将哥舒曜团团围在了襄城（今属河南）。

为解襄城之围，唐德宗调泾原（今甘肃固原地区）兵来长安，准备在整顿后发往河南。泾原兵本以为到了天子的脚下，可获得丰厚的赏赐，以安顿家小。然事实让他们很是失望，唐德宗只是拿出了一些微薄的东西来打发他们。泾原兵愤怒了，他们推曾为泾原节度使的朱泚为首，发动了兵变。唐德宗仓促之下，逃往奉天（今陕西乾县）。与此同时，李希烈攻陷襄城，并于年底拿下了汴州（今河南开封）。

朱泚是朱滔之兄，他早年是安史之乱中叛将李怀仙的部将，在归顺唐朝后，建过不少功勋，被加中书令的头衔，镇于凤翔（今属陕西）。朱滔反唐，用蜡书与他联系，被唐军截获。唐德宗将他召回长安，名为安慰，实际

唐德宗李适发布“罪己大赦诏” 唐德宗是一个刚愎自用，又猜忌功臣的皇帝。建中四年，德宗调派泾原兵去解围。路过长安时因愤于赏赐招待不周，泾原兵冲进京城；在德宗带着嫔妃逃至奉天后，又发兵围攻奉天。坐困孤城的德宗只好发布“罪己大赦诏”，自己揽下了罪责，直至李晟收复长安，才回京掌朝。

是软禁了起来。当泾原兵来推戴他，一系列的前因后果，促使他同意了做他们的首领。

基于各地反唐的形势，朱泚在长安大明宫宣政殿登上帝位，国号大秦，改元应天。他致函联络朱滔，要求会师洛阳。随即，他率兵进攻奉天，围城数十天。然勤王的唐军从四处赶来，在澧泉（今陕西礼泉）之战中他遭到大败，被迫退回长安。

唐德宗正可望实施反击，以收复长安，不料前来救驾的朔方节度使李怀光，也因对唐廷不满，反与朱泚联成一气，反戈指向唐德宗。唐德宗再逃，逃往梁州（今陕西汉中）。朱泚为拉拢李怀光，定约分帝于关中，永为邻国。然在李怀光反唐后，其内部开始分化，朱泚遂对李怀光以臣相待，加上邻近唐军的威胁，从而气得李怀光远走河中（今山西永济西）。

在唐德宗与朱泚的对垒中，名将李晟发挥了重要的作用。李晟因破吐蕃之功，官拜右神策都将军，在救援奉天的行动中，他又是一马当先。在李怀光兵走河中后，他挥大军逼向长安。

朱泚无力抵御，领众弃城向吐蕃逃窜，一路上人马不断流散，到了泾州（今甘肃泾县西北），只剩下百余骑。他所委任的泾原节度使田希鉴，闭门不纳。转向宁州（今甘肃宁县），复遭到刺史夏侯英的拒绝。再投彭原（今甘肃宁县西北），被部将杀死。一场皇帝梦就此破灭。

唐德宗收复长安的当年，也即兴元元年（公元784年），李希烈在汴州称帝，国号大楚，改元武成。李希烈设计的战略，是攻下江淮，取得南方与北方之间的运输线。他以大将杜少诚为淮南节度使，前去操作这个战略。然而，杜少诚先失于寿州（今安徽寿春），再败于蕲州（今湖北蕲春），几乎是全军覆没。此外，给杜少诚打配合的骁将董侍，也在鄂州（今湖北武汉）被唐军击溃。

李希烈连连受挫，不得不放弃了经营江淮的战略，改向就近在河南发展。可是，他仍是一败涂地。他亲率大军五万，在宁陵（今属河南）与唐军激战四十五天，失利而退。其将翟崇晖兵围陈州（今河南淮阳），战败被俘。其滑州（今河南滑县）刺史李澄见李希烈屡战屡败，归降唐军，致使汴州正面洞开。唐军向汴州推进，李希烈奔走蔡州（今河南汝南），汴州为唐军所得。

贞元二年（公元786年），李希烈在进一步的失败下，食牛肉致病。其将陈仙奇让医生陈仙甫毒死了他，举城归降了唐军。

两个伪皇帝虽都归于覆灭，然藩镇割据的格局仍未能得到有效的抑制，这种态势一直延续到唐德宗的身后。

唐德宗君临天下共二十六年，算是在位比较长的君主。然他的大多数时间，都耗费在与藩镇的对抗之中，却少有建树。在他的晚年，由于对朝臣的猜忌，开始大力依靠宦官，遂致使在唐代宗之时遭到沉重打击的宦官势力，重新开始抬头。宦官取得了禁军的控制权，在朝中极其飞扬跋扈。

宦官不仅把持朝政，且危害于民众。其危害民众最烈的，莫过于宫市。先前，宫中所需物品，均由官吏到长安市场上去购买。宦官见此有利可图，遂夺取了宫市之权。他们购买物品，并不按照买卖原则，而是凭借权势，低于市价收进，或巧取豪夺。人称“名为宫市，其实夺之”。最典型的一事是，有个农夫，驾驴驮着柴薪到市场去售，宦官见了，用区区数匹绢强行买下，并让农夫将柴薪送入宫中。入了宫门，宦官索要入门钱，农夫大哭，无奈以绢相给，宦官不肯受，竟要他的驴子。驴子是农夫的命根子，由是拼死相争，打了宦官。事情报到唐德宗那里，他出于名声的考虑，废黜了当事的宦官，赐了农夫十匹绢。然事情过后，他依然听任宦官把持宫市,夺民财物。

其实,得到宫市最大利益的,不是宦官,而是唐德宗自己。藩镇把握地方财政,赋税贡入有限,唐德宗用度紧张,在财政拮据的状况下,他已难顾天子的尊严,将廉耻丢在了一边,与小民争起了利。

出于对财政的改革,唐德宗采纳了杨炎的二税法。然在二税法之中,他又加进了间架税、茶税等苛捐杂税,以搜刮民脂民膏。

史家对唐德宗的评论是:他极力想做个至圣至明的天子,然实际效果恰恰相反,昏庸地用了许多小人,靠着幸运才维持了统治。

六三

理财家刘晏

一国之命脉，在于经济。唐朝之繁荣，得力于经济。掌管与调整经济事务，时称理财。唐朝前后出了许多理财家，刘晏是其中的佼佼者。

刘晏，字士安，曹州南华（今山东东明东北）人。他进入仕途，进得相当奇。八岁那年，唐玄宗到泰山封禅，他随着一起去，在途中献了一篇颂词。唐玄宗见他年幼，甚是惊奇，让宰相张说测试他的才华。测毕，张说汇报说："这是国瑞。"唐玄宗立即授他为太子正字。公卿们将他视为"神童"，争相宴请，由此名声大振。

虽以文学叩开了仕途大门，然刘晏最感兴趣的，却是经济。对此，他花了相当大的工夫去研究。他研究经济，不是从纯经济出发，而是将经济与时代背景密切地联系在一起。当他被授为夏县（今属山西）县令后，他将他的研究所得，在县内进行了实验。实验的效果非常出色，不用他督促，当地的民众便自动地缴纳赋税，一时称为美谈。他对经济有着一套独到的看法，然其宗旨却是利民，这与其他理财家刻剥民利，形成了鲜明的对照。由此，在他转任温县（今属河南）县令后，受到了民众刻石的颂扬。

正当刘晏要为盛世进一步贡献经济才华时，安史之乱爆发了。他避难于襄阳（今属湖北），在江南准备另起炉灶的永王李璘，看中了刘晏的理财能力，任命他为高官。可刘晏拒绝了非正统的李璘，投到唐肃宗的阵营。他被拜为度支郎中，兼侍御史，领江淮租庸事，由此负起了经营南方对唐廷运输线的重责。然他到达吴郡（今江苏苏州）后，李璘的兵锋已经逼来，他利用各种政治势力的矛盾，为唐廷保存了这块土地。

在以后的岁月中，他出任过地方长官，也担任过中央负责经济的要职，他虽做出了一些成绩，受到舆论的好评，然由于官场的倾轧，几经沉浮，终未能在经济领域中大显身手。

唐代宗登位，刘晏以宰相衔领河南江淮转运、度支、盐铁、铸钱、租庸、常平使，集经济事务与大权于一身。他所领之事都是要务，然要务中的要务，是解决关中缺粮的问题。

自战乱以来，运河漕运几乎中断，首都所在地关中需要的粮食，只能从长江、汉水等地辗转运来，由于运输困难，致使关中粮食十分紧张。每斗米值千钱，当地农民用麦穗供应禁军，宫中有时竟也遇无米之炊。

刘晏为解决这问题，不避千辛万苦，亲自在运河线路上勘探了一遍，全面地了解了情况。随后向宰相元载上了一道书，提出重新整治运河，恢复原有的漕运。此事本在刘晏权限之内，然他为避免其他方面的掣肘，以及嫉妒之人的谗言，而请求元载的支持。此事因有利于宰相的政绩，元载批准了刘晏的计划。刘晏又为了取得沿途地方的支持，和各节度使确定了漕粮的分配数额。在上下一致的支持下，刘晏组织力量疏浚了淤塞的运河段落。接着，恢复了运河的漕运。

他的成绩是喜人的，每年向关中输送四十万斛粮食，赢得了唐代宗的高度赞扬。从此，不论关中是否遭受水旱，粮食保持了合理的价位。

在重新开通运河漕运后，刘晏为向关中运送更多的粮食，在漕运的粮耗上做起了文章。他通过实地调查，注意到江、汴、河、渭各大水系的水力存在着很大的差异，漕运从江南直达关中，因路途遥远，舟船朽毁，一路损失不断。对此，他作了分段处理，在各大水系之间设立粮仓，以作中转之用。其具体的安排是：江船至扬州（今属江苏）而止，汴船至河阴（今河南郑州西北）而止，河船至渭口（今渭水入河口）而止，渭船通达长安。由此，在漕粮总数不变的前提下，运送到长安的粮食增加到百余万斛。

国以民为本，在农业社会，人口多少，决定着劳动力的多少，而劳动力的多少，则决定着国家的赋税收入量。由于战争，战后人口遽减，加上藩镇割据，隐匿其治下的民户，遂使天下户口数下跌百分之六七十。

为此，作为一个理财家，刘晏推出有力的措施，促进民户的增长，以改变民户凋零的状况。他在诸道设立巡院官，以及时反映各地丰灾的情况，并在丰年以高价收购粮食，在灾年低价出售粮食，以保证农民的利益。此外，遇到特大的灾害，官府减免赋税，或出面赈济，使农民有生活的保障。在如此利民的措施下，民户有了显著的增长。

在刘晏刚出任转运使时，天下户口仅有二百万户，到了他的晚年，增到三百万余户。民户的增长，相应地提高了国家的赋税收入，从年四百万缗，提到了一千万缗。

对盐业的整顿，刘晏的成绩也是有目共睹。对民生而言，盐是仅次于粮食的生活必需品。由于以前缺乏统筹的盐务，致使私盐泛滥，民众负担加重，而国家的盐税收入大减。

刘晏对盐实行了专卖法，并辅以灵活的方法。他于产盐之地设置盐官，收购盐户生产的盐，然后转卖给盐商，由盐商分售于各地。此外，对一些距离产盐地较远的地区，为防止盐商在那里牟取暴利，将官盐运送到那里储存起来，于盐价过高时投入市场，均衡盐价，此称为常平盐。

在刘晏主持盐务后，国家盐税大增，仅江淮地区，就从六十万缗，增加到六百万缗，而民众不仅保证了用盐，且对盐的开支大减。相比之下，不属于刘晏管辖的地区，盐价却一直居高不下，如盛产池盐的河东地区，其盐利不过八十万缗，盐价超过了江淮的海盐。盐务的妥善处理，在相当程度上，抑制了私盐的贩卖。当长安有一次盐价腾贵时，他奉命急调外盐以济长安市场，由于他真正控制了盐务，从扬州调盐入京，仅用了四十天，被长安居民视之为"神"。

对调节市场，实现贡赋的真正价值，刘晏也自有他的独到之处。各地出产不一，而有些产物在当地价钱较贱，尤其是人烟稀少的地方，所产之物更是不值钱，当这些产物被当做贡赋，经过长途转运，送到首都后，其运输价已超过产物本身的价值。刘晏让当地政府收购产物，折算成货币，然后将货币贡入首都。仅江淮地区，每年即可贡入十余万缗。

与其他掌管经济事务官员最大的不同处，在于刘晏能及时掌握各地市场的行情。他派了诸道巡院官驻在各地，随时注意各地市场的变化，一有变化，便通过严密设置的快马、驿站系统，立即迅速通报于他。不出数日，他便能知晓各地市场的变化情况，由此能让各地市场互通有无，以平衡物价，繁荣市场。他自称，这种办法，简直像钱在地上流一般。

刘晏的成功，在于他的敬业精神。他几乎没什么业余爱好，而将自己完全融入到了经济事务中。每日上朝，在马上筹算，处理事务，直到半夜，连休息日也如此。不论事情多么繁杂，当日事必当日毕。他的居所，极为粗糙简陋，饮食毫不讲究，甚至连一个侍候的奴婢都没有。

大历时期，人称军国费用全仰仗于刘晏。换句通俗的话说，刘晏是唐代宗时代的"财神爷"。

他理财多年，为做好理财工作，他群策群力，集思广益，并强调"办集众务，在于得人"，从而培养了一大批的理财人才。在他死后二十多年，他所培养的人才，如韩洄、元琇、裴腆、包佶、卢徵、李衡等，相继掌管了财赋。

刘晏用人，有个原则，即只用士人，不用俗吏，他对此的解释是："士有爵禄，从而名重于利；吏无荣进，从而利重于名。"此外，他还将大量财货馈送给天下名士，名士们由此到处为他美言，提高了他的名声。

在唐德宗即位后，兴许是一朝天子一朝臣的缘故，刘晏开始走下坡路。他以前曾与杨炎一起在吏部共过事，两人矛盾极深。在元载获罪后，他奉命进行审讯，乘机将杨炎赶出了中央。君位更迭，杨炎东山再起，为替元载报仇，更为自己出气，以刘晏谋立妃子为皇后，和朱泚通谋等罪名，说动唐德宗将他贬为外官，再予以赐死。

刘晏死得冤，天下皆为他喊冤。

六四

杨炎与二税法

中国经济史上，曾有过两次影响深远的改革，一次是“二税法”，一次是“一条鞭法”，前者是唐朝的杨炎推出的，后者是明朝的张居正推出的。

因这“二税法”，杨炎的大名得以传之后世。

杨炎，字公南，凤翔（今属陕西）人。他的父亲杨播是唐玄宗时代的进士，然中举之后，却厌恶官场，做了隐士，诏举为谏议大夫，又弃官回了家乡，自号玄靖先生。杨炎长得一表人才，文章极具雄气，处世极具豪气。人以为他肖似其父，有隐士之风，遂送了个雅称，叫“小杨山人”。

其实，杨炎与其父根本不同，有着强烈的官场情结。他凭着才华，在仕途上平地一路做去，在唐代宗时期，直做到中书舍人。他和常衮一起知制诰，常衮擅长起草任命官员的诏书，杨炎擅长起草天子施行恩命的诏书，两人各有千秋，人并称为“常、杨”。

他和宰相元载是同乡，凭着这层关系，他被授为吏部侍郎。同乡多得很，元载看中杨炎，是看中他的政治才干，以培养自己的继承人，故而待他亲近无比。然当杨炎完全踏上元载这条船后，却因元载获罪被诛灭，受到株连，被近似于流放地贬为道州（今湖南道县）司马。

人被贬到远方，却因他所撰写的《李楷洛碑》而峰回路转。这碑写得气势宏大，是一篇难得的佳文，时尚为太子的唐德宗爱之不舍，将它镶嵌在东宫的墙壁上，每日诵读把玩。到他登位，已萌生了起用杨炎的意思，加上宰相崔祐甫的极力推荐，便把杨炎调回中央，以门下侍郎带宰相衔。

有风度，有才干，有文名，有时誉，在杨炎被拜相后，天下舆论反应强烈，认为从此有了个为民谋利的贤相。

从流放地调回中央，从犯官一举成为宰相，平步青云的杨炎，有了宽阔的舞台作为用武之地。然而，他与刘晏一样，以文学崭露头角，却以经济之才大展身手。而唐德宗寄希望于他的，也正是这一点。

杨炎面对的经济问题，主要是战后经济秩序的紊乱，以及经济政策与时代潮流的脱节。他由此入手，以前所未有的勇气，作出了一系列的大改革。

他首先处理的，是天下财物归朝廷所有，还是归天子所有的难题。

在战前，天下财赋贡送首都后，全部被储存于由朝廷掌握的左藏库，由太府按时核实呈报，由尚书省的比部复查出纳，从而账目相当清楚。战后，理财家第五琦出任度支、盐铁使，主管左藏库，京师的禁军将领杜撰种种理由，无限制地申请调拨财物。迫于他们的淫威，第五琦无法拒绝，然又恐入不敷出，遂想出了一个不是办法的办法，将财赋从左藏库转移到大盈内库。大盈内库是天子私用之物所藏之地，在财赋进入大盈内库后，天子从此得以自由支配，自由取用，再不受太府、比部的节制，宦官们乘机在内制造了许多弊端。时称："自是天下公赋为人君私藏。"

杨炎以为："财赋，是邦国大本，人的喉舌，其关系到天下的治乱。"他要求唐德宗以天下为重，恢复财赋归左藏库的旧制，杜绝宦官的舞弊，让财赋重新成为天下的公物。为说服唐德宗，他作了一些让步，提出了妥协条件，先计算宫中的开支，然后由朝廷尽数调拨，以满足天子的私用。唐德宗见自己的私用得到了保障，并可显示他有天下为公的胸襟，由是同意了杨炎的主张。

这一步的成功，使杨炎有了足够的政治资本。

有了足够政治资本的杨炎，接着，干了一件更让朝野震动的大事，改革因均田制破坏而不合时宜的租庸调制，推出焕然一新的“二税法”。

唐朝前期，继承了北周、隋朝的土地制度，实行的是均田制。

均田制以人丁为基础。其规定男子按年龄分为五个等级：始生为“黄”，四至十五岁为“小”，十六至二十岁为“中”，二十一至五十九岁为“丁”，六十岁以上为“老”。

受田的规定是：丁男、中男各一顷，其中二十亩为永业田，八十亩为口分田。老男、残疾者四十亩，寡妇三十亩，如是户主，则为五十亩。道士、僧人三十亩，女冠、尼姑二十亩。官奴婢受田减百姓之半。百姓一家超出三口，给园宅地一亩，另外，每增加三口，加一亩。奴婢一家五口给园宅地一亩，每增加五口，加一亩。口分田在受田者死后交还国家，永业田可传给子孙。永业田每亩得种桑五十株以上，榆、枣各十株以上，以三年为毕。授田的原则是：纳税者优先，贫民优先，无地者优先。

国家在均田制的基础上，实行了相应的赋税征收制度，即租庸调制。租庸调制规定：租是每丁年缴纳租粟二石。调是缴纳帛二丈、绵三两，或麻布二丈五尺、麻三斤。庸是每丁年服役二十天，无事则每日折绢三尺或布三尺七寸五。有事加役，超过十五天免征调，超过三十天，租调全免。而正役和加役加在一起，不得超过五十天。遇自然灾害，收成减少十分之四以上，免调；减少十分之六以上，免租调；减少十分之七以上，租庸调全免。

均田制实行以来，尽管实际情况有些出入，但基本保证了人均有田。而国家通过租庸调的征收，也保证了基本的财政收入。

然随着官僚经济、寺院经济、豪强经济的发达,土地兼并日益严重,大土地私有化日甚一日,小农纷纷失去土地。富户丁多,或以官职,或冒僧名,或勾结官府,以逃避赋税。贫者丁多,无力负担,或逃亡他乡,或依附富户,以逃避赋税。从而均田制逐渐变得徒有虚名,国家的租庸调的征收逐渐难以落实。尤其在安史之乱后,各级官吏假借征收租庸调,弄出许多苛捐杂税,以中饱私囊。以致农民无法生存,被迫铤而走险;朝廷财政拮据,捉襟见肘。于此之际,不改革赋税制度,国难望治日,民难望宁日。

杨炎针对这种情况,并鉴于各地没户籍的浮户,远远多于有户籍的定居者,遂以此为基础,废除了以丁为对象的租庸调制,改行"二税法"。

二税法的基本内容:一是量出为入,即国家根据每年的财政开支,先度算出数目,然后按这数目摊派税额,下达州县各自执行;二是取消原户籍限制,均按实际居住地登记户籍,不再区分年龄,而以贫富也即每户实际财产的多少来划分户等,作为承担税额的依据;三是土地税的征收,以每户在大历十四年土地占有的情况为准;四是户税、地税按夏、秋两季缴纳,夏税不过六月,秋税不过十一月。

二税法是根据现实经济状况而制定的,它较为实际,适应了经济变动的形势。它使国家扩大了税源,扩大了纳税对象,从而极大地改善了国家财政拮据的窘况。它也减少了无地者的赋税负担,同时取消了名目繁多的苛捐杂税,抑制了贪官污吏的横征暴敛,使民众稍稍得以安居乐业。

然而,在完全凭人治的社会中,任何制度的推行,在一段时期后,总会遭到人为的破坏和篡改,以致正面效应与负面效应发生极大的改变。二税法也是一样,在日后长期的施行中,被附加了盐、铁、茶等税,使二税法变得面目全非,再一次导致了唐朝经济制度的紊乱,进而激起了社会矛盾的大爆发。这是后话,在此带过。

二税法推行的成功，使杨炎走上人生辉煌的巅峰。

可是，巅峰过后，杨炎却面临了深渊。俗话说，宰相肚里好撑船。然杨炎这个宰相，心地却极其狭窄，受不得一点委屈，睚眦必报。他早先刚踏入仕途，就凭着河西节度使吕崇贲的宠信，将曾侮辱过他的县令李太简打了个半死。和刘晏结仇后，又进谗言，害死了刘晏。然他不懂政治之道，为对付舆论，竟将害死刘晏的责任推给了唐德宗。唐德宗为此极为愤怒，先将他贬为崖州（今海南琼山东南）司马，走到半道，又将他赐死。

杨炎害了刘晏，又因刘晏事被唐德宗处死，这是他始料未及的。

六五

卢　杞

中国传统政治对臣子的评判，历来以忠奸为准绳。然将这准绳用到极致，当以欧阳修、宋祁领修的《新唐书》为一巅峰。其典型的一例，是泾渭分明地将卢弈、卢杞父子分别列入了《忠义传》与《奸臣传》。

卢杞，字子良，滑州灵昌（今河南滑县西南）人。祖父卢怀慎，是唐玄宗开元初期的宰相，以清廉谨慎著称，时称为贤相。父亲卢弈，天宝末为东台御史大夫，坚守洛阳，为安禄山叛军所害，人誉为忠臣。靠着父祖的德业，卢杞以门荫入仕。

卢杞的长相极为丑陋，且面带蓝色，被有些人视之为鬼。然他生活不讲究，不嫌旧衣粗食，人们以为他继承了卢怀慎的清俭之风。他又极富口才，说来滔滔不绝，很能打动人。凭着这两点长处，挽回了面貌的短处，一路升扬，周历了从中央到地方的要职。只有郭子仪对他抱有戒心。这个功勋卓著的中兴之臣，用奢靡来显示他无政治野心，常被歌姬丝竹所环绕，并在这场景中接见百官群臣。他病重之际，卢杞来访，他屏去所有的美女侍从，单身相见。事后，家人问是何故，他解释说："卢杞面丑，左右见了必笑，然他心险，一旦得权，恐有灭族之祸。"

卢杞在政治上的飞跃，起于当虢州（今河南灵宝）刺史。他向唐德宗上奏，说本州有三千头官猪，影响当地居民的生活。

唐德宗令移往同州(今陕西大荔),然卢杞答复说:“同州之民也是陛下的百姓,臣以为用为食。”

唐德宗感动地说:“官在虢州而忧他州,真是宰相之才!”

遂下诏将官猪赐予贫民,调卢杞进中央担任御史中丞。

做了御史中丞的卢杞,很能揣摩唐德宗的心理,故而每有奏事,必切中唐德宗的想法。由此,一年后就升为御史大夫,又没出数十天,被拜为宰相。其升腾之快,成为朝中的一大奇事。

人们以为卢杞升腾得快,而他自己却认为是历经了磨难,这磨难主要是,面貌丑陋而遭到的歧视,学术低下而遭到的蔑视。他得了志,便开始报复,以发泄积累已久的愤恨。他痛恨贤臣,痛恨能臣,痛恨仪表堂堂之臣,只要稍不如意,便排挤打击,甚至将他们置于死地。

一同为相的杨炎,看不起他,托病拒绝一起就食。此外,又在政事上发生了一些分歧。不到半年,卢杞拉拢大理寺卿严郢,擢他为御史大夫,一同对付杨炎,直到将杨炎弄死为止。

另一宰相张镒有才有望,并素得唐德宗信任。卢杞嫉恨,却难以进谗言,乘陇右用兵之际,请用张镒领军前往,唐德宗没同意,再寻故推荐张镒出镇凤翔,由此将张镒撵出了中央。

大臣颜真卿一贯直言极谏,毫无忌讳,对卢杞专权很是不利。由是,卢杞让颜真卿出使宣慰叛乱的李希烈,结果颜真卿被李希烈所杀。

前宰相李揆有雅望,人多以为能被复用。卢杞恐怕成为事实,派遣他为吐蕃会盟使,遂使有病在身的李揆亡在了途中。

度支使杜佑,以学术和气度,得到唐德宗的青睐。卢杞却百般诋毁,最后将杜佑外放为苏州刺史。

作为御史台长官御史大夫的严郢,在助卢杞除去杨炎后,逐渐与卢杞意见不合。卢杞假借御史郑詹审狱有误,以此事牵连追究严郢,将郑詹处死,将严郢处以流放。

还有许多身为国家栋梁的大臣,伤、亡在了卢杞的手上,朝士扼腕,民众痛愤,然卢杞以他的逢迎之术,讨得了唐德宗的欢心,谁也不敢上言陈明真相,谁也拿他没办法。

当时为对付藩镇割据,唐德宗不断用兵。战争得靠巨大的经济基础支撑,财政由此相当拮据。作为掌管财政的度支部门,按照各军呈送上来的报告,每月得支付百余万钱,然国库所藏之钱仅够支付三个月。为解决这个问题,卢杞用了他的党羽户部侍郎赵赞来掌管度支,并采用了另一党羽韦都宾的建议:商贾有钱千万者,任其自用;过千万者,多余的上交为军费;战争结束,则移为国用。卢杞上奏唐德宗,被批准施行。

然这方案完全是不顾事实虚构而成的,商贾们的财力与其相差甚远。地方政府为完成上面下达的指标,或用刑法,或用搜查,或用暴力,强制商贾上交。商贾们哪来这么多钱,大多是卖了田地、卖了住宅、卖了奴婢,加上借债、典押,勉强凑钱。商贾有话无处说,有冤无处申,不少人只能选择了自杀。长安的店铺纷纷倒闭,市面极为萧条,居民的日常生活受到严重影响。一些稍有勇气的商贾,冒着杀头的危险,在长安街上拦住卢杞的车队诉说,然均遭到驱逐。民怨沸腾,终于让唐德宗知道了。唐德宗了解了实情,见此办法根本不足以解决军费,下诏予以停止。

军费还是要的,唐德宗要卢杞另想办法。接到命令的赵赞,竟然想出了征收间架、除陌之税。其间架税是:有屋二架为一间,按其质量、数量交税,上等者二千钱,中等者一千钱,下等者五百钱,由吏员进行核查,若发现有隐瞒者,没收抵罪,告发者可得五万钱。其除陌税是:原公私交易,规定征税千分之二十,现抬高到千分之七十。若有隐瞒,每一千钱罚二万钱,告发者奖一万钱。此法推行后,主掌的官吏大肆舞弊,中饱私囊。结果,缴入国库的钱不及以往的一半,然怨愤之声却遍布天下。

后来朱泚之所以敢发动“泾师之变”,除了政治原因外,间架、除陌之税带来的民怨,也是一个重要的原因。叛乱的军队曾在长安大叫:“从此不再夺商贾之钱,不征间架、除陌之税!”由此,叛乱得到了商人、居民一定程度的支持。

唐德宗逃往奉天,卢杞随驾。宰相崔宁从乱军中逃出赶来,流涕痛陈时事,其语直陈卢杞迷惑唐德宗,负有不可饶恕的罪责。卢杞反诬崔宁与朱泚订有盟誓,借着唐德宗之手将崔宁杀了。

朔方节度使李怀光大破朱泚之军,欲得唐德宗一见。然卢杞之党纷传,李怀光有诛灭他们的想法。卢杞以冠冕堂皇的理由,说动唐德宗不见李怀光,让他去收复长安。李怀光得诏,认为自己千里勤王,建有大功,却不得天子一见,一怒之下,接受了朱泚的拉拢,竖起了反旗,并极言卢杞的罪恶。

千夫所指,直指卢杞。唐德宗迫于舆论,迫于形势,将卢杞流放性地贬为远地司马。

然人虽贬去了,唐德宗却思念不已,因这些年来,卢杞用刑法为他治朝,将群臣治得服服帖帖,治得他充分享受了君主的尊严,现一朝离去,再也没人像卢杞那般对他歌功颂德,面对的只是天下的怨气、群臣的指责,心里很不是滋味。

他们君臣之间心有灵犀,身处远地的卢杞认为自己必能东山再起,说:“皇上必然会重新起用我。”

他说中了,不久,唐德宗下诏,让他出任大州刺史。然朝廷掀起了轩然大波,受命草诏的给事中袁高坚决不肯起草,接着,大批谏官纷纷进言,说卢杞已被天下所弃，不诛已算他万幸，绝不能再授为大州刺史。唐德宗找宰相李勉商量，说是否可以改换小州。回答是，给大州也无妨，只是如何面对天下舆论。唐德宗无可奈何，改任他为澧州（今湖南澧县）别驾。

卢杞再也未能回到中央，死在了澧州。

卢杞死了，唐德宗犹在思念，为解这思念，起用了其子卢元辅。卢元辅担任了许多要职，所作所为不像卢杞，倒是很有清行，很有名节。舆论是公正的，没有将他与其父相提并论，而是给予了高度的评价。

六六

陆　赘

陆贽，字敬舆，苏州嘉兴（今浙江嘉兴）人。唐朝的科举重进士，轻明经，陆贽在十八岁就考中了进士，复参加制举中了博学宏词科。按理说，少年得志的陆贽，铺在他面前的该是一条锦绣大道，可他执拗的性格，使他在当县尉后，就遭到了一次大挫折，被罢了官。

被罢官的陆贽时还无名，在回乡的途中，去拜谒了有重名的寿州（今安徽寿县）刺史张镒。张镒起初不把他当回事，在他住了三天之后，才予以接见。可一经交谈，便大为惊奇，惊奇之后发出了大赞赏，要求结为忘年之交。陆贽走时，张镒赠送了百万钱，陆贽拒而不受，仅拿了些新茶。

陆贽由此出名。

唐德宗在当太子时就听闻了陆贽之名，到登位后，又从派出的使者那里，获悉了陆贽对治国之道的至切建议，遂召为监察御史，再升为翰林学士。从此，陆贽开始谏言，开始建言，他的谏言直切无讳，他的建言每每中的。面对天下藩镇割据的纷乱局面，他在了如指掌地熟识了形势后，以高屋建瓴的大气，分析了割据势力的轻重，并提出了重新部署防务的具体方略。

陆贽认为，重中之重，在于强化首都所在地关中的战略地位，他说："立国之要，当在审视轻重，本大而末小，方得以巩固。治天下，犹如身使臂，臂使指，大小相适而不违。关中作为王畿，为四方之本；长安作为京邑，为王畿之本。其关系是，京邑如身，王畿如臂，四方如指，此为天子所掌之要。太宗置府兵八百所，关中占了五百，故而天下不敌关中。玄宗时期，天下承平，关中武备渐虚，安禄山得以乘外重之势，一举倾覆二京。由此，关中是王业的根本所在，加强关中战略之位，方能驾驭天下。”

这个建议，唐德宗没采纳，遂导致了“泾师之变”。

唐德宗逃往奉天，陆贽随驾，参预撰写诏令文书。时事务剧繁，每日诏书不下数百道，其他学士多时写不出一道，惟陆贽从容地一一接连写出，以致一旁的书吏来不及誊抄。并且，他所写的诏书，道道合情合理，考虑周密，文辞畅晓，让人看得明白。

从“泾师之变”，追究朝廷为政的得失，唐德宗以为“自古兴衰在于天命，不在人事”，将自己的责任全部推去。而陆贽认为唐德宗大有责任，不推诚信，不纳忠言，亲近小人，刚愎自用，因而需要下罪己诏，重新招徕天下人心。唐德宗听从了，用赦令的形式，夹进了罪己的内容，其下达后，“虽武人悍卒无不感动流涕”，重新建立了朝廷的威信。

陆贽还分析了朝中君臣隔绝，在于上下之情不通，“下常苦上之难达，上常苦下之难知”，其原因是出于“九弊”，君主居六，群臣居三。君主的六弊是：好胜人，耻闻过，骋辩说，恃聪明，厉威严，恣强愎。群臣的三弊是：谄谀，顾望，畏懦。君臣之弊不是单向的，而是交互发生作用：“君主好胜人而耻闻过，必喜佞辞，忌直言，如此则谄谀者进，忠实之言则不闻。君主骋辩说而恃聪明，必强辞夺理以折人，施展权术以诈人，如此使顾望者大得其便，为国谋益者则难达其效。君主厉威严而恣强愎，必不能虚心待人接物，群臣恐怕得罪，畏懦之风大长，符合情理之言则无法申呈。”

陆贽一针见血，针针见血，揭示了朝廷中君昏臣佞，不能意气相通，不能同心协力，不能融合一体的根本原因。

对唐德宗，陆贽有着深刻的认识，他知道这个君主想德被天下，然行德不固；在困难时想治理天下，而一旦稍有成绩，便生出骄妄之心。他发出强烈刺激的声音，以求改变唐德宗。他说："悔过不得不深，引咎不得不尽，延招不得不广，润泽不可不弘。使天下闻之，焕然一变。……知过非难，改之难；言善非难，行之难。《易》曰：'圣人感人心，而天下和平。'"

对陆贽之言，唐德宗在于听与不听之间，听了心绪并不舒服，然屡奏大效；不听，自以为是，然屡出娄子。

观陆贽之才德，是十足的宰相料，观他的所作所为，也尽是相职，故人称"内相"。然他出言太直，用心太真，致力太大，虽为国家谋了利，为朝廷解了难，为君主分了忧，然始终犯着唐德宗的忌，犯着朝中权贵们的忌，故而官位不得晋升，长期在翰林学士、中书舍人位上徘徊。相反，比他才干低得多、德行差得多的刘从一、姜公辅等人，因有着察颜观色、投人所好的能耐，仅一席话就挠到了唐德宗的痒处，被拜为了宰相。然陆贽不为自己考虑，该说的还是说，该做的还是做，虽未做到宰相，却在天下人心中已是个无出其右的宰相。他的声望，遭到了宰相窦参的嫉妒，由是百般地诋毁攻击。然窦参自己却是劣迹不少，陆贽进行了揭发。彼此一来一往，是非曲直被搞混了，搞成了私人意气之争。最后，唐德宗站在了窦参的一边，将陆贽给降了职。

直到窦参失了唐德宗的欢心，陆贽才拨云见日，终于坐上了相位。成了宰相的陆贽，仍然一身正气，仍然奉行着儒家"君轻民重"的政治理念。

早先，唐德宗用杨炎、卢杞为相，而宰相具有选官的权力，他们利用这权力，结党营私，排斥异己，搞得朝廷中不复知公正为何物。在他们下台后，唐德宗为杜绝这弊端，在宰相报呈官员任命名单时，反复斟酌，然斟酌过了头，以致时常耽误了正常的人事安排。陆贽秉政后，提出让各部门长官自行推荐僚属，但若有不称职的事发生，其推荐人连坐。此法被批准推行后，风闻各部门长官利用此权，大肆接受贿赂，多引用私人亲属。唐德宗下诏，对官员的荐举权返归宰相。陆贽用了两个历史经验，来说明用人不可因小废大。一个是齐桓公问管仲，什么样的事影响霸业？管仲回答说："得贤不能用，任贤不能固，害霸；固始而不终，害霸；与贤人谋事，而小人议之，害霸。"以此强调疑人不用，用人不疑。一个是武则天有知人之明，用人广，却考课严格。以此佐证沙里淘金的作用。唐德宗认为陆贽说得有道理，然还是终止了部门长官的选人权。

安史之乱后，边境空虚，朝廷每年征调河南、江淮军队，前往西北边境驻防，时称"防秋"。然由于士卒多未经过训练，将帅之间又缺乏协调，故而屡战屡败。陆贽对此认为其中有"六失"，并提出相应的积极措施，以纠正"六失"：扬各军种之长，以纠一失；赏罚分明，以纠二失；划清责任，以纠三失；统一指挥，以纠四失；确定役期，以纠五失；选帅恰当，以纠六失。唐德宗再次赞扬了他的建议，然却不予以施行。

陆贽为相，截然不同于其他宰相，他不擅权自重，而是身体力行，努力纠正用人的不正之风。然不论事情关系到何人，都义无反顾地进行直陈，常常逆了唐德宗的"龙鳞"。有人劝告他，说话当适可而止，不要太过。可他回答说："我上不负天子，下不负所学，岂能顾及其他！"

宦海是波涛汹涌、险象迭生的，在陆贽一次次化险为夷后，终因唐德宗对他的日积月累的恨意，导致了他政治生命的结束。时以奸佞闻名的裴延龄，以他高超的逢迎术，获得了唐德宗的宠信，被拜为判度支。人都不敢言，惟有陆贽连连上言反对。在裴延龄的谗言下，在唐德宗的恼怒下，陆贽被罢了相。继而，冠以"动摇军情"的罪名，险些被杀了头，幸得谏官们出手救援，被贬为忠州（今重庆忠县）别驾。

到了荒远的贬地，陆贽闭门不出，著了《今古集验方》五十篇。

六七

唐顺宗与永贞革新

贞元二十一年(公元805年),唐德宗驾崩,长期卧病在床并已不能说话的太子李诵,强挣着身子,在百官的拥戴下,登上了皇位,是为唐顺宗,改元永贞。

看似废人一般的唐顺宗,与他外表截然相反,有颗想做一番大业的慷慨之心。这颗心是他在东宫时,被王叔文所激起的。

王叔文为越州山阴(今浙江绍兴)人,擅长政治之道,因棋艺精湛,被唐德宗任命为东宫待诏。李诵在身体尚可的时候,曾与东宫官员谈论时事,谈到宦官极其扰民的宫市时,群情激愤,而惟独王叔文一言不发。人去后,李诵问他为何无言,他说:“太子奉事皇上,只要视膳问安即可,不该参预外事。皇上在位已久,一旦小人以此进谗言,说太子拉拢人心,太子将无法辩解。”李诵听后,如醍醐灌顶,当即表示,若非王叔文,他是听不到此言的。

从此,王叔文成了李诵最亲密的心腹。东宫的所有事务,李诵全倚恃他的意见。他分析朝中政治势力,为李诵日后即位,设计了一幅政治蓝图,常对李诵说,某人可为相,某人可为将。他没有限于坐而论道,而是付诸行动,暗中交结希冀在政治上有大发展的名士,如韦执谊、陆质、吕温、李景俭、韩晔、韩泰、陈谏、柳宗元、刘禹锡等十多人,结为生死之交。此

唐顺宗李诵召回谏臣阳诚　唐顺宗即帝位前一年就患中风病，他虽病不能言，却立即任王叔文为翰林学士，王伾为翰林待诏，实行改革，召回老相陆贽和著名谏臣阳诚等。谏臣阳诚见顺宗不能言，哭诉道："国不能一日无君主，君不能一日无谏臣。"

外，还结交了禁军、方镇等军政人物。

唐顺宗登位后，由于病情严重，根本处理不了政事。由此，政柄实际上是由王叔文操掌着。王叔文主外，他和唐顺宗的联系，全靠以前的太子侍读王伾。王伾是杭州（今属浙江）人，胸无大志，长得很是丑陋，加上一口京师人难以听懂的家乡话，极无人缘。然他仗着与唐顺宗曾有过的同性恋关系，能自由地出入于宫廷内外。王伾还与宦官李忠言、美人牛昭容结成了联盟，共同影响唐顺宗。

王叔文因缺乏资历名望，只能出任翰林学士、户部侍郎，王伾以同样的原因，出任翰林待诏。为控制相权，王叔文以韦执谊为相。实际上，一切都是王叔文说了算，韦执谊不过是对外传达命令而已。以前所结交的名士，也均被安排到各要职上，尤其是刘禹锡、柳宗元更是受到王叔文的重视，前者被认为具有宰相之才，后者被认为日后定得大用。

一个新兴的政治集团形成了，出于这个集团本身的利益，也融入了士人担当天下道义的成分，由此提出了一系列的革新主张。因发生在永贞年间，史称“永贞革新”。

革新的主要内容是：抑制宦官，禁止扰民害民的宫市以及五坊小使，以期消灭宦官专政的现象；抑制方镇，收缴地方财政及用人之权，以期提高中央集权；抑制陈旧势力，起用新人补充政权，以期推出全新政局；抑制苛政，降低与减少各种赋税劳役，以期获得民心。

单论这些举措，自然有强国强民的作用。然而，这个集团的结构本身存在着严重的问题，可谓是良莠参半、鱼龙混杂，动机不是很纯正。其中一些人成了暴发户，他们车马往来，受贿纳赂，尽情挥霍。尤其是王伾，府中设立一个无门大柜，以受来讨官者的贿物，为防止被盗，晚上其妻竟睡在上面。就是一些优秀的人员，也不免意气用事，利用权力，大肆发泄私愤。如尚书右丞韩皋对王叔文有些不敬,立即被贬为湖南观察使。刘禹锡任屯田员外郎,掌管度支盐铁大权,对大臣多有伤害行为,受到侍御史窦群的弹劾,结果窦群反遭罢官。柳宗元任礼部员外郎,因与御史大夫武元衡有个人矛盾,就将武元衡贬了职。如此的现象比比皆是,不胜枚举。从而他们扩大了打击面,缩小了自己的阵营。被打击的朝臣被迫与宦官、方镇联手,遂使他们成为一群相当孤立的人。

对于建设新阵营,这个集团也缺乏有序的方略。为了急于补充力量,他们对那些亲近自己者,毫无原则地予以吹捧,然后迅速升官,一天之内可以任命多人,以致滥竽充数、泥沙俱下,极大地损坏了自己的形象。

在舆论的强烈攻击下,唐顺宗的态度开始变得暧昧起来。宦官首领俱文珍利用舆论,说服唐顺宗罢去了王叔文的翰林学士之职。时翰林院实际上已经替代了宰相机构,在控制着朝廷大权。此诏令一出,王叔文急得对人说:"我随时要入翰林院商量公事,若没了此职,再也不能入内!"在王伾的周旋下,唐顺宗才同意王叔文三、五日一入翰林院。

为反击宦官,王叔文考虑从根本上解决问题,即谋夺被宦官所掌握的兵权,彻底消除宦官的实力背景。由此,他任命将军范希朝为统京西北诸镇行营兵马使,以韩泰为副手。当时宦官集团还没理解王叔文的意图,听任命令颁布。可各方镇仇恨王叔文的变革,立即向宦官集团陈述了其中的原委。宦官集团醒悟后,急令各方镇不得将军队调来。故而当范希朝、韩泰到达任所奉天(今陕西乾县)后,面对的只是空无军队的大营。王叔文闻讯,只能长叹:"奈何!奈何!"

王叔文的釜底抽薪之计,只是徒然地打草惊蛇了一下,非但未收到任何实际效果,反而引起了宦官集团的高度警觉。此时,王叔文像所有书生气过重、缺乏弹性的前辈一样,在过于自负的失败后,陷入一筹莫展之中。

为了取得宦官集团的谅解，他收起了以前咄咄逼人的锋芒，百般解释他并无恶意，一切是出于对国家利益的考虑，是出于为朝廷兴利除害。尽管他解释得委实可悯，可俱文珍等宦官并不为其所动，时不时给予严厉的驳斥，驳斥得他无言以对。

在王叔文集团的招数用尽后，俱文珍抓住他们的弱点，也在根本上发起了凌厉的反攻。这个弱点，就是王叔文集团出于专权，出于长期控制唐顺宗的目的，一直在压制朝臣要求册立太子的呼声。立太子是传统政治的首要之事，被认为是天下本之所在，俱文珍会同宦官刘光琦、薛盈珍以及朝臣郑絪、卫次公、李程、王涯等人，共同说动唐顺宗，册立唐顺宗的长子李纯为太子。如此，宦官集团在许多反对王叔文的朝臣的支持下，以推戴之功，获得了未来君主的亲近。而李纯也因王叔文集团的反对，对他们产生了极大的仇恨。

在册立太子的大典上，文武百官争先恐后地向李纯祝贺。王叔文感到大势已去，喃喃自语地吟出了杜甫《蜀相》中的二句："出师未捷身先死，长使英雄泪满襟。"这灭己志气的言语，损害了本集团的斗志，助长了反对派的气焰。

太子一立，形势彻底扭转，王叔文集团内部因此有了裂痕。韦执谊见王叔文并非干大事的料，逐渐不再唯命是从，彼此之间出现了争执。王叔文在此危急关头，非但不思如何在内部加强团结精神，却将韦执谊恨之入骨，私下大叫要杀了韦执谊等离心离德者，以致寒了众人之心。

反对派通过太子，控制了政权，逐渐清洗王叔文集团成员。王叔文以退为进，以母丧为由辞了职。王叔文一走，王伾按照密议，前去向宦官集团低三下四地请求用王叔文为相，且总管禁军。这无疑是与虎谋皮，自然不会有什么结果。待王伾再三请求不得后，他也以中风为由，退到了家里。

二王的退隐，等于宣布了革新集团的全面失败。俱文珍等人先是要求唐顺宗下诏由太子监国，旋即又敦促唐顺宗退位，让太子继承皇位。唐顺宗是风前之烛，经不得任何动荡，再没了王叔文集团的支撑，已毫无政治价值可言，只能听凭他们的摆布，同意了他们的所有要求。

李纯登位，是为唐宪宗。他将唐顺宗尊为太上皇后，立即对王叔文集团进行全面的开刀。王叔文、王伾被贬，后王叔文被赐死，柳宗元、刘禹锡、韩泰、陈谏、韩晔、凌准、程异、韦执谊八个干将一体被贬为边州司马，史称“二王八司马事件”。

“永贞革新”昙花一现，前后只有八个月。

次年，也即元和元年(公元806年)，太上皇唐顺宗吐出了最后一口气。

六八

刘禹锡、柳宗元

“唐宋八大家”，唐占了二人，除了为首的韩愈外，尚有个柳宗元。柳宗元之名与刘禹锡齐，尽管无并称之号，然因文、因政，后世史家常将他俩置于一处。

刘禹锡，字梦得，洛阳(今属河南)人，出生于儒学之家。柳宗元，字子厚，河东解(今山西运城解州)人，人尊称柳河东，出生于官宦之家。两人于唐德宗贞元九年(公元793年)同科及进士第。

在各经仕途晋迁后，刘禹锡、柳宗元均在唐顺宗时参与了以王叔文、王伾为首的改革。改革自有报国报民的因素，然他们一些过分的个人作为，也遭到了舆论的非议。他俩凭借手中的权势，不仅打击了阻碍改革的朝臣，也打击了他们往日的仇家。他们给长安笼罩了恐怖的气氛，人不敢呼其名，道路以目，惧称为“二王刘柳”。改革运动遭到失败后，两人被处以流放式的贬职。(详见《唐顺宗与永贞革新》)

刘禹锡被贬为朗州(今湖南常德)司马。朗州在当时是非常落后的地方，各民族杂居，风俗与中原相去甚远，尤其让刘禹锡不适应的是，他竟然没一个人能说说话。在百般无聊的境况下，刘禹锡以诗文自娱，陶冶性情，克服了孤独，克服了寂寞，克服了水土不服。与此同时，他努力将自己融入到当地的生活中去。朗州古属楚地，风俗好巫，盛行歌舞相合的傩戏。他将楚辞的骚体编成新的歌词，以教当地的巫祝之人，致使傩戏提高了文化层次。他的新歌词不胫而走，受到了武陵一带少数民族的喜爱，得到了广泛的传唱。

以屈原自比，以张九龄自慰，刘禹锡在痛苦中挣扎，在艰难中求索，成了传播汉文化的使者，成了沟通各民族文化的功臣。

在这过程中，他没有被上层所忘记，宰相惜其才，要将他召回，任为刺史。可唐宪宗余怒未消，诏令"逢赦不原"，即就是天下大赦，刘禹锡、柳宗元等人也不能赦免。

一贬贬了十年，到了元和十年（公元815年），唐宪宗已将旧事淡忘，听任宰相们将刘禹锡从朗州召回长安。回到长安的刘禹锡，本已内定安排在尚书省任职。可还未等任命下达，他以诗惹下了大祸。时阳春三月，他闲着无事，到崇业坊玄都观游玩，观内桃树繁花似锦，观者如潮，他一时兴起，赋了首诗，叫《戏赠看花诸君子》：

紫陌红尘拂面来，无人不道看花回。
玄都观里桃千树，尽是刘郎去后栽。

此诗很快得到传播，传播到政坛，有人认为这是刘禹锡在发牢骚，对他被贬之事心怀不满。唐宪宗和权贵们很是不悦，由不得刘禹锡分辩，再将他贬为了播州（今贵州遵义）刺史。

播州在当时被认为是极远之地、极苦之地，而刘禹锡上有八十多岁的老母要奉养。宰相裴度出来为他说话，说将刘禹锡发放到这苦远之地，老母又不能带去，生离死别，恐有违皇上提倡的孝道。唐宪宗则回复说，为人子者，做事当谨慎，要为父母亲考虑，刘禹锡实在是有失考虑，咎由自取。由此他拒绝了裴度的说情，拒绝之后，想想还是不妥，又接受了裴度的意见。此时，被贬为柳州（今属广西）刺史的柳宗元，提出与刘禹锡调换，也打动了唐宪宗。由此，刘禹锡被改贬为连州（今广东连县）刺史。

又是十年。这十年中，刘禹锡被调动了几地，在连州呆了些时候，调到了夔州（今重庆奉节），再调到和州（今安徽和县）。

唐文宗登位，刘禹锡才得以重返京师。到了京师，他对文字狱一事仍耿耿于怀，复赋诗《再游玄都观》：

百亩庭中半是苔，桃花落尽菜花开。
种桃道士归何处？前度刘郎今又来。

这次诗传出后，没再受到追究，然人们在赞赏他的诗才的同时，也鄙薄他气量过于狭隘。

在赏识他的裴度的保护下，刘禹锡终于得到了较为重要的职务：礼部郎中、集贤殿学士。然在裴度被罢相后，他遭到了排挤，先是出为苏州（今属江苏）刺史，后回中央任太子宾客，人称刘宾客。

刘禹锡晚年和白居易最为相得并齐名，人称“刘、白”，常互为唱和。白居易最欣赏的刘禹锡诗句是：“雪里高山头早白，海中仙果子生迟”；“沉舟侧畔千帆过，病树前头万木春”，并誉为“神妙”。

此外，他的《西塞山怀古》、《金陵五题》，被江南文士誉为难得的佳作。

当初和刘禹锡一起遭贬的柳宗元，被贬为永州（今湖南零陵）司马。永州比朗州好不了多少，被连绵的群山所包围，浓重的瘴气到处弥漫。他似乎没有刘禹锡那样放达，心情很是郁悒。然当他将这郁悒写进诗文后，却化成了一种空茫、寥廓、孤寒、凄凉的感伤美,时人读后不胜唏嘘。如此的文有数十篇,如此的诗也有数十首,其中可代表这种意境的,当推《江雪》:

千山鸟飞绝,万径人踪灭。
孤舟蓑笠翁,独钓寒江雪。

实际上,单凭这一首诗,柳宗元在文坛上就足以不朽。

就在刘禹锡首次被召回长安的元和十年,柳宗元被迁到了柳州当刺史。兴许在改革中他结的冤家比刘禹锡更多,从而遭人非议也更多,故而没能像刘禹锡那般幸运地返回长安,以致死于柳州,年仅四十七岁。柳宗元对前途已相当失望,他给在柳州出生的两个儿子起了相当乡化的名字,唤作周六、周七,他撒手人寰时,他们仅三四岁。

柳宗元在柳州为民做了些好事。柳州有种陋习,人若要借债,得将儿女抵押,到时还不出债,则儿女被债主没为奴婢。柳宗元不避阻力,大胆革除这一陋习,并拿出私钱为那些已没为奴婢者赎身,还给他们的父母。

柳宗元在年轻时,特别推崇西汉《诗骚》,从而构思下笔充满了古意。时人评为"精裁密致,璨若珠贝"。靠着扎实的基础与行文的特色,他积极投身于古文运动,写出了大量优秀的散文,如《捕蛇者说》、《三戒》、《永州八记》等,将文学艺术与现实批判相结合,升华出了一个新境界。

在柳州的困顿境遇下,柳宗元没有停止创作,继续在为文坛贡献杰作。他虽潦倒于政坛,却在文坛声名显赫,人敬称柳柳州。南方的进士,不远千里,前来求师,且一入其门,必为名士。

他做了好事,民众纪念他;他写下了佳文,士人纪念他。由此,在他身后,人们于柳州罗池为他盖了庙,韩愈撰写了碑文。

六九

中兴之主唐宪宗

通观唐代中晚期的历朝君主,最有闪光点的,当是唐宪宗。在对付藩镇割据的历史问题上,他审时度势,连连用兵,取得了前所未有的胜利,在形式上将帝国重归一统,被称为“中兴之主”。

唐宪宗名李纯,为唐顺宗的长子。在六七岁时有一则近乎传奇的故事:祖父唐德宗因他聪慧,很是宠爱,有次将他抱坐在膝上,逗着玩地问道:“你是谁家的孩子,坐我怀中?”回答出乎唐德宗意料之外但又在情理之中:“我是第三天子。”从此使唐德宗对他更加刮目相看。

童言无忌,李纯的这一言语,道出了他的心志。虽然他说的是事实,因他是唐德宗的长孙,按照嫡长制,他当是第三代君主。然制度是制度,现实是现实,在多事之秋的宫廷中,他能顺理成章地走上皇位,毕竟是幸运的。

走上皇位伊始,出于权力争夺的需要,出于对支持他的势力的交代,他严厉地制裁了“二王八司马”革新集团。然而,他并非全面否定革新的内容,尤其是打击藩镇,加强中央集权。实际上,他的步子比革新集团走得更远,采取的措施更为凌厉,获得的效果也更为瞩目。

唐宪宗与藩镇割据斗争的序幕,是在西川拉开的。

在尚能听命于朝廷的西川节度使韦皋病逝后,其属支度副使刘辟仿

唐宪宗李纯提升白居易为翰林学士　元和元年(806 年),左拾遗元稹上书恳请恢复唐太宗时期谏官随宰相议事的制度,宪宗听取了他对朝政的意见。白居易作了许多反映民众疾苦和讽喻时政的诗。唐宪宗读后,深感白居易是谏官式大夫,是“为政”人才,所以,他立即提升白居易为翰林学士。

照其他藩镇的做法，自为留后，然后报请中央政府批准。时唐宪宗才登位，万事还没有理出个头绪，从而任命了刘辟为西川节度副使、知节度事（即代理节度使）。然这个姑息的做法，遭到了右谏议大夫韦丹的反对，他说："今赦免刘辟的罪行，势必群起仿效，朝廷将只剩下东、西二京之地，谁还会服从朝廷！"韦丹的意见，代表了朝廷中强硬派的看法，唐宪宗同意他们的看法，只是苦于时机尚未成熟，由此机变地任命韦丹为东川节度使，以钳制西川。

然未等韦丹上路，在元和元年（公元806年），刘辟已提出了得陇望蜀的要求，请求批准他兼领三川（东、西川与山南西道）之地。此时，唐宪宗已在皇位上坐稳了，一口拒绝了他。刘辟对此作出的反应是，调兵遣将，将前东川节度使李康坐镇的梓州（今四川三台）团团围住，准备自命他的僚属卢文若为东川节度使。

对刘辟的叛乱行为，唐宪宗决定出重兵讨伐。可朝中的公卿百官，绝大多数认为巴蜀地势险要，难以攻取。惟有宰相杜黄裳力排众议，支持唐宪宗讨伐，并推荐虽资望稍浅但具文韬武略的神策军使高崇文领军前往。这个主张，随即得到了翰林学士李吉甫的赞同。

唐宪宗对藩镇割据形成强硬态度，杜黄裳起了关键的作用。他曾对唐宪宗分析说：唐德宗在饱经患难后，对藩镇采取了姑息的政策，停止了使用武力。藩镇节度使亡故后，朝廷多派中使（宦官）前去观察军情，看谁合适继任。而那些欲自立者，往往贿赂中使，使他们回朝叙职时多多美言。不知底细的唐德宗，对这些人大多给予了委命，从而再也没有朝廷所派出的节度使。今国家振立纲纪，必须以法度制裁藩镇，如此，天下才可得到治理。

这话切中了时弊，也切中了唐宪宗的心怀。

对西川的战争，唐军以压倒的优势在推进。在高崇文的指挥下，唐军兵分二路，与山南西道部队相呼应，直捣西川的治所成都。全线溃败的刘辟，在逃往吐蕃的途中被生擒，押往长安斩首。

西川归于中央后，唐宪宗调河东节度使严绶，会合天德军，讨伐抗拒朝廷的夏绥（今陕西靖边）节度留后杨惠琳，再次获得了连锅端的大捷。

西川与夏绥问题的解决，空前地提高了中央政府的威望，并产生了极大的威慑力。许多藩镇的节度使，先后提出入朝，接受朝廷的安排。

在这潮流之中，镇海节度使李锜，也上书表示了同样的意思。然他只是装装样子，并非真心诚意，以为如此就可以对付过去。岂知朝廷来真的，派中使前去劳军，实质是催促李锜启程。李锜一拖再拖，拖到无法再拖，又以身体有病予以搪塞。唐宪宗问宰相武元衡如何对付，武元衡的回答相当干脆，说唐宪宗登位不久，若放纵李锜说来就来，说留就留，将无法号令天下。唐宪宗由此正式下了诏书，令李锜入朝。

李锜被逼之下，打出了反旗。他让先期安排的内应，杀了苏州（今属江苏）、常州（今属江苏）、湖州（今江苏吴兴）、杭州（今属浙江）、睦州（今浙江淳安）五州刺史，接管各州的军政大权。另派军进屯石头城（今江苏南京），抗御北来的官军。唐宪宗下令剥夺李锜的官爵，遣淮南节度使王锷为招讨处置使，率各道兵招讨。王锷以本部兵出宣州（今安徽宣城），令江西兵出信州（今江西上饶）、浙东兵出杭州，向镇海合拢。

在官军日益逼近之际，镇海军内部发生了分化，兵马使张子良等人反正，挥部攻入镇海军治所京口（今江苏镇江），活捉了李锜。李锜被押往长安，腰斩于街市。唐宪宗命没收李锜的全部财产，以代替浙西民众当年的赋税。

在连连得手的情况下，唐宪宗决意解决河北诸镇长久父子相袭的弊端。他选定的切入口是成德镇，把握的时机是节度使王士真死，其子王承宗自为留后。宰相们却认为不妥，理由是河北诸镇旧弊积重难返，加上各镇盘根错节，不可轻率从事。然宦官吐突承璀为争取权力，以王承宗进攻德州（今山东陵县）为由，说动了唐宪宗下令征讨。尽管集结的部队不少，也取得了一些胜利，然由于互相之间的各种矛盾，致使劳师糜饷，久讨无功。此时王承宗也有些捉襟见肘，提出以缴纳贡赋、接受朝廷委派官吏，作为妥协条件。唐宪宗见无力再征讨，以此为台阶，正式任命他为成德节度使，撤走了征讨部队。后来，唐宪宗再次对成德镇采取行动，王承宗又以悔过自新、遣送质子、交割二州版图为条件，使官军撤退了事。因而，成德镇实际是唐宪宗时惟一未能啃下的骨头，可王承宗的表面归顺，多少为唐宪宗的形式统一，提供了一块遮羞布。

对成德镇休战之后，唐宪宗欲将兵锋指向河北的另一个藩镇——魏博镇。时魏博节度使田季安死，其子田怀谏被拥立为节度副使，以牙内兵马使田兴为步射都知兵马使。唐宪宗在宰相李吉甫的支持下要用兵，然另一宰相李绛认为，田怀谏是乳臭未干的毛孩子，肯定控制不了局面，不久将发生内变，因此不必用兵。最后照着李绛的主张在等，结果真的等来了内变。唐宪宗遂任命领导内变的田兴为节度使，使魏博镇也在形式上归顺了中央。

对唐宪宗平藩生涯而言，最为辉煌的，当是平定淮西吴元济，人称“淮西大捷”。这场战争足足打了四年，影响波及全国。（详见《裴度》、《李愬》）

平藩的最后一个大胜利，是平定淄青李师道。在吴元济兵败身亡后，各藩镇再度向朝廷献忠心，纷纷表示质子割地。李师道作了同样的表示，然不久就反悔了，继续与朝廷分庭抗礼。唐宪宗早就想解决淄青镇，遂乘势调宣武、义成、武宁、横海与魏博五镇之兵进行会剿。还未等兵临城下，淄青军都知兵马使刘悟响应官军，杀了李师道。从而淄青十二州全归顺唐廷。

唐宪宗平藩的巨大功绩，使他成了安史之乱后最伟大的君主。他的再造统一，尽管相当部分是流于形式，然毕竟使唐帜重新飘扬于全国大地，也使唐祚得以多绵延了一个世纪。

在长期的心力煎熬中，为取得精神支柱，他深深地崇信了佛教。在他的晚年，他将凤翔(今陕西扶风)法门寺的佛骨迎到了长安，掀起了王公贵族、黎民百姓竞相施舍奉养的热潮。

他寻找精神支柱信了佛教，然为了长生又信了道教。求长生得修炼，修炼的方式之一是服金丹。金丹服得多了，内里燥热得不行，于元和十五年(公元820年)年初暴崩。

唐宪宗服金丹暴崩，是官方的宣告。时人不信，说是宦官陈弘志所弑。不管真相如何，宦祸在唐宪宗身后大泛滥却是不争的事实。

七〇

裴　度

唐宪宗有“中兴”之功,这功中有裴度的一份。

裴度,字中立,河东闻喜(今山西闻喜东北)人。在进士及第、制举高中后,授河阴(今河南荥阳东北)县尉。后任监察御史,上疏抨击权贵,犯了唐宪宗的忌,被外放河南府功曹。再几经转迁,官居司封郎中。

裴度为唐宪宗建的第一功,是以君臣大义,说服魏博镇节度使田兴效忠于中央,使朝廷兵不血刃地解决了魏博镇问题,从而在河北打进了统一的楔子。他以此功被晋升为中书舍人,再迁御史中丞。

元和九年(公元814年),淮西镇彰义(治所蔡州,今河南汝南)节度使吴少阳死,其子吴元济隐匿父丧,自摄蔡州刺史,自领军务。然与吴元济离心的判官杨元卿,向朝廷密报了真实的情况。唐宪宗早在平定西川之后,就有对淮西用兵的意思,此正好是师出有名的良机。

唐宪宗命山南东道节度使严绶为申、光、蔡招抚使,督领诸道兵进兵淮西,讨伐吴元济。次年年初,吴元济反守为攻,将兵锋推进到洛阳附近。然严绶并非吴元济的对手,尽管朝廷一再增兵驰援,结果还是在慈丘(今河南泌阳东北)被击败。幸得忠武节度使李光颜在临颍与南顿(今河南项城西)连败淮西军,才扭转了局势。

于此之际,裴度以兼刑部侍郎之职,奉命前往蔡州行营宣慰官军。他在前线仔细地观察了各部的作战状况，透彻地了解了战场形势。回朝述职时，唐宪宗问他诸将如何，他说李光颜见义勇为，必能有所成。不几天，就传来了李光颜大破淮西军的捷报。唐宪宗极为钦服裴度的预言，从而加重了裴度在他心中的分量。

对淮西的战争，被唐宪宗列为头等军国大事，他命宰相武元衡分管此事。武元衡，字伯苍，河南缑氏（今河南郾师南）人，是深孚众望的相才。他和裴度，在淮西问题上，都是强硬的主战派。

吴元济在遭到官军多次重创后，觉得孤掌难鸣，遣使向成德、淄青二镇求援。成德节度使王承宗、淄青节度使李师道，从唇亡齿寒的角度，发出了响应。他们没有立即出兵，而是多次上表朝廷，请求赦免吴元济，然均遭到唐宪宗的拒绝。于是，王承宗在观望，李师道却出兵偷袭了河阴（即裴度的家乡），焚毁了大量的钱帛粮谷，引起朝野大恐慌。

李师道军事、政治双管齐下，他再度遣使入京，向武元衡要求赦免吴元济。使者的态度极其蛮横，遭到了武元衡的斥责。李师道的谋士献计说："天子之所以一心平淮西，主要是得了武元衡的支持。若是暗杀了武元衡，其他宰相将再也不敢主战，当会劝天子罢兵，由此淮西自然得以解围。"李师道不仅同意了此计，且添了一点，即将裴度一起予以解决。

元和十年（公元815年）六月三日的拂晓，武元衡像往常一样骑马上朝，刚出所居的靖安坊东门，刺客从暗中射出了密集的箭，射得武元衡的随从纷纷逃散，然后牵了武元衡的马走了十几步，杀了武元衡，取了首级而去。此时，走出所居的通化坊的裴度，也遭到了袭击，头部被连砍三刀，疾走几步，倒在了路边的水沟中。他的随从王义以身掩护，被砍断了右手。刺客以为裴度已死，没有细看就走了。幸得裴度这天戴着毡帽，伤势不太严重。

京师大索，然未能抓到刺客。

此事震动朝廷，震动京师，震动天下。许多宰相与朝臣确实如李师道的谋士所估计的那样，他们怕了，上朝要卫队严加保护，天未明不敢出门，还要求罢免裴度，以安慰淮西、淄青二镇。

惟有兵部侍郎许孟容慷慨陈言："宰相横尸路边，是朝廷的奇耻大辱，当起用裴度为宰相，追捕刺客，以澄清乱臣贼子的根源！"

唐宪宗此时体现了伟君的风范，他命禁军守卫裴度的居所，让他安心养伤，并不断派人前去关怀。针对罢免裴度的呼声，他怒斥道："若是罢了裴度的官，正是中了奸贼之计，朝廷将再无纲纪。我用裴度一人，足以破淮西、淄青二贼！"

随即，颁布诏令，以裴度为宰相，主持对淮西的战事。

用裴度为相，等于是唐宪宗铁心平藩的宣言。这一举措安定了人心，加强了主战派的力量。朝廷调兵遣将，重新作了对淮西的军事部署。

然而，由于缺乏足够的财政支撑，官军对淮西军的实力对比，并不能产生压倒的优势，在双方对垒了一年多后，官军在铁城（今河南遂平西南）遭到惨败。败报传来后，主和派重新抬头，其以翰林学士钱徽等人为首，争取了舆论的支持，请朝廷罢兵，赦免吴元济。主战的裴度等人已成为少数派，然唐宪宗仍义无反顾地站在他们一边。但摆在他们面前的问题是严重的，一是军事上的，进攻淮西的军队是由诸镇杂凑而成的，将领们或无军事韬略，或拥军观望，或倚贼自重，因而导致了胶着状态的出现；二是财政上的，国家长期用兵，开支已不胜负担，民间的运输已经相当疲乏。宰相李逢吉、王涯出于实际的困难，倾向了主和派，提出罢兵求和的主张。

决心和现实发生了尖锐的冲突，唐宪宗陷入两难之中。此时，裴度自动提出去前线督战，并以"与贼势不两立"的誓言，保证不辱使命。他对唐宪宗说:“主忧臣辱,义在必死。贼灭,则朝拜有日;贼在,则归来无期。”

奔赴淮西的裴度,带着淮西宣慰招讨处置使的头衔,然名为宣慰,实际行着元帅的权力。他到了前线后,以浩荡皇恩宣慰众将士,激起了旺盛的战斗力。旋即,废除了宦官监军规矩,让将领们得到了自主权,调动了将领们的积极性。再者,申明了军纪,规定了各军的责任。由此,大幅度地改变了北线诸军的面貌,彻底扭转了战局,接连取得大捷。

在裴度的感召下,唐随邓节度使李愬领西线官军,袭破吴元济盘踞的蔡州,终于赢得了对淮西长达四年的战争的胜利。

裴度进驻蔡州,废除了吴元济颁布的各种陋规苛法,如禁止行人说话,夜晚不准点灯,不得聚众饮酒等。蔡州百姓颂称为,从此有了人生之乐。

此后,回到长安的裴度,审时度势,辅助唐宪宗和平解决了成德镇问题,用军事解决了淄青镇问题,完成了唐帝国重归一统的大业。

裴度的政绩之所以为人称道,不仅在于他对平藩作出了巨大的贡献,且在抑制宦官上,也表现了大无畏的精神。

唐宪宗在一定程度上是被宦官扶上台的,从而,他在即位以后,对宦官给予了相当的纵容。尤其突出的是,皇宫宣徽院五坊(鹰坊、狗坊、雕坊、鹞坊、鹘坊)小使,借着君主的包容,到处横行不法,敲诈勒索。他们对下邽(今陕西华县东北)县令裴寰勒索不成,反诬告他有罪。唐宪宗偏信小使,要对裴寰处以极刑,裴度直言进谏,才挽救了裴寰。

五坊使杨朝汶为了收宫中放出的高利贷利息,用乱捉和严刑处置了千余人,从而激起长安一片愤怒声。裴度等人请求唐宪宗予以过问,制止这种恶弊。然唐宪宗却以“小事”推托,不肯采取措施。裴度上谏说:“朝廷正在对淄青用兵,此与五坊使作恶百姓相比,前者为小事,后者为大事。

用兵有失，至多危及山东一地；而五坊使横行不法，将会扰乱京师。”在裴度的坚持下，唐宪宗不得不将杨朝汶赐死，以平民愤。

然而，唐宪宗对裴度的让步，只是在借重他平藩，当淄青问题解决后，觉得裴度已完成了他的作用，听任朝臣对他的排挤，让他带宰相衔外放为河东节度使。

从唐宪宗晚年，又经唐穆宗、唐敬宗二朝，正直的裴度多次遭到朝臣的排挤，沉浮于宦海。

宝历二年(公元826年)，宦官弑了唐敬宗，裴度出面靖难，扶了唐文宗登位。

七一

李　愬

为将者，战无须多，只要一次大战打出奇迹，便足以成名将。李愬以雪夜入蔡州活捉吴元济的奇迹，成了唐中兴的名将，成了中国历史上数得着的名将。

李愬，字元直，洮州临潭（今属甘肃）人。他是将门之子，且是名将之子，其父李晟，是解唐德宗奉天之围并收复长安的大功臣。他以父荫入仕，历任多种官职，至唐宪宗对淮西用兵之际，他的职位是太子詹事、宫苑闲厩使。

相对职位而言，这场战争本来与李愬并无多大的关系。然因战局推行得不顺利，这个名将之子按捺不住了。元和十一年（公元816年），位于蔡州西线的唐邓节度使高霞寓遭到全军覆灭的惨败，仅只身逃脱。败绩传出，朝野一片震惊。唐宪宗易荆南节度使袁滋为帅，接替高霞寓。可袁滋到任后，更是无所作为，他令部队不得犯吴元济之境，而吴元济出兵相攻，他又卑词请媾和。可能袁滋是在用骄敌之气然后乘之的兵法，然而，实际效果却是相当的糟糕。于此之际，李愬上表自陈，要求到前线效力。宰相李逢吉认为李愬有军事才干，也极力推荐。由此，唐宪宗任他为唐邓节度使，前去接替袁滋。

李愬到达任所，接管的部队士气极为低落。在大败并屡败之后，将士们普遍产生了恐战的情绪。李愬毫不见怪,反对将士说:“天子知道我柔懦,特派我来安慰大家。至于攻战进退,这不是我的事。”他探视受伤的将士,以恩信结拢军心,绝无威严之容。有人建议他整顿军纪,他却说:“贼闻我来,必加强战备,我得故意显示军纪松弛,让贼以为我无能,待贼松懈,然后伺机相图。”李愬麻痹敌人的做法,收到了预期的成效,吴元济果然放松了戒备,认为名位素微的李愬不足为虑。

李愬以宽柔之道,赢得了将士的爱戴,重振了士气。半年之后,他认为军队已能为他所用,再上表请求增兵。唐宪宗调了河中、鄜坊二千骑兵,归他节制。与此同时,他修缮兵器,秘密作了军事部署。

在攻势上形成突破的,是起于义释敌将丁士良。丁士良为吴元济的骁将,不慎被李愬的巡逻队俘获。俘获后,他辞气不屈,视死如归。李愬亲解其缚,好言相慰。丁士良被感动了,誓死以报义释之恩,在被署为捉生将后,献计说:“吴秀琳拥数千众,据守文城栅(距蔡州西南一百二十里),为吴元济左臂。官军屡攻不能得手,实在于他有陈光洽为谋士。陈光洽恃勇轻出,我当为公生擒之,如此吴秀琳必归降。”李愬让他按言而行,果然擒了陈光洽,果然吴秀琳来降。

去了吴元济的左臂,李愬反其道而用之,将文城栅变为打击蔡州的据点,将吴秀琳变为打击吴元济的前锋。成了李愬衙将的吴秀琳,率其部进攻蔡州外另一要害吴房(今河南遂平),夺得外城。

李愬收降丁士良、吴秀琳成功,将这经验予以推广,对敌占区更多的军民采取了攻心战。对淮西来归附的民众,特设行县(临时县)以为安顿。对淮西来归降的将士,给他们父母资粮帮助其回乡。从而有效地瓦解了部分淮西军民为吴元济卖命之心。

在政治之道收效后,李愬展现了他的军事才干,连续攻占马鞍山(今河南确山西北)、嵖岈山(今河南遂平东)、冶炉城(今河南遂平西北)、朗山(今河南确山)、白狗栅(今河南息县西北)、汶港(今河南平舆西)等地,从西、南、西北三面,端掉了蔡州的外围据点,从而使蔡州大幅度地暴露在官军面前。

将蔡州孤立以后,李愬开始酝酿夺取蔡州。蔡州是淮西镇的政治、军事中心,是吴元济指挥淮西军与官军对抗的老巢。与众不同的是,李愬没有把对这最高战略的讨论,限于政治可靠的智囊人员,而是征求了吴秀琳的意见。被感动的吴秀琳,推心置腹地提出:要夺取蔡州,非得先生擒淮西骑将李祐不可。吴秀琳提供情报,李愬以疑兵之计,生擒了李祐。

李祐不是等闲之人,他曾为吴元济立下过赫赫战功,多次重创官军。官军对他恨之入骨。李祐被擒后,将士纷纷要求杀了他。李愬不许,他擒来李祐,不是为了替官军报仇的,而是要借他之力,夺取蔡州。他还是用亲解其缚,以诚相待的老办法,收降了李祐。

李愬无视众人异样的眼光,将李祐作为主要智囊,再加上另一个降将李忠义,三人常在密室商议,有时竟议至半夜。有人劝告李愬对李祐多加防范,而李愬非但不听,反愈加信任李祐。

是不是出于李祐的指点,史书没有记载,然在李愬和他多次密议后,招募了三千人作为敢死队,时唤"突将",亲自进行训练。训练达到要求后,李愬准备用这敢死队突袭蔡州。正在此时,天气突然转雨,雨很大且下个不停,从五月直下到七月,整整下了两个多月,下得道路泥泞,无法出师。

不知不觉,军中传起了流言,说天雨是不杀李祐所致,流言越传越玄,又说李祐是内奸,将配合吴元济打击官军。李愬为李祐作了许多辩解,但丝毫不起作用。李愬很是感伤,拉着李祐的手,泣道:"岂非天意不欲平定吴贼，奈何众口铄金，不能容君。”为防止有人害李祐，李愬不得不顺着些将士的意思，将他上了枷锁，送往长安。然李愬先上了道表，对唐宪宗说：“若杀了李祐，平蔡必不能成功！”唐宪宗支持了李愬，下诏赦免李祐，并让他返回李愬军中。李愬为显示对李祐的信任，升他为散兵马使，可带刀出入大帐。然后，再升为六院兵马使，统领山东南道三千精兵。由此，更加得了李祐的死力。

此外，李愬废除了给间谍提供住处者全家处死的规定，感动了蔡州来的间谍，反从间谍口中获得许多极有价值的情报。同时，无论抓到什么俘虏，李愬必亲加询问，以了解对方各种情况。通过这两个渠道，李愬彻底掌握了蔡州的虚实。

李愬兵驻于蔡州的西线。军于北线的李光颜部，于九月数次发动对蔡州的强大攻势。吴元济急调西线部队去应付，导致了西线的空虚。

十月十五日，李愬从文城栅出发，亲自领军对蔡州进行突袭。为防止将士畏惧，他秘而不宣真正的目的，而说东向六十里即止。这天，雨雪交加，天寒地冻，旗帜被大风刮破，战马冷得不能奔跃，士卒中多有抱戈倒地者。

李愬选的是崎岖难走的山道，在进入从未到达过的地方后，将士产生了恐惧，纷纷问到底去哪里。

李愬说：“入蔡州捉吴元济！”

众将士大惊失色。

监军使大哭说：“果然中了李祐之计！”

但李愬严令继续进军。将士皆谓前去将难以生还，然均不敢违李愬将令。一路被冻死者十有二三。

李愬先是成功地清扫了外围，隔绝蔡州对外的交通。然后，在风雪中急行军七十里地，于半夜时分，抵达蔡州城下。此时雪下得越来越大，铺天盖地，蔡州守军彻底放松了警惕。城附近有一处养鹅鸭的水池，为防止敌军察觉，李愬让士卒惊起鹅鸭，弄出响声，以掩盖行军的脚步声。贴近城墙，守军依然不知，李祐、李忠义率先登城，敢死队紧跟而上，杀死守门的士兵，然留下了更夫，让他们继续敲更，以报平安无事。

黎明时分，雪停了，李愬军已控制了蔡州城的大部分。当李愬领军来到吴元济的外宅时，吴元济仍未察觉。当蔡州官员向吴元济禀报城已陷落时，他根本不相信，说外面的动静是附近据点的将士回来取寒衣。忽然听闻外面李愬军传令："常侍（李愬时任检校左散骑常侍）传语。"吴元济犹问："什么常侍来了此地？"待他弄清真相后，领着随从进入子城负隅顽抗，想等城外的军队来援。援军没能等来，官军放火烧城门，吴元济在绝望中投降了李愬。

吴元济被押往长安斩首，蔡州平定。李愬以功被封凉国公。

李愬从此出名，出了名的李愬在讨伐淄青李师道时，又做出了一番功绩。

七二

韩　愈

当唐代承六朝之遗风，将文章推向绮丽却又空洞的极致时，从青萍之末逐渐卷起了一股针锋相对的狂飙——古文运动。这古文运动的主将，就是"文起八代之衰"的韩愈。

韩愈借用汉代以前的散文体，冲击已趋没落的骈文，他高叫："愈之为古文，岂独取其句读不类于今者耶？思古人而不得见，学古道则欲兼通其辞；通其辞者，本志乎古道者也！"(《题(欧阳生)哀辞后》)

韩愈看似主张复古，其实是要恢复文章的道统；他看似反对绮丽，其实是要给文章注进活力。他的终极宗旨是，将文采和道统凝合为一体，成为词理并茂的好文章。他不仅提出了理论，且身体力行，写出了数量可观的新散文，如《原道》、《原毁》、《师说》、《杂说》等，人称"韩文"，为古文运动提供了堪称楷模的样文。

古文运动风起云涌，韩愈得到了李翱、柳宗元、刘禹锡等文坛健将的响应，得到了被称为"韩门子弟"的大批后进的追随。

凭着在文坛的这一卓越功勋，韩愈被推为"唐宋八大家"之首。

"唐宋八大家"之首的韩愈，字退之，河南河阳(今河南孟县南)人，自叙郡望为昌黎(今辽宁义县)，由此人称韩昌黎。他三岁时就成了孤儿，先后为伯兄、大嫂所收养。孤儿的身世，促进了韩愈的奋发，他刻苦读书，每日强记或数千或数百言，由此精通了儒家经典以及各家学问，尤为重要的是，他打下了扎实的写作基础。

在陈子昂、张说、苏颋、李华、萧颖士等多位文坛前辈的影响下，从大历、贞元以来，为反对绮丽的文风，散文出现了浓重的效古倾向，其中独孤及、梁肃成了代表性的人物。年轻的韩愈立志要成为一代文宗，极力追随独孤及、梁肃等人，由此站在了潮头之前。他的行文风格，和科举之文有很大的差异，故参加科举连续五次名落孙山。然他不后悔，用自我宣传的方法，将他所写的文章，在朝野间广为散发。在前宰相郑余庆的赞誉下，他不仅出了名，而且在科举考试时进士及第。

因韩愈有文名，宰相董晋出任宣武节度使，将他召为巡官，带在身边。后转为武宁节度使张建封的幕僚。在地方上历练了一个时期，他被调入中央，任四门博士，再转监察御史。

应该说，韩愈是块合适的监察御史的料，他书生气浓，不懂官场中的周旋，为人刚直，敢于说话，且不避权贵。时值唐德宗的晚期，宦官专政十分猖獗，百官之长的宰相无理政之权，残剥民利的宫市对社会影响极坏，谏官的谏言丝毫不起作用，在此情况下，韩愈写了洋洋数千言的奏章，要求唐德宗加以整治。可唐德宗非但未采纳，反一怒之下将他贬为连州阳山（今属广东）令，复移为江陵（今属湖北）府掾曹。

这是韩愈第一次在官场受挫。

到了唐宪宗登位，这个爱好文学的君主，把韩愈召了回来，先任国子博士，再升都官员外郎。韩愈为报答君恩，没有被遭贬的经历所吓倒，继续凭着他的为官良心在说话。他见华州（今陕西华县）前后两刺史阎济美、赵昌，一直在挤兑其下属华阴县令柳涧，遂上表为柳涧申理，说刺史相党。然在有关部门的调查下，柳涧竟犯有贪赃罪。由此，韩愈以妄论，被降为国子博士。

这是韩愈第二次在官场受挫。

韩愈见自己连续遭贬，没有检讨自身的原因，而将此归结为他才高遭嫉，遂作了《进学解》一文，以为自喻。此文作得极有文采，并体现了出色的史才，竟让宰相们大为感动，从而将他调入史馆，继而升为掌管诏令的知制诰、中书舍人。

然由于韩愈自身的不检点，他一直担心遭人嫉妒的事终于发生了。时有人说韩愈前时被贬至江陵日，为报荆南节度使裴钧的厚待，居然为裴钧极为愚蠢的儿子裴锷饯别、作文，并敬称其字，实在有失士人的体面。此说一出，朝廷舆论大哗。唐宪宗鉴于舆论，将韩愈调去当了虚职的太子右庶子。

这是韩愈第三次在官场受挫。

韩愈面临的时代，是藩镇割据的时代。为应唐宪宗打击藩镇割据之心，宰相裴度自任淮西宣慰处置使，亲赴淮西督战，与彰义节度使吴元济决战。他带上了韩愈，以为行军司马。战争取得了大捷，韩愈奉旨撰写《平淮西碑》。他为了感谢裴度的提携，在碑文中将功劳全记在了裴度的账上，绝口不提雪夜入蔡州（今河南汝南）活捉吴元济的大将李愬的功劳。这种做法，引起了李愬的强烈不满，他的妻子哭到宫中，唐宪宗为安抚李愬，令人磨去了韩碑，另找翰林学士段文昌重撰了碑文。此事韩愈虽没受到直接的处罚，然碑文的被否定，很是损了他的声名。

这是韩愈第四次在官场受挫。

元和十四年（公元 819 年），韩愈掀起了一场风波，震惊了当时，也影响了后世，他为此付出的代价是差点失去头颅。事情是：离长安不远的凤翔（今陕西扶风）法门寺（今以重开地宫发现大量珍贵文物闻名）的护国真身塔内，藏有佛祖的一节指骨，按照规矩，每三十年一开。相传，每当开启之年，必是岁丰人泰。唐宪宗是虔诚的佛教徒，他令中使杜英奇率三十多名宫人，前去迎佛骨入京。迎来后，先于宫中供奉三天，然后再送往长安各寺进行供奉。在君主的带动下，长安刮起了争迎佛骨供养的旋风，上自王公大臣，下至黎民百姓，竞相奔走施舍，甚至有废业破产、烧顶灼臂者，以求将佛骨迎到家中供养。韩愈本不信佛教，当他目睹这疯狂并扰乱了日常生活的景象后，冒天下之大不韪，上疏唐宪宗，请停止迎佛骨。

他在疏中列举了佛教传入中国的历史，并以历代王朝的兴亡，证明佛教并不能保佑苍生。他要唐宪宗不要迷惑于佛教，不要让百姓跟着起哄，以致伤风败俗。他还要唐宪宗不要让佛教占据上风，以致破坏了儒家所提倡的君臣、父子之义。他请唐宪宗把佛骨付之于水火，以绝根本。他最后说，若是佛有灵验，降下灾难，他将一人承受，决不怨悔。

唐宪宗接到疏文，勃然大怒，要将韩愈处以极刑。幸得裴度与另一宰相崔群，以韩愈忠心直谏为由极力相劝，加上舆论认为韩愈所言不无道理，才被从轻发落，贬为潮州(今广东潮安)刺史。

这是韩愈第五次在官场受挫。

综观韩愈在官场受挫的经历，有忧国忧民的成分，也有从自己利益出发意气用事的成分。两种成分合在一起，体现了韩愈的复杂性，体现了他担当道义与生存需求之间的矛盾性。

到了条件恶劣的潮州，韩愈为当地民众消除了鳄鱼之患，又撰了一篇脍炙人口的佳作《祭鳄鱼文》。在唐宪宗的怒气消退后，他被转到条件较好的袁州(今江西宜春)做刺史，留下了让民众长久怀念的政绩。

在唐宪宗的晚年，韩愈回到了中央，担任国子祭酒，旋即晋升为兵部侍郎。到唐穆宗时，他奉旨去镇州(今河北正定)，教训了擅杀节度使的都知兵马使王廷凑，收到了较好的效果，以功再升为吏部侍郎等要职。

官运亨通了，韩愈却走到了生命的尽头。

七三

白居易

说到唐代诗人，若首选二人，必提“李、杜”；若以三人行，当加一白居易。可“李、杜”分别有“诗仙”、“诗圣”的尊号扬于海内，可白居易却没有。其实，白居易有尊号，非但有，且一人同时占了两个：“诗仙”与“诗魔”。

此据白居易给元稹的自传性的信函：“知我者以为诗仙，不知我者以为诗魔。何则？劳心灵，役声气，连朝接夕，不自知其苦，非魔而何？偶同人当美景，或花时宴罢，或月夜酒酣，一咏一吟，不觉老之将至，虽骖鸾鹤、游蓬莱者之适，无以加于此焉，又非仙而何？”

理解白居易的人认为他是“诗仙”，不理解白居易的人认为他是“诗魔”，然“诗仙”为李白所得，白居易又不愿当“诗魔”，故而他没了尊号。

白居易，字乐天，祖籍太原（今属山西），后迁居下邽（今陕西渭南北）。祖上世代为官。

白居易是个“神童”，人称他幼年时“聪慧绝人，襟怀宏放”。十五六岁时，自作一篇文章，去见当时雄踞文坛的才子顾况。顾况为人自负，眼睛长到了头顶上，对后起之秀的文章，一直不屑一顾。然当他看到白居易的文章后，竟亲自到门口去迎接，并盛赞道：“我以为文章道统将断绝，不料今得了继承人。”

初出茅庐的白居易，可谓是春风得意，经顾况的推奖，在文坛上崭露头角，又于唐德宗贞元十四年（公元798年）考进士中了金榜，被授为秘书省校书郎。至元和元年（公元806年），通过了唐宪宗亲自主持的制举，被任命为盩厔（今陕西周至）县尉。到任之后，他以优美富艳的文笔，作了诗歌百余篇，篇篇皆切中时弊，从而得以广为流传。流传到了宫中，正发奋图强的唐宪宗见了欢喜，将他召来做了翰林学士，不久，又让他当了谏官——左拾遗。

白居易是个血性男子，不仅有着深厚的报国报民观念，且有着强烈的知恩图报的风格，在得到唐宪宗破格提拔后，他要把他所有的忠诚、才学、能力，全部贡献给这个让他感激涕零的君主。因他是个谏官，由此他不断地进谏：减免江淮租税让民得利；出宫人以降低宫廷开支；禁止地方官员搜刮地皮进贡以邀君恩；杜绝岭南、黔中、福建掠卖良人为奴婢的风俗。对这些谏言，唐宪宗不但接纳了，还对白居易进行了奖励，鼓励他继续进言。

一边作诗，一边进言，诗名大了，谏名大了，两名如双翼齐飞，将白居易托成了大名人。

成了大名人的白居易，依然是书生本色，继续在知无不言地谏。元和四年（公元809年），成德节度使王承宗背叛朝廷，唐宪宗委任宦官左神策中尉吐突承璀为左、右神策以及河中等四道行营兵马使、招讨处置使，领军前去征剿。

白居易对用宦官为领军将领提出了异议，他说："国家征伐，当责成将帅，自古以来，没用宦官为统领的。今用吐突承璀，恐被天下看轻，被外夷耻笑。陛下是否要开让子孙们用宦官为统领的先例？再说，用宦官为统领，将领们必不用力，这征伐势必将难以成功。若陛下念吐突承璀勤劳忠诚，可使他贵，可使他富，然决不可因此坏了国家、朝廷、祖宗的规矩，为子孙们所笑!”

谏言上达后,唐宪宗却拒绝了。唐宪宗的拒绝,不是拒绝白居易的一片良苦用心,而是实在有苦衷,朝廷虽大,文臣武将虽多,但竟没有他所能信用的人,不得已才用了宦官吐突承璀。在唐宪宗拒绝后,幸得许多官员达成了共识,一致起来反对,才迫使唐宪宗将吐突承璀改为宣慰使。

白居易的谏,从外围政治逐渐谏到核心政治,从官场现象逐渐谏到官场黑幕,由浅入深,由表入里,由此,他的谏,逐渐引起了唐宪宗的不满。然他不顾君主的不满,还是义无反顾地谏。

河南尹房式犯有不法事,御史元稹上表弹劾。唐宪宗不仅不治房式的罪,反而罚了元稹的俸禄。元稹回朝,途中被宦官刘士元辱骂并用马鞭打伤了脸,唐宪宗不问罪刘士元,反将元稹贬为江陵(今属湖北)士曹掾。元稹是白居易的好友,也是吟唱酬答的诗友,人并称为“元、白”。为了好友,更为了伸张正义,白居易冒着触犯龙颜的危险,连续出来直言极谏,说元稹遭贬有“三不可”:从此无人再敢弹劾权贵亲党,从此无人再敢与宦官抗争,从此无人再敢揭露方镇的罪恶。可白居易的疏表被唐宪宗束之高阁。

束之高阁应该说是一种信号,表明唐宪宗已多少有些反感白居易的谏。可白居易无视这信号,仍然一如既往地谏。

吐突承璀虽被改为宣慰使,但实际上,还是成了征剿王承宗的最高统帅。仗打了好长时间,结果却是得不偿失,并开启了回纥、吐蕃窥视之门。为此,白居易又连着谏了两次,请唐宪宗停止用兵。

唐宪宗的怒火终于爆发了,他私下对翰林承旨李绛说:“白居易这小子,是因朕的提拔才得名得位的,现居然对朕很是无礼,朕实在无法忍耐了!”

李绛劝解说："白居易能不避死亡之诛，事无巨细地谏，正是因为要报答陛下的提拔之恩。陛下欲开谏诤之路，就不该阻止白居易上言。"

亏得李绛这番话，才熄灭了唐宪宗的怒火，重新信任白居易。

其实，唐宪宗对白居易的重新信任，只是做做表面文章，心中的芥蒂并没化释。不久，借着提升的理由，让他离开了谏官之职，去做东宫官员。

元和十年（公元815年），宰相武元衡在京师光天化日之下，被刺客所暗杀，时人怀疑是淄青节度使李师道所为。白居易首先上疏论武元衡死得冤枉，要求朝廷缉拿刺客，以雪国耻。这下他招来了大厄。宰相们讨厌他多嘴，说他是东宫官，不该先于谏官言事。这尚是明枪，此外他的仇人又射来了暗箭，攻击他浮华无行，又牵强附会说他母亲看花落井身亡，他却作了《赏花》、《新井》诗。宰相们乘机奏请将他贬为和州刺史，在唐宪宗一口答应后，又有中书舍人王涯说他不孝，不能治理地方，由是再将他贬为江州（今江西九江）司马。

自此以后，白居易开始了他在宦海沉浮的生涯。一会儿被调回中央，一会儿又被贬到地方，直经历了唐穆宗、唐敬宗、唐文宗、唐武宗、唐宣宗五朝。沉浮的原因，还是他要说话、要上谏，不断地得罪君主，得罪宰相，得罪同僚。

他在中央做到的最高职位是刑部尚书，在地方做得最有名的是杭州刺史。他在杭州修筑海塘，浚疏西湖，为后人留下了一条白堤。

白居易的后半生是在痛苦中度过的，为了减轻痛苦，他亲近了佛门，与和尚为伍，以释典为伴，常数月不食荤，自号"香山居士"。

他不是不进取，而是昏乱的官场不让他进取。然他以"穷则独善其身，达则兼济天下"为座右铭，在遭排挤的日子里，营就了相当恬静的生活模式，并从中提炼了精致、隽永且又朴实的散文。

白居易在政治上是不得意的，然这不得意，迫使他贴近了民众，贴近了生活，由此写下了数量极大的通俗诗文。尤其是诗，更是为民众所喜闻乐见，流传到全国各地，流传到“乡校、佛寺、逆旅、行舟之中”。如此广泛的流传，在唐代的诗人中是罕见的，从而为白居易制造了盛名。可在这盛名之下，白居易依然是痛苦的，他认为那脍炙人口的《长恨歌》等作品，并非他的得意之作，而他真正的得意之作，即忧国忧民之作，反被人所不理解。

白居易卒于七十五岁，遗命葬于香山。

七四

唐穆宗

唐穆宗李恒，为唐宪宗第三子。在唐宪宗暴崩之后，宦官梁守谦、马进潭、刘承偕、韦元素、王守澄杀了政敌吐突承璀等人，将唐穆宗拥上了台。

对于唐宪宗的暴崩，新君得有个说法，作为新君的唐穆宗，将罪责归于助唐宪宗修炼的方士柳泌、僧人大通，将他们交京兆府杖死。其实，唐宪宗是晚年服金丹过多，因内热，性情变得极为急躁，易发怒，常无故拿宦官出气，甚至打死，由此，内常侍陈弘志秘密弑了他。由于是宦官当道，宦官为陈弘志遮掩，被宦官所掌握的唐穆宗，只能将柳泌、大通做了替罪羊，以此将舆论对付过去。

唐穆宗本是胸无大志之人，且朝中政柄被宦官所掌握，从而上台之后，将政事弃于一边，及时行起乐来。他按照例行规矩，登上丹凤门城楼宣布大赦天下，一下楼，便在门楼后面观看起早就安排好的歌舞杂戏。观后，他犹不能尽兴，过了数天，又去看禁军兵士搏斗表演。他还迷恋于声色之中，嬉戏无度，赏赐无度，三日一小宴，五日一大宴。

谏议大夫郑覃等人进言说："陛下宴乐过多，畋游太盛，外寇压境，有事急奏，竟不知陛下在何处。又从早到晚与倡优狎昵，赐予过厚。这金帛都是百姓膏血，非有功者不可赏。虽府库丰盈，但愿陛下爱惜，万一四方有事，可不再让地方官吏扰民。"

唐穆宗李恒与回纥和亲　长庆元年(821 年),唐穆宗遣其皇妹太和公主出嫁回纥。

唐穆宗嘴上说:"当依卿言。"实际将此当耳边风。

他喜欢著名书法家柳公权的字迹,由是立马将柳公权提升为右拾遗、翰林待书学士。柳公权是正直之人,当唐穆宗问他怎样将书法练得这么好时,他一语双关地回答道:"用笔在心,心正则笔正。"唐穆宗知道他有所指,脸上掠过一阵惭色,然事过之后,依然如故。

上行下效,公卿百官乃至民间富豪大商,竞相吃喝玩乐,沉浸在花天酒地中。唐穆宗闻得此风大行,竟高兴地对给事中丁公著说:"闻外间人多宴乐,此乃是政和人安,足慰朕心。"

丁公著直言相谏道:"这恐非好事,公卿大夫竞为游宴,昼夜醉生梦死,戏倡观舞,毫无廉耻之心,百职全废,陛下岂能无忧!惟有稍刹此风,方为天下之福。"

唐穆宗虽觉得有理,然还是我行我素。

用民间俗话来说,唐穆宗是个典型的昏君,且是个虚心接受但屡教不改的昏君。

由于唐穆宗的无能,终其一生,不能改变宦官在朝专权的现象。士人为了仕途通畅,不得不结交宦官。著名诗人元稹在巴结宦官之后,做到了知制诰,后又被推荐为宰相。

于此之外,朝官之间的朋党之争日趋激烈,严重地扰乱了正常的政治活动。(详见《牛李党争》)

财政上也出现了巨大的问题。在二税法推行之初,是用钱来折算所输之物,故钱轻货重。然此后由于官府铸钱量锐减,官僚、商人私自敛钱,民间为谋利而熔钱做铜器,大量恶钱泛滥,致使正币的价值扶摇直上。可用钱折算所输之物的旧规不变,从而使得物价下跌,钱重物轻,极大地加重了税户的负担。到了唐穆宗时,税户所交之税,实际已超过当初的三倍。这问题已成了经济中的首要问题，为缓解政府与税户之间的矛盾冲突，户部尚书杨於陵建议政府加大铸钱量，除盐、酒之外，所征之税，全部直接用布丝上交。出于保证朝廷的税收，防止民众不堪负担而闹出事来，唐穆宗批准了这个方案。这可能是唐穆宗在他四年的君主生涯中，惟一可以稍稍称道的事。

在对待方镇上，自唐宪宗驾崩后，中央政府的控制力已明显减弱。河北卢龙、成德、魏博三镇在短期间维持了对朝廷的效忠后，因方镇内部的顽疾至深，不久又以各自的表现形式，重新进入了割据的状态。其他各地相同的情况，也时有发生。一批在朝的能臣才将虽在不同程度上，对割据者采取了政治、军事措施，然因唐穆宗过于昏庸而收效甚微。从此开始，方镇割据死灰复燃，且越燃越炽，直燃到唐末，将整个唐帝国焚毁。

唐穆宗在享受淫乐的同时，还追求长生不老，他忘记了他父亲唐宪宗的教训，再度信用方士，大量服用金丹。

最后，他非但没能长生不老，反在三十岁时就一命归西了。

七五

唐敬宗

唐敬宗李湛，为唐穆宗长子。

在唐穆宗弥留之际，年仅十五岁的李湛以太子监国。控制朝政的宦官，不想让朝臣取得辅政大臣的身份，来分去他们的权力，遂准备推出郭太后（唐宪宗皇后，郭子仪孙女）临朝听政。

郭太后却对宦官说："昔日武则天称制，险些倾覆了社稷。我家世守忠义，非武氏可比。太子年纪虽小，但得贤相辅助，你们切勿干预朝政，如此国家便可太平。再说，自古从无女子为天下主，而致尧、舜般的兴隆大业。"说罢，撕了宦官为太子拟定的制书。

郭太后是个明白人，她一是明白女主称制的时代早已过去，整个社会已缺乏这样的基础，若强行而为，徒然落得个身败名裂且祸及娘家的下场；二是明白宦官们只是利用她，并非真心实意要将权力交给她，而是要她当个傀儡，任他们摆布，以与朝臣抵抗。

郭太后不干，坚决地不干。

几天后，唐穆宗驾崩，唐敬宗登了位。这个少年天子，行为酷肖他的父皇，把皇位当成了纨绔子弟享用不尽的资本。他依靠宦官，放任宦官，重用宦官，也听任朋党在朝廷中无休无止地相互倾轧。

登位伊始，他连着几天赏赐宦官，他赏金银，赏锦罗，还大赏官位。不

唐敬宗李湛好奏乐　唐敬宗李湛整日击毬、奏乐。大臣要他节制，他说："无乐则无礼，礼乐相成。"

同的官位，有不同的服色，人称“今日赐绿，明日赐紫”，忙个不停。

忙完了给宦官升官，他便忙着自己玩。他最喜欢的是打毬，也确实打得棒，时常在毬场上炫耀他的毬技。他还喜欢酒宴，喜欢音乐，喜欢打猎。宦官、乐人陪着他玩，大赏、小赏不断。

他只喜欢玩，最讨厌上朝，上朝得起个大早，他受不了。公卿百官到了上朝时分，都不敢有误，按时赶去了。而他却躺在温柔乡里，把早朝忘得一干二净。

有一次，直到太阳升得老高，还不见他的身影，时天气寒冷，把等在紫宸门外的百官冻得够呛，一些年老有病者冻得僵倒在地上。过了许久，他终于来了，一副无所谓的样子。

退朝后，作为谏官的左拾遗刘栖楚留下来进言说：“宪宗、先帝都是年长之君，四方犹是叛乱不断。陛下年纪尚轻，尤其在继位之初，理当勤奋治政。而陛下却贪于寝睡，迷恋美色，直到日高才起，且国丧未过，乐声整天喧闹，好名没传出，恶声已遍闻，臣恐如此下去，社稷不保！”

说罢，他把头叩得直响，满脸是血。复又抬起头来，大论宦官之事。

唐敬宗连连挥手，把他赶了出去。

唐敬宗忙着玩，故很少呆在宫中。看到君主这般浪荡相，使卜人苏玄明、染坊供人张韶生出了妄念。

苏玄明对张韶说：“根据我的占卜，你有升殿坐上宝座之相，与我共食。今皇上昼夜打毬，多不在宫中，大事可图。”

两人纠集无赖百余人，杀入皇宫。

时唐敬宗正在清思殿打毬，见状逃入神策军。张韶进了清思殿，坐上御榻，与苏玄明共食，并说果如其言。大将康艺全率兵来击，杀了苏玄明、张韶及其党徒，杀得宫中一片狼藉。

一场颇为滑稽的政变就此结束。

遭此惊变，唐敬宗仍不改悔。他又大兴土木，营建宫室，极是壮观华丽。他再造竞渡船二十艘，一下费去了转运来京的半年物资。

县令崔发见五坊小使殴打百姓，将小使关押了起来，仔细一问，却是中使。唐敬宗知晓后，竟站在胡作非为的中使一边，将崔发交与御史台审问。数十个有品级的官员，为讨好宦官，进来把崔发打得昏厥过去。唐敬宗再令将崔发关进大牢。

越来越没个皇帝样的唐敬宗，除了打毬，又迷上了肉搏。禁军以及各节度使逢迎他，争相送来了力士。更为荒唐的是，他竟在深夜出宫去捉狐狸。探究其心理，其实是大权为宦官所掌握，内心十分苦闷，又无力改变现状，为发泄苦闷，由此搞出这种种无聊的把戏。

他性格急躁，稍不如意，便拿力士出气，或流放，或没为宫奴，对陪他玩的宦官也是这样，一不顺心，即将他们毒打一顿，弄得他们极为怨愤。

一次深夜打猎回来，与宦官刘克明、田务澄、许文端以及打毬军将苏佐明、王嘉宪等二十八人饮酒。酒喝得半醉，他入殿更衣，蜡烛忽然熄灭。这些人一拥而上，将他给弄死了，时年仅十八岁。

弑君者虽然遭到了严惩，朝廷却由此经受了一场遽变。

七六

唐文宗与甘露之变

唐文宗李昂，为唐穆宗次子。

自唐高祖传位唐太宗起，除了唐中宗、唐睿宗是兄终弟及之外（按史实唐中宗驾崩后，韦后曾立过少帝，然为时过短，故不得史家承认，未计入唐朝君主世系），其余全是父死子继。唐敬宗被宦官害死，他虽生有五子，然由于他自己仅十八岁，其诸子均过于幼小，难以继承大统。宦官首领王守澄与翰林学士韦处厚商议，立唐敬宗的大弟李昂为帝。

唐穆宗、唐敬宗二朝，前后共七年时间，由于君主荒淫无度，致使朝中一片乌烟瘴气，不成体统。唐文宗登位之前，深深了解二朝的弊端，久有振兴之心，然因地位的关系，无法将自己的抱负付诸实施。在侥幸得了皇位后，上台之初，便大刀阔斧地进行了更张。

套用史家的一句话，唐文宗的政治表现，叫做励精求治。他按照中国传统政治法则，首先从去奢从俭开始。他将没有职事的三千宫女放出宫，将五坊的鹰、犬等动物放归野，将教坊、翰林、总监等机构一千二百多冗员放还乡。此外，废除无功受禄的赏赐，退还宫廷强占的土地，停罢锦绣、雕镂之物。这些举措，表示了唐文宗对奢侈享乐之风宣战的决心，也表示了他要把全部精力用于治国理民的决心。

作为君主，其起码但却很难坚持的职事是听朝。唐敬宗时，每月听朝

唐文宗李昂与甘露之变　大和九年(835 年),唐文宗任郑注为凤翔节度使,李训为宰相,要他二人合力帮助诛灭宦官,二人杀了包括王守澄在内的一些大宦官,又密谋内外协力,彻底铲除宦官集团。李训上朝,使人奏称左金吾大厅后石榴树上有甘露,诱宦官仇士良、鱼弘志等前去观看,想乘机诛杀。此时,正逢一阵大风,吹动布幕,露出伏兵。仇士良等人惊退,便劫夺文宗入宫。接着,仇士良派神策兵杀李训、郑注、王涯等千余人。"甘露之变"后,朝廷大权又归宦官掌管。有言道:石榴依旧人世变。自此,文宗过着囚徒生活。

至多一二次。唐文宗恢复了听朝制度，每逢单日，无论严寒酷暑，必去听朝。除了听朝，他轮流找宰相群臣谈话，一谈就是半天。他把各种待制官从有名无实变得名副其实，让他们成为他的智囊团。听朝、谈话、寻顾问，使唐文宗得以了解了国计民生，得以掌握随时变化的政情。

一个英明天子的形象浮了出来，使久处昏君治下的官民互相庆贺，说太平之世将为期不远了。

然官民们高兴得早了点，这仅是新君上任的三把火，其实，朝廷中积弊已深，且积重难返，非这三把火所能烧去的。

唐文宗自然也明白，他面对的政局，乃是个烂透了的政局，要想起死回生，确实谈何容易。但无论怎样难，他当尽力去做，至少在良心上不愧对列祖列宗。他非常清楚，整个帝国的问题不胜枚举，然关键的还是三个老问题：宦官专权、朋党之争、方镇割据。

对方镇割据，唐文宗采取了抚、剿、拉、谈等多种方式，力图保持割据势力不要加强，割据版图不要扩大。

对朋党之争，唐文宗是极为头痛的，他曾很无奈地说："去河北贼（河北三镇）非难，去此朋党实难！"

为对付朋党这历经数朝的难题，他不得已采取了逐渐抽薪的策略，将牛、李二党成员陆续排出中央。

对宦官专权，唐文宗是最深恶痛绝的。他认为这是万恶之源，不彻底予以解决，他这个皇帝不仅是个傀儡，且弄不好还会重蹈唐宪宗、唐敬宗的覆辙，且子孙们也永无拨云见日之时。具体而言，唐文宗对宦官的切肤之痛，一是弑唐敬宗的宦官仍逍遥法外，这让他愤惧交加，时不时有种惊悸之感；二是拥立他的宦官首领神策军中尉王守澄，专横的气焰越来越嚣张，全然不将他放在眼中。

由此，他将铲除宦官之祸，当作了万务之首。

唐文宗的想法，不是他个人的好恶所致，而是在朝中有着广泛的呼声。代表这种呼声的，是太和二年（公元 828 年）制举中举人刘蕡的对策，说是否能消除宦祸，当关系到"宫阙将变，社稷将危，天下将倾，海内将乱"。

太和四年（公元 830 年），唐文宗开始将他的想法付诸实施。他看中的合作人选，是翰林学士宋申锡。宋申锡被唐文宗认为忠厚谨慎，对宦官也充满了恶感。在秘密交谈中，宋申锡大胆地提出了逐渐消除宦官专权的建议。为让宋申锡能充分发挥作用，唐文宗先提升他为尚书右丞，旋即又拜他为相。宋申锡孤掌难鸣，又选拔了吏部侍郎王璠为京兆尹，想与他联谋解决宦官问题。然王璠得知了宋申锡的真实意图后，未能紧守口风，将此谋泄露了出去。

王守澄立即从耳线那里获悉了消息，他抢先一步，指使神策军将领豆卢著撰写奏章，诬告宋申锡图谋拥立唐文宗之弟李凑为帝。李凑颇有德望，唐文宗对他早存防范之心，阅了奏章，不加调查即信以为真，遂批准王守澄逮捕宋申锡。宋申锡百口莫辩，幸得宰相大臣为他开脱，才被贬为开州（今四川开县）司马。唐文宗的轻信，造成了第一次行动的破产。其实，唐文宗也未必全信，与其说他严惩宋申锡，不如说他惧怕宦官对他有所不利，才出了丢卒保车的下策。

密谋破产，唐文宗郁闷在心，患上了风病，口不能言。王守澄推荐医术高明的行军司马郑注为他治病，病竟然被治愈了。唐文宗由此宠信郑注。郑注是贪财之人，在得到流放被赦的李训的贿赂后，将李训荐引给王守澄，王守澄为加强对唐文宗的控制，再将李训推荐给唐文宗。

李训、郑注伺候在唐文宗的左右，时间一长，唐文宗吐露了他的心事，两人表示愿意为君主赴汤蹈火，以诛杀宦官为己任。唐文宗遂任李训为宰相，以郑注为凤翔节度使，内外双向配合，以彻底剿灭宦官。

李训出任宰相后，凌厉地走出了擒贼先擒王的第一步，让唐文宗下令由宦官仇士良接替神策军中尉之职，将王守澄调任为六军十二卫观军容使，剥夺了他赖以控制政柄的军权，随即，再让唐文宗赐他毒酒，将他给鸩杀了。李、郑二人本计划趁为王守澄送葬之机，由郑注率兵将全体宦官杀死，一同埋于墓中。然李训考虑如此郑注功勋太大，复改变了主张。

继而，李训将其集团的骨干分派为重要地区的节度使、京兆尹等职，以期从内外全盘掌握政局。他让担任邠宁节度使的郭行余、担任河东节度使的王璠在赴任之前，各招其镇兵前来京师，会同金吾使韩约共同行事。

太和九年（公元 835 年）十一月二十一日，韩约向唐文宗奏报，说金吾厅后的石榴树降有甘露，是难得的祥瑞之兆。

唐文宗令全体大臣、宦官，陪同他前往观看。到了金吾厅后，宦官首领神策左、右军中尉仇士良、鱼弘志，带着宦官们来到树下，反复端详，看甘露何在。此时在一旁的韩约紧张得神色大变，满脸是汗。仇士良感到奇怪，问韩约为何如此惊恐。说话间，一阵狂风掀起了金吾厅前幕帐的一角，露出了事先埋伏在内的壮士，又传出兵器撞击声。仇士良见状，忙率宦官站到唐文宗前，说有人谋逆。李训急呼兵士来保护君主，意即让他们动手。可宦官抬起唐文宗的软舆，迅速向殿中逃去。李训拉住软舆，遭到唐文宗的叱责，又被宦官打倒在地。待兵士冲上来，仅杀了数十宦官，大部分宦官拥着唐文宗逃进了宣政门，并关闭了大门。未出多时，宦官调来了五百神策军，杀向朝臣，李训、郑注集团成员遭到了大屠杀，宰相王涯、贾餗、舒元舆等也被枉杀。

事后株连而死的朝臣达六七百人，事情大闹了十几天，京城秩序才渐趋正常。

此事因甘露而起，史称“甘露之变”。

经宋申锡之案、甘露之变后，唐文宗诛灭宦官的计划不仅全面破产，且他诛灭宦官的壮志也从此烟消云灭。因宦官非但加强了专权，并严密地将他监视了起来，实际等于将他软禁了起来。

对于唐文宗处置藩镇、朋党、宦官之事为何一无成功，陈寅恪有着精到的评析，他说：“夫唐代河朔藩镇有长久之民族社会文化背景，是以去之不易，而牛李党之政治社会文化背景尤长久于河朔藩镇，且此两党所连结之宫禁阉寺，其社会文化背景之外更有种族问题，故文宗欲去士大夫之党诚甚难，而欲去内廷阉寺之党则尤难，所以卒受‘甘露之祸’也。况士大夫之党乃阉寺党之附属品，阉寺既不能去，士大夫之党又何能去耶？”（《唐代政治史述论稿》，上海古籍出版社）

唐文宗壮志未酬，旧疾又复发，刚至而立之年，已如同行将就木的老翁。他为解寂寞，和当值的翰林学士周墀喝酒聊天。

唐文宗问道：“朕可和前代什么君主相比？”

周墀答道：“可比尧、舜。”

唐文宗接口说：“朕岂敢和尧、舜相比，朕问你的意思，是否像周赧王、汉献帝？”

周墀大惊说：“这都是亡国之君，岂能和陛下这样的明君相比。”

唐文宗长叹道：“周赧王、汉献帝受制于强大的诸侯，而朕却受制于家奴，以此而言，朕知道不如。”

说罢泪如雨下。

在此次谈话后，唐文宗再也不听朝了。

唐文宗不听朝，不是像唐敬宗为了淫乐，而是觉得自己根本不配再在皇位上呆着。

不呆也得呆，如木雕泥塑般，唐文宗捱完了最后的岁月。

七七

唐武宗与会昌毁佛

唐武宗李炎，为唐穆宗第五子，唐文宗之弟。

初时，唐文宗本立了唐敬宗第六子李成美为太子，在他弥留之际，枢密使刘弘逸、薛季稜（时枢密使均由宦官充任）与宰相李珏以奉承密旨为名，准备推太子监国。可神策左、右军中尉仇士良、鱼弘志却因太子非他们拥护所立，遂以太子年纪尚幼，矫诏立李炎为皇太弟，发兵将他迎入宫中。

唐文宗驾崩，李炎继位。

在继位之后，唐武宗为报答拥立他的仇士良、鱼弘志，将二人分别封为楚国公、韩国公。为消除隐患，他将李成美以及也曾做过太子人选的安王李溶，一并赐死。为重组亲己的政府，将曾拥立李成美的宰相杨嗣复、李珏一起罢去，召淮南节度使李德裕入京，拜为宰相。

由于争夺拥立皇帝的权力，在宦官内部闹起了激烈的矛盾，刘弘逸、薛季稜趁率禁军护送唐文宗灵柩至陵寝之机，谋诛仇士良、鱼弘志，然因走漏风声，反被对方的势力所杀。仇士良、鱼弘志因甘露之变所积的仇恨，将被唐文宗亲近的宦官、乐工相继诛杀。

许是性格关系，许是韬略缘故，许是在未登位前接受了几代君主的影响，唐武宗的君主行为，既有昏君的昏昧，也有明君的英明，既有唐敬宗般的荒唐，也有唐文宗般的抱负，表现了很复杂的多样性。

唐武宗李炎严惩贪宦仇士良 宦官仇士良在“甘露之变”后，更是挟持君皇，指令天下。他前后共杀二王、一妃、四宰相。武宗即位后，仇士良犹以病退职在家唆其徒党以奢靡娱害皇帝。武宗察觉之后，下令严惩仇士良。

初上台的唐武宗很贪玩，其玩的劲头绝不亚于唐穆宗、唐敬宗。他打猎、击毬、骑射、角抵，将各种武戏玩得极疯。陪他玩的是五坊小儿，在宫内玩，又到宫外玩，玩得高兴，他一掷千金地大量赏赐。时人见得时间长了，以为他活脱脱是唐敬宗的翻版。

带着玩兴，他去拜谒郭太后，他隐去了疯玩之事，从容地问如何能当好天子。郭太后早就知道这个孙儿的所作所为，然只字不提，仅说了一句话，要他纳谏。唐武宗倒也听祖母的话，回去后将高积在案的谏疏，统统阅看了一遍。这些疏文的内容，多是劝他停止游玩。自此，他玩还是玩，但玩的次数明显减少，对五坊小儿的赏赐也有了些节制。

他听说扬州的倡伎多才多艺，尤其擅长行酒令，由此下令驻在扬州的淮南监军选十七人送入宫中。监军为逢迎君主，在倡伎之外，拉着节度使杜悰，想选些良家美女，教她们练习后一起进献。杜悰说监军要选自己选，他不参加。监军再三相拉，拉不动杜悰，一怒之下打了小报告。

接到小报告，唐武宗沉默许久，半晌才说："朕要藩镇选倡伎，这岂是圣明天子的所为！杜悰不附监军之意，甚得大臣之体，真宰相之才。朕实在惭愧！"

遂令监军停止选美，召杜悰入朝拜为宰相，并鼓励说："卿不从监军之言，朕知卿有致朕圣明之意。今以卿为相，如得一魏徵。"

唐武宗想做圣明天子，其目标是平定外患内乱。他在李德裕的大力辅助下，在一定程度上，展开了有效的经营。

卢龙镇将军陈行泰拥兵驱逐节度使史元忠，让人向朝廷请求节度使之职。唐武宗采取了冷处理的办法，将奏表留中不发，让其发生内变。陈行泰未得朝廷承认，部将张绛再拉人作乱，杀死陈行泰，又奏表请职。唐武宗还是老办法，不表示态度。卢龙雄武使张仲武上表朝廷，以本部兵讨张绛。唐武宗同意了，结果，张仲武剿灭张绛，平了卢龙镇之乱。

昭义节度使刘从谏死，其子刘稹擅自为留后。唐武宗因势制宜，拉拢成德、魏博二镇，让他们出兵，由此朝廷不费一兵一卒，平定了昭义镇。

时最大的边境问题，是回纥的侵边。唐武宗以分化瓦解、军事攻势双管齐下，削弱了回纥的力量。他先允准回纥贵族嗢没斯内附，以其为归义军节度使，化敌为友，牵制回纥主力。再令河东节度使刘沔率部攻击回纥乌介可汗。在杀胡山一役，乌介惨败，除他及少数人逃脱外，余众尽归唐朝。

无论是对付方镇，还是对付回纥，李德裕都表现出了运筹帷幄、决胜于千里之外的杰出才干。以李德裕为代表的朝臣给予唐武宗的支持，使唐武宗在其政治依靠上，用朝臣替换了宦官。然而，对于宦官也有诸多不满的唐武宗，没有像唐文宗那样，采取极端措施来进行解决。而是吸取唐文宗失败的教训，改用阳为尊崇，实则逐渐冷淡的手段。

仇士良对唐武宗的手段，洞若观火。为打击李德裕，重新控制唐武宗，他向禁军将士散布谣言说，李德裕与掌管财政的度支使计划减少禁军的军饷，并怂恿他们在唐武宗加尊号的那天闹事。李德裕闻讯，抢先到唐武宗面前作了澄清和举报。唐武宗拿出了君主的作派，遣中使到神策左、右军去宣布御旨："此事纯系空穴来风，一切都是朕的安排，无关宰相之事，尔等不得信口雌黄。"将士们被震慑住了，仇士良只得诚恐诚惶地谢罪。

在仇士良的阴谋被挫败后，唐武宗没有乘势对他采取进一步的行动，而是将他提升为观军容使，以领神策左、右二军。名义上得到了升迁，实则却被剥夺了对禁军的控制权。仇士良明白唐武宗对他的态度，知道自己的处境不妙，以退为进，以身体有疾提出了辞职。唐武宗顺水推舟，同意了他的辞呈，将他改任为内侍监。内侍监没做多久，基于大势已去，无东山再起的希望，仇士良被迫致仕。

在宦官党徒送仇士良归返私第时，他语重心长地说了这样一番话："天子不可让他闲着，必须用奢靡来娱他的耳目，且要日新月异，使他无暇顾及他事，然后吾辈才可得志。切勿让他读书，亲近儒臣。否则，他一旦懂得了前代兴亡的教训，将心存忧惧，吾辈定然被疏远，权力定然被剥夺。"

党徒们唯唯承训。

一年之后，唐武宗诏令削去了仇士良的官爵，籍没其家，但还算手下留情，留了他一条性命。

仇士良一去，鱼弘志成了惊弓之鸟，再也翻不起大浪。故终唐武宗一朝，宦官专权跌落到了低潮。

若是以为唐武宗有了这些政绩，便是个至圣至明的天子，那是大错而特错了。他的昏昧仍在，并不因政绩而消除。他无视唐宪宗、唐穆宗因服金丹而暴崩的前车之鉴，也求起了长生。求长生得靠道士点教，由是他拜了道士赵归真为师，迷恋于道家的修炼。

李德裕进谏说："赵归真是敬宗朝的妄人，不宜亲近。"

可唐武宗回答说："朕只是在无事时，与他谈道以解理政之烦。至于政事，朕必问宰相大臣，虽有一百个赵归真，也不能迷惑朕。"

嘴说不迷惑，其实，唐武宗已受赵归真大迷惑。为躲避朝臣的指责，他在长安南郊建造了一座望仙台，时常前去接受赵归真的指教。赵归真见朝臣对己多有非议，向唐武宗介绍了罗浮山的道士邓元起，说他有长生不老之术。唐武宗急忙派人将邓元起迎入宫中。

时道、释二家对抗激烈，为取得道教的一尊地位，并打击佛教，赵归真、邓元起二人先后向唐武宗进言，说佛教非中国之教，祸国殃民，应予取缔。并不时向他散布这样的意思：不除佛教，则入道之心不真，难以长生不老。

在道士们的极力煽动下，会昌五年（公元845年）七月，唐武宗颁布诏令：禁断佛教。具体的措施是：长安、洛阳二街各留二寺，每寺留僧人三十名；大州各留一寺，分为三等，上等留僧人二十名，中等留僧人十名，下等留僧人五名。除此之外，所有寺庙一律拆除，僧尼迫令还俗，寺院财货田产全部充公，拆下的材料用于修缮公廨、驿站，熔化铜像、钟磬铸钱。

由此，天下共毁寺庙四万多所，僧尼还俗二十六万多人，没收田产数千万顷，没收奴婢十五万多人。

这就是著名的“会昌毁佛”事件。中国历史有“三武灭佛”之说，即北魏太武帝拓跋焘、北周武帝宇文邕加上唐武宗李炎。

唐武宗毁佛，也有政府与寺院在经济上矛盾冲突的原因，在措施推行后，政府获得了大利。然而，其实质毕竟是唐武宗的愚昧所致，他毁佛后，道教取而代之，同样开始了与政府争利。故而欧阳修批评道：唐武宗去佛扬道，以求长生，足见“其非明智之不惑者”。

唐武宗追求长生的结果是，和唐穆宗一样，因丹毒发作而亡。

七八

小太宗唐宣宗

唐宣宗李忱，为唐宪宗第十三子。

李忱前封光王，外观很是糊涂，心里却如明镜一般，幼年在宫中被人认为笨得很，惟有唐穆宗曾抚着他的背说："这是我家的英物。"长大后，愈发韬晦，公众场合从不开口说话。唐文宗、唐武宗都看不起这个皇叔，常戏称为"光叔"。尤其是一身豪气的唐武宗，对他更是无礼。凭着这种糊涂，这种无能，这种沉默，在唐武宗弥留时，他被宦官们立为皇太叔，成为皇位继承人。

然在唐宣宗登位之后，一扫旧态，处理政务无一不合情合理，众人方知这是个不可等闲视之的君主。

在宗教上，唐宣宗与唐武宗反其道而行之。他抑制道教，杖杀了赵归真等数名大道士；恢复佛教，除了诏令在长安、洛阳二京增加寺庙外，听任僧人修复各已毁之寺庙。他以牺牲政府夺取寺院经济之利，争取信仰佛教的朝臣以及广大民众的支持，从而建立他的政治基础。厚实的政治基础，使他得以用自己的意志，来刷新政治。

时边境形势的变化，也帮助他取得了政治资本。自唐武宗以来的吐蕃内乱，削弱了吐蕃的实力，到唐宣宗初年，吐蕃据有的秦（今甘肃天水）、原（今甘肃固原）、安乐（今宁夏中卫）三州以及原州七关，归附了唐朝。

此后，沙州（今甘肃敦煌）志士张议潮联结当地军民起兵，赶走吐蕃守军，收复沙州。他在被唐宣宗任命为沙州防御使后，又收复了瓜（今甘肃安西）、伊（新疆哈密）、西（新疆吐鲁番）等十州。由此，唐朝重新取得了对河西走廊的控制权，在沙州设置归义军，张议潮升为节度使。

唐宣宗兴奋地说："宪宗常有志收复河、湟地区，然忙于中原用兵，事遂未成。朕竟其遗志，足以告慰父皇在天之灵！"

在掌握了朝廷的政柄后，唐宣宗开始为他的父皇唐宪宗报仇。唐宪宗名为死于金丹，实死于宦官之手，且牵涉面颇广。据风闻，郭太后（唐宪宗皇后）与唐穆宗母子均涉嫌。事情尚未正式立案，郭太后因愤恨唐宣宗待她礼薄，登上勤政楼，欲跳楼自杀，然未遂。唐宣宗听闻后，怒不可遏。当夜，郭太后突然身亡。外面各种谣言四起。数年之后，唐宣宗才正式追究弑唐宪宗之党，杀戮和流放了人数众多的宦官、外戚以及当时的东宫官员。

与唐文宗一样，唐宣宗久有诛灭宦官的心愿。他为"甘露之变"扼腕长叹，但他又认为李训、郑注是小人，除此二人，他对当时所有死于宦官之手的朝臣予以平反昭雪。

为解决宦官问题，他以论诗为名，召翰林学士韦澳入内，屏退左右侍从，问："近日外面舆论，对宦官的权势有何说法？"

韦澳答道："陛下威断，宦官已大有收敛。"

唐宣宗闭目摇头说："全非这样，朕尚畏其存在。卿有何良策？"

韦澳以为和朝臣商量，恐重招甘露之祸，不如在宦官中找一些有胆识者共谋。唐宣宗否定了这建议。

他又召宰相令狐绹商议。令狐绹的计策是：有罪必究，有缺不补，待其自然消耗，以至于尽。

唐宣宗李忱决意任宰相　唐宣宗自视有智术，只许群臣顺从，不得违旨。他独揽大权，官员是升还是降，他一人说了算。

然令狐绹的奏章被宦官发觉，从而此计非但难以奏效，反而加剧了南衙北司的矛盾，势成水火。

尽管大动作无法实施，然唐宣宗还是尽力抑制了宦官。宦官内园使李敬寔气焰嚣张，遇到宰相郑朗不下马，唐宣宗立即剥了李敬寔的官服，配给南衙当贱役。他又规定，凡是节度使有罪，监军（由宦官充任）连坐。

宦官问题虽终未能全盘解决，然唐宣宗在整顿吏治上下了大功夫，非但收到了一些成效，且赢得了民众的颂扬。

鉴于前朝晋升高官太滥的弊端，唐宣宗对高官的人数予以严格控制。官员各以品级授服色，自唐高宗上元以后规定，三品以上服紫，四品服深绯，五品服浅绯，六品服深绿，七品服浅绿，八品服绿，九品服深青，流外官及庶人服黄。时以紫、绯为高官，所谓的赐紫赐绯即为升高官。唐宣宗极为珍惜紫、绯，侍从官常备紫、绯二色服相随，然有时半年未赏出一件。他授官爵的原则是，不到规定时间的不授，没有政绩的不授，换言之，也就是不以个人好感相授，不以亲近相授。

他曾胃口不佳，苦于饮食。医人梁新为他治了数日，有了明显的好转。梁新以功求官，然被一口拒绝，仅赏赐了钱财。他授官不仅依据有关机构的报告，且注重自己的调查。他外出打猎，听泾阳樵夫说当地县令李行言不畏军人威胁，将数名强盗绳之以法，回宫后即授以紫服。他又听醴泉父老说其县令李君奭有惠政，亲手签了任命书，授为怀州刺史。

相反，对那些鱼肉百姓、作威作福的官员，不论职位高低，一经发现，必予以制裁。有个奉旨出外办事的使者，途经硖石（今河南三门峡东南），投宿驿站，见所食之饼黑，竟鞭打驿吏出血。陕虢观察使高少逸，将此饼进呈唐宣宗。待使者回朝，唐宣宗斥责道："硖石为深山所围，此饼岂是容易得来！"遂将这使者发配到恭陵（唐高宗、武则天长子李弘之陵）去守陵。

淮南大饥，民众大批流亡，带宰相衔的节度使杜悰却不理政事，荒于游宴。考虑杜悰有较高的德望，唐宣宗将他调为虚职，换人替代其职。

唐宣宗最重视的是地方最高长官刺史，他认为整个帝国由各个地方所拼而成，这些父母官的政绩，直接关系到民心向背。他规定刺史人选被确定后，不准直接去上任，必须到京师来接受他的当面考察，以定可否。他对此的解释是："朕以刺史多不得其人，而为害百姓，故要一一面见，询问其如何施政，以此了解其优劣，再确定是否可以任命。"

先前几朝，乐工、倡优仗着皇帝的宠信，极是胡作非为，并屡屡干政，在朝廷中影响甚坏。此风延续到了唐宣宗朝，他铁面无私地进行了扭转。优人祝汉贞，以滑稽著称，反应敏捷，能当场应景出语，且诙谐无比。唐宣宗以他能为自己解闷，很是宠信。有一日，祝汉贞说着说着，触及了政事。唐宣宗立即板了脸，说："我畜养尔等，只是供戏笑，岂可干预朝政！"从此疏远了他，并在其子贪赃事发后，杖死其子，将他处以流放。乐工罗程，弹得一手好琵琶，也极得唐宣宗宠。罗程倚恃宠，竟然因小事杀人，被关进大牢。乐工们为他求情，说他有绝艺，可为唐宣宗游宴助兴，要求赦免他。可唐宣宗却说："尔等所可惜的是罗程的艺，朕所可惜的是高祖、太宗之法！"下令将罗程给杖杀了。

唐宣宗有着好记性，叫得出宫中最低等的洒扫者的姓名，能记住奏表中出现的天下狱吏的姓名。他不但记性好，且心极细。度支部门上报污损的布帛，奏表中将"渍"误写成了"清"，主管官以为唐宣宗不会注意，胡乱报了上去。岂知唐宣宗一眼看破，处罚了与此事相关者。

善于纳谏，是唐宣宗有别于唐朝晚期其他君主的一个重要特征。他曾想到唐玄宗所修的华清宫去放松一下，谏官纷纷上谏，谏得极为激烈，他由是取消了行程。他纳谏的程度，仅次于唐太宗，不论是谏官论事，还是门下省的封驳(将君主不合适的诏令退回),他大多能够顺从。此外,他十分尊重大臣的奏议,每每得了大臣的奏议,必洗手焚香再阅读。

事也凑巧,唐太宗纳谏,得了魏徵;唐宣宗纳谏,得了魏徵的五世孙魏謩。魏謩是唐文宗读《贞观政要》后,思慕魏徵,而在魏徵后裔中找来的。魏謩入仕后,再现了魏徵直言极谏之风。唐宣宗登位后,拜为宰相。其他宰相上谏,唯恐君主不快,都委婉而谏,独他开门见山,无所忌讳。唐宣宗常叹:"魏謩有祖风,我心极重他。"

唐宣宗临朝,对待群臣如待宾客,从未有倦容。宰相奏事,他威严不可仰视。奏毕,他脸上放出微笑,让群臣闲语,或问里坊琐事,或谈宫中游宴,无所不至。经一刻时辰,复严肃地告诫群臣:"卿等好自为之,朕常担心卿等负朕,日后难以相见!"说罢,起身回宫。令狐绹说:"我秉政十年,最受恩遇。然每次奏事,未尝不汗透脊背。"

唐宣宗努力仿效唐太宗,以"至乱未尝不任不肖,至治未尝不任忠贤"为座右铭。他将《贞观政要》书于屏风之上,每每正色拱手拜读。他处理天下事务,明察果断,用法无私,从谏如流,重惜官赏,恭谨节俭,惠爱民物,故其大中年间所施之政,直到唐亡,尤被人称颂,时称为"小太宗"。

"小太宗"行迹虽佳,然只是唐帝国的回光返照,未能救得千孔百疮的巨舟,在他驾崩不到半年,就爆发了浙东裘甫起义。

最让人遗憾的是,这个明君晚年竟然也去求长生不老,服用金丹过量而送了命。

七九

牛李党争

唐宪宗元和三年(公元 808 年)四月,按例举行了一场以君主名义主持的制举,其具体的科目是贤良方正、直言极谏。

参加考试的举人牛僧孺、李宗闵、皇甫湜等人,在对策中直刺时政,语言无所遮掩,极为激烈,直呼要求改革。

时唐宪宗正锐意改革积弊,这些举人的言辞很是与时势相吻合,因此实际主持考试的吏部侍郎杨於陵、吏部员外郎韦贯之,将他们全都署为上第。唐宪宗在接到奏报后,当即表示了满意的态度,并关照中书省在给他们放官时,给予优先的考虑。

然而宰相李吉甫却怀疑,举人是得到了他的政敌的暗中支持,通过制举来对他进行攻击,从而表现出歇斯底里的状态,到唐宪宗面前哭诉,说这场制举的最后复核人是翰林学士裴垍、王涯,而皇甫湜是王涯的外甥,然王涯事先没有请求回避,裴垍也明知不说。

经李吉甫如此一说,事情的性质起了根本的变化,在唐宪宗的眼里,那些慷慨激昂的举人的背后,原来竟有朝臣在操纵、在徇私,由此这场制举明显带上了科场舞弊的性质。为追究科场舞弊,他不得不将这些他原本极为看好的举人忍痛割爱,并惩罚那些与此有关的考官。

结果,裴垍、王涯受到了降职的处分,杨於陵、韦贯之被贬为外官。牛僧孺、李宗闵、皇甫湜等人被改署落第，并多年不得仕进。

以此事件为标志，从此拉开了以牛僧孺、李宗闵为首的牛党，与以李吉甫之子李德裕为首的李党，历经唐宪宗、唐穆宗、唐敬宗、唐文宗、唐武宗、唐宣宗六朝，相互之间斗争的序幕，史称“牛李党争”，又称“朋党之争”。

牛僧孺，字思黯，安定鹑觚（今甘肃灵台）人，为隋朝宰相牛弘的后裔。李宗闵，字损之，为唐高祖之子郑王李元懿的后裔。二人幼、少年时，均家道中衰，唐德宗贞元二十一年（公元805年）同科进士及第。此外，牛党的另外一些骨干，如杨嗣复等人，也多是进士出身。有些史家据此，将牛党定为进士出身的庶族势力的代表。

李德裕，字文饶，赵郡（今河北赵县）人。自幼心怀壮志，苦心奋学，然极其厌恶科举，从门荫之道入仕。此外，李党的主要成员，如郑覃等人，多是关东著名士族的后代，皆凭着门荫入仕，重门第，重儒家经学。有些史家据此，将李党定为门阀士族势力的代表。

牛李党争，争的是意气，以私愤相互排斥，毫无余地地极力排斥。李党执政，牛党必卷铺盖走人；牛党主朝，李党必被逐出中央。然在争意气之中，确也夹杂着他们对治国之道的不同主张。

平心而论，不管是牛党，还是李党，都有儒家治国平天下的情结，并在他们各自入朝主政期间，对打击藩镇割据，提高中央集权；对清除边患，保持国土安宁；对抑制宦官，加强朝臣地位；对改革弊端，调整国家状况等等，均有各自的建树。然就其态度而言，李党强硬，牛党婉和，由此李党的功业较为辉煌，牛党的事迹较为晦暗。

从而，史家在评论两党功过时，多倾向于同情李党，对牛党则多有非辞。但无论如何，他们的剧烈争斗，给历朝政治蒙上了挥之不去的阴影，使饱经患难的朝廷雪上加霜。

自制举一案之后，牛僧孺、李宗闵长期遭到压制，进不得正途，只能在藩镇处当幕僚。直到李吉甫亡后，他们才得以见了天日，进入中央任职。

唐穆宗长庆元年(公元821年)，李宗闵时任中书舍人，其女婿苏巢参加进士考试及第，然放榜之后，任翰林学士的李德裕联合朝臣李绅、元稹上书，指责主考官钱徽接受贿赂，因而录取者有着严重的问题。唐穆宗令进行复试，苏巢以成绩不合格而落第。李宗闵有请托之嫌，被外放为剑州(今四川剑阁)刺史。然时隔不久，李宗闵被复中书舍人之职，在主持科举考试时，因录取了许多名士，名声大振，升为兵部尚书。

唐敬宗即位后，宰相李逢吉因曾受到过李吉甫的打击，出于报复，将李德裕外放为浙西观察使，而引政绩卓著的牛僧孺为相。然牛僧孺为相不久，见朝廷极为黑暗，无法伸展自己的抱负，自动请求辞去相职，离开京师，去担任武昌军节度使。

唐文宗登位，李宗闵在宦官的支持下，被拜为宰相。他出于报复，也恐怕时任兵部侍郎的李德裕出任宰相，遂将李德裕贬为西川节度使，而引牛僧孺入朝为相。旋即，李宗闵和牛僧孺合力，将李党全部赶出了朝廷。

牛僧孺在处理民族问题上，鉴于国力的衰弱，主张以和为贵。从而，在他任相期间，唐朝和吐蕃的关系，向着和好的方向在发展。然而，任西川节度使的李德裕则持相反的看法，他认为要增强唐朝的威望，应当在军事上有所表现，以此才能慑服各民族。

在具体对待吐蕃的问题上，李德裕坚持以战为先的主张。当吐蕃维州(今四川汶川西北)守将悉怛谋率众归附西川后，他奏请朝廷，要求趁此良机，向吐蕃发起强大的攻势。

可牛僧孺不同意，他认为：在与吐蕃修好之际，向吐蕃发起进攻，将失信于四夷，且吐蕃兵力强劲，一旦入寇，长安必陷于危险之境，如此即使得到一百个维州又有何用，不如将维州还给吐蕃，以维持双边关系。

唐文宗接受了牛僧孺的看法，令李德裕将维州及其所有降众归还给吐蕃。

当此事施行后，舆论掀起了大波，纷纷指斥牛僧孺假公济私，在报复李德裕。唐文宗由此改变了对牛僧孺的信任，将他贬为淮南节度使。

然李宗闵仍然控制着朝政，并将牛党成员尽行安排到各要职上。由于这些人良莠不齐，贪赃受贿之事时有发生，加上李宗闵专权太过，导致了唐文宗的不满。由此，唐文宗调李德裕入朝为相，将李宗闵出为山南西道节度使，并将所有牛党成员一体贬出中央。

李德裕在相位上呆了一年半后，受到李训和郑注的排挤，被出为山南西道节度使，而李宗闵复被召入朝为相。由此，李德裕和李宗闵的位置对调了一下。然李宗闵与李训、郑注不是志同道合者，没多久，就彼此闹得不可开交。李训、郑注一面打击李宗闵的党羽，一面揭露李宗闵以前结交权贵谋取相位的劣迹。从而，李宗闵复被唐文宗贬为外州刺史。

先后被撵出权力中心的牛僧孺、李宗闵，虽然后来被授予了一些高层职务，然都是虚职，他们再也未能恢复相职。

到唐武宗登位，李德裕得到了大重用，在外事内务上多有骄人的政绩。然他利用手中的权柄，利用唐武宗的信任，对牛党实施了大报复，将牛僧孺、李宗闵、杨嗣复等人处以流放式的贬逐，逐至蛮荒之地。

牛李党争，直到唐宣宗上台，才告终结。

唐宣宗在两点上与李德裕不合：一是在科举考试上，唐宣宗特别偏重进士科，每每接见朝臣，必问其是否进士及第，若得到肯定的回答，便十分高兴。他曾在宫廷中为自己题了一幅字："乡贡进士李道龙"。（《唐语林·

企羡》)由此可见,他偏向进士出身的牛党,而讨厌没有科第之名的李党。二是他被立为皇位继承人,是得了宦官的拥戴,并没有通过很有权威的太尉李德裕,故而,他一直畏惧着李德裕。在他的即位仪式上,是李德裕奉册。事后,他这样对人说:"刚才接近我的是否是太尉?他每看我,都使我毛骨悚然!"

还未等皇位坐热,唐宣宗就将李德裕给贬了,一级级地贬下去,最后贬为崖州(今海南琼山东南)司户。李德裕后来死在了贬所。在这过程中,所有李党成员及李德裕的亲近者,也悉被清理出朝廷。

与此同时,牛僧孺、李宗闵、崔珙、杨嗣复、李珏等被流贬在外的牛党成员,相继被召回朝中。李宗闵未等到还朝,已病死在贬所。牛僧孺已年老,在昭雪之后不久即亡故。唐宣宗起用牛党成员白敏中、令狐绹为相。

至此,长达四十多年的"牛李党争",以牛党执政,并失去争斗的对手,而宣告结束。

关于"牛李党争",还有三点值得注意:

第一点是:有人认为牛、李二党并不存在;有人认为仅有牛党,而没李党。其实,牛、李二党,不论哪党,起初都无结党的意愿,然在共同的利益下,自然地出现了人以群分,久而久之,就形成了所谓的朋党,且愈结愈深。这种现象是一切党派产生和发展的规律,由于牛、李二党存在的时间特别长,对垒的态势特别明显,故成了党争的典型。

第二点是:当时南衙北司的斗争异常激烈,宦官们将他们要打击的所有朝臣,全指责为朋党,以混淆视听。唐宪宗问过宰相李绛:"人言外间朋党大盛,这是为何?"李绛答道:"自古人君最痛恶的,莫过于人臣为朋党,所以小人攻击君子必谓朋党。然而,论起朋党极可恶,但寻找却无踪迹。东汉末年,天下贤人君子,都被宦官指为党人而加以禁锢,由此导致了亡

国。从而,朋党都是小人欲害君子之言,不可相信。”(《资治通鉴》卷二三九唐宪宗元和八年)

第三点是:其他政治势力迫害异己的借口,其中尤以李训、郑注集团做得最为突出。他们在和李宗闵交恶后,为把持朝政,在唐文宗面前,将所有他们讨厌的朝臣,或指为牛党,或指为李党,然后一一加以逐去。

八〇

唐懿宗

唐懿宗李漼，为唐宣宗长子。

他在位期间，仅用了一个年号：咸通，其取自于唐宣宗《泰边陲乐曲词》中“海岳晏咸通”。

唐懿宗的长相很是出色，“姿貌雄杰”，端坐在金銮殿上，极有伟君的气派。加上年号又取咸通，时人以为他将会造出一番超过唐宣宗的大业。

然事实正与人们的期望相反，与他的长相、他的年号相反，唐懿宗是个地道的昏君，气量狭隘得不能再狭隘。登位伊始，就下诏要杀早先没有签名同意让他监国的宰相。此事最后虽未能得逞，然他的心胸已昭然若揭。又宰相白敏中卧病在床已有数月，他不作重新安排。

谏官右补阙王普上疏说：“陛下即位之初，是宰相尽心之日。陛下与各宰相交谈，未尝满过一个时辰，白敏中病了数月，又怎和他交谈，此如何治理天下之事！”

唐懿宗非但拒谏，且将王普贬为县令。

唐懿宗对理政没什么兴趣，把心思全用在出游和酒宴上。

谏官左拾遗刘蜕上谏：“边境多事，南诏兵侵交趾，陛下毫无忧虑之色，这如何让将士们出死力！望能节制游宴，待边境安宁，再玩不迟！”

因是谏官，唐懿宗不能拿刘蜕开问，但却当成了耳边风。

唐懿宗李漼令作《叹百年曲》 咸通十一年(870年)八月,唐懿宗和郭淑妃的爱女同昌公主病死,随葬服玩之物装有120车,长长摆了30余里。还令乐工李可及作《叹百年曲》一首,在同昌公主出殡的路上吹奏,曲调悲切哀婉。此曲历叙人生少时娟好,壮时追欢寻乐,老时衰飒之态。在吹奏此曲时,有数百舞蹈者,在用800匹绸缎铺成的灵道上,随着灵柩的缓行而翩翩起舞,一直到墓地。

唐懿宗的玩兴不减前朝诸帝，并将规模推向极致。他喜欢音乐，殿前乐工基本维持在五百人左右。他喜欢酒宴，每月设宴不少于十次，他沉浸在声色酒肴之中，从不知厌倦，赏赐乐工侍从动辄千缗钱。他还喜欢出游，长安周围地区，如曲江、昆明池、灞水、浐水、南宫、北苑、昭应、咸阳，常常可见他的车驾。他说去就去，有关部门来不及安排，只能时刻备着乐队、饮食、帐篷，诸王立马准备相随。每次出游，从行者往往达到十多万人。

忙于尽情享乐的唐懿宗，把政事全委托给了宰相路岩。路岩奢靡，为对付巨大的开销，他大肆受贿，聚积之物不可胜数。他的左右从人依样画葫芦，各自聚敛财物。

县令陈蟠叟因此上书，被唐懿宗召去问话。

陈蟠叟说："请破边咸一家，即可养军二年。"

唐懿宗问边咸是何人，回答是路岩的亲信。

唐懿宗大怒，怒的不是路岩，不是边咸，而是陈蟠叟，将他处以流放。从此再无人敢言。

后路岩以宰相衔出任西川节度使，出长安城时，路人争相向他投掷瓦砾。

唐懿宗的爱女文懿公主因病不治而亡，他竟杀了翰林医官韩宗邵等二十多人，并株连他们的亲属三百多人。整个长安城街谈巷议，怨言沸腾。为文懿公主治葬，祭物以锦绣、珠玉为原料，每物均一百二十车，光耀三十余里。他思念女儿，让乐官李可及作《叹百年曲》，伴舞者数百人，尽发大内宝物为首饰，用八百匹锦罗铺地。事后，满地尽是珠玑。

李可及是唐懿宗的宠臣，他为儿子娶媳妇，唐懿宗赐他二银壶酒，启开一看，却是全银铸成实心的。他所受的赏赐最多，常常用官车载着回家。

神策右军中尉西门季玄谏阻唐懿宗，在谏阻无效后，他对李可及说："你他日破家，这些物还得用官车载还朝廷，只是徒费牛足。"

在唐懿宗身后，果如西门季玄预言的那般，李可及遭到了流放，家财全部充公。

在唐宣宗恢复佛教后，唐懿宗再一次将佛教推向了顶峰，他大幅度地扩充寺庙数量，大幅度地增加僧尼的人数。他不仅到各大寺庙去施舍，且在宫中为内廷尼姑受戒，设立佛经讲座，安排佛事所需的一切程序。

咸通十四年（公元873年），唐懿宗下诏遣使到法门寺迎佛骨。群臣鉴于唐宪宗迎佛骨时的弊端，纷起劝谏。

然唐懿宗一意孤行，并说："朕生能见佛骨，死也无憾！"

他广造浮图、宝帐、香辇、幡花、幢盖，上饰金玉、锦绣、珠翠，从长安到凤翔长达三百里地，一路车马，昼夜不断。佛骨迎到长安，用禁军开道护卫，官民音乐、香烛绕于天地，绵延数十里。官僚、富豪争相施舍，各建彩楼于道旁。唐懿宗见了佛骨，激动得热泪盈眶，再三膜拜，广赐金帛给僧尼以及曾见元和迎佛骨事者。

时人以为，唐懿宗迎佛骨的规模，大大超过了唐宪宗。

唐懿宗朝爆发了两次大起义，一次是浙东裘甫起义，一次是桂林戍兵起义（详见《裘甫起义》、《庞勋起义》），极大地动摇了唐朝的统治基础。

唐懿宗迎佛骨，是想通过佛祖的保佑，来拯救他的王朝，拯救他的灵魂。然他的所作所为，正如杀人越货者为逃避惩罚，入庙祈求，不会有灵验一样，是一场枉费民脂民膏的无谓之举。

八一

裘甫起义

号称“小太宗”的唐宣宗驾崩仅半年，唐懿宗在宝座上还未坐热，于大中十三年(公元859年)的年底，在浙东掀起了震动唐王朝的裘甫起义。

裘甫起义的发展很迅速，证明唐宣宗的所谓中兴，不过是种政治泡沫，而从上至下的吏治已经相当糜烂。起义萌芽于何时，无史料记载，记入史册的第一句话，已是“浙东贼帅裘甫攻陷象山”。(《资治通鉴》卷二四九唐宣宗大中十三年)

面对裘甫起义，浙东的地方军队，实在是不堪一击。当裘甫占领象山县后，象山县的上属州——明州(今浙江宁波)的官府，不但不敢派兵前去镇压，反吓得在白日关上了城门。其实，裘甫兵不过百人，根本没有强大的军队。然而，地方军队也可怜得很，因长期不作战，武器已锈烂，兵员不足三百。裘甫见状，挥兵指向剡县(今浙江嵊州)。

浙东观察使郑祗德，在仓促之间组织了强凑起的军队，赶来拦截。可拦截没成功，反在剡西被裘甫用计打得几乎全军覆没。

乘着剡西大捷，裘甫顺势拿下了剡县。进入剡县的裘甫声望大增，各地迫于生计来投靠者络绎不绝，没多久人数达到了三万，被分为十二队。裘甫自称“天下都知兵马使”，建元罗平。他以刘眰为军师，以刘庆、刘从简为大将，大集粮食，大造兵器。

义军蔚成气候，从震动浙江，到震动了中原。

郑祇德一边向朝廷告急，一边向邻地求救。邻地军虽然愿来，可要价极高，战斗力却不强，根本不能与裘甫军交战。裘甫由此相继攻克了上虞、余姚、慈溪、奉化、宁海等地。

郑祇德算得卖命，可连连败绩，使他在朝中获得了"懦怯"的评价。郑祇德是文官，既然文官懦怯，当调换武将，可选遍朝中的武将，竟无一人合适。最后还是推出了文官，让在安南享有盛名的前安南都护王式，代替郑祇德为浙东观察使。

王式走马上任前，唐懿宗召见了他，问他用什么方法来镇压。

王式的回答是极为直接和实在的，说："只要能得兵，贼必然可破。"

可在一旁的宦官却很是可笑地否定说："发兵，花费太大。"

王式据理力争说："臣自然该为国家节省开支。可兵多破贼快，费用便节省。若兵少不能破贼，拖延时日，贼势将更盛，江淮群盗蜂起响应，而国家用度全靠江淮，一旦与江淮交通隔绝，那上自朝廷，下至禁军，用费全无着落，岂非开支更大！"

头脑简单的唐懿宗，终于被简单的道理说通，调发数地军队，归王式指挥。形势就在这里逆转。

王式是闻名的精通兵法的儒将。正在和部下一起喝酒的裘甫，闻王式领兵前来，心里一阵紧张，很是闷闷不乐，半日说不出一句话。

刘睢长叹说："我等有这许多军队，却踌躇不定，真是可惜。王式智勇无敌，不过四十日必到。我当抢先夺取越州（今浙江绍兴），分兵守西陵，沿钱塘江筑垒设置防线，征集舟舰。然后，长驱直入浙西，渡长江，取扬州货财，返取石头城（即金陵，今江苏南京）而据守，将可得宣歙（今安徽）、江西之人响应。另遣刘从简领万人渡海，进据福建。如此，国家的贡赋之地全入我手。”

刘晗的战略主张应该说是大气的，他拟扼尽天下财富之地，隔江与唐廷南北对峙。这战略最后能否成功，是无法证明的，然相对裘甫的束手无策而言，当是积极进取的。

可裘甫没这胆魄，推托说：“今日已醉，明日再议。”

刘晗发怒，装醉拂袖而去。

谋士王辂则说：“刘晗之策，是孙权所为，今天下尚未大乱，此策难成。不如据险自守，陆耕海渔，急则逃入海岛。”

尽管王辂的战略是保守的，然裘甫也犹豫不能采纳。

积极的战略不取，保守的战略也不取，王式未到，裘甫已成了惊弓之鸟。在王式到后，他更是一筹莫展，只能消极地应战。

王式没急于付诸军事行动，他到达浙东后，首先肃清了越州城内暗附裘甫的势力。先是，越州城的官兵怕裘甫军来，全家性命不保，便主动和裘甫军联系，愿作内应。王式查清了情况，将这些人全部处死。随后，他推出几大措施：开仓散粮，赈济饥民，断绝裘甫军的兵源；不举烽火，稳定当地官民的人心；用老弱兵做侦探，随时掌握正确的情报；招募居住江淮的吐蕃、回纥人组成骑兵，以增加冲击力；联络当地民团，以共同作战。

一切准备就绪，王式在向朝廷讨得更多的军队后，兵分东路、南路两军，全面向裘甫发动了攻击。毫无战略筹划的裘甫，只能作无谓的消耗战。王式通过十九战，如风卷残云扫荡了各地的义军。

刘晗在全线失败后，指责裘甫当初不采纳他的战略主张，才落到这般地步。他本就看不起投身义军的王辂等进士，见他们一直穿着绿衣，蔑称为“青虫”。此时，他又将一口怨气，全发到了他们的身上，将他们悉数推出斩首，并愤恨地说：“乱我谋者，都是这些青虫！”

裘甫节节退缩，最后，重新退到了剡县。王式步步紧逼，对剡城进行合围。前后三天，作了八十三战，义军打得力不能支，官军也打得筋疲力尽。不知是想突围而走，还是麻痹对方以作袭击，裘甫诈以伪降。然被王式识破，复打了三场大战，裘甫、刘晊、刘庆等百余人被擒。

裘甫被押往长安，斩于东市。

刘晊、刘庆等被王式所斩。

但刘从简趁城未破之际，领五百壮士突围而走，一路转战到大兰山。在追敌和当地军队的合攻下，兵败身亡。

裘甫起义，前后时间虽仅七个月，然其拉开了晚唐农民起义的序幕，为庞勋起义、黄巢大起义作了先声。

八二

庞勋起义

庞勋起义，又称桂林戍兵起义。

这次起义，对千孔百疮的唐王朝来说，要比裘甫起义的性质严重得多，因裘甫起义还是民间起义，而这次起义则是爆发在军队中。军队是国家机器的重要组成部分，这个部分出问题，已证明唐国家机器发生了严重的故障。

起义仍发生在唐懿宗朝，时为咸通九年(公元868年)七月。

起义的原委是，咸通四年(公元863年)南诏陷安南，唐廷募二千兵驰援安南，其中分了八百人守戍桂州(今广西桂林)。按照约定，三年一代，换言之，就是这八百戍兵在三年之后由新募的戍兵替代，他们可以返回家乡。

八百戍兵主要来自徐州，以勇悍闻名，唐廷由此特派徐泗观察使崔彦慎前去镇领。本来崔彦慎的严刻治兵方法已引起戍兵的不满，加上他信任的都押牙尹戡、教练使杜璋、兵马使徐行俭的残暴，戍兵更是大为不满。然戍兵一忍再忍，希望能忍满三年，回家乡与妻儿老小团聚。可三年期满，崔彦慎以种种理由，将他们强留下来。

又过了三年，戍兵多次提出请履行当初的约定，但崔彦慎却以让他们回家的军费不够为由，要他们再留一年。

戍兵已不再信崔彦慎的话，激愤的情绪弥漫全军。

在此之际，都虞侯许佶、军校赵可立、姚周、张行实等人，秘密酝酿兵变，杀了监视他们的军官，推颇有人望的粮料判官庞勋为主，劫了仓库，北向家乡徐州打去，沿路州县毫无阻挡之力。

唐廷面对众独立和半独立的藩镇，已是焦头烂额，此时再无力分兵对付戍兵。出于不得已，对戍兵下了一道赦免的诏令，让他们停止军事行为，自行返回徐州。从而，当戍兵经湖南、过浙西、入淮南，各地方政府非但听任他们过境，还给他们补充给养。

戍兵一路招兵买马，顺利抵达离徐州治所彭城（今江苏徐州）一百四十里的徐城。在这里，庞勋等人对戍兵们摊牌，说：朝廷的赦免令不过是缓兵之计，徐州城内已布下罗网，一旦他们自投罗网，将遭到灭族的下场。与其自投罗网，不如奋起反击，况徐州城守军多是父老兄弟，他们必将里应外合。

戍兵自然不肯束手待毙，表示坚决拥护庞勋的主张。

此时，崔彦慎连连送来安慰信。

庞勋回信提出了两点：一是解除尹戡、杜璋、徐行俭三人的职务，以平众愤；二是戍兵将士自立两营，由一将统领。

然崔彦慎接信后，非但没同意庞勋的条件，反公开作了军事部署，一面令徐州严阵以待，一面令宿州兵主动出击。

然宿州兵见到戍兵，望风而跑。庞勋挥军扑向宿州，仅半天时间就攻陷该城。入了城的戍兵，打开全部府库，让百姓来取。同时大量募兵，扩充了部队。

庞勋彻底撕去了和唐廷之间的一层薄纱，自称“兵马留后”，正式扯出了自己的旗帜。

官军围攻宿州，遭到大败。

庞勋主动放弃宿州，令全军乘三百艘大船顺汴水而下，途中再大创围追堵截的官军，兵锋直指彭城。

崔彦慎虽决心死守彭城，然城内外的形势，与他的期望截然相反。庞勋兵临城下，“鼓噪动地”，声震云霄。戍兵不但对城外居民秋毫无犯，且大加安抚，于是居民纷纷加入了他们的队伍。攻城开始后，很快拿下了罗城，城中居民站到了庞勋一边，帮助戍兵进攻崔彦慎退守的子城。整个彭城很快就陷落了，崔彦慎被俘，尹戡、杜璋、徐行俭三人被肢解。

取得彭城，控制了徐州的庞勋，要求唐廷拜他为节度使，然迟迟没有回音。他分兵连连攻克濠州（今安徽凤阳东）、滁州（今安徽滁县）、和州（今安徽和县）等大片地区。此外，还占领了都梁城（今江苏盱眙北），控制了江淮运输线，不仅极大地充实了自己的财力，还切断了唐廷的经济命脉。所有攻城战中，数打离都梁城不远的泗州最为吃力，在损耗了很多兵员后，仍未能得手，然也因此拖住了数量众多的官军。

由于庞勋的措施得民心，“父遣其子，妻勉其夫”，各地民众纷至沓来入伍，使部队急剧扩大到二十多万。这不仅是数量的增加，尤为重要的是，队伍的质发生了根本的变化，从戍兵暴动，变成了农民起义。

然遗憾的是，庞勋此时和以前许多起义领袖一样，被胜利冲昏了头脑，“自谓无敌于天下”，滥发告示，要各地所有村寨归顺于他，提供兵员和军饷。首当其冲的淮南民众，被吓得纷纷逃往江南。淮南节度使令狐绹，为避免庞勋兵入其地，主动提出为庞勋向朝廷求节度使之职。这一说说到了庞勋的心坎，他由此静静地等了起来，没有再向淮南用兵。令狐绹争取到了时间，作好了淮南的战备。

由于江淮运输线被庞勋所控制，时南方的贡赋改道于寿州（今安徽寿县）。庞勋立即兵围寿州，彻底切断了唐廷运输线。

这个收获，加剧了他自傲的心理，不再关心军事拓展，一边静候朝廷委命的佳音，一边开始享受起富贵，天天酒宴行乐。

谋士周重谏道："自古因骄满奢逸，得而复失，成而复败的例子，比比皆是。何况今日尚未成功！"可此话被庞勋当成了耳边风。

危机终于来了。

唐廷趁庞勋松懈之机，表面向他吹着阳和之风，暗中则紧锣密鼓地集结各地的部队。当官军集结到宋州（今河南商丘南）后，庞勋开始慌了，他知道自己中了唐廷的缓兵之计。更令他焦急的是，他所占领的各地纷纷要求派兵增援。在实在派不出兵的情况下，他开始饮鸩止渴，一反当初为民谋利的政策，派人到各处抓壮丁，搜刮大户与商旅，从而引起了民怨。而他内部的组织纪律也已衰败，尤其是那些在桂州一起起事的老人马，更是胡作非为，"夺人资财，掠人妇女"，致使出现民不聊生的势头。

于此之际，唐廷却推出了强大的军事阵容，以右金吾大将军康承训为义成节度使、徐州行营都招讨使，命戴可师、王晏权分别为徐州南、北面行营招讨使，领各地军队，全线向前推进。此外，又调集了沙陀、吐谷浑等少数民族骑兵，共同围攻。

争战开始，双方互有胜败，然官军稍得上风。

在数地失陷，大将姚周战死后，为了重振士气，庞勋在周重的倡议下，杀了崔彦慎等多名被囚的唐官员，并正式打出了反旗。

他开誓师大会说："我庞勋本望国恩，以全臣节。今日朝廷逼我反，我当与诸君真反了！"

许佶等人推庞勋为天册将军、大会明王。而庞勋推辞了王爵，仅受命为天册将军。

庞勋正式打出反旗后，形势有所好转。其部将在都梁城杀了戴可师，又屡屡击败王晏权，逼得唐廷换人易将。

康承训借重沙陀骑兵的优势，调整了作战部署，以更强劲的架势，向徐州政权的各城展开了攻势。

各地连续失守，庞勋亲自带兵出彭城，向西经营宋州、亳州，以求两线带面，打破官军的包围圈。可宿州守将张玄稔叛投了康承训，反引官军进攻彭城。经过激战，彭城陷落，守将许佶等战死。

庞勋攻打宋州失利，准备转攻亳州，途中遭到沙陀骑兵追击。他欲折道返回彭城，却被沙陀骑兵追上，遂全军覆没。时为咸通十年(公元869年)九月。

八三

唐僖宗

唐僖宗李儇，为唐懿宗第五子。

他排行第五，按照顺序本无资格继承皇位，然控制政局的宦官神策左、右军中尉刘行深、韩文约，考虑立长君不利于他们专权，遂杀了他的几个兄长，立当时仅十二岁的他为帝。

到唐僖宗登位，大唐帝国的景状已是日薄西山。整个国家充满了矛盾，无法缓解的矛盾，无法消除的矛盾。君主与朝臣，宦官与朝臣，中央与藩镇，内地与边境，汉族与其他族，官僚与民众，富豪与贫民，所有的矛盾向着极端在发展。帝国成了蠹空的大厦、纸糊的巨人。

就在唐僖宗走上皇位的当年，也即咸通十四年（公元 873 年），在西南已成大气候的南诏，以云南为根据地，派出大军进攻巴蜀、黔南。由于当地守军的无能，南诏军长驱直入，威逼西南政治、经济中心成都，将城外抢掠焚毁一空。唐廷连易数将，未能阻挡南诏军的势头，直到起用有平定交趾之功的高骈，才反败为胜，将南诏军打回了云南。

在击退南诏的翌年，也即乾符二年（公元 875 年），唐廷尚未喘过气来，又爆发了黄巢大起义。黄巢军经多年转战，终于攻克洛阳、长安。唐僖宗逃亡于成都，在黄巢兵败之后，才于光启元年（公元 885 年）返回长安。

唐僖宗李儇蹴鞠斗鸡　僖宗即位时只有十二岁,是一个纨绔子弟。他每日只知蹴鞠斗鸡,常以官职作赌注。有一次,和他称"阿父"的田令孜之胞兄等四人蹴鞠,来赌西川节度使的官位,结果田令孜之兄得胜,取得了节度使的职务。他还经常与亲王斗鹅,一只鹅的输赢动辄是50万钱。

面对烂透了的政局，唐僖宗将他的聪明才智全用到了玩乐之上。他玩的功夫，超过了所有前辈君主，他好骑射、剑槊、算术，尤其精通音律、赌博，还热衷于斗鸡、斗鹅。他曾和诸王斗鹅，一头鹅值五十缗（一说值五十万钱）。

他最喜欢的是打毬，毬艺高超让他很自负，他对优人石野猪说："朕若去考击毬进士，定然为状元。"

石野猪反唇相讥道："若遇尧、舜作礼部侍郎（时主科举考试的是礼部侍郎），恐怕陛下不免被黜放。"

如此的皇帝根本不会理政，也不想理政，他把政事全权托给了宦官田令孜。田令孜原是唐僖宗为普王时的亲信，两人常一处寝。唐僖宗对田令孜万分恭敬，不仅提升他为神策军中尉，且呼为"阿父"。田令孜读过些书，极有权谋，将唐僖宗摆布得服服帖帖、舒舒服服。唐僖宗赏赐陪他玩的乐工、倡伎，动辄千金，致使库藏为之一空。田令孜让长安商贾大量送来珍宝，输入内库，供唐僖宗挥霍，商贾有怨言者，则交京兆府杖杀。

田令孜专政，一手遮天，卖官鬻爵，包办所有的官员任命。宰相的地位相形见绌，沦落为听他颐指气使的执行官。宦官和朝臣的矛盾由来已久，朝臣在皇宫南边办公，宦官在皇宫北边办公，双方的矛盾斗争，史称"南衙北司之争"。到了田令孜之时，南衙北司之争，宦官占尽了上风。

田令孜的所作所为过于黑暗，不仅朝臣怨愤，且激起了军队中一些将士的强烈不满。当黄巢军逼来，田令孜丢下群臣不管，裹着唐僖宗出长安，进入咸阳（今属陕西）地界后，十多个禁军将士向唐僖宗高呼："黄巢是为陛下除奸臣，请返宫！"田令孜出羽林军将他们杀死，催促唐僖宗赶路。

已六神无主的唐僖宗，全都靠在了田令孜的身上。下诏以他为十军十二卫观军容使、制置左右神策护驾使，独掌军权。到了成都，唐僖宗如同亡国之君,除了和侍女一起喝酒解闷外,常以泪洗面。在田令孜的安慰下,情绪才得以稍稍恢复。

田令孜为收服禁军之心,大量予以赏赐,对当地的蜀军却一毛不拔。西川黄头军使郭琪不服,口出怨言,遭田令孜的毒酒相害。他饮血吐毒,率部作乱,兵败逃亡而去。

在郭琪作乱时,唐僖宗仅和宦官一起登楼避难,全不考虑群臣的安危。在事情过后,又彻底冷淡朝臣,实际等于摈弃了朝臣参政。

左拾遗孟昭图上疏说:“君臣一体,安则同宁,危则共难。昔日西来,不告知南衙,故宰相、御史中丞、京兆尹悉遭屠杀,惟有北司得以保全。黄头军作乱,陛下仅与田令孜及内臣闭城登楼,并不召朝臣。事后,又不召宰相,不安慰群臣。陛下不体恤群臣,于君之义安在!天下是高祖、太宗的天下,非北司的天下;天子是四海九州的天子,非北司的天子。北司未必尽可信,南衙未必尽无用。天子疏远宰相,视朝臣为路人,如此,天下将危,天子将危!”

疏文上达,田令孜隐匿不报,将孟昭图贬为外官,途中把他沉入了河中。

田令孜专政,直专了唐僖宗整整一朝,构成了宦祸最后一个高潮,也为宦官覆灭埋下了伏笔。

时黄巢虽灭,然秦宗权复起,各路诸侯倚恃灭黄巢之功,也倚恃着灭黄巢时所积累的势力,互相争斗,互相残杀,将唐帝国推到了深渊的边上。

文德元年(公元 888 年),唐僖宗因病驾崩,年二十七岁。

八四

黄巢起义

中国历史上的农民大起义，黄巢起义算得上一次。

黄巢，曹州冤句（今山东菏泽）人。他家连着几代以贩卖私盐为生。贩卖私盐是朝廷明令禁止的，属违禁之业，为能使贩卖私盐得以进行，贩卖者多有自己的小股武装，故在一定程度上，已与政府构成了对立。从而可以说，黄巢之所以会较早参加起义，且能成为起义领袖，其先前的立场与斗争经验，起到了很大的作用。

从黄巢本身来看，确实是个地道的乱世英雄，他能文能武，文能通达翰墨，武能击剑骑射，且能言善辩，喜交结豪杰好汉。虽有这些乱世英雄的特征，但他起先并不想当乱世英雄，而是有着强烈的功名念头，希望从科举考试中博得一官半职，以光宗耀祖、封妻荫子。可他几次参加科举考试，均名落孙山。经多次重大打击，他的希望落空了，变成了失望，失望之后对社会政治结构产生了极度的不满。这种不满，几乎每个时代的文人都有，他们大多只能发发牢骚而已，可黄巢却遇到了乱世，从而命运拉着他成了乱世英雄。

从唐懿宗咸通末年起，山东、河南一带连遭大灾，而政府却又未及时赈济，从而造成了无数的饥民。中国的农民是最好说话的，他们能忍专制，能忍苛政，能忍腐败，甚至能忍吃树皮草根，但到树皮草根也没得吃的时候，他们为了活命，便会以最大的爆发力来激起大动荡，向政府清算他们曾忍受过的一切苦难。

时民间盛传着这样一首民谣："金色蛤蟆睁怒眼，翻却曹州天下反。"

唐僖宗乾符元年（公元 874 年），王仙芝在长垣（今河南长垣东北）率先揭竿而起。次年五月，他领导义军连续攻克曹州（今山东定陶西南）、濮州（今山东鄄城北）、郓州（今山东东平东北）。他自称"天补平均大将军"，兼"海内诸豪都统"，下分尚君长、柴存、毕师铎、曹师雄、柳彦璋、刘汉宏、李重霸等各部。他向各地发出檄文，揭露朝廷种种弊端和腐败现象，号召民众起来抗争。

黄巢在家乡见了檄文，带着拜把兄弟八人，积极予以响应，顺利地募了数千兵，与王仙芝会师，攻陷河南十五州，将部队扩大到数万人。

唐廷为镇压义军，急调诸道兵，从南、北、西三面进行围击。王仙芝、黄巢突出包围圈，引军进攻沂州（今山东临沂）。在屡攻不下的情况下，回军河南，拿下河南八县，逐渐形成对洛阳的包围。官军驰援洛阳，在陈州（今河南淮阳）与许州（今河南许昌）东西两地设置防线，企图实现瓮中捉鳖之势。

义军见急切之间洛阳难以得手，转向官军薄弱地带——江淮地区，兵临蕲州（今湖北蕲春）城下。蕲州刺史裴渥见不能抵御义军的进攻，提出为王仙芝向朝廷求官爵。王仙芝在遭受多次失利后，已对义军的前途产生了悲观的情绪，早存受招安之心，由是一拍即合。裴渥没食言，为王仙芝请来了左神策军押牙兼监察御史之职。

然黄巢发怒了，他责问王仙芝："当初大家立过誓言，要横行天下。今你独取一官，那将置广大将士于何地？"说罢，他挥拳打去，打伤了王仙芝的头。

王仙芝惧怕犯众怒，遂拒绝了朝廷的委命，和黄巢兵分二路，他自率一路留在江淮经营，由黄巢领一路北上挺进齐鲁平原。

分兵之后，王仙芝一路并无太大的作为，虽也攻下了不少城池，但得而复失的也不少。他又几度生出受招安之心，屡被官军所利用，陷入了非常被动的地步。乾符五年（公元 878 年），派去入朝求恩命的尚君长被官军斩首。他闻讯怒攻洪州（今江西南昌），在黄梅（今湖北黄梅西北）之役中战败被杀。

王仙芝的余部，在尚君长之弟尚让的率领下，北上与黄巢会合。黄巢正攻亳州（今安徽亳县）不下，得了这支生力军，实力大增。尚让等人推黄巢为王，又称“冲天大将军”，建元王霸，设立官署，正式成立了自己的政权。

黄巢声势大震，率军十万，连克山东沂、濮等州，再入河南，向洛阳发动攻势。官军集结大批人马，前来围攻。寡不敌众，黄巢为获得生机，佯装向官军乞降。唐僖宗闻黄巢将降，喜出望外，即刻封他为右卫将军。官军与黄巢约定，于郓州放下武器，接受官职。

黄巢在调整了战略部署后，非但没有如约前去，反趁官军松懈之机，又取了数地，欲再攻洛阳。官军看出了他的企图，各路军队迅速云集洛阳周围地区。黄巢无法北上，遂改南下，渡江攻克了虔州（今江西赣州）、吉州（今江西吉安）、饶州（今江西鄱阳）、信州（今江西上饶）等地。

在连连大捷后，黄巢进兵宣州（今安徽宣城），然在途中遭到了官军的阻击，遂改道南下浙东发展。唐廷调名将高骈为镇海（治所润州，今江苏镇江）节度使，负责攻灭义军。黄巢见形势对义军不利，指挥全军开辟七百里山路，打通仙霞岭大道，进入福建，随之拿下了福州。

从内地来到沿海地区，黄巢根据敌强我弱的战局，暂时改变了他的政治对策，准备以围攻广州这个最主要的对外通商口岸，迫使朝廷授予他天平节度使之职，以休整部队，维持半独立的政权。

他挥军抵达广州城下，致信岭南东道节度使李超等人，请他们代为转达他的要求。然而，他的要求被朝廷拒绝了。接着，他自己上表朝廷，请授他为广州节度使之职。

唐廷在经过激烈的讨论后，改授他一个虚职——太子东宫率府率。当特使持委任状来到广州，黄巢见状大怒，发动部队攻克广州，俘获了李超。

尽管黄巢占领了被朝廷视为聚宝盆的广州，然由于战争的缘故，通商事务已陷入停顿，故而实际上没多少进项。此外，他的将士多是北人，在此地很是水土不服，军中传染了瘴疫，减员的情况非常严重。

经最高统帅部研究，决定重新北上。部队出发后，经湖南，折向湖北，队伍扩大到五十万，乘势夺取了江陵。

可在此时，黄巢犯了轻敌的错误，结果在进攻荆门时，受到山南东道节度使刘巨容等部的袭击，损失极其惨重。

不得已，黄巢挥军前往江南。广明元年(公元880年)，升任淮南节度使的高骈，派部将张璘渡江，迎战黄巢，另奏请朝廷大量增援部队，在淮南布防。此时，黄巢军再度传染了瘟疫，部队大幅度减员。为争取时间，黄巢用金帛使张璘停止了攻击，另致信高骈表示愿意归降。身处昏暗朝廷的高骈，出于避免狡兔死走狗烹的下场，同意了黄巢的请求，并主动为他请求节度使之职，同时遣还了前来援淮的诸道军。黄巢获得情报，即刻出击张璘，获得杀死张璘的大捷。

经此大捷，黄巢军声势复振，一鼓作气攻克了睦州(今浙江建德)、婺州(今浙江金华)等地，压向长江。随后，从采石(今安徽当涂北)渡过长江，进攻天长（今属安徽）、六合（今属江苏），兵胁淮南。

主持淮南军政的高骈，仍是自保的思路，他连连要求朝廷派兵增援，自己却毫无动作。唐廷只得调集河南诸道兵，前往溵水（今河南商水）组成包围洛阳的防线。再用天平节度使曹全晸，前去迎战黄巢。黄巢与之在淮南展开大战，将曹全晸打得退缩到泗州（今江苏盱眙北）。

河南诸道兵奉命驰援淮南，可各军矛盾重重，根本无法协调，并相继在许州（今河南许昌）、彭城（今江苏徐州）发生兵变，由此不了了之，全退回了原地。溵水防线不击自垮。

黄巢毫无阻挡地渡过淮水，进入中原。经过大扫荡，包围了洛阳城。东都留守刘允章未作任何抵抗，领百官开城门投降了黄巢。

得了洛阳这个唐王朝的东都，黄巢已形成了和唐廷分庭抗礼的架势。他安顿了洛阳的秩序后，旋即挥兵西进，逼向潼关。潼关守军迎战失利后，退回城内，然忽略了附近可以入关的一条小路——“禁坑”。义军一面从正面攻打，一面由尚让领兵从“禁坑”潜进关内，以两面合击之势，拿下了潼关，随即向长安推进。

唐廷潼关失守，长安门户洞开，唐僖宗如同当年的唐玄宗一样，放弃了长安，向巴蜀逃亡。此年的腊月，义军前锋柴存率部进入长安。随后，黄巢领主力部队开进长安，受到民众的盛情欢迎。

得到唐廷的西京，十二月十三日，黄巢登上了帝位，宣布国号大齐，改元金统，建立了政府。对唐朝旧臣，黄巢采取了区别对待的政策：三品以上官员免职，四品以下官员留用，有重大民愤的贪官和宗室处死，招降各藩镇。

中和元年（公元 881 年）春，在长安仅呆了四个月的大齐政权，因安于享受胜利的成果，犯下了一个不可挽回的错误，即没有及时派兵追击唐廷残余力量。由此，逃进巴蜀的唐僖宗，利用当地的丰富物资，组织了反攻。凤翔节度使郑畋率先纠集关中数万军队，向长安攻来。同时，沙陀、党项应唐僖宗之邀，派骑兵前来助战。

双方的形势骤然一变。陷入被动的黄巢，为了反被动为主动，撤出了长安，屯于灞上，待唐军进城后，杀了个回马枪，重新夺得长安。然而，唐诸道兵已从四方赶来，对长安形成了包围圈。大齐政权控制的地盘，已东不过华州（今陕西华县），西不过岐州（今陕西凤翔），南不过渭水，北不过北山。

在这关键时刻，被黄巢委以重任的同州（今陕西大荔）防御使朱温，叛降了唐军，献出同州这个长安的桥头堡，长安由此暴露在唐军面前。

经过长期苦战，拖到中和三年（公元 883 年），黄巢在长安已支撑不下去，便再次放弃了长安，经蓝田向中原退却。

到了中原的义军，已失去了从前的战斗力，成了强弩之末，兵围陈州（今河南淮阳）三百天而不能下。沙陀李克用部会同唐军，驰救陈州，先后击败尚让等部。黄巢被迫从陈州撤围，然在王满渡（今河南中牟北）渡河时，遭到李克用的冲击，部队损失大半，尚让等将领投降。

黄巢转而退向山东，然李克用紧追不舍，黄巢的部队消耗殆尽，退到狼虎谷（今山东泰山东南），走投无路，他拔剑自刎。

黄巢起义到此结束，距唐朝覆亡仅剩二十五个年头。

八五

唐昭宗与唐朝灭亡

唐昭宗李晔，为唐懿宗第七子。

唐僖宗时未立太子，至其弥留，群臣欲拥戴最有德望的皇六弟吉王李保，然宦官首领十军观军容使杨复恭，因李保难控制而全力推出皇七弟李晔，册为皇太弟，作为皇位继承人。

然唐昭宗继位后，并非像杨复恭估计的那样，成为他的掌中物，而是表现出了截然相反的面貌。他好读书，好文学，尤重儒术，在先帝或崇佛、或奖道之后，重新恢复了儒术的一尊地位。他敬重大臣，极力招揽人才。他英气勃发，雄风超过了唐武宗。他志在消除帝国的积弊，志在澄清海内的混乱，志在再造祖宗的辉煌大业。

新主新气象，赢得了天下一片赞誉。

然一切只是新主的理想和精神，只是饱受苦难的臣民的愿望和期盼，要把已在进水的巨舟修复得完好如初，重新扬帆起航，实际已近于痴人说梦，根本没有可能。

唐昭宗是明白人，清楚他所面临的局势、所处于的环境。然他知其不可为而强为之，除存侥幸之心外，仅是要对得起他的良心、他的责任。

时天下已大溃烂，然对唐昭宗而言，其最大的心腹之患，是外面的藩镇割据和里面的宦官专权。对此，宰相张濬与他所见略同，说唐昭宗“内

唐昭宗李晔赞赏郑五歇后体 昭宗当朝时，国势已衰。诗人郑綮常以俳谐而含蓄的语句作诗，讥讽时政。其诗最后一字，隐而不言，称歇后。如“耳听明主提三尺，眼见愚民盗一抔”，前句歇去“剑”字，后句歇去“土”字。郑綮排行第五，因而有称其诗为“郑五歇后体”。郑綮的诗传到宫中，昭宗命宦官诵读，甚为赞赏，当即批道：“郑綮可任礼部侍郎、中书门下平章事。”谕旨下达后，亲友们前往祝贺，郑綮感慨于朝政之昏乱，自嘲道：“歇后郑五做宰相，时事可知矣！”“歇后郑五”典故出于此。

受制于家奴,外受制于藩镇”。当唐昭宗问如何予以解决时,张濬的对策是:招兵买马,用强大的军事实力来改变状况。唐昭宗批准此策,在长安招募了十万军队。

杨复恭以拥立之功,极其飞横跋扈,养了宦官六百人作义子,充任各道的监军,根本不把唐昭宗放在眼里。当唐昭宗在殿上与宰相们谈论如何对付藩镇叛乱时,他乘着肩舆直行殿中。宰相孔纬指责他耀武扬威,收养壮士为义子,是企图谋反。杨复恭傲慢地解释说,收养义子,是捍卫社稷,并非谋反。唐昭宗驳斥道:既然如此,为何不让壮士们姓李而姓杨?说得杨复恭哑口无言。

唐昭宗尚未来得及对付杨复恭,河东节度使李克用擅自扩大地盘,向云州(今山西大同)发起了进攻。与李克用有矛盾的宣武节度使朱温,上表要求讨伐。唐昭宗因李克用在平定黄巢时有大功,犹豫不决,遂令群臣进行讨论。讨论的结果,除了张濬、孔纬之外,竟无人赞同,杨复恭反对尤烈。然唐昭宗终被张濬、孔纬说服,诏令削去李克用的官爵,以张濬为统帅,统领朱温等诸道兵,对李克用兴师问罪。遗憾的是,由于准备不足,加上诸道各怀己见,致使征讨遭到了败局。

李克用得胜后,上表指斥张濬,要求朝廷予以制裁。而杨复恭则乘机挟嫌报复孔纬。最终,唐昭宗不得不将张濬、孔纬贬为外官,恢复了李克用的官爵。张濬、孔纬外放后,向朱温求援。朱温上表为他们洗冤,言下之意罪在杨复恭。

得了朱温的声援,唐昭宗生出了铲除杨复恭之心。他以杨复恭谋反为名,命天威都将李顺节、神策军使李守节率兵,向杨复恭居住地进攻。杨复恭战败,率众逃奔兴元(今陕西汉中),以讨李守节为名,与他的义子们联兵对抗朝廷。唐昭宗用凤翔节度使李茂贞为山南西道招讨使,以其本部兵，向兴元进攻。杨复恭再度失败，逃往阆州（今属四川）。

讨伐杨复恭的胜利，使李茂贞的名声得到了大幅度的增长，他居功自傲，上表的言辞极是傲慢无礼，且充满了羞辱性的指责，说唐昭宗“尊极九州，不能戮杨复恭一身”。

唐昭宗怒不可遏，决计征讨。宰相杜让反对，从小不忍则乱大谋的角度出发，劝谏暂不用兵。

然唐昭宗说：“王室日益卑弱，号令不出京师。朕不甘为懦弱之主，浑懵过日。”

他强令杜让进行协调，并征调禁军，向凤翔开去。然这禁军由于是新募之兵，且多是长安的市井少年，在遭遇凤翔军后，一触即溃。

李茂贞挥兵向长安扑来，京师震动。唐昭宗不得已，以杜让做了替罪羊，将他赐死，让李茂贞以凤翔节度使兼山南西道节度使，这才阻止了凤翔军的深入。

李茂贞成了长安附近地区最大的诸侯后，派兵向阆州进攻。杨复恭及其义子杨守信、杨守亮等力不能敌，向河中逃窜，途中为华州（今陕西华县）刺史韩建所获，被押往长安斩首。

在先后经历了对李克用、李茂贞两次用兵失败后，唐昭宗的威信已丧失殆尽，并逐渐沦落为诸侯们随意侮辱的对象。未出多久，邠宁节度使王行瑜会同李茂贞、韩建，各自领兵进入长安，将宰相韦昭度等人处死，并准备废黜唐昭宗，改立吉王李保为帝。陷入绝境的唐昭宗，向李克用求救。李克用出于政治发展的需要，立即率部向长安运动。时李克用部队的战斗力在天下名列前茅，王行瑜等不敢与其争锋，各自领兵退回了本镇。

李克用到达朝邑（今陕西大荔），击败了匡国节度使王行约。王行约退往长安，与其弟左军指挥使王行实大掠西市。李茂贞假子右军指挥使李继鹏，欲劫唐昭宗去凤翔。神策军中尉刘景宣与王行实闻讯，欲劫唐昭宗去邠州（今陕西彬州）。为争夺天子，左军与右军相互攻战，长安大乱。幸有勇悍的盐州（今陕西定边）六部兵驻扎在京师，为左右两军所惮，唐昭宗急令前来护驾，方将两军分别逼去了邠州和凤翔。

王行瑜、李茂贞各自领兵，复逼近长安外围，准备劫持唐昭宗。唐昭宗逃往南山莎城镇，催促李克用进兵。李克用进至梨园寨，击败王行瑜。李茂贞向李克用求和，并向唐昭宗上表请罪。由此，唐昭宗方得以在李克用的护卫下，返回长安。

待李克用返回河东后，李茂贞卷土重来，攻进长安，放火烧毁宫室、坊市。唐昭宗再度流亡，途中被韩建所得。韩建逼唐昭宗解散禁军，伙同宦官枢密使刘季述杀死了十一个宗室王。然后，韩建将受尽凌辱的唐昭宗送回长安。

然屡经患难的唐昭宗，其英气仍未被磨灭，与宰相崔胤密谋，诛灭以刘季述为首的宦官。可刘季述等人闻得风声，捷足先登，发动禁军进行政变，废了唐昭宗。有朱温为后台的崔胤，扶了太子李裕登位。崔胤表面与宦官妥协，暗中支持左神策指挥使孙德昭，进行了反政变，杀死刘季述及其党羽，再拥唐昭宗复位。

唐昭宗复与崔胤密议，欲诛尽宦官。枢密使韩全诲早有防备，拉拢李茂贞以固其势。崔胤为弥补力量，调朱温入京。朱温进入关中后，韩全诲挟持唐昭宗西往凤翔，投靠李茂贞，并向李克用求救。朱温击败李克用，兵围凤翔。李茂贞在强大的攻势下，被迫杀了韩全诲等宦官，与朱温议和。和议达成，朱温护送唐昭宗回长安，自己返回了汴州（今河南开封）。

从此，唐昭宗落到了朱温的手中，在他的遥控之下，成了傀儡皇帝。崔胤为让唐昭宗摆脱朱温的控制，在长安招募数千兵，重建禁军。朱温密

唐昭宣帝李柷十三岁即帝位 朱全忠于天祐元年(904 年)八月杀死昭宗后,立十三岁的李柷为帝,自己独掌大权。朱全忠将裴枢等三十多名朝官杀死,还将遭杀的朝官尸体抛入黄河。李柷提出疑问,朱全忠无言以对。屡试不第的李振解释道:“这些文官、儒生自视为‘清流’,该把他们再投到黄河里去,使他们变成‘浊流’!”此话正中朱全忠下怀。

令他在长安的代理人其子朱友谅，诛杀了崔胤及其集团成员。

随即，朱温亲自率兵进抵河中，强请唐昭宗迁至洛阳。已彻底成了孤家寡人的唐昭宗，听凭朱温摆布，离开了长安。

与此同时，朱温为摧毁唐帝国的象征，令部将张廷范拆除了长安的宫殿、衙门、民居，并用所得材料营造了舟船，载着唐廷的财货沿渭水顺流而下，占为己有。

长安毁了，毁成了废墟。

到了洛阳的唐昭宗，英气犹存。朱温为杜绝后患，令心腹蒋玄晖予以解决。蒋玄晖得到指令，唆使牙官史太下手。史太领百人夜入宫内，杀死了在醉中惊醒，穿着单衣绕柱逃避的唐昭宗。

时为天祐元年(公元904年)，距唐朝灭亡仅有三年。

杀了唐昭宗，朱温立辉王李柷为帝，史称唐哀帝，又称唐昭宣帝。唐昭宣帝为朱温当摆设当了三年，于天祐四年(公元907年)被撵下了台。

唐朝到此结束。

历史进入了五代十国时期。

八六

三省六部

唐朝的中央政府核心机构，继承了隋朝的制度，采用的是三省六部制。

三省是：尚书省、中书省、门下省。

尚书省是全国最高行政执行机构，长官为尚书令，因唐太宗在即位前曾担任过，故以后长期缺而不设，提升原次一级的长官左、右仆射为实际最高长官。下有左、右丞为副手，再下有左、右司郎中，左、右司员外郎。尚书省统率六部。

中书省是为天子颁布大政文书的机构，长官为中书令，副手为中书侍郎。下有中书舍人六人（对应六部），具体掌草诏文书。开元初年，另设他官掌诏命，称为“知制诰”。又有右散骑常侍、右谏议大夫、右补阙、右拾遗，为谏官。

门下省是审核天子大政文书的机构，中书省发出的文书，均需交其审核，无异议的交尚书省执行，有异议的退回中书省，时称“封驳”。同时，还负责对下面呈送的文书进行审核。长官为侍中，副手为门下侍郎。下有给事中四人，具体掌审核事，对有异议的文书，涂勾后退回中书省，唤作“涂归”。又有左散骑常侍、左谏议大夫、左补阙、左拾遗，为谏官。无论中书省还是门下省的谏官，都有五种谏法：讽谏，顺谏，规谏，致谏，直谏。

三省的长官，为当然的宰相，因尚书令的缺置，中书令、侍中成为实际主持政务的最高长官。左、右仆射或次级官员担任宰相，在其本职之后，需加上参知机务、参知机密、参知政事、参知军国重事等名号，也称为“同中书门下三品”，因中书令、侍中皆是三品。到唐中期，中书令、侍中提升为二品，从而改为“同中书门下”、“同平章事”。安史之乱以后，朝廷多不设中书令、侍中，常用次级官员如侍郎等担任宰相。唐朝的宰相无定员、无常制，少则二人，或四五人，或七八人，在武则天时期，曾达到过十多人。

唐初，为了三省长官讨论事务的便利，在门下省设立了“政事堂”，以供他们联合办公。武则天时，裴炎任中书令，将“政事堂”迁入了中书省。唐玄宗开元年间，张说任中书令，为了集权，改“政事堂”之名为“中书门下”，并在其下设立了五房：吏房、枢机房、兵房、户房、刑务房，以分管各事务。

尚书省下的六部，是吏部、户部、礼部、兵部、刑部、工部。

六部分掌全国各种行政事务，其办事处称为“都堂”，长官为尚书，副手为侍郎。下各设四司，长官为郎中，每第一司称为“头司”，其名称与本部相同；另三司称为“子司”。此外，六部之间有高低之分，吏、兵二部为“前行”，户、刑二部为“中行”，礼、工二部为“后行”。如此，不仅体现了各部在政府中的地位，且便于官员的升迁。

吏部掌管对文官的选举、勋封、考课。下分四司：吏部司，掌管文官的品阶、朝集、禄赐、告身、借使，以及流外官。司封司，掌管封爵、朝会、赐级。司勋司，掌管勋级。考功司，掌管官员功过善恶的考课。

户部掌管天下土地、民众、钱粮、贡赋。下分四司：户部司，掌管户口、田地、赋役、贡献、婚姻、继嗣、账籍。度支司，掌管租赋、物产、转运。金部司，掌管府库出纳、度量衡、市场、赐物。仓部司，掌管粮仓，以及义仓、常平仓。

礼部掌管国家礼仪、祭祀、贡举。下分四司:礼部司,掌管礼乐、学校、衣冠、符印、表疏、图书、册命、祥瑞、喜丧。祠部司,掌管祭祀、天文、时辰、卜筮、医药、僧尼。膳部司,掌管陵庙祭品。主客司,掌管诸王、藩使朝见。

兵部掌管武人选举、地图、车马、兵器、军械。下分四司:兵部司,掌管武官品阶、府兵、校考、告身。职方司,掌管地图、城隍、镇戍、烽火、道路,以及异族归化。驾部司,掌管舆辇、车乘、传驿、厩牧。库部司,掌管兵器、军队仪仗。

刑部掌管律令、刑法、狱事。下分四司:刑部司,掌管律法、复审大理以及天下所呈案子。都官司,掌管俘虏、官奴。比部司,掌管赋税、经费、俸禄、赎罪。司门司,掌管门关出入。

工部掌管山泽、屯田、工匠、办公纸笔。下分四司:工部司,掌管城池土木建筑。屯田司,掌管屯田、在京文武官的职田、各机关的公廨田。虞部司,掌管京城街道、林苑、打猎、山泽草木,以及对百官、蕃客日常生活的供应。水部司,掌管水津、舟船、渠道、堤防、捕渔、漕运、碾磨。

三足鼎立的三省制,以及下属的六部,构成了一套有完整系统且运转灵活的中央政府机构,其在中国政治制度史上有着极其重要的地位,也成了后世构建政治体制的主要范本。

八七

地方官制

唐朝的地方行政系统，是州（郡）、县两级制。

州（郡）按户口多少分上、中、下三类，满四万户为上州，满二万五千户为中州，二万户以下为下州。开元期间，特设四辅州（京畿之地）、六雄州、十望州、十紧州（以上三种州均在军政要地），加于上、中、下三州之上，形成七等。州长官为刺史，下属有别驾、长史、司马等。

县分八等，京县，设在京师之地；畿县，设在畿辅之地；望县，满四千户；紧县，满三千户；上县，满二千户；中县，满一千户；中下县，不满一千户；下县，不满五百户。县长官为县令，下属有县丞、县尉、主簿等。

在与州（郡）平级但较为特殊的地区设府，政治地位在州（郡）之上。

一种是首都地区，如西京长安地区为京兆府，东都洛阳地区为河南府，北都太原地区为太原府。一种是重要地区，如凤翔、成都、河中、江陵、兴元、兴德。府设长官为府尹，后改为留守，下属有别驾、长史、司马等。

在重要军事大区设都督府。

都督府，或称大都督府，分为上、中、下三类。其由亲王任都督，但在京师遥领，实际事务由长史主管。都督府仅管本地区的军事，民事由当地的刺史管理。

在边疆地区设都护府。

都护府，或称大都护府，主管少数民族事务。其也由亲王任都护，同样在京师遥领，实际事务由长史主管。著名的都护府有安东、安南、安西、安北等。下设都督州，长官为都督，由少数民族酋长担任。版土归朝廷，赋税自主，人称羁縻州。

军事方面有节度使、经略使、防御使、团练使等。

节度使，起源于魏晋南北朝时期的总管和唐朝前期的使持节都督。唐睿宗时将此改造为节度使，设置于全国边境八个重要军事地区。到唐玄宗时，进行了调整，共置安西、北庭、河西、朔方、河东、范阳、平卢、陇右、剑南、岭南（岭南为经略使，职能等同节度使）十节度使，以经营民族事务。节度使为藩镇长官，驻地称为镇衙，所统之兵称衙兵。其下属有副大使知节度事、留后、行军司马、副使、判官、支使、掌书记、推官、巡官等等。到安史之乱后，节度使遍布全国各地，手握军政双重大权，各自形成了割据、半割据的状态，成为唐朝灭亡的重要原因之一。

防御使，安史之乱后，由州刺史兼统地方防御部队，建防御使之名。

团练使，地方团结兵（对地方壮丁加以组织与训练的部队）的长官，也多由州刺史兼任。

唐人将所有的官员分为内外官，内官指的是京官，外官指的是地方官。起初，风气重内官而轻外官，因京官实际地位高，待遇优越，且容易升迁。有些外官将京官上任比喻为登仙路。然在安史之乱后，整个观念发生了颠倒，变成了重外官而轻内官。其原因是中央政府财政极为困难，常常发不出官员的俸禄，而地方政府，尤其是节度使所在的藩镇，利用权力包揽当地的赋税，对其属官能给予较高的俸禄，由此，京官大批地向地方流去。此外，中央政府的权力遭到极大的分割，在很大的程度上不得不依靠地方政府，内官的形象相应一落千丈，相形之下，外官的形象得到了很大的提高。

八八

学　校

唐代的学校，分为中央和地方二类。

中央学校，有七学：国子学、太学、四门学、律学、书学、算学、崇玄学；有三馆：弘文馆、崇文馆、广文馆。

各类学校均隶属国子监，各校设博士、助教，教授学生。学生时称生徒，年龄限制十四到十九岁，律学十八到十九岁，未完学业者不得毕业。

国子学，生徒名额为三百人，入学的资格是，文武三品以上官员的子孙，从二品以上官员的曾孙，勋官二品、县公、京官四品带三品勋封的官员之子。

太学，生徒名额为五百人，入学的资格是，文武五品以上官员的子孙，勋官三品以上官员之子。

四门学，生徒名额为一千三百人，入学的资格是，其中五百人为文武七品以上官员之子，八百人为平民中的优秀者。

以上三学均学儒家经典。经典分大、中、小三等，《礼记》、《春秋左氏传》为大经，《诗》、《周礼》、《仪礼》为中经，《易》、《尚书》、《春秋公羊传》、《春秋穀梁传》为小经，其下还有《孝经》、《论语》二经。各经学习时限不等，一经读毕再读另一经。除此之外，还学习时务策，读《国语》、《说文》、《字林》、《三苍》、《尔雅》。

律学，生徒名额为五十人，学法律的律、令、格、式。

书学，生徒名额为三十人，主要学书法，兼学《说文》、《字林》。

算学，生徒名额为三十人，学算术，教科书有《孙子》、《五曹》、《九章》、《海岛》、《张建丘》、《夏侯阳》、《周髀》、《五经算》、《缀术》、《缉古》、《记遗》、《三等数》。

以上三学的入学资格是，文武八品以上官员之子，以及平民中有此专长者。

崇玄学，于唐玄宗开元二十九年（公元741年）设置，京、都二学各百人，地方学校无常员，学道家经典，主要是《老子》、《庄子》、《文子》、《列子》。

弘文馆，隶属门下省，武则天以后，以宰相兼领馆事，号“馆主”，由给事中一人主持常务，号“判馆事”。生徒名额三十人，入学的资格是，皇帝、皇后的至亲，宰相、大臣之子，学习内容除儒家经典外，还要学史，主要是前四史《史记》、《前汉书》、《后汉书》、《三国志》。另有生徒名额二十四人，条件须是京官五品以上之子，且有着高超的书法造诣，入学后，学习由宫廷所藏的名家书法。

崇文馆，隶属东宫，所收生徒二十名，招收生徒条件、学习内容以及过程基本与弘文馆相同。

广文馆，唐玄宗天宝九年（公元750年）设置，生徒主要学习进士科的内容。

地方学校，按地区行政级别设置。

各校招收生徒的名额是：京都学（长安、洛阳两地学校）八十人，大都督府、中都督府、上州六十人，下都督府、中州五十人，下州四十人，京县五十人，上县四十人，中县、中下县三十五人，下县二十人。

生徒毕业后，不能立即做官，优秀者需由校方推荐，到吏部进行考试，合格者才可被授官职。

唐朝学校，唐太宗时生徒已达八千多人，其中有高丽、百济、新罗等大量留学生。到盛唐时期，学校更是兴旺发达。然经安史之乱后，学校多被关闭，生徒流散。至唐宪宗时，才有所恢复。

八九

科举考试

唐朝继承了隋朝的科举制度，加以发扬光大。科举是君主、朝廷选拔人才的主要途径，及第者构成了官僚主要的候补队伍。这个制度，奠定了其后一千多年政治人才选拔的基础。

科举就是以科目进行考试，其分常举和制举两类。

常举，每年进行一次。举子有各级学校中的生徒，由校方保送推荐给尚书省登录。还有未经过学校台阶的自学者，先在州县中报名，经地方初步考试，然后由地方长官每年带往长安，这称为“乡贡”。起初由吏部员外郎主持，后因举子闹事，唐玄宗认为吏部员外郎官望太低，不能慑服举子，而改由礼部侍郎主持。

考试内容主要是儒家经典以及史籍等，如《礼记》、《春秋左氏传》、《诗》、《周礼》、《仪礼》、《易》、《尚书》、《春秋公羊传》、《春秋穀梁传》，此外还有《孝经》、《论语》、《国语》、《说文》、《尔雅》等。

考试的形式，有帖文、口试、策问、诗赋等。帖文，是取经文中几字为题，举人需将上下文贯通背出，以背出多少字而定等第。口试，也即墨义，举子口头应对考官所出题目，以答出十分之九为合格。策问，也即命题作文，考官根据举子之文的程式、内容来定等第。诗赋，由考官出题，并限音韵，举子据此作诗作赋。

常举的科目主要有：秀才、明经、进士、明法、明书、明算、一史、三史、开元礼、三礼、三传、童子、道举等。

秀才科需试方略策五道，成绩以上上、上中、上下、中上四等为合格。因考试程度太难，时间不长，到唐高宗年间就被废除。

明法、明书、明算三科，为专门科目考试。

一史、三史二科，在前四史《史记》、《前汉书》、《后汉书》、《三国志》中按数目选定。

开元礼科，考《开元礼》。

童子科，专试十岁以下的少儿，凡能通一经以及《孝经》、《论语》者，给试诵文十道，全部通过的可授官，通过七道的，给予出身。

道举科，由崇玄学生徒为举子，考道家经典《老子》、《庄子》、《文子》、《列子》，考试方式同明经科。

各种科目的设置或时间较短，或不定时，或参加与录取的人数较少，都影响不大。其中惟有明经、进士二科，是最为重要的科目。

明经科，有五经、三经、二经、学究一经、三礼（《礼记》、《周礼》、《仪礼》）、三传（《春秋左氏传》、《春秋公羊传》、《春秋穀梁传》）、史科等分科。考试形式是：先贴文，然后口试大义十条，再答时务策三道。

进士科，考试形式是：试时务策五道，贴一大经，作诗赋。

明经科考试内容较为固定而较易，进士科要求博通古今而较难。此外，两科录取人数也相差甚远，明经科录取十之一二，进士科则录取百之一二。再者，明经及第后授官较低，升迁较慢，进士科则反之。久而久之，进士科地位远远超过明经科。故时谚说："三十老明经，五十少进士。"意谓三十岁考上明经已经太老，而五十岁考上进士犹算少年得志。

进士和主考官之间在考试完毕后，结下了一层特殊的关系，及第的进士称主考官为“座主”，主考官称及第的进士为“门生”。同榜及第的进士，彼此之间互称“同年”。进士及第是件极为风光的事，进士在及第后，每每在长安举行“雁塔题名”、“曲江会饮”等相庆仪式。

常举及第，经吏部复核，给予授官。

制举，起源于汉代皇帝因某方面事务亲自策问人才制度。入唐后，演变为由皇帝亲自主持，或以皇帝名义另指派官员主持的特殊科举考试。

制举考试地点于长安设在中书省，或随设在皇帝封禅、巡幸途中，武则天时改在殿廷举行。考试对象极广，科举及第者、名士、隐士、高士、力士、谋士、奇士、艺士、在职官员等等。考试科目由皇帝随时、随意设置，其中最为著名的，有贤良方正直言极谏、博通坟典达于教化、军谋宏远堪任将率、详明政术可以理人等科。

制举及第者，直接授予不同的官职，并多为要官。

九〇

山河的裂变

在唐朝进入衰世后，面对生计的困迫，首先起来的是农民造反，裘甫起义、庞勋起义、黄巢起义以及其他此起彼伏的起义，弄得朝廷顾此失彼，不得不借助军队实力派、地方实力派、少数民族实力派帮着镇压。起义勉强被镇压下去了，然在镇压起义的过程中冒出的各种实力派，加上原就存在的割据一方的方镇，变得更加尾大不掉。

到处是诸侯，汴、滑地区有朱温，河东地区有李克用，许、蔡地区有秦宗权，凤翔地区有李茂贞，徐、泗地区有时溥，蒲、陕地区有王重荣，幽、沧地区有刘仁恭、刘守光父子，郓、兖地区有朱宣、朱瑾兄弟，淄、青地区有王敬武，魏、博地区有罗绍威，镇、冀地区有王镕，西川地区有王建，淮南地区有杨行密，杭、越地区有钱镠，岭南地区有刘隐，湖南地区有马殷，福建地区有王审知……这些尚是大诸侯，那形形色色的小诸侯，更不知有多少。他们纵横捭阖，忽而联手，忽而争斗，互相兼并，将战争一场场地连着打。战争的轮子不断转着，转到十世纪初左右，朱温成了天下最大的诸侯，他扫平许多对手，进军关中，掌握了唐朝的命脉，天祐四年(公元 907 年)，一脚踢开唐哀帝，自己走上了皇位。

将近三百年的唐朝结束了，代之而起的一个新时代，史称五代。

五代是继春秋战国、三国、南北朝之后，中国再一次大分裂的时期。

五代只是一种简约的说法，较全面的说法是五代十国，其实，在被唤作五代十国的时期，远非五个朝代十个国家。

五代十国指的是：在中原相继递承建立的后梁、后唐、后晋、后汉、后周五个朝代，在南方先后存在的吴、南唐、前蜀、后蜀、南汉、楚、吴越、闽、荆南及北方的北汉十个国度。这里尚未算北方的燕、陕西的岐、东北的契丹、云南的南诏、河西的曹氏等难以计数的大大小小的政权。

五代的时间跨度，一般从朱温代唐算起，到赵匡胤禅周为止，也即后梁开平元年（公元907年）至后周显德七年（公元960年），实计五十四年。然而，十国的全部结束，并不与此同时，其中有六国是在北宋建立之后覆亡的，最后的北汉被灭于宋太宗太平兴国四年（公元979年），为五代结束后十九年。

黄仁宇对五代十国的历史作用，发表了这样一段看法，他说："在悠久的中国历史里，五十四年不为过长。况且五代十国上接李唐下承赵宋，彼此都是连亘约三百年的大帝国，可见中国社会在这过程中虽经颠簸，并没有完全垮台；并且这五十四年内，尚可能产生若干积极的因素，这样才能……继续在历史进程中迈进。"（《赫逊河畔谈中国历史》，北京三联书店）

五代的特征是：每个王朝存在的时期短，更迭快；君主在位时间短，最短仅几个月；政权内部乱，政变多，兵变多，分裂多；外部战争频繁；后梁、后周为汉人所建，后唐、后晋、后汉三朝均为沙陀人所建。

后梁：开平元年（公元907年），为朱温（梁太祖）所建，定都开封。龙德三年（公元923年），被李存勖所灭。共历三帝，存在时间为十七年。最盛时，领土据有今河南、山东二省全部，陕西、湖北二省大部，安徽、江苏、河北、山西、甘肃、宁夏六省一部分。

后唐：同光元年（公元923年），为李存勖（唐庄宗）所建，定都洛阳。清泰三年（公元936年），被后晋所灭。共历四帝，存在时间为十四年。最盛时，领土据有今河南、山东、山西、河北四省全部，甘肃东部，陕西、湖北、安徽三省北部。

后晋：天福元年（公元936年），为石敬瑭（晋高祖）所建，定都开封。开运三年（公元946年），被契丹所灭。共历二帝，存在时间为十一年。最盛时，领土据有之地基本和后唐相同。

后汉：天福十二年（公元947年），为刘知远（汉高祖）所建，定都开封。乾祐三年（公元950年），被郭威所灭。共历二帝，存在时间为四年。最盛时，领土据有今河南、山东、山西三省全部，河北南部，陕西、湖北、安徽三省北部。

后周：广顺元年（公元951年），为郭威（周太祖）所建，定都开封。显德七年（公元960年），为赵匡胤所禅代。共历三帝，存在时间为十年。最盛时，领土据有今河南、山东二省全部，河北中南部，陕西中部，山西南部，湖北北部，安徽、江苏二省江北部分。

十国的特征是：除了北汉，九国尽在南方；出现的时间，先后参差不齐；建国之地，有相承、有独立；版图大小不等，相差悬殊；存在的时间，一般都比五代各朝长；领袖名号，称帝、称王不一。

吴：杨行密在景福元年（公元892年）被唐廷任为淮南节度使，从此据有一方。天复二年（公元902年），被唐昭宗封为吴王。杨行密第四子杨溥于顺义七年（公元927年）称帝（睿帝），国号吴，定都扬州。天祚三年（公元937年），被徐知诰所废。共历四主，存在时间为三十六年。最盛时，领土据有今江苏、安徽、江西、湖北四省大部。

南唐：徐知诰废吴后，改名李昪，同年登上帝位（烈祖），定都金陵。开宝八年(公元975年),为北宋所灭。共历三主,存在时间为三十九年。最盛时,领土据有今江苏大部,安徽淮河以南部分,福建、江西、湖南三省及湖北东部。

前蜀:为王建所创,天复三年(公元903年)被唐昭宗封为蜀王,武成元年(公元907年)走上帝位(高祖),定都成都。咸康元年(公元925年),被后唐所灭。共历二主,存在时间为二十三年。最盛时,领土据有今四川全省,陕西南部,甘肃东南部,湖北东部。

后蜀:为孟知祥所创,长兴四年(公元933年)被后唐封为蜀王,次年称帝(高祖),定都成都。乾德三年(公元965年),为北宋所灭。共历二主,存在时间为三十三年。最盛时,领土据有今四川全省,陕西南部,甘肃东南部,湖北东部。

南汉:为刘隐所创,开平三年(公元909年)被后梁封为南平王,乾化元年(公元911年)进封为南海王,刘隐死,其弟刘陟接位,乾亨元年(公元917年)称帝(高祖),以大越为国号,定都广州。次年,改国号为汉。开宝四年(公元971年),为北宋所灭。共历四主,存在时间为五十五年。最盛时,领土据有今广东、广西两省,湖南南部。

楚:为马殷所建,开平元年(公元907年)被梁太祖封为楚王,天成二年(公元927年)被唐明宗封为楚国王,改潭州为长沙府,建国称制。保大九年(公元951年),为南唐所灭。共历六主,存在时间为四十五年。最盛时,领土据有今湖南全省及广西东北部。

吴越:为钱镠所建,以杭州为政治中心。天复二年(公元902年),封越王。天祐二年(公元904年),封吴王。开平元年(公元907年),被后梁封为吴越国王。太平兴国三年(公元978年),为北宋所灭。共历五主,存在时间为七十二年。最盛时,领土据有今浙江全省,江苏一部分。

闽:为王潮所创,以福州为政治中心。乾宁四年(公元 897 年),王潮弟王审知(太祖)接兄之业,封琅邪王。开平元年(公元 907 年),被梁太祖封为闽王。天德三年(公元 945 年),为南唐所灭。共历六主,存在时间为三十七年。最盛时,领土据有今福建省。

荆南:又称南平,为高季兴所建,以江陵为政治中心。同光三年(公元 925 年),被后唐封为南平王。乾德元年(公元 963 年),为北宋所灭。共历五主,存在时间为四十年。最盛时,领土据有今湖北江陵、公安等地区。

北汉:为刘崇所建,乾祐四年(公元 951 年)割据河东地区称帝(世祖),定都太原。太平兴国四年(公元 979 年),为北宋所灭。共历四主,存在时间为二十九年。最盛时,领土据有今山西北部,陕西、河北部分地区。

九一

后　梁

建立后梁的梁太祖朱温，是宋州砀山（今安徽砀山）午沟里人，乳名朱三，出生于乡间儒经塾师的家庭。

父亲朱诚早亡，朱温兄弟三人成了孤儿，随母亲投靠同县的刘崇，以帮佣为生。在寄人篱下的环境中长大成人的朱温，为人狡猾，落拓无行，时常惹出一些祸来，被乡人视为无赖，多次遭到主人的责打。有日，他偷了炊釜逃出去，被刘崇追回，幸得崇母的保护，才免受一顿毒打。人们都看不起他，连他的家人也这样，惟有崇母对他另眼相看，说："朱三非常人，应好生相待。"

唐僖宗乾符年间，黄巢率领饥民揭竿而起，朱温投入了起义军。在平常生活中到处被人不齿的朱温，换了玩命的环境，却得到了用武之地，他作战勇敢，每一仗都冲在前头，因功被提升为队长。

起义军攻克长安，黄巢任命朱温为东南面行营先锋使。他带领所部攻下了同州（今陕西大荔），被授为同州防御使。可没多久，朱温就陷入了困境。时逃亡在蜀的唐僖宗，号召诸侯会合讨伐起义军。当朱温和河中节度使王重荣遭遇后，他屡战屡败，败得不敢再战。他不得已，向大本营连发十道告急文书，然均被负责这方面军务的孟楷扣压。

在幕僚谢瞳的劝说下，进退维谷的朱温，投降了王重荣。

听到朱温归降的消息，唐僖宗兴奋地说："是天赐我也！"

转到了唐廷方面，朱温被赐名全忠，拜为汴州（今河南开封）刺史、宣武军节度使。他反戈一击，和唐各路人马围住长安，与早先的兄弟们厮杀了起来。黄巢招架不住，杀出重围向南撤退，收降秦宗权继续对抗。朱全忠乘胜追击，在获得几次大捷后，率军开进了他的根据地——汴州。

就在和故主大战的岁月中，朱全忠结下了一个永远解不开的仇敌。时河东节度使李克用奉唐僖宗的命令，与朱全忠联合作战，在王满渡（今河南中牟北）大败黄巢军。战役结束后，朱全忠尽地主之谊，邀李克用到汴州整军休息，摆设宴会招待。心高气傲的李克用，几杯酒下肚，说了些不恭的话。朱全忠表面不予计较，等客人回了驿馆，令人纵火烧馆，同时出兵攻击。用句老话来说，也许是李克用命不该绝，正巧狂风暴雨大作，他趁着电光翻墙逃走，相随的几百部下全部罹难。从此，两下拉开了几十年战争的帷幕，直到后梁灭亡。

黄巢兵败身亡，秦宗权接过反唐旗号，但他到处残害民众，为非作歹，并狂妄地自立了帝号。他仗着兵多地广，与朱全忠进行较量。朱全忠不顾势力悬殊，以弱击强，终于改变了双方的力量对比，把秦宗权打得龟缩在蔡州，为秦宗权日后的覆灭奠定了基础。

接下来，是军阀混战。朱全忠在这连绵不断的混战中，军事和政治双管齐下，蜜糖与大棒交替并用，纵横捭阖，联合一切可以联合的人，打击最主要的敌人，然后予以各个击破。他先后打得徐州时溥城陷自焚，郓州朱宣被擒斩首，兖州朱瑾失地出奔，幽州刘仁恭丧师大败，魏博罗绍威倾心结纳，镇州王镕纳质请盟，定州王处直举手投降，襄州赵匡凝罢兵求和，青州王师范献款归附……

在这混战中，朱全忠有败有胜，胜多败少，他扬着胜旗，从一支平常的人马，打成了天下最强大的诸侯。

在逐鹿中原操得胜券后，他把视点投到了政治中心——长安，从凤翔割据者李茂贞手中夺得唐昭宗，学着曹操的样子，开始挟天子以令诸侯。他大杀宦官，结束了七十多年的宦官之祸；大杀宗室，彻底清除了唐的政治屏障；大杀士族，消除了长达几百年的门阀之风。为有效地控制天子，他强迫唐昭宗迁都洛阳。诸侯不服，缔结成同盟，起兵讨伐。他一边备战，一边抢先下手，指使人杀了唐昭宗，另立幼小的唐哀帝。

经过一段时期的过渡，朱全忠于开平元年(公元907年)四月，在唐旧官僚和部下的拥戴下，登上了皇帝的宝座，国号梁(为有别于南朝梁，史称后梁)，定都开封。梁朝是个小朝廷，一个仅以中原为基本范围的小朝廷，尽管小，但在以北方为政治重地的传统观念中，它成了正统的王朝。

地位变了，行事的方式相随而变，考虑事情的角度相随而变，一直以枭雄面目临世的梁太祖，站在正统的位置上，着手实行了一系列安邦治国平天下的措施，以期他流汗流血得来的国家能不断壮大，以致成为大一统的国家，并永远存在下去。

作为一个君主，他从以前偏军事的立场，转到了以政治为纲的立场，真正了解了惟有民众和土地，才是他根本的财富。他尽一切努力，恢复农业生产，发展农业生产，使民众在战争的空隙中，得到一定的休养生息，也为整个国家提供必需的物质保障。

他认识到：打天下需要武将，而治天下则需要文臣。由此，他三令五申，加强地方官的权力和作用，强调所有的军人，不管职位多高、兵马多壮，地位都在所在地的地方官之下，服从他们的管束。

唐末骄兵悍将屡屡闹事，节度使尾大不掉，为防范这样的事情在他的治下重演，他对手中握有重兵的将领保持着高度的警惕性，一有可疑的苗子出现，他马上采取行动，或杀，或关，以防患于未然。

梁太祖黄袍加身的行为激犯了众怒，招致了更多的敌手，使他始终陷在战争的漩涡中。刘仁恭、刘守光、李茂贞、赵匡凝、王建、杨行密等，纷纷与他对着干。

其中战得最激烈、时间最长的对象，是他的宿敌李克用、李存勖父子，双方夹着黄河对峙，在建国前一直是后梁占据主动。

后梁建立的当年和翌年，两军展开了围潞之战。梁军长驱直入，将河东屏障潞州（今山西长治）包围得水泄不通。李存勖趁父亲新丧，自己刚即位，对方骄惰之际，发动偷袭，大败梁军。

开平四年（公元910年）至乾化元年（公元911年），双方再次发生柏乡（今属河北）之战。梁太祖为彻底制服河北三镇中的镇、定二镇，出兵北伐，晋军应二镇之求相救，会战的结果，梁军遭到重创，全线溃退，大伤元气，使晋军得以饮马黄河。

两次会战的失败，使后梁大伤元气，从优势转向劣势。

通观各个战场，梁太祖打过胜仗，且打过大胜仗，然这仅限于一时一地，没有帮助他实现战略性的进展。

梁太祖统治的年代，尽管在建朝后大不如建朝前，然而，后梁政权毕竟是在全国占主导地位，使诸侯望而生畏，奉为正朔的王朝。他鼓励农业生产，制约藩镇的骄横，建立了一些秩序。

不过与此同时，梁太祖逐渐转向昏昧，变得好猜忌、好杀戮、好色，且好色好到了儿媳的身上，从而把朝廷的政治关系弄得紧张暗淡，把家庭的伦理关系弄得乱七八糟，并把继承人问题弄得无比复杂起来。

乾化二年（公元912年）六月，立嗣无望的儿子郢王朱友珪杀了梁太祖，自登皇位。

梁太祖以生存为最高原则，没有任何政治信仰，为了生存，他参加起义军反对唐廷；为了生存，他转投唐廷打黄巢；为了生存，他覆灭唐廷，自己登上皇位。他有个性、有魅力、有手段、有闯劲，能吸引一大批人为他效命，能把许多诸侯打翻在地，成就一番大事业。

仅过了六个月，梁太祖另一子朱友贞以讨逆的名义，起兵诛杀了朱友珪，把黄袍披到了自己的身上（史称梁末帝）。

一朝天子一朝臣，梁末帝在上台后，为了减弱敬翔、李振等元老重臣对朝政的影响，起用了赵岩、张汉杰及张汉伦等新臣，将他们安排到重要的权位上。新贵压制元老，控制政柄，中饱私囊，把政治搞得相当的糟糕。

贞明六年（公元920年），爆发了以母乙、董乙为首的陈州（今河南淮阳）起义，但被镇压了下去。

内患除了起义，还有方镇。为解决方镇拥兵自重的问题，梁末帝将视点落到了河北重镇——魏博镇之上。当节度使杨师厚病死后，将魏博析为二镇，以分散其兵势。可这一举动，激起了魏博兵变，二镇归附了李存勖。这对后梁政权是个重创，使梁的实力更向弱势转去。

战场的形势，继续朝着有利于晋军的方向在发展，通过几年在德胜（今河南濮阳）角逐，后梁丢失了河朔（黄河以北地区），地盘大为缩小。

此后，经过杨柳（今山东东阿东北）一带的夹河大战，梁军节节败退。龙德三年（公元923年）十月，李存勖击败迎战的梁军，生擒梁大将王彦章，袭破开封，端了后梁的老巢。

梁宗室全部被诛灭，后梁灭亡。

九二

后　唐

建立后唐的唐庄宗李存勖，小名亚子、亚次，艺名李天下，西突厥别部沙陀部人。祖父朱邪赤心，以破庞勋功，被唐懿宗赐名为李国昌。父亲李克用，以破黄巢功，被封晋王，占有以太原为中心的河东地区。

出生于军人世家、唐末来到人间的李存勖，自幼就跟着父亲开始了他的戎马生涯。李克用破灭邢州割据者孟方立，凯旋回至上党（今山西长治），于三垂岗饮酒作乐，伶人旁奏《百年歌》，奏到衰老之段，声音悲怆，满座凄凉。他突然捋须慷慨大笑，指着身边年仅五岁的李存勖说："我老了，此是奇儿，二十年后，将代我战于此地！"

岁月流逝，李存勖长大了，骑马、射箭、读《春秋》、听音乐、赏歌舞、观俳戏，他精武懂文，风流倜傥。

李存勖比他雄才大略的父亲更有见识。幽州割据者刘仁恭吃不住梁军的进攻，向李克用求救。李克用恨刘仁恭反复无常，准备拒绝。

李存勖进言劝说："今天下之势，归朱温者十之七八，虽强大如魏、博、镇、定，莫不归附。自黄河以北，能和朱温抗衡的，惟有我与幽、沧，今幽、沧被朱温所困，我如不与其合力相拒，对我不利。图天下者不能计小怨，现彼有难，我解救其难，必感恩归顺于我。此是我复振之机，切不可失。"

李克用采纳了儿子的话，出兵救幽，阻止了朱温的蚕食。

父亲病故，李存勖接位做了晋王。这个位不好接，面对的是内外棘手的局面：在内部，他虽在叔父李克宁的支持下登上了位，然很多元老看不起他，他们团聚在李克宁的周围，怂恿李克宁取而代之；在外部，潞州被梁军造夹寨围了许久，旦夕有失陷的危险。

疾风知劲草，被内忧外患包围的李存勖，表现出不同凡响的气概。对叔父的威胁，他采取了后发制人的手段，让李克宁死得无话可说。对潞州之围，趁着弥天大雾，挥兵分几路直扑夹寨，打得梁军措手不及，遗尸遍野，解了潞州之围。

梁太祖听到铁桶般的夹寨被破，惊得瞠目结舌，半晌才吐出一句话："生子当如李亚子，李克用虽死犹生。我家诸子乃豚犬而已。"

棋逢敌手，李存勖接过父亲的衣钵，和梁太祖在大地这块棋盘上继续对弈着。经过近三年的拉锯战，双方又爆发了柏乡大战。这一战，李存勖再创奇迹，大败梁军，饮马黄河，改变了彼此的势力对比。

与此同时，李存勖在太原全面进行内政整顿，命令地方官举贤才，罢贪官，宽租赋，抚孤穷，伸冤枉，禁盗贼。这一系列安民利民措施的实行，使他赢得了民心，实现了境内大治，巩固了根据地。此外，他强化军队素质，制定严格的军纪，使他麾下的军队成为对民无扰、对敌奋勇作战的军队。

经过柏乡之战，晋军由被动转为主动，在几条战线上发起对梁的攻势，取得了显著的进展。

正在此时，幽州割据者刘守光对晋军产生了威胁。为消除后顾之忧，李存勖决定暂缓对梁的攻势，腾出主力，先解决刘守光。在大将周德威出色的指挥下，晋军步步紧逼，顺利地扫清了外围城池和据点，最后将刘守光包围在幽州城内。李存勖亲临城下，一举拿下了幽州。

乾化五年(公元915年)初,梁的魏博镇主帅杨师厚卒,早想解决魏博镇尾大不掉的梁末帝,趁机实行分而治之,结果导致兵变。乱兵向晋求助,李存勖率军前来,平定乱兵,占领了魏博镇。

魏博归晋,梁失去了河北屏障,李存勖马鞭遥指河南。

尽管李存勖马鞭遥指河南,但黄河以北仍是诸侯林立,契丹横行。由此,他不得不与诸侯战,与契丹战,直战到他控制了大局。

龙德三年(公元923年)四月,李存勖在魏博加冕称帝,建国号为唐(为有别于唐,史称后唐),建元同光,定都洛阳。以唐为国号,李存勖聪明得很:一则以示他不忘唐昭宗的教诲,标榜忠孝,收拢人心;二则续接唐统,表示处于正统,以此号召天下。

同年十月,他挥师攻克开封,消灭了梁政权。

唐庄宗坐了开封,他的日子比朱氏好过,外面没有强大的敌人压迫他。在这相对好过的日子里,他松懈了,有点得意忘形,以为自己的江山是铁打的,开始释放压抑已久的欲望,顺着自己的意做风流天子。他大召宦官,召到千把人,任为心腹,为他的生活和事务服务;他交接伶人,让他们出入宫廷,凌驾于百官之上;他重用敛臣,搜刮百姓;他放纵武将,施暴于地方;他大修宫室,广采美女;纵马于农田,打猎取乐;他充实内库,不顾军队粮饷无着,使得军士卖儿鬻女度日。

弄到这个地步,唐庄宗还自以为稳坐泰山。他受宦官、伶人挑唆,无端怀疑功臣、大将,任意加以杀戮。他依靠大臣郭崇韬平定前蜀,却听任刘皇后及儿子李继岌将这个大功臣给谋杀了。在郭崇韬以及另一个功臣朱友谦被诛后,朝中的将臣陷入了人人自危的境地,尤其是李克用的养子李嗣源,整日如坐针毡。

在如此形势下,对朝廷极度不满的魏州兵士推赵在礼为头,发动了兵变。久受唐庄宗猜忌的李嗣源，力争到领兵平叛的任命，可他到了魏州，却和叛兵合流，掉头打进开封，再逼向洛阳，唐庄宗被乱兵所杀。

唐庄宗凭着高度的军事素养、百折不挠的精神、奋勇作战的气概，继承父亲的遗志，通过无数次艰苦的战争，终于消灭了他们的世仇——后梁政权。然而，他只善于打天下，而不善于治天下，在灭梁后忘乎所以，没能吸取腐败的梁政权灭亡的教训，相反却变本加厉，重用宦官、伶人、敛臣，以满足自己的享受，把后唐搞得比后梁更腐败。再者，他没处理好与功臣的关系，最终激起兵变，招致了杀身亡家的大祸。

同光四年（公元926年），得了洛阳的李嗣源走上帝位（唐明宗），改元天成。

李嗣源，沙陀部人，本名邈佶烈，无姓氏，被李克用收为养子后，改名李嗣源。父亲为李国昌部将。父亲死后，年仅十三岁的李嗣源因善骑射，被李国昌看中，当了贴身侍卫。没过多久，又被李克用收到帐下。年轻的李嗣源雄壮、果断、厚道、深沉、恭谨，武艺高强，受到李克用的刮目相看，收作了养子。李克用有养子多人，李嗣源是其中最出色的一个。养父在汴州遭到朱温袭杀，他不顾自身危险，帮着养父翻墙逃脱。行军打仗，他身先士卒，把捷报一一传向大本营。他所带的五百精骑所向披靡，人称“横冲部”。作为“横冲部”的首领，人称李嗣源为“李横冲”。

针对将军们争相自我夸耀的场面，“李横冲”曾说：“此辈以口击贼，我以手击贼。”

大将军李嗣昭和梁将葛从周激战，兵败退入青山口，敌扼制山路，步兵溃不成军。正在这当口，李嗣源率部赶到了，他解鞍居高列阵，双手左右比划，作调动部队状，把敌军弄得莫名其妙，然后飞身上马，直冲敌阵，逼得敌军退去，挽回了败势。这一仗，他身中四箭，血流至股，李克用亲自为他解衣敷药，抚着他的背说：“我儿真是神人，若非我儿，险些为葛从周所笑。”

青山一战，李嗣源名闻天下。

在李克用手下，李嗣源是战绩辉煌；在李存勖上台后，他依然是累建功勋。柏乡之战，他笑傲盛装而来的梁军，立擒敌二将；征伐刘守光，他运兵神速，连下数州；与梁军相拒于黄河，他巧计迂回，袭破郓州；梁军全力进逼，他与主力遥相呼应，俘虏了敌主帅王彦章。

在与梁军相持的最后日子里，敌大军在段凝的主持下云集黄河，李存勖慌了，慌得没了主见。许多将领认为不如避开敌锋，东进青、齐地区，李嗣源不同意这常规之见，建议直捣梁政治心脏——开封，使敌大军群龙无首而瓦解，他说：“王彦章之败，段凝尚不知晓，就是知道，为调整军事方案，须得三日。待其了解我攻击方向，再发救兵，数万人过河，舟船也非一日能备。此去开封，没有几百里，且前无险阻，列着方阵前往，也不费多时。开封一破，段凝还能有何作为？”

李嗣源说得在理，加上郭崇韬的意思，李存勖挥军指向开封。

自动请缨，李嗣源被命为先锋，带着千骑，先行扑向开封封丘门，他军事和政治攻势双管齐下，迫使敌门将开门出降。后到的李存勖见状大喜，手揽着李嗣源，以头相触，说：“天下当与你共之！”

论功行赏，李嗣源受赐铁券，被拜为中书令，任番汉内外马步军总管。

李嗣源和功臣们辅助李存勖打天下，可这个君主得了“天下”后，却对功臣们不安起来，逐渐想着法子开始拔刺，在拔去郭崇韬、朱友谦这两根大刺后，把注意点放到了李嗣源的身上。魏博镇——此时称为邺都——发生大兵变，大臣们纷纷推荐李嗣源领兵前去平乱，李存勖心存疑忌，没答应，然实在派不出比他更适合的人选，最后不得不让他挂了帅。

兵临邺都城下，尚未攻城，本军先发生了哗变，将士们"逼着"李嗣源反。李嗣源拗不过他们，被他们拥着进入城内，会合魏博兵，亮出了反旗。经过一阵折腾、挫折，具有高度组织能力的李嗣源，终于把多股部队凝聚在自己的帐下，气壮山河地一路南下，打进了开封。

李存勖在首都死于乱兵之中，李嗣源被百官们迎进了洛阳。他没有贸然登位，策略地先以"监国"身份控制政局，以观察天下大势，在时机成熟后，才接受了群臣们的再三"请求"。为表示他不是篡位，不是大逆不道，而是本朝的孝子忠臣，他驳斥了改国号的论调，继续沿用大唐国号。他说："武皇（李克用）的基业就是我的基业，先帝（李存勖）的天下就是我的天下！"

天成元年（公元926年），李嗣源在李存勖的灵前戴上了皇冠。

亲眼目睹李存勖是怎样失去了天下，年岁已高的唐明宗改弦更张，身体力行，实行了一套利国惠民的开明政策：他不好声色，拒受美人，将李存勖留下的千余宫女放出宫外；他废除内库，把贡品全部归入国库；他驱逐伶人，清肃宫廷风气；他大诛宦官，杜绝再次炽起的宦祸；他穷治贪官，救民于水火之中；他奖励清官，以改善官民关系；他不兴土木，以减轻黎民负担；他轻徭薄赋，与民休息。

唐明宗清楚，惟有民众，才是他真正的基业。他始终以民为本，把民众放在最要紧的地位，尽着心为民众考虑。听到宰相说谷帛价贱，民间少疾苦，他高兴地说："我有何德何能，当与你们作好事，以报上天！"

行伍出身的唐明宗，是五代中一个较为难得的君主，虽然目不识丁，却熟谙民风世情，加上接受了前朝的教训，实施了不少利国利民的政策。他减轻税收，清除宦官，诛杀敛臣，整顿法制，使民众得到了一定的休息，使社会生产有了一定的恢复。唐明宗行之有方，行之有道，在他的治下，出现了小康的局面。他懂得，除民众之外，官员也是他所不可缺的力量。因此，他上台之初，就做了两件轰动朝野的事：将臭名昭著的大敛臣孔谦推上断头台，争取民众的拥护；为郭崇韬、朱友谦平反昭雪，以获得官员的支持。

唐明宗有道有为，称得上是个明君，一个在乱世中难得的明君。

这个明君有自知之明，知道自己尽管尽了努力，但根本无力结束乱世，他夜里焚香，对天长祝道："我本番人，岂足以治天下。世乱已久，愿上天早生圣人！"

说唐明宗是明君，只是相对其他五代君主而言，他也有过失：起初重用枢密使安重诲，让他全权掌握政务，等到他闹出乱子，闹得影响了自己的地位，又轻率地将他杀了；立嗣问题一直未能妥善解决，结果，次子李从荣趁他病危之际，发动兵变，准备以武力取得皇位，虽然这次兵变最后遭到了镇压，但成为了后来皇室成员争位的肇因。西川节度使孟知祥兼并两川，成割据状，他征剿无力，一筹莫展。

长兴四年（公元933年），唐明宗病逝于宫中。

在唐明宗病危之际，其次子李从荣误认为父皇已亡，带兵入宫，被视为行逆，兵败而死。

李嗣源的继承人，是他的第五子李从厚。这个年仅二十岁的皇帝（唐愍帝），于应顺元年（公元934年）即位，然只有四个月，就被李嗣源的养子李从珂给颠覆了。

李从珂（唐末帝）取得皇位，改元清泰元年（公元934年）。

没出多久，李从珂和李嗣源的女婿河东节度使石敬瑭，发生了不可调和的矛盾。唐末帝忌石敬瑭尾大不掉，想方设法要夺去他的权力，削去他的势力。石敬瑭全力抵制，抵制的结果是朝廷大军兵临太原城下。为打破重围，为反仆为主，进而做皇帝，石敬瑭在桑维翰、刘知远等人不同程度的支持下，以割让燕、云十六州，年贡帛三十万匹，认契丹主耶律德光作父为条件，引契丹兵入援。在契丹军队的驰救下，他粉碎了围攻，并把兵锋指向了洛阳。

清泰三年(公元936年)，唐末帝自焚而死，后唐灭亡。

九三

后　晋

建立后晋的晋高祖石敬瑭，人称石郎，祖上为西边少数民族。父亲臬捩鸡，系李克用部将，因战功而任洺州刺史。石敬瑭是臬捩鸡的次子，为表示自己是地道的汉人，自改此名。

子承父业，生于军营的石敬瑭，长大后进入李嗣源的部队服役。他为人沉默寡言，有城府，喜读兵法，崇拜古代名将李牧、周亚夫。李嗣源喜欢这个年轻人，倚为心腹，将自己的女儿嫁给了他，让他负责了能攻善战的"左射军"。

李存勖取得河北，受到梁上将刘鄩袭击，因来不及布阵，损失惨重。眼看将要全军覆没，随军的石敬瑭带着十几骑，强行发起冲锋，横槊打进敌阵，东驰西突，抑止了对方的势头，使本军转危为安。

石敬瑭不但救过李存勖，在以后多年的戎马生涯中，几次救了他丈人李嗣源的命，救得丈人愈发看重他。

在浴血奋战的沙场，石敬瑭是一员了不得的猛将。到了风云变幻的政坛，他是一个有眼力的谋略家。李嗣源受到李存勖的猜忌，领兵前去镇压魏博兵变，本部又发生哗变，他进退维谷，准备返归洛阳，向君主表明自己的心迹。

石敬瑭反对这种愚蠢的做法，认为不如趁此机会亮出大旗，以成大事，他秘密对丈人说："岂有领军在外，军队发生哗变，主将独自无事之事？犹豫，乃是兵家大忌，不如就此南下。我愿率骑兵三百，抢先进攻汴州，此是天下要害，若一旦得手，大事必成！"

得到女婿的开导，李嗣源恍然大悟，下了决心。石敬瑭领前部先行，李嗣源统大军继后，及时拿下了汴州。

李嗣源得了天下，石敬瑭被赐号"竭忠建策兴复功臣"。

爱将、驸马、功臣，集此三个特殊名分于一身的石敬瑭，在新朝中地位显赫，德高望重。他先是入陕为最高军政长官，以清廉立政，未到一年，境内得治。后又去魏博主政，当地民风剽悍，讼事繁多，案子积累无数，他一上任，就着手处理，使得案子大减。

不管到哪里，石敬瑭都带着一个头衔——六军诸卫副使。这个职位，是禁军最高副长官。正使是李嗣源的儿子秦王李从荣，石敬瑭了解此人，预测他早晚要出事，婉言推辞了这个职务，在众大臣的帮助下，转领河东节度使，去太原负责军政。

太原是北方重镇，也是后唐的发祥地，石敬瑭赴任后，一边主持着对契丹的防务，一边管理着当地的民政。他生活简朴，不近声色，不设宴会，办公结束以后，常召幕僚谈论民间疾苦和为政得失。他办案精明果断，不为假象所迷惑，作出的裁决能令原告和被告都心悦诚服。

善能理政的石敬瑭深得人心，声誉鹊起。

唐明宗逝世，他的第五子李从厚登位（唐愍帝），然而，李嗣源的养子李从珂不服，没出几月，他在凤翔发动兵变，杀向洛阳。唐愍帝敌不过，开门出逃，在道上遇见正要去京师的石敬瑭。石敬瑭忖度了形势和朝中情况，于此之际，不但没伸手帮助这个小皇帝，反而把他囚禁在卫州，并将他的随从全部杀死。

李从珂图得皇位(唐末帝),环视整个领土,认为兵强马壮且深得人心的石敬瑭对他的威胁最大,千方百计要把他调离太原,使他失去赖以依靠的根据地。面对唐末帝咄咄逼人的举动,石敬瑭的方针是,先不予理睬,一旦逼得无路可走,他将联结契丹,共同对付朝廷。

他对部下说:“今天子疑我,见迫日急。我本无异图,朝廷自启事端。太原是险固之地,积粟甚多,若朝廷能宽待,我当奉事。如必要加兵,我将外告邻方,北构强敌。”

他称疾不行,唐废帝下令削夺他的官爵,调遣部队包围太原。

石敬瑭按着他预先设计好的方案行动,派出心腹桑维翰到契丹和耶律德光谈判,经过讨价还价,最后同意了契丹提出的屈辱条件:石敬瑭拜耶律德光为父,割让燕、云十六州,岁贡帛三十万匹。

燕、云十六州指的是今河北、山西的大片土地,其是:幽(今北京)、蓟(今河北蓟县)、瀛(今河北河间)、莫(今河北任丘)、涿(今河北涿县)、檀(今河北密云)、顺(今河北顺义)、新(今河北涿鹿)、妫(今河北怀来)、儒(今河北延庆)、武(今河北宣化)、蔚(今河北蔚县)、云(今山西大同)、应(今山西应县)、寰(今山西朔县东马邑镇)、朔(今山西朔县)等地。

从这时起,契丹开始介入中原事务,在石敬瑭发出求援信号的同时,掌握重兵的后唐重臣赵德钧、赵延寿父子也投靠了它,希望契丹帮助他们夺得皇位。耶律德光经反复考虑,把筹码押到了石敬瑭的身上。

长兴七年(公元 936 年),耶律德光亲自领兵驰救,大破唐军。为控制中原,耶律德光决定扶石敬瑭上台,建立一个亲契丹政权。

石敬瑭假意推让了一阵,走上了耶律德光为他布置的宝座,成了“儿皇帝”，定国号为晋（为有别于东、西两晋，史称后晋），改元天福。“儿皇帝”四十五岁，“父皇帝”三十四岁，子大父小，演出了中国政治史上罕见的闹剧。

黄袍加身后，凭着契丹这座靠山，晋高祖向洛阳发起大反击。后唐军队节节败退，唐末帝举家自焚。

消灭、收降了后唐军队的有生力量，晋高祖定都开封。

晋高祖终于圆了皇帝梦，可这梦是以巨大的代价换来的，燕、云十六州的拱手让人，使北方险要之地落入契丹之手，加上无穷无尽的进贡，使政府和民众背上了永难见天日的包袱。大将安重荣说：“贬中国以尊夷狄，困已敝之民，而充无厌之欲，此晋万世之耻也！”

“儿皇帝”不好当，晋高祖受尽了窝囊气，契丹使者来，趾高气扬，任意责骂和欺辱，他只能低三下四，鞠躬俯首，陪着说好话。朝廷中针对契丹的实力和无休止的压榨，形成了主战和主和两派，他摇摆在两派中间，然终究未敢向契丹宣战，忍着窝囊气，继续当他的“儿皇帝”。

为讨得“父皇”的欢心，晋高祖“忍辱负重”，对契丹所有侮辱性的言语充耳不闻，对契丹所有挑衅性的行为视而不见，把源源不断的财富送往契丹，尽心竭力维持双边关系。

安重荣反对这样做，他以主战派领袖的姿态站了出来，命令其所部多方打击契丹。他的目的是，通过抗战，导致晋高祖政权垮台，从而使自己一圆皇帝梦。晋高祖在主和派代表桑维翰的提醒下，镇压了心怀异图的安重荣，把亲契丹的政策贯彻于他的有生之年。

从维护统治起见，晋高祖恢复了唐明宗的某些做法：发展农业，充实仓库，便利商贾，以通货财，使得中原地区稍许有了些生气。然在登位后，他自身的生活开始糜烂，穷极奢侈，宫殿全都以金玉珠翠为饰。为防止有人犯上作乱，制定了如灌鼻、割舌、肢解、刳剔、炮炙、烹蒸等许多令人发指的酷刑。他不相信士人，认为士人多为子孙着想，由是大用宦官，致使宦官重新充满朝廷。

天福七年(公元942年)，晋高祖因契丹的压迫，抑郁得病而亡。

晋高祖靠着勇猛、权术，屡建功勋，成了唐明宗的东床快婿、后唐的政治高层人物。在其政治生涯前期，颇能洁身自好、体察民情，为民众做了一些有益的事。然在其政治生涯后期，为了保全自己，为了登上权力的巅峰，竟不惜出卖民族利益，以换取契丹的支持，寡廉鲜耻地做了遗臭万年的“儿皇帝”，终于被钉在了历史的耻辱柱上。

晋高祖一直未立太子，病重弥留之际，把仅剩且年少的亲生儿子石重睿托付给宰相冯道，意欲让此子继位。可当晋高祖死后，手握重兵的景延广站了出来，说国家正当多难之秋，宜立年纪大的君主，从而自作主张，于天福八年(公元943年)，把晋高祖的过继儿子——原来的侄子——石重贵(晋出帝)推上了台。

石重贵早先是契丹看中的，然他上台后，由于对契丹的压迫忍无可忍，改变了从前“和”的方针，在大臣景延广的建议下，着手修正对契丹的政策，提出对耶律德光称“孙”不称臣，以此改变对契丹的依附关系。针对耶律德光的不满态度，景延广强硬得很，抛出了军事对抗的言辞。

双方关系迅速恶化，耶律德光扬鞭南下，率契丹兵三进中原。

契丹军大举南下，向不再听话的晋政权发动进攻。晋出帝没有畏惧，派出军队迎击入侵的契丹兵。在战争的头两年中，晋军多次获得大捷，打得契丹军极为被动。

开运元年(公元944年),发生了澶州(今河北濮阳)之战,晋出帝与景延广指挥晋军作战获胜。此年冬,再度发生阳城(今河北保定西南)之战,晋军又告大捷。开运三年(公元946年),在恒州(今河北正定)与契丹兵相持的晋将杜重威,也想依靠契丹的支持做皇帝,带领全军投降,并引契丹军杀向开封。

这一投降,导致了后晋的全面溃败,导致了后晋的覆灭,晋出帝与太后李氏成了俘虏,被押往北方。

九四

后　汉

建立后汉的汉高祖刘知远，即位后改名为暠，他是沙陀部人，世居太原，家世贫寒。

刘知远小时候，性格内向，沉默寡言，且多病多灾，难养得很。大了之后，长成一副异相，面色紫红，眼睛多白，有凝重之态。他家境贫寒，迫于生计，到一个李姓大户人家当了上门女婿。倒插门后，他为女家牧马，有一天，马践踏了庙田，僧人恼怒，将他绑起来揍了一顿。

上门女婿不好当，身份太低，被人看不起。面对这个战争连绵不断的世界，刘知远为改变自己的前途，走上了当兵吃粮的道路，投在李嗣源的手下。他上阵打仗勇敢，不久就被提升为偏将。李嗣源和梁军举行德胜之战，战斗打得激烈，参战的石敬瑭突然马甲断裂，情况危险异常，刘知远冲了上去，以自己的战马与石敬瑭相换，并断后保护石敬瑭脱离了险境。事后，石敬瑭感激他，把他从李嗣源那里要了过来。

石敬瑭镇守太原，会朝廷发生政变，唐愍帝被迫出亡，在道中与石敬瑭相遇，一起进入屋舍密谈。刘知远为防出事，特派勇士石敢袖藏铁锤相随保护。结果两下闹了起来，刘知远带人闯了进去，将唐愍帝的随从全部杀死，再次救了石敬瑭的性命。

两次相救，刘知远在石敬瑭面前逐渐大红大紫，升为兵马总管——马步军都指挥使。他治军无私,不管士兵、将军一视同仁,治得全军上下一心。唐废帝疑石敬瑭有反心,大军进围太原,他负责守城,把城守得固若金汤。

石敬瑭为摆脱困境,并使自己取得天下,欲争取契丹的支持,刘知远和桑维翰力排异议,表示赞同。然当石敬瑭准备以称子、割地的条件去谈时,刘知远认为这样做过于屈辱,反对说:“称臣可以,以子事父则太过分。厚赂金帛,足以让其出兵,不必答应割让土地,恐日后为中国大患,后悔莫及。”

石敬瑭不听,刘知远只能听之任之。

契丹军帮助石敬瑭粉碎了后唐的围攻,在互相合作的过程中,耶律德光非常看重作战有方的刘知远,在和石敬瑭分手时,他特地关照说:“此将军甚勇猛,没大过切勿相弃。”

后晋政权迁移到开封,建有大功并受到契丹关照的刘知远,和投降契丹的杜重威,同时被任为节度使。刘知远耻于和杜重威一起受命,杜门不出,以此表示他的不满。石敬瑭认为他居功自傲,目中无人,一气之下要剥夺他的军职。幸宰相赵莹说情,另派大学士和凝登府宣喻,刘知远才接受了诏命。

几经迁职,刘知远数年后被任命为太原最高军政长官,接管了这块北方最重要的领土。颇懂人情世故的他,到任后,公务不管,先忙着做了一件事:将当年揍他的僧人召来,好言抚慰。此事虽小,却为他赢得了度量大的美名,获得了当地的人心。

晋出帝子继父位后,景延广把持朝政,以强硬的姿态和契丹交了恶。朝臣畏惧景延广的权势,都噤若寒蝉。身在太原的刘知远,也没向朝廷说半句话,暗中仔细分析了天下的形势,认为契丹的进犯将只是时间问题,由此，他积极扩军备战，以确保河东地区的安全。在他的苦心经营下，河东强冠诸镇，马步兵共达五万人。

事情照着刘知远的预见发生了，契丹终于打进开封，灭了后晋政权。在契丹兵大举南侵的过程中，刘知远没有作出任何军事姿态援助坐以待毙的朝廷。

耶律德光曾答应赵延寿做皇帝，也答应过杜重威做皇帝，可占领开封后，却把二人扔在一边，于开运四年（公元 947 年）二月，在开封为自己举行了加冕仪式，建立大辽，改元大同。

迫于眼下的局势，刘知远派出使者王峻去开封，向耶律德光献贺表。耶律德光见后晋残余势力中最具实力的刘知远来贺，高兴得不可名状，称之为"儿"，格外加恩，赐了他一个象征最高荣誉的木拐。

王峻带着木拐回太原，途中的契丹人见了，纷纷让道。

向耶律德光献贺表，其实只是刘知远的权宜之计，以争取时间，观望形势的发展。观望了一段时间，刘知远看到：契丹不可能在中原长久地呆下去，他们的掠夺政策和残暴行径，激起了中原民众和各路军队的反抗，他们早晚会撤出中原。

于此之际，他的部下多要求他登上皇位，以此号令四方，招集各路诸侯。刘知远没有急于登位，他刻意为自己粉饰道德形象，扬言要出兵救晋出帝，把他接来太原，奉为君主。

在他的集团骨干的挑动下，军士们云集广场，对主帅说："今契丹攻陷京城，虏走了天子，以致天下无主。能主天下者，今唯有我王。宜先正位号，然后再出师也不晚。"说罢，齐呼："万岁！万岁！万万岁！"

内心激动的刘知远，表面装着镇静，让人禁止士兵们这样做，他斥责道："虏势尚强，我军威未振，当先建功立业。你们士兵知道什么？"

士兵劝进无效，将军又紧跟着劝，一劝再劝，郭威等人对刘知远说："今远近之心，不谋而同，此实乃天意。王若不乘此机取之，谦让不居，恐人心离散，到时反受其咎。"

话说得有理，刘知远同意了他们的看法。开运四年（公元947年），刘知远走上了皇位。

凭着政权的支撑，契丹军队任着性子地抢，任着性子地杀，任着性子地胡来，把中原民众逼进了地狱，逼得难以生存下去，逼得他们举起刀枪，打起了一场场自卫反击战，打得契丹政权天无宁日。做了中原皇帝的耶律德光，统治得很吃力，在勉力维持了一段日子后，以避暑为名，留下一个看守政府，带着文武百官及后晋归降人员向老家撤去，走到半路，他因病而亡。

为收拢后晋官民之心，刘知远表示继承的是晋高祖的事业，宣布将开运四年改为天福十二年。他一上台，就明令宣示以契丹为敌。

他下令："各地为契丹搜刮钱财之事，立即停止；晋臣被迫为使者的，不予追问；各地的契丹人，全部处死。"

刘知远的登位，对中原反契丹的浪潮起了推波助澜的作用。

耶律德光刚走，刘知远就开始向中原进军了，他指挥大军，攻伐依附契丹的势力，扫荡割据的诸侯，进展顺利。

看守政府的首领萧翰，面对契丹在中原大势已去的局面，毫无守志，无心恋战，他找来唐明宗的儿子李从益，立为傀儡皇帝，以对抗刘知远政权，自己返归北方。

李从益名为中原之主，其实，中原根本无主。刘知远进抵洛阳，派人前往开封秘密处死了李从益。随后，他带着军队夺取了中原，开进了开封，宣布以开封为东京，改国号为汉（为有别于以前以汉为名的政权，史称后汉）。为稳定新政权，他下令：所有契丹任命的官员，不论大小，一律安于原位，不得变更。

汉高祖仅做了一年的皇帝，就撒手而去。可在这短短一年的统治中，他以严刑治国，任用大批酷吏，草菅人命，成为五代中最严酷的君主。他在临终前，将儿子刘承祐托付给了苏逢吉、史弘肇、杨邠、郭威四个顾命大臣。

汉高祖长于权变，善于应对时事，然不太随波逐流，还知道一点民族自尊。他虽是石敬瑭与契丹定盟的积极赞成者，却反对石敬瑭割地称儿。他虽在耶律德光入主开封时献上贺表，却是虚与委蛇，以观形势的变化。他建立的后汉政权，在一定程度上，代表了中原民众反抗契丹的倾向。不过，他鼓励大臣用严而无当的刑法治国，使他的政权成了五代时最为残酷的政权。

刘承祐登台，是为汉隐帝。

刘承祐启用外戚亲信李业、聂文进、后匡赞、郭允明为新贵，以对付元老重臣的掣肘。新贵与元老斗，四个元老加上一个财政大臣王章内部也起了内讧。

河中李守贞、凤翔王景崇、永兴赵思绾三地联兵谋叛，郭威被拜为西征统帅，率军平定了叛乱。接着，郭威在史弘肇的支持下，前往河北邺都主持对契丹的防务。朝廷的人事矛盾终于大爆发，爆发的结果是汉隐帝派人伏诛了史弘肇、杨邠、王章三人，并密令诛杀郭威等人。

郭威发兵反攻，汉隐帝抵御失败，死于乱兵之中，用刑厉害、征税厉害的后汉到此结束。

九五

后　周

建立后周的周太祖郭威，字文仲，邢州尧山（今河北隆尧）人。他颈上刺有飞雀，人称“郭雀儿”。有人说，他本姓常，随母亲王氏改嫁郭简，才姓郭。

十八岁那年，潞州割据者李继韬招募勇士，郭威应征入伍。

郭威长得人高马大，性格倔强，好斗殴，嗜赌博，喜欢喝酒。有日，他去闹市游玩。当地有一屠户，以壮健蛮横出名，人见人怕。带着几分酒气的郭威走近肉庄，让屠户割肉，割得不如意，便叱骂。屠户知道郭威比他还蛮横，起初忍着，终于忍无可忍，拉开衣服指着腹部说：“你有勇，敢刺我吗？”郭威二话没说，一刀捅了进去。闹出了人命案，他被抓进了监狱，李继韬爱他的勇力和胆气，给放了。

李继韬为唐庄宗所灭，郭威被收进唐军。经过几年的折腾，他渐渐了解了社会，懂得了光凭蛮力是难以成事的，由此对文化产生了兴趣，闲时拿着军中的簿书翻阅。他人聪明，肚中有了些东西，对事情的看法便深刻起来，受到周围人的看好。他人缘不错，按照当时军中盛行的习俗，他和李琼等十人结为兄弟，刺臂出血盟誓说：“凡我十人，龙蛇混合，他日富贵，毋相忘！”

李琼精通奇书《阃外春秋》，说：“以正守国，以奇用兵，较存亡治乱，记贤愚成败，均在此书之中。”

郭威拜李琼为师，阅习此书，并将书藏在袖中，得空便读。

几度世事变化，郭威转到了刘知远的手下。刘知远看重他，让他当了亲军的高级军官，走到哪带到哪。

吐谷浑部驻在太原，其战斗力强，且富有财货。刘知远恐其日后生患，欲把他们赶走。郭威献计说：不如给其首领白承福安上个罪名诛死，这样可以一举两得，既可消灭这股反复不定的势力，又能取其财货作为军需。刘知远照着办了，他的军队有了丰厚的经济实力。

在刘知远走向皇帝的过程中，郭威多次提供行之有效的良策，成了半个军师。

后汉开国，郭威担任了枢密副使。新老君主交替之际，他受托成了顾命大臣。汉隐帝登位，他升为枢密使，掌管了兵权。

河中李守贞、凤翔王景崇、永兴赵思绾三地联兵谋叛，朝廷震动，派了几个大将前去平叛，都无进展。郭威临危受命，被拜为西征统帅，全权节制各军。他率军开赴前线后，以儒将的风采，交文人，抚士卒，亲冒矢石，冲锋在前，与军队同甘苦，赢得了军心。他攻城和攻心双管齐下，没有多久，就把三地一一平定，凯旋回朝。

平定三地叛乱是使朝廷转危为安的大事，做成了大事的郭威成了朝野瞩目的大功臣。这个大功臣，在接受了最高的荣耀后，又被赋予一个新的使命：前往河北邺都主持对契丹的防务。

使命是重大的，具有非常的战略意义，它关系到后汉是否能阻遏契丹侵扰的大问题。郭威被委此重任，说明了朝廷对他的倚重。可他临行前，顾命大臣内部却对他能否带枢密使衔去上任，发生了严重的争论。在这背后，又隐藏着汉隐帝及其近臣对顾命大臣的不满情绪。

最终，郭威是带着枢密使的头衔走的，可他走得不踏实，走前对君主关照说："苏逢吉、杨邠、史弘肇都是先帝旧臣，尽忠报国，愿陛下推心相任，必无败失。至于疆埸之事，臣必竭忠报效，不负陛下驱使。"

到达邺都，针对契丹的骚扰，他采取了加强守备，坚壁清野的对策。

郭威在邺都凳子还未坐热，朝廷就发生了剧变：汉隐帝以议事为名，诱杀了杨邠、史弘肇、王章三个元老重臣，并诛灭了郭威在京的所有家属，同时令李太后之弟李洪义等人前往邺都杀郭威及其相关者。

李洪义审量朝廷势力分野，不敢与郭威为敌，把消息透露给了郭威。听到噩耗的郭威，没有慌乱，用以退为进的办法，收拢将官之心，留养子郭荣守邺都，自领大军以诛奸臣为名，杀向开封。

他派人向全军许愿："若克京城，任你们剽掠十日！"

朝廷军不是对手，汉隐帝战败被乱兵所杀。

进入开封的郭威，表现出老练的政治家素质：止住了军队的剽掠，以安定京城秩序；把李太后推到前台当旗帜，以缓和人心；假选宗室刘赟继位，以为政治过渡；自己充当监国，以在幕后操纵；除首恶者之外，宽大政敌，以笼络人心。

着着上乘，步步到位，郭威迅速控制了政局。

等到时机成熟后，他"奉"太后命，把部队拉出去，说是北上打契丹。部队进至澶州，几千将士忽然大哗，要求郭威即天子位，连声高叫"万岁"，有人扯了黄旗当黄袍，硬披在"拒绝不从"的郭威身上。众意难违，郭威"被迫"认可。

大军返回开封，乾祐三年（公元950年）正月，郭威登上了皇位，建国号周（为有别于以前以周为名的政权，史称后周），定都开封，建元广顺。于此之前，他让人杀了前来京师还在半路的刘赟。

作为武夫却有一定文化的周太祖，在立国后，表现出与前朝历代君主截然不同的面貌，在对契丹进行防御的同时，将着眼点放在内政的改革上，他革除弊端，提倡节俭，减轻税收，惩治贪官，罢废族诛，争取民心，创造条件恢复生产。

做了皇帝的周太祖，经历了与生俱来的乱世，亲眼目睹了人间惨状，决心做个有道明君，救民众于水火之中。他宣布废除许多苛捐杂税、严刑酷法，各地方政府停止进贡美食、珍品以及特产。他生活俭朴，衣食住行务求简单，身体力行杜绝前朝以来的腐败风气。他说："朕起于微寒，备尝艰苦，时遭丧乱，一旦为帝王，岂敢厚自奉养以病天下！"

他留心治国之道，决意改变长久以来军人政府的丑陋形象，极力罗致有安邦定国韬略的魏仁浦、王溥、范质、李谷等文士为官。他诚恳地说："朕生长军旅，不懂学问，未知治天下之道，文武官有益国利民之术，各自上书论说，宜直书其事，切勿玩弄词藻。"

治国有道，天下清明之气初见端倪。

龙廷坐了整四年，周太祖病故了。留下的遗言是：务必薄葬，不要强征民力，不要伤人性命，不要陪葬宫人，不要石马石人，只需立一石碑，上面镌刻这样一行字："大周天子临晏驾，与嗣帝约，缘平生好俭素，只令著瓦棺、纸衣葬。"

显德元年（公元954年），郭威养子郭荣继位（周世宗）。

郭荣，原名柴荣，百年后人又称柴世宗，邢州龙岗（今河北邢台西南）人。父亲柴守礼，处于社会的底层。年轻的柴荣前去依靠嫁给郭威的姑妈生活。他相貌堂堂，为人恭谨厚道，言语不多，办事踏实，深得郭威喜欢，被收为养子。当时的郭威还未发达，家境也不怎么样，柴荣便为养父做些生意，去江陵贩运茶叶等货物。他一边做生意，一边习文练武，从而精通了骑马、射箭等武艺，读了大量的史书及黄老著作。

后汉建立后，养父成了政权的核心人物，他离开了商界，被任为左监门卫大将军。养父在邺都起兵杀向开封，他受命留守邺都，主持根据地的事务。养父做了大周皇帝，他被授予一连串显贵的职务。养父因儿子全被汉隐帝所杀，他又成了惟一的继承人，加封晋王。

周世宗在被百官迎向宝座后，私下立了个愿，希望上天给他三十年时间："寡人当以十年开拓天下，十年养百姓，十年致太平！"

新皇帝一上来，就呈现一股新气象，他实打实地开出了一个历史新局面。

后汉亡后，留下一支以刘崇为首的势力，在太原建立了北汉政权。刘崇对后周极为仇视，在周世宗上台后不久，就效法石敬瑭，联合契丹共同向后周杀来。周世宗排斥了议和的意见，亲自率领军队前去迎战。

两军相遇，爆发了高平（今属山西）之战。敌方兵强马壮，来势汹汹，大有一口吞灭周军的气势。周军人少，看上去单薄得很。刘崇逞强，说是凭着自己的军队就能取胜，要契丹兵在一旁观看。周世宗披挂上阵，亲自督战。战斗开始了，北汉军发动强大的攻势，冲垮了周军的右翼。形势万分危险，周世宗鼓舞士气，亲自带领亲兵冲上去，在赵匡胤、张永德等将领的死战下，终于堵住了缺口，在后到的援军的配合下，乘势组织了反攻，打得敌军全面崩溃，打得刘崇抱头鼠窜而去。高平之战的胜利，确立了后周在天下的军事地位。

事后，周世宗根据军队在战争中暴露的缺陷，及诸侯尾大不掉的事实，对军队进行了大幅度的改革。他下令藩镇将最有战斗力的兵士送往中央，在此基础上，他淘汰老弱，组织建设了具有绝对优势的禁军，初步实现了中央对地方的有效控制。他对将帅臣僚恩威并用，有话说在当面，该赏的赏,该罚的罚,使自己建立了崇高的威信,也改变了骄兵悍将难制的局面。

与此同时,周世宗继承了周太祖的政治、经济改革,开始向纵深发展。

他努力树立好天子、好政府、好官员的形象:自己带头过俭朴生活,拒绝下面向他进献珍宝器玩及美食佳肴;破格选拔有识之士,构建有办事效率的政府班子;整顿科举,保证真正有用之才的进身之途;修订《大周刑统》,杜绝滥刑苛法;澄清吏治,对贪赃枉法的官员,毫不留情地坚决打击。主管税收的大将军孟汉卿,在正税之外,向民多收耗余,事发之后,被处以极刑。

他让官员每人做一篇文章,题目叫做:《为君难为臣不易论》。

他知道,他的国家要强大,最基本的一点,是靠民众,靠他们发展生产,增加国家的财富。由此,他从各个方面着手,调整民众的生存环境,改善他们的生产条件:降低税收,革除不合理的款项;颁布《均田图》,力求耕者有其田;招集流民,解决劳动力的不足;兴修水利,认真治理黄河、汴河;消熔铜佛像铸钱币,促进商业流通。

走一步见一效,步步有章法的周世宗,没出几年,把国家弄得富强了起来。

国力强了,那就好办事。周世宗凭着逐渐增长的国力,开始按他的宏伟蓝图进发:南征北战,统一中华大地。

他的第一步战略,把兵锋指向西边。

西边的秦(今甘肃天水)、凤(今陕西凤县东)、成(甘肃成县)、阶(今甘肃武都)四州,原大部分地属中原政权,契丹入侵中原,四地归附了后蜀。当地民众不堪后蜀的重敛猛赋,要求回归中原的呼声日高。周世宗借着这股东风,派出大军前去收复。仅半年时间,四地的城墙上就插满了后周的旗帜。

他的第二步战略，把军队开向南方。

到南方是打南唐，南唐是大国，实力强不好打，战争打得艰苦，打了二年零五个月之久，周世宗前后亲征了三次。第一次亲征，经周军顽强作战，拿下了不少地方，但得而复失，功亏一篑。第二次亲征，周军水陆并进，取得了寿州等地，又因季节问题，撤军北还。第三次亲征，周军一鼓作气，征服了江北十州，并将几百艘战船开进了长江，准备渡江。

身在金陵的南唐主李璟见势不妙，为保住他的"半壁江山"，派能说会道的大臣钟谟、李德明前来求和。

周世宗未等使者转动三寸不烂之舌，先正气凛然地说道："你们欲以巧言说寡人罢兵，是将寡人比六朝时一群痴汉，如何这等不知人？你们不用开口，速回去告知你们主人，令他即来跪拜寡人，事情可以好说。不然的话，寡人须看看金陵城，借府库犒军，到时你们不要后悔！"

李璟无法以口舌求和，只能割地求和，将另外四州一起献给了周世宗。

周世宗三次亲征，共得南唐十四州：光（今河南潢川）、寿（今安徽寿县）、庐（今安徽合肥）、舒（今安徽潜山）、蕲（今湖北蕲春）、黄（今湖北黄冈）、滁（今安徽滁县）、和（今安徽和县）、濠（今安徽凤阳东）、泗（今江苏盱眙对岸）、楚（今江苏淮安）、扬（今属江苏）、泰（今属江苏）、通（今江苏南通）。

他的第三步战略，把战车引向北地。

北地是契丹，周世宗还是亲征。北伐很顺利，仅四十多天，就轻而易举地从契丹手中取得了瓦桥（今河北雄县）、益津（今河北霸县）、淤口（今河北霸县东信安镇）三关，及宁（今河北青县）、莫（今河北任丘北）、瀛（今河北河间)三州等地。

旌旗招展,他还想直取幽州,可他病了,只得撤军南下。

回到开封,周世宗就病逝了,年仅三十九岁。

周世宗是五代中最有作为的政治家。他长期闯荡社会,深知民间疾苦,深知时代潮流的趋势。在登位后,他顺应时代潮流,继承周太祖的衣钵,改革政治,改革经济,改革军事,将改革推向后周的全部领土。靠着改革,他提高了后周的国力,又凭着上升的国力,不辞鞍马劳顿,亲自统帅大军南征北战,取得了空前的军事成就,揭开了结束分裂、统一天下的序幕。

接位的是他的第四子郭宗训(周恭帝),这是个仅七岁的黄口孺子,根本无力掌管天下。

显德七年(公元960年)正月,禁军首领赵匡胤在陈桥兵变中被黄袍加身,迫使周恭帝禅位,后周遂亡。

九六

吴

奠定吴国基础的杨行密，原名行愍，字化源，庐州合肥（今安徽合肥）人。

杨行密自小为孤儿，家里穷得叮当响。他生得高大有力，可轻易举起百斤，且能日行三百里。到了唐乾符年间，江淮地区民不聊生，群盗竞起，生活没着落的杨行密，投身做了强盗。做强盗总有失手的时候，有次被官府逮着，按理要受到严惩，可刺史郑棨看他相貌壮伟，暗中称奇，竟把他给放了。

州里募兵，没路可走的杨行密前去应募，被编进本地的部队。他身材大、力气大，尤其是胆子大，在本军和秦宗权部的战争中，每有俘获，从而被提为队长。后被派去朔方（今宁夏灵武西南）戍边。去了一年回来后，没过多少时间，他的上级讨厌他，又要他再去。他发怒了，砍下上级的头颅，纠集了一百多号勇而无行者，闹起兵变，自称“八营都知兵马使”。刺史郎幼复吓得弃城而走，他乘机接管了部队，占据了城池。朝廷迫于事实，授之为庐州刺史。

庐州地处淮南，而淮南的中心在扬州。当时扬州在唐末名将高骈的控制下，可这个名将随着时过境迁，逐渐昏庸起来，信妖迷怪，把政治搞得一塌糊涂。其部将毕师铎受到排挤，在高邮起兵，联合宣州割据者秦彦攻克扬州，囚禁了高骈。城破之前，高骈向杨行密求救。

杨行密率部驰救，和城内的联军展开了激烈的攻守战。他用计诱敌出战，以伏兵杀得敌军大败，挫了对方的元气。毕师铎单骑逃脱，回城杀了高骈。杨行密命全军缟素向城大哭三日，激起哀兵之气，随之下达攻城令，集中兵力猛攻西门，打进了城。毕师铎和秦彦亡命而去。

城内一片惨景，居民无食已久，互相杀人充饥。更令人震颤的是，夫牵妻，父牵子，卖给屠夫，屠夫将买下之人如猪羊般切割成块，挂在架上出售。杨行密用军粮救济居民，然杯水车薪无济于事，只能勉力支撑。

为求得外援，他向中原的朱温送去了归附表。朱温时已向唐廷讨得淮南节度使的头衔，他明里同意和杨行密结盟，暗中却派出军队送大将前去接管扬州。杨行密看出端倪，明确地表示了抗命不从的立场。朱温一时难以顾及，只得承认了杨行密在淮南的地位。

城中严重缺粮，外面的靠山又找不到，杨行密失去了守志，想退出城别求发展。然而还未等他作出决断，秦宗权部将孙儒杀了来投的毕师铎和秦彦，兼并了他们的残部，声势浩大地进抵扬州，将城围了起来。城外尽为孙儒所占，扬州成了座孤城，一座内外交困的孤城。杨行密无论怎样努力，都无法守住这座城池。他打开一条出路，返回了根据地——庐州。

他依据庐州重新调整战略部署，首先攻克宣州（今安徽宣城），扩大了领地。此后，在短短几年中，势如破竹地连续取得了苏、常、润、滁、和、楚等州，把势力伸向了今江苏、浙江、江西、湖北等地。

孙儒在扬州也守不下去，加上他不愿看着杨行密坐大，于是放火烧城，将老弱病残居民杀了作军粮，驱众渡江，号称五十万大军，杀奔宣州。

势力对比悬殊，几场战斗打下来，杨行密的将领连连吃败仗。他悲观得很，想放弃宣州。幕僚戴友规反对说："孙儒气锐兵多，其锋虽不可挡但可以挫,其众不可敌但可以疲。若避而出走,势必将被其所擒!”

将军刘威同意这看法,并提出具体的战术说:“背靠城池,树立营栅,可以不战而疲敌军。”

杨行密采纳了他们的主张,坚守不出。

孙儒被阻隔在栏栅前,不能前进半步。时间稍久,军中发生了瘟疫,部队迅速减员,孙儒本人也病得起不来。杨行密趁机发动攻势,大破敌军,生擒孙儒,将他斩首示众。消灭了孙儒,杨行密大踏步地进入了扬州。

以胜利者姿态重回扬州的杨行密,着手做了两方面的事:针对人烟几乎断绝的淮南,他实行与民休息的政策,招集流民,发展生产;改编孙儒遗部,选出精将劲卒,建立亲军,衣以黑甲,号为“黑云都”。

宽民整军,杨行密扬起了独树一帜的霸旗。攻城略地,从淮河以南,至长江以东,全都归入杨行密的版图。

仗一仗接一仗地打,和后梁打,和吴越打,和诸侯打,和叛将打,地理边界线有伸有缩,可淮南始终是杨行密的天下。

谁有实力和地盘,朝廷就承认谁。唐昭宗连着下诏:授杨行密为淮南节度使,爵封吴王。

见杨行密在淮南割地称王,一直未放弃对淮南的企图的朱温,在中原形势稍稍稳定后,立即征调大军前来争夺。他命令:大将葛从周领一军屯兵安丰(今安徽寿县南),待机进攻寿州(今安徽寿县);大将庞师古领一军驻扎清口(今江苏淮阴西),目标对准扬州;自率主力在后左右接应。

面对以泰山压顶之势而来的敌军,力量相对薄弱的杨行密,采取了集中优势兵力各个击破的策略。他先打清口之役:利用多水的地理条件,掘开大渠,水淹庞师古军,相机以少击多,阵斩庞师古,取得大捷。然后,乘势追击闻讯已经撤退的葛从周部,又获得大胜。梁军全线失利,退回了中原。

在对外战争的同时,杨行密着手整顿内部政治关系。当初,他在庐州起兵时,结交了一大批草莽豪杰,其中有田頵、安仁义、朱延寿、刘威、陶雅、徐温、刘金等人,号称“三十六英雄”。在多年的军事生涯中,他们为他立下了赫赫战功。随着事业的做大,他认为田頵、安仁义、朱延寿三人猛悍难制,决意将他们除去。田頵、安仁义二人见势不妙,树起反旗,但一一遭到了镇压。他又装作眼睛失明,假意要托大事给朱延寿,将他骗来给刺杀了。

派将下了鄂州(今湖北武昌),看着割据者杜洪被押来扬州斩首后,杨行密病了,没出几月,把他毕生挣来的江山留给了后人。

杨行密在那个官逼民反的时代中,凭着胆量和力气,把脑袋掖在裤腰上反了,反成了英雄,反成了割据者。他没文化,斗大的字不识,却有出众的号召力、高度的组织力、精干的审察力,以此吸引了济济人才,成了大事。他占有淮南后,采取了宽松的惠民政策,使久经战争创伤的民众得到了一定的恢复,为淮南经济的复苏提供了一些前提条件。

天祐二年(公元 905 年),杨行密长子杨渥在权臣张颢、徐温的支持下,继承了亡父之位。

杨渥为与权臣抗衡,自建心腹班子。张颢、徐温杀死杨渥的心腹成员,控制了大权,使杨渥成为傀儡君主。

天祐五年(公元 908 年),张颢、徐温二人再杀杨渥,约分吴地向梁臣服。

可杨渥死后,张颢反约准备自立,徐温杀张颢,立杨行密次子杨隆演为主,自秉政纲。徐温以保境安民为方针,着力稳定社会秩序。他自己驻节金陵(今江苏南京),让儿子徐知训在扬州主持日常政务。徐知训为政残暴，被大将朱瑾所杀，驻节润州（今江苏镇江）的徐温养子徐知诰过江平叛，旋代徐知训秉政。

天祐十六年（公元919年），徐温使杨隆演称吴国王，改元武义。

武义二年（公元920年），杨隆演卒，徐温扶杨行密第四子杨溥登位。顺义七年（公元927年），杨溥称帝（睿帝），国号吴，定都扬州，改元乾贞。

按道理说，杨溥是个开国皇帝，可这个开国皇帝却成了末代皇帝，在徐温死后成为头号权臣的徐知诰，于天祚三年（公元937年）将他连同吴国一起给废了。

九七

南　唐

徐知诰在废吴后，改名李昪，同年登上帝位（烈祖），以大唐为国号（为有别于唐、后唐，史称南唐），定都金陵（今江苏南京），改元升元。

李昪，一度名徐知诰，小名彭奴，字正伦，徐州（今属江苏）人。相传他父亲姓潘，名荣，是个虔诚的佛教徒。

李昪六岁时父亲亡故，成了孤儿，因当地遭兵乱，伯父将他母子带往淮南一带。不久母亲又亡，他进入佛寺谋生。杨行密派军援救山东王师范，途中，部将徐温与他相遇，见他聪颖机警，招人喜爱，收下作为养子，取名徐知诰。

杨行密过世后，经过一连串事件的变化，徐温诛灭了谋杀新主的权臣张颢，掌握了朝政，先为杨渥建立了吴国，后又为杨溥筹划黄袍加身，成了杨家朝廷独断大权的主宰者。他自己驻节润州（今江苏镇江），遥控指挥；让长子徐知训呆在扬州，管理政务，控制傀儡君主。

随着养父在吴国权势的增长，徐知诰长大成人了。他相貌不错，为人温厚，内中却深藏着机谋。本身的条件，加上养父的栽培，在他的面前，展现了一条宽阔的仕途。在当了一段时间的水军军官后，他被授为升州（今江苏南京）刺史。

当时的地方政府，全都被武人所把持，他们毫不顾及民众疾苦，大肆强征暴敛，作为军需。徐知诰到任后，一反常规，他广交儒士，以勤俭为修身准则，以宽仁为治政方针。

升州居民受苦已久，稍得惠政，即把徐知诰称赞起来。

驻在润州的徐温，听到养子得民赞誉，便赶来看了。一看，他看呆了：仓库充实，城墙修得整齐，市容生气盎然。看到如此令人醉心的景象，没多久他就作出了对调的决定：将升州升格为金陵府，自己亲自驻镇；调徐知诰去润州。

徐知诰不愿去润州，提出想去宣州，提了几次，养父都没答应，心里甚是怏怏不快。

他的心腹儒士宋齐丘却认为还是去润州的好，开导他说："徐知训傲慢自大，难以担当重任，不久就会出事。宣州离扬州远，无法相应。润州仅一水之隔，有急情便能相机立功，切勿推辞！"

听到这番分析，徐知诰释然了，领命去了润州。

事情果然如宋齐丘的预料，没出多少时间，徐知训因上对君主任意欺凌侮辱，下对文武百官不当一回事，终于被骁悍的大将朱瑾所杀。扬州大乱，火光冲天。徐知诰隔岸观见火光，立即引军渡江，进入扬州，镇压了朱瑾及其党羽。

徐温闻徐知训出事，立马从金陵赶来，见徐知诰已平定了事变，转怒为喜地对他说："幸亏你在润州，不然的话，我家大事将去了。你是兄弟中有大功者！"

当天，徐温命徐知诰接替徐知训的职事。

徐知诰执政后，一改徐知训的做法，和气待人，广施恩信，消除苛刑，把朝廷中原来紧张的气氛变得祥和宽松。对朝臣是这样，对民众他也施予仁政，减轻税收，鼓励生产，禁止买卖奴婢。此外，百姓家有婚丧红白之事，或发生严重经济困难，都能得到他的接济。

抚下有方，徐知诰收到了人心。

他善待文人，重用文人。凡是流落于吴国的文人，不管身世、才干怎样，均可谋得一定的职位。宋齐丘、骆知祥、王令谋等足智多谋者，被他不拘一格地提拔上来，组成了动无遗策的智囊团。

得士之力，徐知诰把握了时势的火候。

一切都做得有分有寸，一切都合乎人情，徐知诰不但在朝廷中站稳了脚跟，且取得了很大的政治发展。他执掌吴国行政大权将近二十年，起先的十年，虽然徐温在世，但大多数的人心已经向着他。

徐温在金陵病逝，徐知诰当即采取行动，阻止徐温的亲生儿子徐知询继承权位，把金陵收在自己的手中。同时，他完成了徐温的未竟之事——给吴主杨溥加了天子冕。加冕大典结束后，他按着徐温的规矩，自己前往金陵，留下儿子徐景通在扬州执政。

他一连走了三个大步骤，通过这三个步骤，他彻底接管了徐温的所有权力。从表面看，吴国的政柄依然是在徐氏的控制之下，实际上却李代桃僵，完完全全转入到他父子的体系之中。

徐知诰不像养父甘甘心心地当权臣，他有了气象后，觉得朝廷上的傀儡皇帝实在是多余的摆设，于是生出了取而代之的念头。这个念头不好明说，有天，他照着镜子，手指头上的白发，拐着弯儿对亲信周宗说："功业已成，然我却老了，奈何？"

机巧的周宗立即明白了主人的意思，于是到处活动，对本集团的骨干们进行游说。除宋齐丘一人外，骨干们巴不得主人早些登上皇帝位，好一起沾恩叨光，从而组织了一场场各具形式的劝进活动。内部的人劝，带动满朝文武层层劝；外部闽、越等国也派人来劝，劝得徐知诰终于"答应"了他们的请求。

天祚三年(公元937年)十月,杨溥知趣禅位,徐知诰接过了皇冠,建国号为“齐”,改元升元。齐国建立不久,贵为天子的徐知诰认为,依然姓徐,已不太合适。他下诏宣布:他原本是李唐皇室的后裔,从今起,“复”姓为“李”,改名昪,易国号为“唐”。因地处南方,史称南唐。

于此前后,江南盛行着一句童谣,叫做“东海鲤鱼飞上天”。李昪取了杨家的天下后,善解童谣者解释说:东海是徐氏的爵封之名(东海王),鲤鱼指的就是李昪,他的登位早有征兆。

做了皇帝,有点自知之明的李昪懂得,自己这个皇帝远不能和中原的皇帝比,实力不能比,号召力也不能比。依据国况实情,他为国家制定了一个对外总方针:守境保民,尽量与各国通好。在登位之前,长期的敌国吴越发生大火,宫室、仓库、武器装备遭到严重损失。群臣一致要求,趁此天赐良机,发动进攻。他不同意,不但不采取军事行动,反而派出使者前去慰问,并送去了大量的物品。两国化干戈为玉帛,世世代代友好起来。

皇位坐了五年,李昪告别了人世,庙号烈祖。

李昪和其他立国者不同,他的天下不是马上得来的,而是以权臣身份,通过政治手腕取得的。他绝非军事家,除了从润州进入扬州平定事变外,几乎没指挥过任何战争。他是个道道地地的政治家,深知人心、民心的作用,懂得量力而行的道理,厌恶穷兵黩武,推行保境安民的政策,对大乱已久的江淮地区恢复生机作出了一定的贡献。

升元七年(公元943年),李昪长子李璟(元宗)继位,次年改元保大。

李璟重用冯延巳、冯延鲁、陈觉、魏岑、查文徽五人,他们专权乱政,人称“五鬼”。

李璟好歌咏,在朝廷倡导了填词作诗的风气。他非尚武之人,但趁着邻国内乱，保大二年（公元944年）出兵攻闽，然归于失败。次年，再度出兵，灭了闽。保大五年，福建旧将留从效以“礼”送走了南唐军队。保大九年（公元951年）发军灭楚，取得湖南之地，然次年即被湖南旧将刘言夺去。

在两度虚假胜利后，南唐受到后周的严厉打击，交泰元年（公元958年），江北十四州尽归后周所有。李璟奉表乞和，去掉帝号和年号，改称唐国主，行用后周年号。北宋建隆二年（公元961年），迁都南昌。

这年，李璟病亡，次子李煜（后主）在金陵接位。

极有文人习气的李煜当了君主，不改文人的禀性习气，对政治提不起什么劲。他设盛宴，赏乐舞，亲美色，作高谈，逛寺庙，做佛事，整天整月地玩，没对国事作任何建设性的补救。

李煜这样玩，除了文人的轻薄外，大宋咄咄逼人的统一之势，更是主要的原因。他一上台，就马上向宋朝贡，以示亲善之意。然后，派出弟弟李从善朝觐宋太祖，谁知被扣住不放，他亲笔写信要求放还，还是被拒绝。为防宋朝寻找进攻的借口，他主动降低了政府各级机构的级别，进一步表示臣服。

作为一国之主，面对朝不保夕的局势，李煜是痛苦的，他不忍看，不愿想，索性变本加厉，用色、用词麻醉自己，以醉来漠视人间事。这个杰出的词人、昏庸的君主，苟且偷安，在文学中撞钟度日。

北宋开宝七年（公元974年），宋太祖召李煜前去开封，李煜以病为由加以拒绝。

次年，宋军进围金陵，城破，李煜被俘，南唐灭亡。

九八

前　蜀

创立前蜀的王建，字光图，许州舞阳(今河南舞阳)人，出生于贫穷家庭。

王建屠牛、盗驴、贩私盐，年纪不大，在所居之地就得到了无赖的名声，因在家排行第八，人起绰号“贼王八”。“贼王八”名声不好听，人却剽悍得很，且有着不错的相貌。违俗违禁的事做得有段日子后，他见兵匪本是一家，为取得保险，应募参加了忠武军。秦宗权以重赏招收勇士，他改换门庭，去那里补上了一名低级军官。

时黄巢起义闹得厉害，攻陷了长安，唐僖宗逃进川蜀。秦宗权以监军杨复光为帅、军官鹿晏弘为将，率部前去长安勤王，王建相随而去。事后，杨复光把部队分为八都，一都千人，王建被任为都头。杨复光死后，鹿晏弘成了带头人，王建与他不合，和晋晖、韩建、张造、李师泰四都头各率所部，到蜀中直接投靠了唐僖宗。

几成空头天子的唐僖宗大喜，赐号为“随驾五都”，令他们直属于最高军事长官——十军观军容使田令孜。田令孜是巨阉、权阉，控制着这个没落的朝廷，他看中了王建等五人，把他们收为养子。

尽管随的是落难天子，王建这一步毕竟跨得大，大得与从前不可同日而语。在最高政治象征的身边，他的见识多了，眼界开阔了。

长安收复，唐僖宗返回首都，王建成了禁军——神策军——主要将领，担负起保卫君主的重任，并遥领刺史之职。

然而，唐僖宗回到长安没几年，田令孜和河中节度使王重荣争盐利，结果争得动起了兵戈。王重荣联合晋兵攻向长安，唐僖宗只得再度逃亡，逃往兴元（今陕西汉中）。王建被授为清道使，护着玉玺，护着君主。途中，大火烧得栈道浓烟滚滚，几欲断裂，他用身体遮挡着君主的乘骑，硬是闯了过去。唐僖宗累得睡着了，他以膝当枕，看着君主。唐僖宗醒来，感动得热泪直下，脱下御衣赐给了他。

到了目的地，田令孜为逃避使天子流亡的罪责，自己提出去弟弟西川节度使陈敬瑄那里当监军。太监杨复恭接替了军容使之职，为清除田令孜的势力，他把王建等人赶出去当刺史。

王建的任地是在川蜀的壁州（今四川通江），此地汉蛮杂居，其中有个溪洞部落挺能打仗，他收编这些地方势力，组成八千人的军队，拉出了自己的独立武装。他把这支混合军队开出去，拿下了附近的两个州。

川蜀分为两大部分，一部分是东川，由顾彦朗把持着；一部分是西川，由陈敬瑄控制着。王建要图发展，就必须和他们发生接触。他和顾彦朗早年在长安会战中认识，有交情。顾彦朗了解王建的军事才干，送钱送物，关系搞得不错。好朋友不能侵犯，王建只得别找出路。

陈敬瑄忧虑这股新崛起的军事势力，和田令孜商量对策。

田令孜说："王八是我的儿子，别无肚肠，在山南之地作贼，实是进退无路。我只要一封书去，便能让他归附你的麾下。"

收到养父的来信，苦闷的王建顿时高兴起来，派人对顾彦朗说："监军阿父来信相招，我欲去成都看阿父。此能依陈敬瑄，得一大郡，甚称我心。"

他把家属托付给顾彦朗，选了精兵三千，向成都进发。

王建将近成都，有人对陈敬瑄说："王建，乃是今日的猛贼，专门谋取他人的土地，一旦到达，公将怎样对待？他有雄心，终究不甘久居人下，若以将校相待，是养虎自贻后患！"

陈敬瑄立即传书王建，让他退回去。

长途跋涉而来的王建如何肯退，他恼了，挥军攻克了汉州（今四川广汉），随之发兵直叩成都。成都城高墙厚，加上里面已有了准备，一时攻不进。他请求顾彦朗支援，大量东川军进抵成都城下。激战三日，依然只能望城兴叹。他果断地下令撤退，以汉州为根据地，向四处经营。

王建越战越强，军队如滚雪球般地壮大起来，他再次兵临成都。此时，顾彦朗担心王建下了成都，可能回头对付自己，上表要求朝廷派大员来担任西川节度使，使双方罢兵。宰相韦昭度衔命而来，可陈敬瑄拒绝移交。韦昭度组织顾彦朗、王建等部进行会攻，然还是久攻不下。王建"请"韦昭度回长安，韦昭度犹豫不决，王建唆使部下将他的亲信杀死吃了，吓得韦昭度交出了节度使的印信，狼狈离去。

得了节度使的印信，王建理直气壮地在西川攻城略地，打得四方都响应他。然后，他挟势来攻成都。成都已成了孤城，经田令孜调解，走投无路的陈敬瑄开门出降。王建入主成都，先派人将移至他地的陈敬瑄刺死，后又借故把田令孜打入大狱活活饿死。

得了西川，王建对着东川的地图沉思起来。

顾彦朗于己有恩，且有联姻之亲，借口难寻。适巧，顾彦朗突然病逝，由其弟顾彦晖继任权位。王建急切不能下手，以各种形式开始挑衅。以凤翔（今陕西凤翔）为中心的山南割据者李茂贞，和顾彦晖缔结盟约，共同抵抗王建。王建得到口实，向东川发动了进攻。顾彦晖靠着盟军的支援，遏制了西川军的势头。

几年过去了，李茂贞和顾彦晖发生了矛盾，派军向东川压来。顾彦晖病急乱投医，转而向王建求救。王建乘机出兵，在大败山南军后，顺手牵羊，端了东川的老巢——梓州（今四川三台），俘虏了顾彦晖。

王建兼有东川，成了名副其实的蜀王。

为了争夺唐昭宗，朱温兵围凤翔，把李茂贞困在了里面，一困就是一年多。此时，王建耍开了政治手腕，一方面和朱温通好，指责李茂贞；一方面又叫李茂贞坚守不降，他会出兵相助。实际上，他却乘着李茂贞难以外顾的窘境，把山南诸州拿去了大半。朱温撤围后，李茂贞力量大削，王建再接再厉，又打下了其他一些州，仅留给李茂贞一座凤翔城，说是为他做盾牌，以挡住梁军。

军势旺炽，王建又乘荆南之乱，攻下了四州。

朱温在开封建立后梁，遣使者照会王建。王建拒绝承认，发檄号召诸侯联合讨伐这个篡逆者。

天复七年（公元 907 年），王建按着三国刘备的故事，登上了皇帝位，建国号蜀（为有别于蜀汉及后蜀，史称前蜀），定都成都，次年改元武成。后一度改国号为汉。

做了皇帝的王建，有些刘备的样子，在境内劝课农桑，改善生产条件，以此来富民强国。他约束官员，约束军纪，约束宗族，在本境内建立了较好的社会秩序；闭关息民，注重农业生产，使当地经济有了明显的好转，仓库充盈；实行严格的官吏奖惩制度，让他们尽心为君、为国、为民效劳；选拔人才，提高政府官员的质量；优厚韦庄、张格、毛文锡等文士，保存和发扬唐文化，尤其是词，出现了不少好作品。他对于天下大局，打出了反后梁的旗号，但又策略地把李茂贞的政权保留下来，作为一道隔绝后梁进兵的屏障。

到了晚年,王建贪享受,好女色,重宦官,特别在立嗣问题上反复不定,逼得太子王宗懿起兵自卫,继而失败被杀。

蜀帝做了十一年,王建与世长辞,春秋七十二,庙号高祖。

王建有杰出的军事才干和炉火纯青的政治手腕,以此双管齐下,先后取得了两川及山南、荆南等地,学着刘备和曹丕分庭抗礼的榜样,在成都走上皇位,和中原的朱温对着干。然而,他是叫得多而做得少,不过是借此来增加政治号召力。他称帝后,确实做出一些政绩,但晚年却昏昧得很,弄出了一大堆问题。

光天元年(公元918年),王建的第十一子王衍继位(后主)。

这是个纨绔子弟式的君主,无视父亲的遗训,喜声色犬马,喜斗鸡打球,喜华丽建筑,喜宫闱词歌,委政于宦官,和狎客胡混,学神仙游。

咸康元年(公元925年),后唐大军入川,蜀军全线失败,王衍自缚出降,前蜀亡。

九九

后　蜀

创立后蜀的孟知祥，字保胤，邢州龙冈（今河北邢台西南）人。祖父孟察、父亲孟道，相承为地方军队军官。伯父孟方立、叔父孟迁，均官至节度使。时代动荡不安，他们投靠的门庭多变，但总的说来，和河东李克用的关系最深。

有这样的家庭背景，加上自己的为人，年轻的孟知祥受到了李克用的青睐，不但被任命为军官，且成了他的侄女婿。

李存勖继了晋王位，看中孟知祥的才干，把他吸收进机要核心。一段时间后，准备让他补专门负责机务的中门使。孟知祥得到通知，考虑到一些前任中门使相继获罪被杀，为避祸，他上表请求改换他职。李存勖的反应是：换职可以，但须推荐一个合适的人选代替。孟知祥转荐了郭崇韬，自己去担任军队高级将领——马步军都虞候。

唐庄宗消灭后梁，入主洛阳，以根据地太原为北京，孟知祥被任命为最高军政长官。

郭崇韬率军入川平前蜀，因感孟知祥当年推荐之恩，临行前对君主说："待臣平蜀后，陛下选帅镇西川，无人能及孟知祥。"

前蜀如期平定，唐庄宗听取了郭崇韬的建议，大摆筵席，为孟知祥送行。

孟知祥到达成都，而郭崇韬已遭谗被魏王李继岌所诛。李继岌率军回开封，他的先锋康延孝拥兵自重，攻下汉州，进行割据。汉州在成都附近，是蜀道重地，孟知祥分兵合击，剿灭了康延孝，获得大量兵员、辎重。

中原出事，唐明宗取代了唐庄宗。新帝君临天下，对政府作了大幅度的调整，把他的集团成员分布于各种要位。作为和前朝有姻亲关系的封疆大吏，孟知祥对新帝是难以相信的，为保证自己的权益，他潜发了割地称王的念头。他明里表示拥护新帝，暗中却积极扩军备战，在原军队的基础上，增设了多股部队，骤添兵员七万多人，命李仁罕、赵廷隐、张业等强悍将领分别统率。

新朝权臣枢密使安重诲看出了征候，认为孟知祥的谋反只是时间问题，想方设法予以遏制。针对各地宦官监军一体被诛的形势，他派大臣李严为西川监军，前去牵制孟知祥。

李严抵达成都后，孟知祥设酒宴招待，等几杯酒下肚后，便将他拖出去斩了。

唐明宗鞭长莫及，对孟知祥无可奈何，只能"施恩"加以笼络。凤翔军事长官闻李严被杀，扣留了途经本地的孟知祥家属。唐明宗听到汇报，命将孟知祥之妻琼华公主及其儿子孟昶送去西川，其余家属留下，作为人质。另派大臣李仁矩前往西川，对孟知祥进行慰问。对孟知祥示以怀柔，决非唐明宗无能，他用的是缓兵之计，以免加速孟知祥的独立。将孟知祥稳定下来后，他发出两道任命：调孟知祥的首席谋士赵季良到别处任职，另派朝臣何瓒去担任西川节度副使。

接到朝廷的任命书，时刻防备着的孟知祥将它藏了起来，上表要求保留赵季良的原职务，在遭到拒绝后，他又派出将军雷廷鲁去洛阳争求。唐明宗退步了，同意了这个请求。为"回报"君主，孟知祥也准了何瓒前去赴任,不过是降级使用。

彼此一来一往,暗中较劲,勉强维持着君臣名分。

掌着兵权的安重诲,和唐明宗分别扮着红白脸,他配合君主的政治措施,对川蜀进行了军事防区的调整:用亲信们担任川蜀各州刺史,配备精兵以防不测;分地另建几个节度使,以弱化东、西两川节度使的权力。

面对大幅度的调整,不但孟知祥感到了前所未有的压力,而且东川节度使董璋也慌了。他们原来有矛盾,从未来往过。此时情况紧迫,董璋已顾不得许多,派人向孟知祥请求联姻,以共同对付朝廷。孟知祥起初不愿,经赵季良的劝说,才答应与董璋结成儿女亲家。两川订立同盟,联名上表,要求朝廷撤还所派出的刺史和节度使。

唐明宗没有让步,只是用好言好语搪塞他们。

对两川的联名上表,安重诲是这样看的:想反的是孟知祥,董璋忠心报国,决不可能反。由此,他准备依靠董璋,来对付孟知祥。

然而,安重诲的估计是大大地失误了。没出多久,董璋抢先竖出了反旗,攻破了为朝廷所控制的一州。孟知祥积极响应,召开誓师大会,泪流满面地控诉了朝廷的罪恶,哭得将士齐声高叫愿意跟他干。他调兵遣将,一面令李仁罕等进攻朝廷控制的州郡,一面驰兵帮助董璋把守东川。

朝廷军开来了,由石敬瑭率领直抵剑州(今四川剑阁)。孟知祥派出赵廷隐领兵万人迎战。战斗在剑门进行,朝廷军大败。剑门失利,其他地方也相继失陷,石敬瑭下令撤退。东、西两川全部为董璋、孟知祥所得。

朝廷军全线溃败,有个重要原因就是粮食供应不力,唐明宗怪罪安重诲。不久,又因安重诲弄权太过,将他诛死。随之,他派使者进西川,说彼此失和,本是安重诲所致,现祸首已除,应重归于好;还说,孟知祥在京家属安好无恙。

见朝廷愿意妥协，并为家属考虑，已据有西川的孟知祥想适可而止，派人要董璋一起向朝廷谢罪，以改变双方紧张的关系。

可董璋不同意，对来人说："孟公家属皆存，而我子孙已全部被杀，我谢什么罪！"

孟知祥再三相请，董璋只是不依，并怀疑这个亲家公已将自己卖了，口中渐渐带出难听之话。使者回报，劝孟知祥采取军事行动。然孟知祥还未动，董璋已来了个先下手为强，夺取了汉州。孟知祥亲自出征，和董璋大战于鸡距桥，打得董璋全军覆没，进而占据了东川。

得了东川，孟知祥合算下来，觉得比家属重要得多，停止了向朝廷谢罪，悠然自得地当起了蜀王。

他还算给唐明宗面子，终唐明宗之世，他一直未亮出正式独立的旗帜。

在唐明宗逝世的第二年，也即应顺元年（公元 934 年），孟知祥自立为帝，建国号为蜀（为有别于蜀汉及前蜀，史称后蜀），定都成都，改元明德。

为巩固两川这个独立王国，他治蜀的政策，沿袭了王建闭关自守的做法，然他没能像王建那样搞出较新的气象，但尽量派比较廉明的官员去当地方官，以争取人心。并采取了一些便民措施：招集流散人口定居，增加劳动力；免除不合理的税收，减轻民众负担；兴修水利，发展农业生产。

仅戴了半年的皇冠，他就撒手告别了人寰，庙号高祖。

孟知祥很懂得政治分寸，善于保存自己，在别人对高位求之不得之际，他却明智地选择了推辞，由此不但逃避了灾难漩涡，而且落得了个人情。他是从后唐统治集团内部冒出来的割据者，利用朝廷之变，利用利益暂时相同的同盟者，把两川占为己有。在他的统治时期，低限度地营造了安宁局面，使川蜀地区的经济和文化得到了相对的保障。

继位的是孟知祥的第三子孟昶(后主)。

孟昶登台时年仅十六岁,面对一些元老功臣的骄横跋扈,采取了先是忍让,然后果断诛除的手段,扫清了政治障碍。

他在施政上,以民为本,要求各级官员奉此本为纲进行管理。与此相适应的是,他推出了一系列的措施,减轻民众负担;并在朝堂上设置匦函,听取民众对官吏的意见;遇有贪官污吏,坚决予以罢官降职。

此外,他实行了让中枢大员遥领节度使,以杜绝地方割据的祸患,并加强中央对地方的控制。

然而,这些行为只是他为政前期的表现,随着本身地位的稳固,他开始追求享受,并且达到了奢侈荒淫的地步,居然用七宝装饰便器。同时,他扶植的亲信形成了新贵集团,把政治搞得渐渐昏暗起来。

乾德三年(公元965年),宋军逼近,六十六天即荡平蜀川全境,统治了三十余年的孟昶献表出降,后蜀灭亡。

一〇〇

南　汉

建立南汉的刘陟，登位后三度改名，分别为岩、龚、龑，上蔡（今属河南）人。祖父刘安仁，迁居闽地，因往南海经商，复定居南海。父亲刘谦，唐末参加广州部队，从低级军官一直做到封州（今广东德庆）刺史，手下有兵万人，战舰百多艘。兄长刘隐继承父业，并将其发扬光大，被后梁封为南海王，成为两广地区的割据者。

刘陟是刘谦的非婚生子，母亲段氏将他生在了外面。刘谦的正室韦氏是唐宰相韦宙的女儿，听到消息后，气得令人把刘陟抢来，拔剑要杀他，然仔细一看，却见这个婴儿生得很是不错，立即转变了念头，将他收为己子。三天之后，把段氏给杀了。

刘陟排行第三，长大成人后，精于骑射，身材魁梧，据说还像刘备那样两手过膝。时大哥刘隐已干得相当出色，他靠着大哥谋得了显要的职位。大哥取得清海军节度使之位后，他当上了副使，一起经营着南海地区。

天下大乱，南海地区也大乱，刘隐虽说是南海王，却根本不能全面控制这个地区：交州曲颢、桂州刘士政、邕州叶广略、容州庞巨昭均各自为政，打出独立的旗号；卢光稠与其弟卢光睦、子卢延昌分据虔、潮、韶三州，不时以兵相犯；高州刘昌鲁、新州刘潜以及许多地方势力，也不听调遣。

为收拾这些异己势力，把南海王当得名副其实，刘隐决定先向韶州进攻，以实现军事突破。

对此战略部署，刘陟表示了不同意见，他说："韶州是卢延昌所据，他依靠的是其父卢光稠。如击韶州，虔州军必救应，如此，我军将首尾受敌。依我之见，韶州不宜直攻而应计取。"

刘隐不听，坚持己见，结果大败而归。

大败而归的刘隐，服了这个同父异母弟，将军事讨伐全权交给了他。刘陟接受使命后，调整了军事攻击的箭头：先易后难，先弱后强。不久，除了少数地方外，各独立和半独立势力被一一平定。

刘隐死后，南海王的桂冠落到了刘陟的头上。

第二任南海王刘陟继位之初，一边继续对本地用兵，收服各种割据势力，将他的旗帜插遍境内；一边继承刘隐的外交路线，向后梁称臣，以换取政治支持。

向后梁称臣，本非心甘情愿的事，不过是为了得到后梁的承认，以显示自己是正统的地方政权而已。

待到钱镠被后梁册为吴越王后，刘陟耻于南海王的封号，对日益衰弱的后梁产生了极大的不满，愤恨地说："中原正值多事之秋，真搞不清谁是真主，我岂能万里远航去臣事伪廷！"

贞明三年（公元 917 年），刘陟终止了和后梁的君臣关系，登上皇位，建国号大越，改元乾亨，定都广州。次年，改己名为岩，改国号为汉，史称南汉。

在对外关系上，刘陟和两国结成了政治联姻：一个是楚，他娶楚王马殷之女为妻，先封为越国夫人，后册为皇后；一个是南诏，他把女儿增城公主嫁给南诏王郑仁旻为妻。通过联姻，他为南汉分别在北面和西南设计了两道屏障。

对于中原政权，他在登位之后就没和后梁来往过，待到唐庄宗把后梁灭掉后，他听闻后唐军事实力极为强大，出于畏惧而派使者前去沟通关系，称“大汉国主致书上大唐皇帝”，言辞相当恭敬。使者见了唐庄宗，说是本国已准备好了大批贡物，至秋即当送来。

可使者返回叙职时却说：后唐政治紊乱，不久将乱，根本无力南顾。刘陟听了，自大的感觉上来了，立即下令停止进贡。

南海多少数民族，在这块土地上称王称帝，刘陟的心态极是复杂，自大和自卑难分难解。他耻为蛮夷之王，常对北方之人说，他的家乡是咸阳，他决非本地人。与此同时，他又狂妄得很，把后唐天子贬称为“洛州刺史”，意谓其土地少得可怜，控制力非常有限。

在内部的政治建设上，刘陟继承了刘隐的作风，依靠的是北方人：被流放本地的唐名臣子孙，及遭乱来此避难的士人，他不但依靠他们，且给予了极大的宽容。宰相赵光胤自以为出身唐代高门大族，不得已奉事僭伪小朝廷，心里很是怏怏不快，总想回北方。刘陟看出征候后，令人伪造他的手迹，把他的家属从洛阳全部接来，令他感动得从此尽心尽力。大臣王定保反对建国，刘陟派他出使荆南，等他回来，木已成舟，他出言讥讽，刘陟毫不计较，一笑了之。

刘陟聪明且悟性高，政治上颇有一套，办成了许多难办之事。然性格残酷，治民喜用刀锯、肢解、刳剔、炮烙、截舌、灌鼻等令人毛骨悚然的刑法。他每见杀人，竟然高兴得眉飞色舞，嘴中咿咿呀呀，口水直流，被人认为是怪物投胎。南海民众，如置于炉火之上。

他生活奢侈，大肆搜刮民财，为显示富有，他聚收南海珍宝，建筑玉堂珠殿，上面饰以金碧羽翠，弄得如同人间仙境。外地客商经过，他常召之观看，自夸壮丽，以满足虚荣心。

他好《周易》，遇有大事必以此书求解。他改名龚后，时有胡僧说："根据谶书讲，灭刘氏者龚也。"他恐此名将破国败家，遂根据《周易》中"飞龙在天"之句，自造"䶮"字为名。楚军攻封州，本军大败，他又拿出《周易》占筮，得到的是"大有"，由此改元大有，大赦境内。

刘陟在位时，有件事对后来的历史发生了重大影响：大有十年（公元937年），属于南汉的交州（今越南北部）长官杨廷艺被部将皎公羡所杀，皎公羡自立为主。杨廷艺旧将吴权领兵攻击皎公羡。皎公羡向刘陟求救。刘陟封儿子刘洪操为交王，以救援之名发动大军进攻吴权。经过激烈的海战，南汉军大败，刘洪操战死，刘陟只得收拾余众撤退。吴权站稳了脚跟，拉开了越南吴朝的序幕。

刘陟临死前对继承人的安排充满忧虑，说："奈何我子孙不肖，后世将如鼠入牛角，势必越来越小！"

继承人给他定庙号，称为高祖。

刘陟称得上是个乱世英雄，懂得军事之道，善于用武力却不迷信武力，为刘隐割据南海立下了显赫的战功。他登台之后，制定了灵活主动的对外政策，根据天下形势不断地变，维护了南汉政权的利益和体面。对于政权建设，他全盘使用有高度文化的北方人，为提高当地的文化水准起了一定的作用。然而，他过于奢侈、残忍，把治下的民众推进了水火之中。

大有十五年（公元942年），刘陟死后，其第三子刘洪度（殇帝）继位。

刘洪度是在统治集团内部矛盾非常尖锐的情况下登台的，为防不测，他猜忌兄弟，猜忌群臣，用宦官加以防范。他本身的生活极为糜烂，常与娼妇微行，命男女裸体相观看。

这年，爆发了以张遇贤为首的农民起义，南汉军队征讨无力，起义军攻克循州后，进入江西，被南唐军队所镇压。

光天二年(公元943年),刘洪度被其弟刘晟所杀,刘晟自立为帝(中宗)。

这个杀兄而得位的君主,为避免自己重蹈刘洪度的覆辙,大开杀戒,把十五个弟弟送上了黄泉路。他好刑嗜杀,用"生地狱"肆虐臣民,以"斩瓜试剑"戏杀宫女。他挥霍无度,为满足需求,竟出动水师到海上劫掠商人的财货。

他广筑宫殿,建离宫千余间。他疏远朝臣,重用宦官和宫女,让宫女卢琼仙、黄琼芝等十几人身着朝服冠带,临廷参政。

为扩大领土,他对楚展开大规模的用兵,乾和七年(公元949年),攻取昭州(今广西平乐)。两年后,趁南唐灭楚之际,再取宜、连等八州,将边界推至广西和湖南南部。

乾和十五年(公元958年),刘晟长子刘继兴继位(后主)。

刘继兴继承了父亲的用人方针,并发展到登峰造极,让宦官和宫女主掌政权。他审览奏章,必以卢琼仙之言为定否。卢琼仙联结宦官龚澄枢、陈延寿,秉握政柄。刘继兴信鬼神,尊崇自称玉皇大帝附身的女巫樊胡子。此辈互相呼应,把朝政搞得乌烟瘴气。

他相信宦官竟到了荒唐的地步,如要起用某个人,必阉割后再使用,甚至对待新科状元也是如法炮制。

他大造华楼,大贪女色,大征苛税,大用酷刑,比他的父亲有过之而无不及,整个境内怨声载道。

大宝三年(公元960年),刘继兴拒绝了宋太祖让李后主所写的劝降信。

开宝四年(公元971年),宋军长驱直入,包围了广州城,刘继兴开门出降,南汉灭亡。

—〇—

楚

建立楚的武穆王马殷，字霸图，许州鄢陵（今河南鄢陵）人。

马殷的出身相当特殊，是个木匠。在那个人们连温饱都难以解决的年代，木匠的活实在不好找，迫于生计，他应募到秦宗权的部队当了兵。

因会做人，能打仗，且有股豪气，没出多时，马殷被提升为偏将。时秦宗权和杨行密争淮南，他派其弟秦宗衡率孙儒、刘建峰等将渡淮河攻扬州。马殷属孙儒部，相随而去。不久，孙儒和秦宗衡闹出矛盾，将这个主帅给杀了，接管了部队，和杨行密展开拉锯战。在这当中，马殷随刘建峰奉命去周围地区攻战，征集粮食，以供应主力部队。

孙儒战败被杀后，其部大部分被杨行密收编。马殷所在之部失去依从，推刘建峰为帅，马殷任先锋，打出独立旗号，转战豫章（今属江西）地区，攻下虔、吉等州，将部队扩展到几万人。然后，进入湖南，用计拿下了潭州（今长沙），成了湖南最大的割据者。唐僖宗授刘建峰为湖南节度使，马殷为马步军都指挥使。

驻扎在邵州的湖南降将蒋勋要求做刺史，遭到拒绝后，出动军队骚扰他地。马殷领命对邵州采取军事行动。于此之际，大本营发生了巨变，刘建峰因看中军卒陈赡之妻的美色，与她私通，被陈赡组织兵变杀死。军中不可一日无帅，经将官们磋商，推出行军司马张佶为帅。

张佶是明白人，有自知之明，认为自己决不是挂帅的料，诚恳地对诸将说："我非你们之主，我才不及马殷，可共立他为主。"

诸将同意张佶的推荐，派出使者前去邵州迎接马殷。马殷急速从邵州赶回，从张佶那里接过了主帅之位。

张佶的推荐确实有道理，马殷当了主帅后，从内到外改观了局面。他先镇压了陈赡等闹事变的几十人，以确立军中秩序，建立主帅威信。随之，他派遣大将秦彦晖、李琼等进攻各州割据者，拿下连、邵、郴、衡、道、永六州。

湖南大半在手，马殷俨然成了湖南王。

马殷并不以湖南为满足，他乘军势旺炽之际，果断地把军事地图上的箭头画向了广西。他在出兵之前，派使者向桂州割据者刘士政施以政治攻势，然使者被阻止在要隘全义岭前，他马上调派李琼领兵征伐。李琼打破全义岭，攻陷桂州，生俘刘士政，取得了桂州所隶之地。

此后，杨行密命其将刘存攻江夏（今湖北武昌）杜洪，马殷为防唇亡齿寒，令秦彦晖率水军驰救。杜洪战死，刘存将全部兵力扑向了马殷。马殷在沿江一线排布了战阵、伏兵，打得刘存想罢兵求和。

秦彦晖不同意，说："淮人多诈，以此使我军松怠，绝不可信！"

水陆合战，秦彦晖击得刘存阵亡，相机取得了岳州（今湖南岳阳）。

时湖南朗州（今湖南常德）尚未归入马殷的版图，割据者是澧朗节度使雷彦恭。雷彦恭趁杨行密攻杜洪，荆南割据者成汭出主力相救之机，袭取荆州，掠走财货，放火烧了城池。然后，他联结杨行密，扼断长江、岭南的通商之路，阻遏马殷和中原的交往。马殷和后来的荆南割据者高季兴联手，点派秦彦晖进攻朗州。经过几年的战争，终于平定朗州，活捉了雷彦恭。

唐朝给马殷的名号,是武安军节度使。

后梁取代唐朝,马殷立即予以承认,派遣使者入朝进贡。作为回报,当然更是为了控制湖南,梁太祖慷慨大方地赠给马殷多种头衔。

在这一串尊贵的头衔中,让马殷最心花怒放的是"楚王"。

当上楚王,马殷成了表面依附梁朝实际却独立自主的国王。他要求梁太祖同意他像唐初秦王李世民那样,开天策府,设置官属。这完全是空头人情,梁太祖哪有不同意之理,立即册封马殷为天册上将军,准许他所有的请求。

马殷在天策幕府中设立左、右相及十八学士,作为政治中枢。

马殷的地盘有二十一州,政治中心设在长沙,对这地盘的经营,他费足了苦心。他出生于下层,知道民间的疾苦,知道国家的根本是什么,从而采取了与民休息的政策。在各种政府事务中,他对经济尤其下了大力气,广泛促进桑蚕纺织业。与此相适应,他改善赋税法,让民众以帛代钱,减少中间盘剥。

根据本地的出产特征,他把茶业立为最主要的经济活动,广泛提倡民众种茶、制茶、卖茶。他利用和中原王朝的亲近关系,在开封、洛阳及襄(今湖北襄阳)、唐(今河南唐河)、郢(今湖北钟祥)、复(今湖北天门)等州,设立了邸务经销茶叶,从中获得巨大的利润,人称可以百万计。除了官府在境外经营的茶务,他还允许民众在境内自由买卖茶叶,以此吸引各地客商前来做生意,从中征收茶税。

为了扩大本地物产的销售量,除茶税之外,他以免税的特别优惠政策,鼓励客商到他的境内做买卖。同时,他别出心裁地制定了用铅铁制钱,对铜钱以一换十的货币制度,迫使得了铁钱的客商在其境内调换了物产再走。

商旅辐辏，商业繁荣，马殷坐收大利。

楚兵力薄弱，却外敌甚多，先后与吴、吴越、南汉、割据荆州的成汭发生战争，马殷出奇制胜，赢得了主动权，以此保证了楚立于不败之地。

后唐灭了后梁，善事中原朝廷的马殷，迅速地做出了反应，派儿子马希范至洛阳朝贡。唐庄宗问起洞庭湖的广狭，马希范机灵地回答说："若是陛下车驾南巡，此湖仅够饮马而已。"

唐庄宗高兴地笑了，抚着马希范的背别有用心地说："我常听说马家社稷将来必为高郁所取，今马公有如此之子，高郁怎能取得？"

马希范带着这句话回了国。

高郁是马殷的首席谋臣，他足智多谋，为马殷建了不少良策，也为四面是敌的马殷设计了立国方针，他对当初陷于困境的马殷说："成汭地狭兵寡，不足为虑；刘陟志不出其地，难以成患；杨行密和孙儒有大仇，即使用万金相酬，也难扭转关系。大王可尊奉中原朝廷，讨取封爵以压强邻，然后整兵兴农，蓄力以图霸业。"

马殷照计而行，大展宏图。

楚的兴旺，高郁当为第一功臣。然高郁虽有才，为人却贪得很，且傲慢自大。马希范从洛阳回来后，在本国也听到了许多对高郁的说法（有人说是高季兴所派间谍散布的谣言），为防不测，更重要的是为了扫清自己日后登台的障碍，先是解除了高郁的军事职务，随后又矫旨以谋反罪将他给族灭了。

马殷时已年老，在得到唐明宗的"楚王"的封爵，并将潭州升为长沙府后，已很少管事，听到高郁的死讯后，痛心疾首，拍胸大哭说："我既老又荒唐，居然连勋旧都不能保存！事至如此，我也将不久于人世！"

马殷带着遗憾去了黄泉。

马殷统一湖南后，他虽未走上皇位，但实际上，他拥有的领土已成了地地道道的独立王国。从一个帮佣的木匠，到割据一方的楚王，他尽管手上沾了许多鲜血，但和其他军阀相比，还算是有些人性的。照当时混乱的社会环境来看，他完全称得上有突出的经济头脑，巧妙地用桑蚕、茶生产和商业交融的方法，为楚打下了较雄厚的实力基础。

长兴元年(公元930年)，马殷次子马希声(衡阳王)继位。

他执政后，不过是守业而已。

长兴三年(公元932年)，马希声之弟马希范(文昭王)继位。

马希范和马希声是双胞胎，可他为政、为人的幅度要比马希声大得多。他好文学，能做诗，在周围聚了十八学士，有空则与学士们狂饮狂赌。他花费巨资起造宫殿，钱不够，又加重税于民众，弄得农民离乡背井。他造了座九龙殿，以八龙绕柱，自视为一龙，合为九龙。晋高祖征叛将安从进、李金全，他受诏出兵相助，并接济了大量粮食。此后，挫败了来犯的溪、锦、奖诸蛮，反攻其地，降服了大批少数民族。

天福十二年(公元947年)，马希广(废王)接替亡兄之位。

马希广得立，其兄马希萼不服，起兵相争，进攻长沙。马希广先胜后败，向汉隐帝求救不得。马希萼自号为“顺天将军”，扫荡楚地。长沙陷没，马希广遭擒被处死。

经过三年的混战，乾祐三年(公元950年)，马希萼(恭孝王)终于做了君主，时后汉被后周取而代之，他转臣于南唐，被封为楚王。他将军政大事全权交其弟马希崇处理，自己当起了安乐王。

次年，马希崇废马希萼自立，后马希萼被人拥为衡山王，双方都请命于南唐中主李璟。兄弟相争，外人得利，李璟趁湖南大乱之际，派大将边镐带兵入楚，俘了马希崇，并将马氏全族迁至金陵，楚至此亡国。

楚亡后，尚有一段尾声。南唐军占领湖南，其所作所为并不得人心，马希范旧将刘言遣军攻击边镐，将其赶出湖南。刘言为湖南主后，于后周广顺三年（公元953年）向后周献上臣表，移治所于武陵（今湖南溆浦南）。其将王进逵不甘居其下，举兵相击，擒刘言而杀，自为湖南主。旧将潘叔嗣因受王进逵逼迫，袭击武陵，王进逵兵败被杀。

潘叔嗣认为自己难当主位，显德元年（公元954年）迎武清军节度使周行逢为主。周行逢生活节俭，果于杀戮，对恃功傲慢者及图谋造反者一概绳之以法，对民众有过错者无论轻重一律处死。

北宋建隆三年（公元962年），周行逢死，其子周保权继任。他在击杀叛将张文表后，根据父亲的遗命，归降了宋朝。

一〇二

吴　越

建立吴越的武肃王钱镠，小名婆留，字具美或巨美，杭州临安（今浙江临安）人。父亲钱宽，以种田、打鱼为生。

钱镠年轻时，厌恶生产劳动，好舞拳弄棒、射箭击槊，读了些图谶之书，开始行侠仗义，替人打抱不平，然家乡父老却将他视为无赖。靠拳棒解决不了糊口问题，在江湖朋友拉拢下，他加入了贩私盐的团伙。

时已是唐末年代，农民、军人揭竿而起的此起彼伏。浙西军官王郢引部造反，本地部队的将官董昌以参加讨伐为名，在乡里募兵，乘机扩大自己的势力，将颇有名气的钱镠招为偏将。部队扩建后，拉上了前线，钱镠立了些战功。

王郢失败后，黄巢起义军的一部分进入浙东，逼向临安，作为董昌得力将官的钱镠认为：敌众我寡，不宜硬拼，当出奇兵迎击。他带二十名勇卒，在狭窄的山谷中设伏，挫败了对方的先头部队，斩首数百级。随后，他将所部开进“八百里”之地，以此地名虚张声势，使得对方放弃了临安，绕道而走。

在和王郢、黄巢的争战中，董昌以保卫家乡为名，顺利地壮大了实力，控制了杭州地区八县，他在每县招募千人，置为一都，合为“杭州八都”，任命钱镠为最高长官——都指挥使。

起义之事烟消云散,江浙一带的地方实力派各自为了扩张,矛盾日益加深,到最后无可避免地发生了火并。越州(今浙江绍兴)观察使刘汉宏,首先和董昌拉开了战幕,两军隔钱塘江相峙。钱镠受命率军渡江,伪装成敌军,攻入敌营,杀得刘汉宏弃军易服扮成厨师逃走。两年之后,钱镠领军向越州进发,他长驱直入,所向披靡,捣破对方的老巢,将刘汉宏处死。

消灭了刘汉宏,董昌取代了他的职务,搬进越州。钱镠接替董昌的职务,成了杭州刺史。

据有杭州的钱镠,以足智多谋的成及为副手,以勇敢善战的杜棱、阮结、顾全武为武将,以颇有名望的沈崧、皮光业、林鼎、罗隐为宾客,建立了一个文武兼备、人才济济的政治班子。

钱镠本非人下之人,经过战争的考验,他的自信心更是得到了大幅度的增长。他并不满足区区杭州一地,一心欲向外发展。然而南边是浙东,为顶头上司董昌直接管辖,无法染指,比较可行的,只有往北向的江苏地界开拓。此时,长江以南的江苏地面正值大乱:淮南将领徐约攻取苏州;润州(今江苏镇江)内部发生兵变,长官周宝被逐了出来,逃向常州。擅长军事的钱镠,面对这扑朔迷离的局面,高明地采取中间突破,然后两头开花的战略:打出解危救难的旗帜,攻克常州,取得周宝为政治资本,随后夺取润州,再兵下苏州。

连下数州,钱镠名声大振,使得正在混战的杨行密、孙儒不敢进入他的地界。

钱镠的战绩,在董昌看来,这是他的成就,望着版图的扩大,他开始得意忘形。在术士应智、王百艺、女巫韩媪的鼓动下,他自称皇帝,建国号为罗平,改元顺天。

对于董昌的举动,钱镠不但没有附和,反而认为这是脱离董昌系统,自己大展宏图的好机会，从而向唐廷上了奏表，强烈谴责了董昌的谋逆行径。唐昭宗下诏削除董昌的官爵，晋封钱镠为彭城郡王，授以浙江东道招讨使之职，让他为朝廷铲除这个逆贼。

得到皇命，钱镠得到了代表正义的旗号，然为了证明他决非忘恩负义之徒，他出动三万大军结阵于越州城的迎恩门，并没有发动攻势，而是派说客入城对董昌晓以大义，劝他自行改过。董昌根本没想到钱镠会反他，绝对没有应战准备，加上精兵强将多在钱镠手中，他也无法应战，当即做出了待罪的姿态，拿出二百万钱犒军，另将应智、王百艺、韩媪等人送给钱镠发落。

面对故主如此的高姿态，钱镠已说不出什么，只能撤军返回。

待钱镠一走，董昌重新恢复了帝号，调兵遣将把守各关隘，同时向杨行密发出求救。钱镠得到消息，再度进兵越州，和董昌及杨行密的援军展开了长达几年的争战。最后，在顾全武等将领的有效作战下，并利用了董昌集团内部的分化，终于击败董昌，并生擒了他。

董昌无面目再见钱镠，在被押往杭州的途中投水自杀了。

把董昌的皇冠打翻在地，钱镠控制了整个杭、越地区。

钱镠对朝廷建了“大功”，唐廷的回报是：授予镇海、镇东两军节度使；赐以铁券，可恕九死；此后，相继封为越王、吴王。

成为一方诸侯的钱镠，把他的政府定在杭州。为显示光宗耀祖的辉煌，他将故乡改名为衣锦乡，将发迹的营地先后改为衣锦营、衣锦城、衣锦军，将家乡的石鉴山改为衣锦山，将小时玩耍的大树封为衣锦将军。

功成名就的钱镠衣锦还乡，万人争睹风采，路衢水泄不通。可他的父亲钱宽却避得远远的，钱镠不解，下车赶去追问何故。

老父的回答是：“我家世世代代以田渔为生，从未显贵如此。你今为十三州主，三面受敌，与人争利，恐祸及我家，所以不忍见你。”

一身衣锦的钱镠哭了，感谢老父的指教。

从下层杀出来的钱镠，升腾在富贵乡中，充分地及时行乐起来，把家乡的第舍造得富丽壮观，把宫廷的殿阁造得气象万千。

然他没忘记治下的民众，为了农业收成有保障，更为了自己的长治久安，他也做了一些好事、实事，特别是广泛地兴修水利事业。其中最令人瞩目的一件事，也是使后代相继获利的一件事，是沿钱塘江边建筑了捍海石塘。在修筑的过程中，因潮浪太大，施工极为困难，为鼓励参修人员的信心，他令五百强弩手猛射潮头。高明的工匠则解决了具体的技术难题，用装有巨石的竹笼和大木料相杂，层层叠叠地垒成了海塘。

钱镠审度天下形势，认识到自己的实力并不太雄厚，难以进一步图霸天下，而惟有和中原政权搞好关系，才能与强邻抗衡，保住这一方土地。由此，不管中原政治格局如何变化，他始终向中原保持了一份"忠心"。

梁太祖登位之初，鉴于钱镠的态度，立即封他为吴越王。

有人劝钱镠拒绝梁朝的任命，公开打出独立的旗号，可他笑着说："我岂失为孙仲谋(孙权)！"

钱镠长寿，活到八十一岁。临死之前，他告诫他的继承人说："子孙善事中原，切勿以中原帝姓多变而改国之大政。"

钱镠走的是从无赖到军阀，又从军阀到君主的道路。他懂政治，也懂军事，然他的政治悟性要比他的军事才干更强。在对待董昌称帝的问题上，他巧妙地处理了道义和恩情的关系，遮住了他以下犯上的野心，把董昌逼上了绝路。在对待中原政权问题上，他委曲求全，以少量的贡品和牺牲一点名分的代价，换取了支持，使自己在三面受敌的环境中站稳了脚跟。

宝正七年(公元932年)，钱镠第七子钱元瓘(文穆王)继位。

有患难经历的钱元瓘，颇懂政治之道，他守着父亲的遗训，与中原王朝尽力搞好关系；对朝内的人事，以消解矛盾为主，促使将臣和睦，加强政治凝聚力；提倡儒学，设立择能院，广为选拔吴中文士；恤抚将士，提高军队的向心力；减除无主荒地的租税，扩大耕地的开垦。在他的统治下，吴越经济朝着繁荣的方向继续发展。然他生活奢侈，在建造宫室上花费了惊人的钱财。而晚年的一场大火，却将他经营了一生的宫室几乎全部焚为废墟。

天福六年（公元941年），因大火而精神失常的钱元瓘病亡，他的第六子钱弘佐（忠献王）继位。

这个十三岁的小君主，上台之后，颇有些英明气象，继承了父亲的不少优点，在刚厉果断上则超过了父亲。元老宿将倚老卖老，骄横得很，他起初予以大度忍让，在自己立脚稍稳后，一举除掉了四个高级将僚，使得全体朝臣畏服在他的脚下。南唐平闽，闽将李仁达降而复叛，向吴越求救，钱弘佐力排众议，出动大军分水、陆两路驰救，一举击败南唐军。

在位七年，钱弘佐亡故。天福十二年（公元947年）六月，其弟钱弘倧（忠逊王）继承大宝，以弟弟钱弘俶参知政事。

老将胡思进历享尊荣，却遭到了新君的轻慢，彼此渐起矛盾。钱弘倧欲诛胡思进，后者先下手为强，把钱弘倧给废了，另立钱弘俶为君，时在当年的十二月。

钱弘俶得立后，应周世宗之邀，出兵合击南唐，他遣将抢先进攻常州，竟全军覆没。待周军渡淮后，他尽出国中之丁壮为兵，组成庞大的水师，再应北军。他历经后汉、后周二朝，贡奉不绝。然对境内的民众，却加重了赋税。宋太祖立国后，诏钱弘俶入朝，他带大量礼品进献，得到了尽宋太祖一世可保吴越无虞的许诺。

太平兴国三年（公元978年），宋太宗诏钱弘俶迁居开封，吴越结束。

一〇三

闽

建立闽的闽王王审知，字信通，光州固始(今河南固始)人。祖上世代为农，到父亲王凭，依然是把汗水洒在田里的农夫。

王审知的哥哥叫王潮，在县里当吏，兄弟俩都有才有勇，知名于当地。时黄巢起义军攻进长安，带动各地起义风起云涌，寿州人王绪应着形势，自己拉了一帮人马，打进固始。他占领此地后，大力扩军，听人介绍起王氏兄弟，把他们招来在军中任职，以王潮为军官。

王绪兵微将寡，光靠自己的势力，很难长期割据固始这弹丸之地，他寻找大军阀做靠山，和蔡州的秦宗权挂上了钩。秦宗权任命他为光州刺史，让他带所部合击黄巢。王绪惧怕黄巢，拖着不出兵。秦宗权恼怒了，发兵进攻固始。王绪无力抵挡，退出固始，南下另谋生路。他一路走，一路掳掠，进入闽地，部队壮大到数万人。

部队壮大得可观，内部的危机却日益增长。作为首领的王绪，尽管有着豪雄之风，但为人却气量狭隘，猜忌成性，凡才干超过他的人，都变着法儿给弄死。

众将官忧惧，王潮也忧惧，为免做怨死鬼，他大胆地对处境相同的将官说:“我辈离弃祖坟、妻儿老小来当盗，原是为王绪所迫，并非出自本意。今王绪猜忌我等，将官中有才干者难逃一死，我辈朝不保夕，怎能图取大事!”

这一席话,说得彼此流泪涕泣。末了,他们抹干眼泪,决定除掉王绪。

他们选了壮士几十人,伏在篁竹丛后,待王绪走来,冲出将他擒拿住,囚于军中。王绪无面目再活下去,寻了短见。

众将官重择主帅,因王潮为谋事之首,且有出色的才略,前锋将推荐了他,并说:王潮对大家有活命之恩,应立为帅。众人一致同意。

王潮成了主帅后,和一批骨干歃血为盟,建立了核心集团,全面控制了军队。靠着这批骨干,更靠着自己的身体力行,他在军中迅速建立起威信,赢得了全军的拥戴。随之,他大抓军纪,革除掳掠习气,改善军民关系。

乱世难得这样的军队,王潮获得了当地的民心。王潮转战福建,受到民众的拥护。

时泉州刺史廖彦若为政残暴,毫无人性,治下之民苦不堪言,所辖之军苦不堪言,然迫于他的淫威,无人敢出来反对他。当王潮军队路经其境时,泉州军民派出代表,前去和他洽谈,请他为民除害。泉州父老成群结队拦在路中,持着牛酒,要王潮别走。

泉州是福建的大城,又是海上贸易的重要港口,这样的地方,王潮本是求之不得,现见当地军民这样欢迎他,实在是喜出望外,于是打出吊民伐罪的旗号,将部队开到泉州城下。围城围了一年多,王潮率军开进了城内。

福建观察使陈岩承认了既成事实,任命王潮为泉州刺史。有了泉州,王潮有了一个很不错的根据地,他收编了泉州军,又平定了狼山的山大王薛蕴,极大地扩充了实力。拥有如此的实力,他开始打量起福建的其他地方。

福建的政治中心在福州，陈岩驻节于福州。陈岩病卒后，他的女婿范晖自称留后，接过了政权。早就对福州感兴趣的王潮，立即抓住这天赐良机，先表示了不承认的态度，然后命令王审知带领军队进攻福州。

福州城高墙厚，加上守军配备精良，战斗力强，王审知攻了很长的时间，牺牲了大批将士，没有任何进展。他吃不住了，要求大哥让他撤退。大哥的回答是不许。他请求大哥亲赴前线，并增以援军。大哥的答复是："等你的兵与将全部战尽了，我自会前来！"

这是道死命令，不容商量的死命令，王审知被逼到了绝境。兵法说：置之死地而后生。没了任何退路的王审知，亲自上阵督战，发起一次又一次的强攻。一年之后，城内终于食尽，守军杀了范晖，开门出降。

消息传来，王潮从泉州移治福州。此时，他已拥有福建五州，唐昭宗任他为威武军节度使、福建观察使。接到任命，他授王审知为副使。

王审知生相雄壮，高鼻方口，喜骑白马，军中呼为"白马三郎"。他当上第二号人物后，对大哥依然百依百顺，从不计较个人的委屈。有时，他犯有过失，被严厉的大哥大加捶挞，受打后，脸上没一点怨色。因其能干，有度量，又识大体，王潮对王审知赋予了最大的信任。他病重卧床不起后，竟然舍去自己四个儿子不用，让王审知主持了军政事务。

王潮谢世，王审知接替了兄位，唐廷封他为琅邪郡王。梁太祖在开封登基，晋封王审知为闽王。

将政治中心设在福州的王审知，对梁太祖的晋封之恩，投桃报李，以朝贡的形式，把梁朝认作宗主。时江、淮地区被与梁朝敌对的杨行密所占据，陆上交通断绝，贡使只得转道海上，从福、泉二州起航，至山东登、莱二州靠岸，再前往开封。海上风浪大，贡船容易出事，被倾覆者十有三四。尽管代价非常大，然王审知始终尽着这份义务。

在政权内部的人事安排上,为人谦和的王审知礼贤下士,重用流落福建的唐士大夫王淡、杨沂、徐寅等人,以期用他们的文化提高当地的文化,用他们的政治识见来建设政府。

王审知还兴学办校,尽力培养当地人才。

福建地力有限,王审知利用多港的地理优势,积极发展海上贸易,吸引各地客商前来经商。他的侄子王延彬为泉州长官,把海上贸易搞得红红火火,人称“招宝侍郎”。

最可称道的,是王审知的为政表现。他反对奢侈,带头过俭朴生活,以为官吏的表率;用才德兼备者为官,改善与民的关系;废除严刑,轻徭薄赋,努力给民众创造休养生息的环境。王审知当政三十年,一境安然。民众喜欢这个统治者,有一年,风雨雷电在海边黄崎劈出一个天然港口,人们认为这是王审知的德政所致。

在五代十国这段历史时期中,王审知是和其他君主有着最大区别的统治者。他的特点是天性比较温厚,以温厚被兄长王潮破除规矩地定为继承人,又以温厚取得闽地的人心。他能打仗却不太喜欢打仗,崇尚文化,崇尚德政,崇尚和睦,崇尚俭朴,崇尚老百姓能过上安定日子的社会,别具一格地将福建营造成为乱世中的一个“小桃源”。

同光三年(公元925年),王审知亡,长子王延翰(嗣王)继位。

次年,后唐发生巨变,王延翰以《史记·闽越王无诸传》为依据,建国称王,然仍用唐年号。他选了许多美貌的民间女子为妃,然被其性嫉的正妻崔氏在一年之中害死了八十四人。王审知养子王延禀长期与王延翰不和,另一子王延钧又因对所授官职不满,两人串联一气,此年年底,各以所部兵攻进福州,杀王延翰。

事后,王延钧(太宗)得立。

王延禀虽在此事上有过一番推让，然很快又与新主发生了冲突，长兴二年（公元 931 年），以兵击王延钧，失败被杀。

次年，王延钧因向后唐求尚书令位不得，断绝了朝贡。他好鬼神，听信道士陈守元之言，建宝皇宫，避位让儿子王继鹏主事。长兴四年（公元 933 年）复位称帝，以闽为国号，改元龙启，定都福州，并以福州为长乐府。

闽地局促，国用不足，国计使薛文杰以察阴事罗致富人罪，籍没其财以供君主用。王延钧好女色，且喜男风，制作九龙帐，以为淫乐。

王延钧淫，儿子王继鹏也淫，淫得乱伦，淫得父子相仇，永和元年（公元 935 年），王继鹏发动政变，杀了王延钧。

王继鹏（康宗）立后，欲以敌国礼和后晋相处，使者遭到囚禁。他尊崇道教，道士陈守元、谭紫霄等借子虚乌有的“宝皇”之口，对他传达天命。他杀父登位，从而对宗室及功臣大加猜忌，大加诛戮；为增加钱财，竟让宠臣以空名堂牒卖官。禁军将领连重遇出于自保，于通文四年（公元 939 年）发动兵变，王继鹏狼狈出逃。

连重遇迎王审知少子王延羲（景宗）为君，新君出兵追杀王继鹏。

王延羲重新修好对后晋的关系，以臣礼派使者朝贡。他貌明实昏，闻泉州刺史余廷英掠取良家妇女，欲问罪，得其双份为数千万的钱而作罢；滥铸大铁钱，以一当十，致使恶钱泛滥；因外甥李仁遇美姿仪，竟以色嬖之，任为相。

其弟建州节度使王延政，不承认王延羲的地位，几度出兵相攻，并于永隆五年（公元 943 年）在建州（今福建建瓯）称帝（天德帝），以殷为国号，改元天德。

连重遇在失宠的李皇后的挑唆下，天德二年（公元 944 年），趁王延羲出游，派壮士将他从马上给拉杀了。连重遇第二次兵变得手后，以王氏无道为由，宣布废除王氏政权，抬出他的亲家朱文进为君，改奉后晋年号，将在福州的王氏子孙尽行诛死，用黄邵颇等三将分守泉、漳、汀三州。

泉州将留从效以王氏为号召，杀黄邵颇，迎宗室成员为刺史。漳、汀二州即刻响应。三州归附王延政。连重遇迫于形势，杀朱文进，传其首至建州，准备投王延政。福州将林文翰杀连重遇，谋迎王延政入福州。

天德三年(公元 945 年)，南唐见闽大乱，出兵进攻，福州将李仁达杀死主守福州的王延政儿子王继昌，向南唐投降，被任为威武军节度使。

与此同时，无力抵抗的王延政归顺了南唐，被迁至金陵。闽遂亡。

李璟以泉州为清源军，任命留从效为节度使。令李仁达入朝，李仁达拒绝，转投吴越。留从效逐南唐军，据泉、漳二州。李璟为保持闽地在名义上为南唐所有，封留从效为晋江王。后周时，留从效要求向中原内附，周世宗因战略考虑而予以否定，只得仍臣南唐。

北宋建隆二年(公元 961 年)，留从效病死，部将陈洪继任，随着南唐的灭亡，陈洪将版图献给了宋朝。

一〇四

荆　南

建立荆南（又称南平）的武兴王高季兴，本名季昌，后避李克用父李国昌讳而改此名，字贻孙，陕州硖石（今河南三门峡南）人。

高季兴自小与父母相离，在汴州大商贾李让家中当家僮。长大后，为人机智，且相貌不错，在仆人中显得很不一般。

朱温占据汴州，李让出于自保，主动投靠，进献了大批货财，被收为养子，改名朱友让。高季兴跟着朱友让，见到了朱温。见了几次，朱温挺喜欢他，叫朱友让把他领为养子，改姓朱。

当养子的养子，高季兴实际成了朱温的养孙，靠着这个养祖父，他进入了汴军任职，没几个台阶，升为了高级军官，常跟随在朱温身边。

朱温发大军攻打凤翔，和李茂贞争夺唐昭宗，城围得旷日持久，费去了大量的军力、物力，却只能望城兴叹。朱温想撤，召开军事会议商量，众将多认为围下去不是办法，应立即撤军，转向经营他地。

资历并不深的高季兴站了出来，力排众议地说："天下豪杰注视大王此举已一年多。今守军疲惫，破在旦夕，撤军决非上策。大王所虑的是，对方闭门不战，以消耗我军力量。此不难对付，可以诱敌出来。"

一席话，说得朱温顿开茅塞，兴奋起来，他命令高季兴拿出具体方案。

高季兴早就胸有成竹，会后组织了敢死队，对队长马景面授了机宜。

马景随着高季兴进入主帅帐中，拿出行动计划，向朱温请战，只说此去难以生还，望能照顾好他的家属。

在朱温答应后，马景带着几个骑兵，装着散兵游勇，来到城下高叫："汴军将东还，其前锋已经开拔。"

守军信以为真，把门打开，准备追击汴军。马景等人迎了上去，卡住了城门，隐藏在后面的汴军大部队趁机冲了进去，杀死敌军九千多人。

李茂贞被迫和朱温握手言和，让出了唐昭宗。

马景战死了，高季兴却一鸣惊人，受到了全军的瞩目。唐昭宗归长安，赐之为"迎銮毅勇功臣"。

高季兴崭露头角后，被授予地方实职——宋州刺史，成了朱温家乡的最高长官。此后，他跟随朱温平定青州，又以功迁任颍州防御使，成为方面军事大员。

高季兴的人生转折点，是被任为荆南留后。

荆南是以荆州（今湖北江陵）为中心的湖北南部一片土地，历来为兵家必争之地。其早先为成汭所据，后雷彦恭乘虚而入，襄州割据者赵匡凝将他打跑，把它交给其弟赵匡明。汴军击败赵氏兄弟，于是有了高季兴的任命。

几经战乱，几遭大火，几受诸侯侵占，高季兴到任时，荆南是满目疮痍，荒无人烟，惟剩下荆州一座孤城，城内居民稀少，井邑凋零，面临的局面实在是万废待举。既来之则安之，他以倪可福、鲍唐为将领，梁震、司空薰、王保义为谋士，组建了地方政府军政班子。靠着这个班子，他安抚居民，招集流民，使当地多少恢复了一些生气。

在这个班子中，数梁震最为得力。他是川人，中进士后逢大乱，寄寓于荆南，以智谋著名。高季兴诚恳地将他请出山，欲授为判官。他耻于在名不正言不顺的小政权中做官，为了生存却又难以拒绝，从而表示不能接受任何职务，但可以“白衣”身份出来做事。高季兴对他极为尊敬，称之为先辈或者“前进士”。

高季兴治理有方，朱温正式委命他为荆南节度使。

朱温死后，梁朝江河日下，衰弱无力。高季兴开始谋划独立，他修治城池，加筑外城；加重赋税，以为军资；暗地向吴、蜀政权称臣，换取支持。与此同时，他实施了拓地方案，出兵进攻归、峡二州；借助梁击晋之名，派军围攻属于梁的襄州，然而这两次军事行动均遭失败。

没能拿到襄州，高季兴恢复了高姓，断绝了对梁朝的朝贡。软弱的梁末帝，为维持一个表面的帝国，对他百般姑息，不但未计较，反而封他为渤海王。

后唐取代后梁，唐庄宗的威望如日中天，割据政权多遣使前去向他致意。为讨好中原新天子，司空薰等大臣劝高季兴亲赴洛阳，可梁震反对，说：“大王本是梁朝故臣，而梁、唐血战二十年，世为仇敌。今天子新灭梁，恐余怒未息。再说，大王握强兵，居重镇，一旦入朝，难免为其所虏。”

高季兴不听，以精骑三百为卫队，去了洛阳。唐庄宗召见他后，果然不出梁震所料，准备将他扣留下来，幸得郭崇韬以信义相劝，才使他得以脱免。

相见时，唐庄宗问他：“我已灭梁，准备再征吴、蜀，你看应以何者为先？”

高季兴的回答是：“宜先征蜀，臣当以本部兵为前锋。”

唐庄宗闻言大喜，用手抚其背，以示满意。

高季兴走了，走到襄州，尚未出唐境，忽然心动，疑唐庄宗有变，连夜打出关去。事实确也如此，唐庄宗在高季兴走后，后悔没将他留下，传令襄州守将把他截住,然命令到达时,他已经逃出境外。

回到荆州,高季兴侥幸地对梁震说:“不听先辈之言,险些回不来。我此行彼此各有一失,我往朝是一失,彼放我也是一失。新天子自矜得很,他靠众将士百战而得河南,却说自己犹如手抄《春秋》,并说于手指上得天下,把功全归于自己一人,拿功臣不当回事。此外,他好游猎,政事多废。如此,我可高枕无忧了。”

话是这样说,高季兴出于对外宣传的需要,找来绣工,将唐庄宗按在他背上的手印绣下,到处夸耀。

同光三年(公元 925 年),高季兴被唐庄宗封为南平王。有了这封号,高季兴俨然成了国王。

荆南政治中心设在江陵,地狭兵弱,夹在吴、楚之间,是一小国。境内出产不多,经济力量非常有限,当南汉、闽、楚等国遣使向中原运送贡品途经其境时,高季兴采取强盗行径,常强行扣留,占为己有。人家发书函谴责,或发兵打上门,他则将财货退还,毫无羞愧之色。后唐魏王李继岌平蜀后,将蜀中金帛四十多万输往中原,船经荆南,正值唐庄宗死于政变,他趁机全部夺了过来。

唐明宗登位,高季兴要求将夔、忠、归、峡等州划入他的辖内。唐明宗表面答应,实际却派出了自己委任的刺史。由是两下闹了起来,终于兵戎相见,结果,高季兴大亏,仅剩下荆、归、峡三州。他拿这三州依附了吴,被册为秦王。

高季兴割据荆南,和有些割据者从下层打出来不一样,而是作为后梁的封疆大吏,逐渐脱离朝廷而独立。他在荆南割地称王,有着主客观两重因素:主观因素是,此地完全是靠他白手起家,苦心经营出来的,从而在心理上将其视为己有;客观因素是,中原朝廷多变故,对他失去了控制力。

天成三年(公元928年),七十一岁的高季兴扔下了权杖,他的长子高从诲(文献王)继位。

高从诲为人机敏,多权数,考虑到后唐势力强大,从而对父亲的外交方针作了修正,以赎罪银三千两,重新臣事于后唐。长兴三年(公元932年),受封渤海王。应顺元年(公元934年),进封南平王。后晋大将李从进叛,结高从诲为援,李从进被晋高祖镇压后,高从诲欲讨郢州(今湖北武昌)为属,遭拒绝。后汉高祖得天下,高从诲再讨郢州,又被拒绝,发兵进攻郢州,兵败城下。荆南为小国,地处要冲,南汉、闽、楚等国向中原进贡,途经其地,常被高从诲扣留使者,掠去财物。各国谴责或出军讨伐,他亦如其父高季兴一样,即退还财物,毫无羞愧之色。凡有国称帝,他必上臣表,以讨赏赐,人称"高赖子"。

乾祐元年(公元948年),高从诲的第三子高保融(贞懿王)继位。

在高保融执政期间,荆南和后周的关系趋向至好的地步。周世宗征南唐,高保融一边出兵相应,一边遣使劝李璟归顺。此后,荆南每年向后周进贡,从无间断,并派其弟高保绅前去朝见。高保融性格有些迂,缺乏才干,政事无论大小全都委托给其弟高保勖。宋朝建立,高保融大惧,一年进贡三次。

北宋建隆元年(公元960年),高季兴第十子高保勖继位。

两年后,高保勖得病,用其子高继冲判内外兵马。

建隆三年(公元962年),高继冲继位。

次年,宋太祖发兵征湖南,军经荆南,高继冲封库出迎,自请内附。九月,举族迁至开封。荆南的历史至此结束。

一〇五

北　汉

建立北汉的刘崇，是沙陀部人，后汉高祖刘知远之弟。

和同时代许多发迹者一样，刘崇年少时是个无赖，好赌博，嗜贪杯中物。成人后，被河东李存勖的部队拉了壮丁，受到黥面。

以刘崇自身的能力，本并无多大的奔头，可他有个不寻常的哥哥，靠着手足同胞的提携，他的官阶一个劲儿地往上跑。哥哥当了河东节度使，他被任为河东马步军都指挥使，成为本军各兵种的总负责人。

刘知远做皇帝后，去了开封，把太原这个最大的重镇交给了刘崇，命他为太原尹、北京留守，加宰相衔。兄为皇，弟做藩，上顺下从，彼此各得其所。

到了侄儿汉隐帝坐上皇位后，朝中形势发生了极大的变化，一班元老控制了朝政，侄儿有点像傀儡。这批元老，因刘崇是皇室中权势最大的成员，对他有很大的顾忌，从而产生了相当的距离。尤其是郭威，与刘崇一直不和，矛盾特深。当郭威讨伐三叛取得巨大成功后，刘崇的忧虑日益加重。

为君主忧，为政权忧，当然更是为自己忧，刘崇忧得心事重重，他对判官郑珙说："主上幼弱，政在权臣，而我又和郭威不和，此事如何是好？"

郑珙倒是成竹在胸，他半是分析半是献计地回答说："汉朝政局将必乱无疑！太原之兵称雄天下，地形险固，而所辖十州的赋税足以自给。公是宗室，若不以此为自己筹划大计，后必为他人所制。”

“子之言，即我意。”刘崇豁然开朗。

一切从保全自己计，刘崇定下了总方针。按着这总方针，他招集亡命之徒，修缮武器装备，强征丁夫扩大军队，加重征收赋税，停止向朝廷交纳贡赋，拒绝执行朝廷的命令。他没打出独立的旗号，却把辖地搞成了真正的独立王国。

朝廷对刘崇无奈，任他自行其是。

郭威起事，汉隐帝迎战失败身亡。进入开封后，他见登位时机尚未成熟，也为了稳住握有强兵的刘崇，派冯道等人前去徐州接刘崇之子刘赟来京当天子。面对这局势，稍有政治常识的人都知道，这是郭威政治过渡的把戏，郭威的登台只是时间问题。而刘崇却高兴得忘乎所以，说：“我儿为帝，我有何患！”

有人提醒刘崇，说此事不可相信。刘崇为弄清事实究竟如何，派出使者前去开封，以洽谈政治联合问题为名，试探郭威的真实意图。

面对使者，郭威这个政治老手，指着自己颈上低微时所刺的飞雀雕青说：“自古岂有雕青天子，愿刘公不要对我有疑。”

使者回报，刘崇愈加深信无疑。

大臣李骧为使执迷不悟的主人觉醒，直言相陈说：“郭公举兵犯上，其势不会再做汉臣，也不可能让刘氏为帝。我应出兵太行，扼关以观事变。待刘赟走上帝位，再撤兵不晚。”

刘崇大骂：“李骧，腐儒！欲离间我父子。”说完，令人将李骧推出问斩。

李骧临刑长叹：“我为愚人划策，应当死！”

事情的发展不出李骧的预料，郭威在彻底控制局势后，把皇冠戴到了自己的头上，并秘密使人杀死了刘赟。听到儿子的死讯，刘崇才醒了过来，大哭一场，为李骧建立了祠堂。

太原和开封的关系完全破裂，广顺元年（公元951年），刘崇割据河东地区称帝（世祖），仍以汉为国号（史称北汉），定都太原，沿用后汉年号。

为和后周对抗，刘崇效法石敬瑭，与辽建立了宗属关系，以为依靠。时辽是永康王兀欲当政，他要求和刘崇以父子相称。刘崇讨价还价，结果以叔侄关系敲定了双边关系。兀欲以宗主的身份，册刘崇为大汉神武皇帝，其妻为皇后。中原政局乱，有利于辽，为加助这种乱，兀欲把许多珍贵的器玩赐给了侄皇帝，包括自己一匹心爱的黄骝马。

有了辽的支持，“侄皇帝”刘崇对后周采取了大规模的军事行动，在辽骑兵的配合下，他出动主力，兵分二路，包围了晋（今山西临汾东北）、绛（今山西翼城西南）二州。周太祖派王峻率大军增援解围，北汉军接触后受挫，向太原方向撤退。时天寒地冻，北汉军缺粮少衣，回到太原，冻馁至死近半。

这次行动的翌年，刘崇在稍事修整后，又派出三千人马，进攻府州（今山西府谷）。府州长官折德扆以逸待劳，不但打得刘军抱头鼠窜，且乘势拿下了北汉的岢岚军。

两次损兵折将，刘崇不以为然，他趁周世宗新即位之际，再度亲率大军向周境压来。辽以杨衮为将，出动五万军队，号称十万，相助北汉。联军浩浩荡荡，包围了潞州。为救援潞州，更是为了显示新天子的气势，周世宗御驾亲征。

两军相遇，爆发了高平之战。

双方对垒，彼此都是左、中、右三军。北汉一方是大将张元徽居东，杨衮居西，刘崇居中。刘崇见周军气势并不怎样，言色之中甚有轻视之意，准备开战。

杨衮告诫说："此是劲敌，不可轻动！"

刘崇怒杨衮给敌方长志气，捋着美髯，驳斥道："时不可失，不得妄言！"

他说不用辽兵参战，单靠他本军就可破敌，让杨衮率其部到远处观战。杨衮大怒，拉着队伍上了一个高处。

刘崇命令张元徽出击，大臣王得中观风势不对，劝告说："南风甚急，对北军不利，宜稍待一些时间。"

此话激怒了刘崇，他破口大骂："老措大，不要坏我士气！"

令旗挥动，北汉军上阵。先是大利，转而大败，一败再败，败得不可收拾。

杨衮按兵不动，坐看刘崇的笑话。

全军覆没，刘崇带着数人逃出战场，靠着兀欲送的黄骝马，他逃到了太原，但已是人不人鬼不鬼的模样。为表彰黄骝马的救命之恩，他给它造厩，披金挂银，吃三品官的食料，封为"自在将军"。

刘崇年岁已老，经此一败一吓，当年就得病而亡。

刘崇是个运势造成的小君主，也是该时代最难称道的君主之一。他早先有那么一股子运气，靠着哥哥刘知远，直升到后汉最大的封疆大吏。眼看要和朝廷发生冲突，郭威的事变却解救了他，使他名正言顺地得以另立帝号。他至蠢至精，精在当了石敬瑭第二，却把名分搞得比石敬瑭"好听"些；蠢在一点不懂政治原理和军事韬略，在政坛和战场都输给了郭威和柴荣。

乾祐七年（公元954年），刘崇次子刘承钧（睿宗）继位。

刘承钧进一步降低自己的辈分，以加深对辽国的依附，对辽主述律自称男，被对方呼为“儿皇帝”。然他与父亲每事必禀辽国的做法不同，行事多了些主张，因而常遭到辽国的羞辱。宋将李筠叛，依附北汉，刘承钧出兵相助，事败。他重视儒者，用郭无为为相。任刘守光之子五台山僧刘继颙为鸿胪卿，赖以经营货财，以助国用。宋太祖要他从太行山下来决战，他哀婉作答，得到了宽贷。

天会十二年(公元968年)，刘承钧的养子刘继恩(少主)继位。

刘继恩怨顾命大臣郭无为当初未助自己当继承人，欲将他罢职，然惧其势而不敢下手。上台仅两个月，供奉官侯霸荣带甲士杀死了刘继恩。

同年，郭无为迎刘承钧另一养子刘继元(英武帝)为君。

刘继元为人残忍，杀尽刘氏宗族子孙。广运元年(公元974年)，宋军进攻太原，郭无为提出归降，刘继元将他缢杀，组织守城。宋军引汾水灌城无效，加上病疫流传，撤围退去。

太平兴国四年(公元979年)，宋军复来，刘继元出降。北汉亡。

一〇六

敬　翔

敬翔(？—923),字子振,同州冯翊(今陕西大荔)人。唐末出生于三代为地方官僚的家庭,父亲敬衮为集州(今四川南江)刺史,自称是唐平阳王敬晖后裔。

敬翔年轻时,反应敏捷,深沉有城府,好读书,擅长写文件。按着当时的社会习俗,他去长安投考进士,结果名落孙山。不久,黄巢攻陷长安,他东下汴州(今河南开封),投靠在朱温手下当观察支使的同乡王发。然而,他未能得到王发的有力帮助,潦倒不堪,不得已替军官士兵写书信文件,以此糊口。他写的东西,里面多有警句,渐渐传遍了军营。

身为汴帅的朱温没文化,喜欢浅俗的书面语言,听说王发有这样一个出色的乡亲,立即把他给找来了。见了面,彼此谈得很是投机。谈到战争,朱温问:"你熟通《春秋》,其中的兵法能为我用吗?"

回答是:"不可！兵家贵机变,得以奇制胜,绝不能墨守成规,否则,难以成事。"

敬翔答得朱温高兴,当下被录用,授予了军职。

此后,每逢行军打仗,敬翔都追随在朱温左右。可是,敬翔觉得自己不是冲锋陷阵的料,要求改换文职,以便发挥自己的特长,朱温答应了,任为馆驿巡官,专掌文件事务。

在朱温和秦宗权的争夺战中，敬翔逐渐崭露头角。时秦宗权出动强大的蔡州兵压境，用三十六营将汴州围得水泄不通。汴州形势危急！敬翔运筹帷幄，妙计良策迭出，朱温相见恨晚，将他倚为股肱，一切军政大事都要向他讨个主意。在敬翔的殚精竭虑下，汴军终于击溃了蔡兵的进攻，使汴州转危为安。这场战争，使敬翔在朱温心目中的地位迅速上升，成了朱温身边须臾不可少的人物。此后接连不断的大战，险战，敬翔为朱温兼并一路路的诸侯，屡屡建立了让全军喝彩叫好的功劳。

军师，智囊，敬翔凭着高超的智慧，为朱温铺开了一条通往成功的大道。

算无遗策，敬翔的名声传遍了天下。

朱温发自内心地说："天降奇人，以佐于我。"

敬翔能取得枭雄朱温最大的信任，不是件易事，他是在长期实践中逐渐让朱温认识了他的正确见解。朱温在扫平一些对手后，自大心理开始膨胀，强迫唐昭宗授予他淮南节度使之职，不顾实际情况是否允许，准备一鼓作气，进攻淮南的割据者杨行密。敬翔切谏反对，认为新胜之兵，应该加以休养调整，不宜轻进。可朱温不听，结果大军先在途中遭到大雨，后又攻城失利。到此时此地，后悔莫及的朱温才感到了敬翔反对的可贵，增加了对这位军师的信任。

敬翔最具历史意义的行为，是在改朝换代的风云中起了很大的作用。朱温的势力在不断壮大后，从凤翔割据者李茂贞的手中夺得对唐昭宗的控制权，进入长安，敬翔作为朱温的首席代表，和李振一起，与名存实亡的唐政府作周旋，被唐昭宗赐号为"迎銮叶赞功臣"。在此之际，他高屋建瓴地分析了天下形势，为朱温禅代唐祚制定了一套行之有效的政治策略。

后梁政权建立后，他担任了实际政治中枢机构——崇政院的长官，在由唐旧官僚挂名的宰相和梁太祖朱温之间，负责最高级文件的上呈下达及军国大事。他把全部精力都投入到了职事之中，各地的山川虚实，每军的军粮数字，都烂熟于心，如数家珍，由此赢得了梁太祖的赞赏。

敬翔跟随梁太祖前后达三十年，处理事情无论大小，他都要仔细过问，常常弄到通宵达旦，自言在马背上才能得到休息。

梁太祖的脾气暴躁，对人猜忌心重，动辄训斥杀戮，旁人很难摸透他的心思，伴君如伴虎，文臣武将都怕他。唯有敬翔，和他的关系处得相当和洽。每逢这位君主做事不当，敬翔作些暗示，对方便省悟了，即刻改弦易辙。

为奖励敬翔的忠心和能干，梁太祖将美貌的刘氏赐给他为妻。刘氏原是黄巢政权宰相尚让的妻子，事败后，她沦落风尘，成为烟花女子。后为时溥所得，时溥被杀，又被朱温纳入室内，受到宠爱，人称“国夫人”。她在成为敬翔之妻后，却依然公开出入君主寝殿，使得敬翔非常难堪。敬翔不满，对她渐渐冷淡。她却责备丈夫说：“你嫌我曾失身于贼。可尚让是黄家的宰相，时溥是国家的忠臣，以你的门第，实在是羞辱了我。请让我走吧！”

敬翔恐得罪君主，违心地向她谢罪，要她别走。

刘氏以君主为靠山，征服了敬翔，从此更加放纵，花天酒地，私置官吏，和外镇将帅交往，成了开封城内最显赫的人物之一。

相从三十年的君主在病重时，将身后之事托付给了敬翔，委他为顾命大臣。敬翔含泪受命。然未等梁太祖自然死亡，儿子朱友便将他刺杀了，随后登上了皇位，即梁末帝。为使群臣和他合作，他任命了德高望重的敬翔为宰相。敬翔虽接受了任命，但常以身体有病为借口，退避在家，不管朝事。

梁末帝上台后，尽管对敬翔十分礼敬，但一朝天子一朝臣，将赵岩、张汉杰等人安排到了重要的权位上。这些新进之臣顾忌老臣，对敬翔进行了排挤。郁郁不得志的敬翔，为顾全大局，没和他们发生冲突。直到李存勖的晋军攻陷河朔（黄河以北地区），又大败梁军于杨刘（今济南西南），他不忍坐看晋军长驱直入，上殿进言，要求带兵拒敌。他说："国家连年征战，然兵骄将怯，军无战力。陛下处于深宫，与不懂军事的近侍、亲戚议事，岂能克敌制胜？先敌在日，统虎臣骁将，尚不能胜晋。今李存勖身先士卒，麾动晋军直下杨刘。陛下儒雅守文，派出的将领贺环又非敌之对手。臣虽老疲，但受国恩深重，陛下若缺将才，臣愿效力边陲！"

他的话说得太重，梁末帝在赵、张之辈的挑唆下，拒绝了。

没多久，晋军逼近开封城，走投无路的梁末帝到此时，才重新想起敬翔，急召他问计。对着大势已去的局面，这位以智谋著称的老臣，也没有回天之力了。他说："臣受国恩，已有三十年，虽名是宰相，实是朱氏老奴。国家之事，臣已极言，然陛下始终不听。朝廷小人朋比，至有今日。即使张良、陈平复生，也难转祸为福。臣请先死，不忍看社稷沦丧。"

发了通牢骚，君臣相对痛哭。

晋军入城，敬翔拒绝和新朝合作，自杀身亡。几天之后，他全家被族灭。

一〇七

周德威

周德威(？—914),字镇远,小名阳五,朔州马邑(今山西朔州)人。

周德威早年从军,跟随李克用当贴身骑将。他是个难得的智勇双全者,武艺过人,智谋过人,胆略过人,并有着丰富的军事经验,观烟尘便知敌军人数的多寡。他相貌雄伟轩昂,身长脸黑,性格稳重,临阵有肃杀之态,为周围人所敬重。

出生入死,身先士卒,周德威在沙场上打出了风采,打得军阶一级一级地往上跳,打得"周阳五"这个名字闻于天下。

汴、晋抗争,梁方把周德威视为心腹之患,在围攻太原时,悬出了赏格:"能生擒周阳五者为刺史。"

梁军骁将陈章,人称陈野叉,为当刺史,披朱甲,纵白马,到处寻找周德威。李克用关照这位爱将当心些,周德威笑了,说不知鹿死谁手。他扮成小卒混在队伍中,指挥部队佯退以诱之,待陈章冲过来,挥动手中双锤将对方打下马,令人给绑了。

天复年间,晋军和汴军激战失利,汴军乘势进逼太原。时太原空虚,救援部队尚未赶到,周德威和大将李嗣昭组织精锐,突然开门发动奇袭,取得大胜,迫使汴军弃城撤退。

此后,他和李嗣昭再度联手,围攻潞州(今山西长治),使汴军守将丁会举起了降旗。潞州得手后，李嗣昭担任守将，周德威回师太原。周德威和李嗣昭两次合作，虽都获得了成功，但却发生了个人矛盾。朱温听到插入晋地的军事要地失守，命将军李思安带十万大军前去收复。李思安兵临城下，赶造夹城，把潞州城围得水泄不通。周德威奉命驰救，面对强大的敌军，他没有发动正面进攻，而是采取了骚扰战，游击战，以消耗其有生力量。

战争相持了一年，周德威虽然捷报频传，但没有解开潞州之围。正值此时，李克用病入膏肓，周德威获得消息，退兵另立营地。进入弥留状态的李克用，对守在病榻边的李存勖说："嗣昭忠孝不负我，然与德威有隙，如不解此重围，我死不瞑目！"

李克用亡故，李存勖接了位，令周德威班师。在此新旧主人换代之际，人们对手握重兵在外的周德威，议论纷纷，弄得人心恐慌。周德威回到太原，把部队留在了城外，独自一人徒步走进城内，伏在老主人的灵前哭得伤心不已，哭得几次险些昏倒。见周德威如此忠心，人心方安定了下来。

发丧之后，李存勖亲率大军向潞州进发，并对周德威传达了李克用的遗言。周德威感动了，决定以实际行为来安慰老主人的在天之灵。他率领先锋部队，利用漫天大雾，似天兵降落一般，直捣夹城，使汴军陷入了灭顶之灾，解了潞州之围。围解了，他和李嗣昭尽释前嫌，恢复了以往的友好关系。

夹寨之战的一年后，又爆发了柏乡（今属河北）之战。时汴将王景仁统八万大军征伐镇州割据者赵王王镕，王镕求救于晋。李存勖派周德威为前锋，自率大部队在后接应。两军在柏乡相遇，汴军马匹精良，铠甲饰以金银彩绣，灿光耀眼，声势夺人，晋军见了，惧怕之心顿生，士气一落千丈。周德威对将军李存璋说:“观贼阵势态,志不在战,而是以兵价耀威,以慑我军心。我将士乍见其来,感到锋不可当,如不挫其锐气,我军必将难以振作。”

他让李存璋到军中传谕:“你们见此贼军否?本是汴州屠沽佣贩之徒,虚有其表,纵然披着精甲,真的打起来,十不当一。其一甲值数千钱,擒之足可为我资,不要望而爱之,应努力向前取之!”

晋军听得当真,跟着周德威作了几次冲锋,稍稍压制了敌军的气焰。

回到中军大帐,周德威却对李存勖说:“贼骄气旺盛,宜按兵不动,以待其气衰。”

李存勖不同意,说:“我提孤军深入千里,利在速战。今若不乘势急击,万一敌军获知我军实数,则无计可施。卿一味持重,我怕要出事。”

周德威辩解说:“不然,赵军长于守城,列阵野战则不行。我军破贼,靠的是骑兵,唯有在平川广野,才能发挥长处。今仓促决战,使敌得知我虚实,则胜率太少了。”

李存勖听不进,气得入内卧床而睡,没人敢劝谏。

周德威耐着心对监军张承业说:“王欲速战,想用乌合之众,去击强敌,实不自量力。现与贼仅隔一水,彼若架桥渡水而击,我军当全为俘虏。不如退军,另择营地,引贼出垒,用轻兵绝其粮草,不出一月,必能克敌。”

经张承业说服,李存勖采纳了周德威的主张。

一切没逃出周德威的估计,汴军果然已在架浮桥,准备强攻,但遥望远去的晋军,这战术遭到了破产。

几天之后,周德威以三百轻骑至汴营挑战,自以三千精兵接应,王景仁倾巢出动应战。周德威边打边退,把汴军引向了平原。正午时分,双方列阵完毕,汴军居左,让联军魏博军居右,成掎角之势。周德威建议李存勖：按阵不动，待到黄昏敌军饥渴难熬时，再全线出击。整个下午，彼此严阵相待。太阳逐渐西斜，汴军已有些松懈，周德威让人分别在左右高叫：“汴军退了！”“魏博军退了！”

听到叫声，汴军、魏博军阵脚大乱，蓄足锐气的晋军扑了上去，杀得敌方血流成河，全军覆没，尸首铺满几十里，俘虏军官二百八十人。唯王景仁等在十几骑的保护下，得以逃脱。

柏乡之战的胜利，成了晋对抗汴几十年的空前大胜利。

在这个胜利后，周德威把兵锋指向了北方割据者——“大燕皇帝”刘守光，他拔城略地，斩将克敌，步步紧逼，终于使刘守光及其父亲刘仁恭作了阶下囚。

灭了刘守光，他以节度使身份驻守幽州（今北京），出轻兵帮助李存勖粉碎了汴将对太原的进攻。

契丹兵进犯，他挥军在居庸关等地进行反击，然遭到了大败，在损失了三万人马后，他退入幽州城，发动士民，打响了艰苦卓绝的保卫战，迫使契丹撤围而去。

天复十五年（918），李存勖出动大军，准备一举拿下汴州。周德威提议用骚扰战打乱敌阵，被求胜心切的李存勖否决，不得已参与大战，与儿子一起战死。

一〇八

桑维翰

桑维翰(899—947),字国侨,洛阳人。父亲桑拱,为河南尹张全义部将。

桑维翰生就一副怪相,容貌丑陋得很,且面奇长身奇短,他常照着镜子自言自语地说:"七尺之身,不如一尺之面。"

他自重自负,认为自己将来必居宰相之位。为了实现这个愿望,他去参加了进士考试,然主考官嫌他的姓不好听,将他落了第。有人劝他不要再走这条路,他却定做了一方铁砚,说:"铁砚用穿,则改业。"

桑拱为帮助儿子出人头地,去求张全义说情。张全义资格老面子大,将桑维翰推荐给了大儒臣,终于使他在同光年间遂了心愿:金榜题名。

得到进士身份后,桑维翰到了河阳(今河南孟州南),在节度使石敬瑭手下当掌书记。从此之后,他跟定了石敬瑭。

石敬瑭守太原,与唐废帝发生政治冲突,被勒令调任它职。他不愿束手待毙,蓄谋投靠契丹。他征求部下的意见,众人哑口无言,唯有桑维翰和刘知远表示赞同,从而使他下定了决心。石敬瑭多次和契丹交过手,彼此有仇恨,现突然一百八十度的大转弯,要取得对方的支持,不是件易事。他反复思量,觉得只有桑维翰才能完成这使命。

桑维翰有文才,有口才,更关键的是,他和石敬瑭有着同样的政治见解。他接受了使命，用很能打动人的文辞，写了一篇洋洋洒洒致契丹国主耶律德光的书函，其中开列了石敬瑭愿意以子奉父及割让燕、云十六州等交换条件。

书函起了效，对方作了令石敬瑭满意的答复，并迅速地出兵加以援济。

然而，当石敬瑭称帝后，和后唐军队打得激烈时，事情突然发生变化：后唐镇守幽州的赵德钧、赵延寿父子也想称帝，重赂契丹，使契丹放弃对石敬瑭的支持，而改支持他们。消息传来，石敬瑭慌得手足无措，立即派桑维翰前往契丹，恳求耶律德光不要抛弃他。

到了契丹，桑维翰转动三寸不烂之舌对耶律德光说："大国举义兵以救孤危，一战而唐兵瓦解，退守营垒，已食尽力穷。赵德钧父子不忠不信，畏大国之强，素有异心，按兵观变，绝非以死殉国之人，何足可畏？怎可信其诞妄之辞，贪其毫末之利，而弃垂成之功！假如使晋得天下，必将竭中国财富以奉大国，这岂是小利可比！"

老练的耶律德光不作正面回答，迂回着说："你见过捕鼠的人吗？如不防备，犹恐被鼠咬伤手，何况面对大敌！"

桑维翰逼紧着说："今大国已扼其喉，岂能再咬人？"

耶律德光被逼得无路可走，才说了实话："我不是违背前约，但出于兵家权谋的考虑，不得不这样做。"

话说到这个地步，桑维翰摊牌说："皇帝以信义救人之急，四海之人亮着眼睛看着，如何能中途变卦，使大义半途而废！臣认为皇帝不值得这样做。"

耶律德光还是不松口，桑维翰跪在营帐前，从早晨跪到黄昏，哭着说着，期望感动对方。耶律德光终于被感动了，答应了他的哀求，转身指着帐前的石头,对赵德钧的使者说:“我已许石郎。此石烂,再可改!”

桑维翰对契丹持亲善态度,耶律德光欣赏他,对坐上龙廷的石敬瑭说:“桑维翰尽忠于你,宜任他为相。”

宰相!盼了大半辈子的桑维翰,万万没想到,竟然是契丹帮助他实现了这个梦想,使他成了万众瞩目的政治中坚人物。投桃报李,桑维翰感激之余,知道耶律德光提携他的意思,他没有辜负这个异邦皇帝的厚望,在任相期间,极力维持对契丹的依附关系,阻止各种反契丹的倾向占上风。

宰相当到第四个年头,桑维翰当不下去了。尽管人称他有宰相的度量及能力,但他却贪得很,分别在开封、洛阳大建私第,大开店铺,与民众争利;在政府人事安排上,任人唯亲,把很多要职授给了他的亲信。这本来是官场上司空见惯的事,不足为奇。然而,他出于加强中央集权的考虑,对拥有很大实力的节度使杨光远下达了易地任职的命令,使他脱离了原来的部队。杨光远大为不满,上疏弹劾桑维翰假公济私,与民争利。石敬瑭不想过分得罪节度使们,罢免了桑维翰的相职,外放地方官,以缓和他和节度使们之间的关系。

在对契丹主和派首领桑维翰离开中央后,主战派的领袖将军安重荣,利用反契丹的吐谷浑势力,上表请石敬瑭抓住时机,向契丹宣战。石敬瑭受契丹压迫已久,反感日深,见了安重荣的表章,犹豫不定。

在朝廷耳目甚多的桑维翰,迅速获得了消息,他立即秘密上疏,说契丹有七不可争:对方地大民多,兵强马壮,正当强盛之时,一不可争;我方库空财匮,民众贫穷,军力低弱,二不可争;首开战衅,破坏盟约,理亏在我,三不可争;对方内部团结,无自然灾害,四不可争;对方系游牧民族,灵活机动,善战能吃苦,五不可争;对方骑兵长于平地作战,而双方交战的地势正是如此,六不可争;战争一旦打起,消耗比进贡更多,武将骄横难制,七不可争。针对君主不满契丹的心理，他劝说道："此谓达于权变，善于屈伸，损失小而获利大。"

石敬瑭看了密表，让人传密旨给桑维翰说："朕北面事契丹，烦懑不快，今见卿所奏，释然醒悟。朕计已决，卿可无忧！"

桑维翰的主张虽然被用，但人仍呆在地方，直到晋出帝继位后，他才重新回到中央。他用计排挤了主战的景延广，独揽大权，大肆接受贿赂。然而，尽管桑维翰势倾朝廷，然晋出帝却坚持着抗战的政策，迫使他不得不随着一起干。

战争全面失败后，他被充当契丹前锋的原晋朝将军张彦泽所处死。

一〇九

史弘肇

史弘肇（？—950），字元化，郑州荥泽（今河南郑州西北）人。父亲史潘，是种田为生的小农。

史弘肇打年轻起，就和一直脸朝黄土背朝天的父亲不同，不愿干庄户活儿，整日游手好闲，舞枪弄棒，做些村里人讨厌的事，被人视为无行。然而，他练得一身好拳脚，能日行二百里，追上奔马。

梁朝末年，政府下令每七户人家得一人当兵，由此他参了军，被选为禁兵。几年之后，被石敬瑭提为下级军官。刘知远镇守太原，把他调去做都将，遥领雷州刺史，从此成了有头有脸的人物。

刘知远在太原称帝，史弘肇为他立下了一连串的大功劳。代州守将王晖拒绝承认新政权，是史弘肇领兵前去把他给镇压了。契丹北撤，留将军耿崇美攻潞州，又是史弘肇挥军驰援，使潞州得以归顺。这两仗，史弘肇旗开得胜，打得有声有色，打出了自己的威风，也打出了刘知远的名望。河阳、泽州等地的守将，望风而降。史弘肇移兵河阳，为刘知远进入洛阳打开了大门。

这个有功的前锋，不但是打仗的骁将，且是治军的能将。他是个杰出的将领，威严，深沉，坚毅，有令必出，尤其突出的是，严申军纪，把军纪严申到了无可复加的地步。部下不论是违纪，还是触犯他的意志，都严惩不贷，决不姑息。将官稍不听命，立即处死。士兵踏民田及系马于树上，一经发觉，即刻问斩。在他的约束下，他的军队成了天底下军纪最好的部队，成了对民秋毫无犯的部队，也成了战斗力最强的部队，从而攻无不克，所向披靡。

靠着这支部队，刘知远兵不血刃开进洛阳。

靠着这支部队，刘知远易如反掌取得开封。

在史弘肇的调度下，进洛阳，洛阳市井晏然；进开封，开封民众安宁。

战后论军功，举朝承认，史弘肇军功第一。

因功授职，史弘肇当了名义宰相，做了侍卫亲军马步军都指挥使，还领了归德军节度使。身兼军政要职，他成了后汉政权最显赫的人物之一。后汉高祖弥留之际，他和杨邠、苏逢吉、郭威一起被任为顾命大臣。

受先帝托付，史弘肇不负重托，对新君汉隐帝负起了责任。时河中、凤翔、永兴三地立盟相叛，朝廷用兵不止，搞得京师中人心惶惶，流言四起，秩序大乱。主持京城治安的史弘肇，拿出了从前治军的方法，来对付混乱的局面。他派出禁军，实行戒严，凡是发现有对治安不利者，无论行为言语，不管罪行轻重，一律处死，没有例外。有人仰观被认为兆乱的太白金星，被拖到闹市腰斩示众；有人喝醉了和一军卒发生口角，被诬为散布谣言，推上了断头台；有一富人被家奴告发，本人被杀头，家产被籍没，妻妾被军士所分。

断舌，决口，抽筋，折足，实行恐怖政治的史弘肇刑法残酷，杀人如麻。他常亲自过问案犯，凡是有“罪”民被押到面前，官吏一报案情，只要他伸出三个指头示意，该民即被拖出腰斩。

平叛结束后，史弘肇以维持京城治安有功，被升为正式宰相。

史弘肇有功，他对先帝有打天下之功，对新帝有安天下之功，不管这功用什么方式取来的，反正他是名副其实的两朝功臣。他仗着这身份，进一步对朝廷拿出负责的精神：君主的近臣要求美官，他多方予以压制；太后的亲戚请求补军职，他把此人给斩了；君主赐伶人玉带、锦袍，他夺去还给了官府，说："将士为国戍边，忍寒冒暑，没有全体受赏。你们是何人，竟敢当此赐！"

尽管史弘肇有功，可汉隐帝不喜欢这顾命大臣，反感他倚老卖老，厌恶他主张太大，对君主缺乏起码的尊重。

对君主和太后的不妥事，史弘肇一点不让地管着，可他本身却也枉法而行，贪得很。他遥领睢阳节度使，他的亲信杨乙去那里为他管理具体事务，贪暴凶横，仗势欺人，弄得当地的军民畏之如虎。为讨好远在京师的史弘肇，避免飞来横祸，副使以下的将官，每人每月要向他贡纳私钱千缗。

行伍出身的史弘肇，极端看不惯文人，曾说："文人难弄，轻视我辈，常谓我辈为卒，可恨！可恨！"

由于这样的偏见，他在顾命大臣中拉帮结派，拉拢和他身份差不多的郭威，而为难文案出身的苏逢吉。郭威出镇河北，他蛮横地违背惯例，坚持要让郭威带着枢密使之衔而去，理由是："领枢密使可以便宜行事，使诸军畏服，号令得行。"

苏逢吉不同意，他帮着郭威闹，直闹到君主听了他的话为止。

在第二天为郭威送行的宴会上，他又厉声大叫："安定国家，平定祸乱，在于长枪大剑，至于毛笔，又有何用处！"

主管财政的三司使王章反唇相讥说：

"无毛笔，财赋从何而来？"

一肚子气的苏逢吉没插话，到了下一次的宴会上，他借着行酒令，出言暗讽史弘肇的夫人原先是娼妓。史弘肇闻言大怒，口出秽语痛骂，并拔拳冲上前去。苏逢吉见状不妙，向外逃去，他又取剑欲追。杨邠急忙拦住，哭着说："苏公宰相，公若杀之，当置天子于何地，请三思而行。"

苏逢吉恐史弘肇不罢休，准备自请改任外官，可转念一想，不妥，说："我离开朝廷，史公稍一处分，我将成齑粉！"

苏逢吉最终未走，史弘肇也没再杀他，可双方的矛盾已成水火，难以和解了。

将相矛盾白热化，给了汉隐帝及其新贵集团可乘之机。他们早就把史弘肇等人恨之入骨，说：史弘肇威胁君主，不除必乱。此时见顾命大臣内部分裂，决定下手了。

史弘肇、杨邠、王章分别接到通知：君主要他们前去议事。他们进入大殿，等着君主召见，几十个甲士冲了出来，刀枪齐下，将他们全部斩杀。

一一〇

王　朴

王朴(905—959),字文伯,东平(今属山东)人。父亲王序,家庭情况不详。

王朴年幼时,有机警聪慧之称,好学,能写得一手漂亮的文章。凭着广博的知识和出众的文才,在后汉时考进士,一举金榜题名。及第后,被授为校书郎。

在朝中做官,若要有奔头,须得找靠山,王朴寻找的靠山是顾命大臣杨邠。杨邠也看中他的才华,让他在自己的府中住下,充当幕僚。按常规来说,找到这样的大靠山,初进官场的王朴,应该有了前程保障。可事情没这么简单,杨邠和其他元老重臣之间,产生了错综复杂而又无法修补的大矛盾。王朴审时度势,觉得朝廷中早晚要出大事,这靠山只是冰山,靠不住。他毅然作出决定,离开杨府,回山东老家。回到家乡不久,朝中就传来消息,杨邠等人被汉隐帝所杀。

原先依附杨邠的官员及幕僚多被株连,唯王朴幸免逃出网外。

后周建立后,王朴重新出山,为新朝录用,被派到镇守澶州的柴荣手下当文案官员。他的文案搞得出色,待柴荣转任开封府尹后,他被带去做推官。推官没做了多少时间,柴荣戴上了皇冠,安排他去刑部当比部郎中,管朝中经费及百官俸禄等事。

这回王朴跟着了人，官位直线往上升。

周世宗务实，要求官员也务实，他把朝廷中有文学名望的二十多个臣子召来，下令让他们每人做一篇策论，以试试他们的才学。王朴按着圣意，回去写了一篇，题目叫做《平边策》，其大意是：

唐失道而失吴、蜀二地，晋失道而失幽、并二地，观其失的缘由，而知平复的方法。在那个失道失地的年代，莫不是君昏政乱，兵骄民困，近有奸臣，远有叛将，弄到后来又出现了篡位者。由此，天下离心，人不听命，吴、蜀、幽、并四地相继失去。平复的方法，在于反唐、晋之道而行之：进贤黜奸以清政，用能去愚以审才，明恩著信以结心，赏功罚罪以尽力，恭俭节约以丰财，徭役合时以惠民。等到仓库实，器用备，人可用之时，便能采取平边行动了。对方之民，见我政治清明，上下同心，力强财足，人安将和，有必取之势，则知情者中会产生间谍，熟地理者中会产生向导。对方的民众和我方的民众心愿相同，就是合了天意，就没有不成功的道理。

攻取之道，应从容易者先下手。当今看来，唯吴最容易取，其地东至海，南至江，可骚扰的边线达二千里长。我可对其防备薄弱处进行骚扰，其备东我扰西，其备西我扰东，其必奔走相救，在其奔走的过程中，就能了解到它的虚实和军队的强弱。然后，我攻虚击弱，便能所向无敌。切勿大举进攻，仅以轻兵骚扰。吴人怯弱，见我军入其地，必兴师动众来对付。其兴师动众则民困国竭，如不兴师动众，则我可得利。彼竭我利，则江北之地必能为我所有。得到江北，便可用彼之民，扬我之兵，从而江南也不难平定了。如此，就可用力少而收功多。一旦得到吴，则桂、广皆为内臣，岷、蜀可飞书相召。如不从，则四面并进，席卷而平蜀。吴、蜀平，幽当望风而降。唯有并是必死之寇，难以用恩信相诱，必须以强兵进攻，待其力竭气衰，再不足为边患，可放至后面解决。我今兵力精练，器用具备，群臣知法，诸将用命，待秋收之后，便可开始平边。

文章写得好，写得实在，写出了得体的战略部署。周世宗看了，觉得这篇最符合他的心思，满意得很。满意之余，把王朴升为了开封府知府。

当时，以天下为己任的周世宗，治政练兵，一心要实现他的统一大业。可他征询众文臣的意见，却是反对的多，反对他急于用兵，而说应以修文德为先。仅有陶谷、窦仪、杨昭俭和王朴等朝臣，赞成君主的主张。在这四人中，又以王朴的见解最符合他的意思。看了王朴的文章后，周世宗多次把他找来谈，谈着谈着，这位极有战略思想的文臣，又谈出了许多切实可行的具体措施。

君臣谈得投机，谈得契合，谈得对天下大事所见略同。

王朴议论伟然，周世宗决定照着他的策略办，并把他用到更重要的位置上去。大军征吴期间，王朴被命为东京留守，升为枢密使，主持大后方的事务。

留在开封的王朴，除了负责对前线的供应外，还对开封城作了大规模的改建。他重新规划城市布局，拓宽道路，把一座原来破旧拥挤的旧城，改造成了壮观宏伟的新城，使政府、民居、商旅得到有机的结合，真正体现了首都的风采。

在改建开封城时，王朴不辞辛苦，亲自巡视检查，有日发现一乡军低级军官怠慢不卖力，令人将他当街鞭打了一顿。此人事后不服，说他马上要升官了，如何打得。王朴闻知后，立即将此人抓来，杖毙于马前。周世宗听到此事，大笑说："这是个大愚人，在王朴面前夸口升官，死得活该。"

王朴不仅对政治在行，有战略眼光，懂土木工程，且对天文、历法、音乐也都精通得很。他曾奉诏修订历法，大胆删除荒诞不经的旧历内容，制成了为人称道的《钦天历》。他还考正雅乐，对乐器、乐律进行了卓有成效的改革。

性格刚强，处事果断，见地高超，又得到周世宗高度器重的王朴，放开了手脚干，没人敢反对他，没人敢难为他，不管是朝中大臣，还是在外强将，都对他有些畏惧，但在畏惧中也夹着敬佩。

能者多劳，王朴太忙太累，终于累出了病，因病而亡。周世宗亲临其丧，大哭四次，以玉钺撞地，伤心得不能自已。

与王朴共过事的宋太祖赵匡胤登基后，对这个曾触犯过自己的名臣，依然抱着敬畏的心情。有次，他经过后周的功臣阁，门适巧被风吹开，正面对王朴像，立即肃立鞠躬。从人不解，他解释说："若是王朴依在，这黄袍就轮不到我穿。"

一一一

冯　道

冯道(882—954),字可道,自号长乐老,瀛洲景城(今河北交河东北)人。从祖上到父亲,或为农,或为儒,久居在社会底层。

得着家庭儒风的熏陶,冯道自少就学了不少儒经,且写得一手不错的文章。他性格沉厚,对生活毫不讲究,唯一的嗜好就是读书,不管是大雪堵门,还是尘积满席,他边读边吟,自在得很。

他好读书在乡里有了些名,长成后被割据河北的刘守光召去,做了文职官员。刘守光自恃实力雄厚,向外拓地,派兵攻打定州。冯道以为不妥,几次以利害直言相谏,终于弄得刘守光大怒,被关进大牢,幸得人相救,才化险为夷。

刘守光被李存勖击灭后,冯道受到了收编,权宦张承业推崇他的道德文章,刮目相看,给予了重用。不久,又将他推荐给李存勖,当了文案负责人——掌书记。

李存勖和梁军夹黄河对峙,对峙得时间长了,没什么进展,心境很不好。郭崇韬上谏说,给将官们的伙食太奢侈,供应有困难,应适当降低标准。李存勖借机发泄,说请大家另择主帅,他不干了。并令冯道将此写成文件,立即颁布。

冯道缓缓地劝解说:“道职掌笔砚,岂敢不从命。郭崇韬言有不当,拒绝就是了，万不可把事闹大。敌人若知，必以为我君臣不和。请三思而行。”

李存勖闻言醒悟，收回了成命。

区区掌书记敢对雷霆之怒的主公说话，人们开始佩服起冯道的胆量。

李存勖登位，冯道升为户部侍郎、翰林院学士，把绿衣换成了紫服。

平了后梁，冯道的父亲病故，按着规矩，他回家乡服孝。时家乡遇上大饥荒，他把家财全部拿出来，救济乡亲。为解决生活来源，他不顾身份，下田耕种，上山打柴。还时常扛锄夜出，帮助那些无力耕种者。

服孝期满了，他赶往洛阳，然朝廷换了主人。新主唐明宗早就听闻他的名声，在了解到他尚在时，脱口而出：“此人是我的好宰相！”

有了君主这句话，经过短期的过渡，冯道升为了宰相。这个宰相当得是时候，君主是明君，天下相对安宁，农业多年丰收，没什么大的自然灾害。

唐明宗问起为政之道，冯道说：“陛下以德获天命，当日慎一日，以答天心。臣早年骑马，遇山地崎岖不平，用心控着缰绳，倒也没事。而进入平地后，以为好走，心里放松，却跌下受了伤。由此看来，实应居安思危。陛下切勿以天下清平丰熟而安逸纵乐，当兢兢业业，才是臣所希望的。”

唐明宗又问：“天下虽丰，百姓得济否？”

冯道答道：“谷贵饿农，谷贱伤农，此是常理。臣有举子聂夷中《伤田家诗》一首，可以参照：‘二月卖新丝，五月粜秋谷，医得眼下疮，剜却心头肉。我愿君王心，化作光明烛，不照绮罗筵，偏照逃亡屋。’”

“此诗甚好！”唐明宗令人录下，作为座右铭。他又拿出刻有“传国宝万岁杯”字样的心爱玉杯，示以冯道。

冯道说：“此是前世有形之宝，王者则有无形之宝。仁义，为帝王之宝。古人说:'大宝曰位,何以守位曰仁。'"

说罢,他走了,弄得武夫出身的唐明宗莫名其妙。唐明宗找来文臣解释,才搞清了这句话的含义,从而加深了对冯道的好印象。

事唐明宗事了十多年,唐愍帝接了位,冯道依然是宰相。李从珂(唐废帝)举兵反,打来洛阳,他率百官列队欢迎。唐废帝厌恶他的为人,把他外放出去做了地方官。

晋高祖石敬瑭灭后唐,为加强政治号召力,又把宰相任命书发给了冯道。这个宰相难当了,时晋高祖是"儿皇帝",和宗主契丹的关系相当复杂。契丹使者来,点名要他去谈双边事务。晋高祖不舍得,他说为报皇帝恩,坚决要去。契丹国主久闻他大名,竟准备亲自出迎,后在人的劝说下才作罢。

去契丹者多回不来,冯道在那里用尽心思,才得以被放回。回到开封,晋高祖感谢他为自己建了大功,让他全权处理政事,事无巨细,均由他执掌。晋高祖认定他是个不可多得的全才,谦逊地向他讨教军事大略。

他回答说:"陛下久经战阵,神武睿智,讨伐之事,当自行独断。臣是一介书生,为陛下守历代成规,不敢有一丝一毫的差错。至于军事,臣实不知。"

荣耀!冯道在晋高祖时获得了前所未有的荣耀,举世无双的荣耀。可当晋出帝接班后,这个最为荣耀的宰相的处境急转直下了。

有人对君主说:"冯道只能做太平宰相,无力解危济难。"

面对乱哄哄政局的晋出帝,需要的是解危济难的宰相,太平宰相对他来说毫无意义,从而,他把冯道下放到地方上当了节度使。

晋出帝撕碎了对契丹的依附条约,契丹大军南下灭了后晋。耶律德光进入开封后,宣布将晋朝归并于辽朝。冯道赶来朝见,因事晋遭到了斥责。

耶律德光责备完了问道:“为何来朝?”

冯道说:“无城无兵,岂敢不来。”

耶律德光讥诮地又问:“你是何等老子?”

冯道回答:“无才无德,痴顽老子。”

耶律德光听得有趣,听得高兴,授冯道为太傅。尔后,向这个太傅问统治中原之计:“天下百姓,如何救得?”

“此时佛出救不得,唯皇帝救得!”冯道的回答如偈语。有人认为:靠着冯道这句话,耶律德光在屠杀汉人时手下留了点情。

契丹军在中原呆不下去,走了,走时,把冯道等后晋遗臣一起带走了。行到常山,耶律德光突然病死,契丹内部发生剧变,冯道得机折回了中原。

中原已是汉高祖的天下,冯道“顺其自然”地投向了后汉,被拜为太师。在后汉当太师当了两朝,当得太平无事,当得其乐融融,撰《长乐老自叙》,备叙他在历代的宠遇,及做人的准则。

郭威颠覆了后汉,满以为后汉的朝臣会拥戴自己,他前去见冯道,察看这个资格最老的元老的意思,可冯道的表情一如平常。郭威一直拜冯道,此时不得已又拜了拜,冯道受之如常。郭威方知时机尚未成熟。为避免这个元老在此碍事,郭威令他前去徐州,接宗室刘赟来登位。

冯道离去了,郭威在开封做了皇帝。

冯道带着遗憾回来了,宰相的任命又安慰了他。

周世宗继位,北汉刘崇趁后周新老君主交替之际,纠合契丹,对周采取了大规模的军事行动。周世宗将计就计,准备带大军亲征迎敌。冯道出面反对,反对得表现出从未有过的激烈。

周世宗解释说:“唐初,天下草寇蜂起,都是唐太宗亲自带军平定。”

冯道反唇相讥地问:“陛下可及得上唐太宗?”

周世宗又说:“刘崇,乌合之众,我师前去,如山压卵!”

冯道接着反问:“不知陛下做得成山否?”

周世宗终于火了,罢去了冯道的宰相职务。

大军出发了,周世宗没让冯道相随,令他留下为周太祖修陵。陵修成后,尚未举行仪式,冯道因病故世了。这年他七十三岁。

一一二

罗　隐

罗隐(833—909),本名横,字昭谏,自号江东生,余杭(今属浙江)人,一说新登(今浙江桐庐)人。

罗隐是个有相当天赋的文人,诗做得好,文章也写得好,诗和文章一起流传于天下。他仗着诗名和文名,前去参加科举考试,满以为能金榜题名,可一连考了六次,却是次次名落孙山。宰相郑畋、李蔚欣赏他,可爱莫能助,因他的试卷中充满着对现实的讥讽,加上性格恃才傲物,得罪了整个官场。

这个才气大得很的文人,文场不得意,也许还有一个原因,缺乏与名声相适应的相貌,面容古怪又丑陋。郑畋的女儿待字闺中,喜欢文学,尤喜罗隐的诗文,常手中一卷,吟咏不已。郑畋以为女儿爱上了罗隐。有一日,罗隐前来造访,她隔着帘子看了个仔细。从此以后,她再也不读罗隐的诗文。

考场蹭蹬了多年,希望破灭的罗隐已囊中羞涩,他不得已离开了京师,浪迹天涯。途经河北,他修书一封,让人送给魏博割据者罗绍威,在信中,他自叙家世,将罗绍威称为侄。

罗绍威的手下人,见信大为愤怒,说:"罗隐不过是一布衣,竟敢称大王为侄,这如何了得!"

以重士人闻名的罗绍威,却一反众人的意思说:“罗隐名震天下,王公大夫多被他看不起,今能惠然光顾我境,还有何可计较!我能做他的侄儿,已荣幸至极,请诸位再勿多言。”

尔后,他在郊外安排下盛大的欢迎仪式,亲自接“叔父”入境。见了面,他一拜到地,罗隐受之当然,毫不避让。

在这里住了一段时间,罗隐要走了,回浙江老家。罗绍威留不住,送以百万钱财,并写了封信给钱镠,请他对“叔父”多加关照。

到了杭州,凭着自己的名,又凭着罗绍威的信,罗隐受到了钱镠的重用。先是做从事,后连任钱塘令、著作郎、掌书记,直至节度判官。

虚名化为实职,潦倒的书生终于发迹了。发迹了的书生,依然狂得很,傲慢得很,言语中文辞中还是充满着讥讽。他和钱镠唱和,把钱镠低微时骑牛操棒的事给抖落了出来。钱镠付之一笑,让事情过去了。

梁太祖登位,闻罗隐之名,以右谏议大夫的职位相召,罗隐拒绝了。他不但拒绝,还建议钱镠发兵击梁,以讨灭唐的“篡弑逆贼”,说:

“即使不成功,犹可退保杭、越之地,自称东帝。不可失节事贼,为万古之羞!”

钱镠原以为罗隐在唐长久受压,必对唐有怨心,此时见他能摒弃个人恩怨,以道义行事,虽没采用这条建议,却加强了对他的好感。

依附后梁政权的罗绍威,暗中对梁太祖把罗隐大事渲染地介绍了一番,梁太祖方感到这是个不可多得的奇才,从而给罗隐先后发去了两道任命书:给事中,发运使。由于主人坚持亲梁态度,罗隐被迫接受了任命。

受了中原政权之职,罗隐却仍然呆在杭州,一直呆到去世。

罗隐是个多产的作家,一生著作颇丰,结集成书的有:《谗书》、《谗本》、《淮海寓言》、《湘南应用集》、《甲乙集》等。

作为一个负有盛名的才子，罗隐被那个时代推崇的是诗。他的诗简练明快，清新飞扬，朗朗上口，有文采，有见地，有哲理，以命运和客观相融合的审世观，反思了许多熟为人知的历史事件、历史人物及社会现象，出人意料又在情理之中地提出了自己的看法。如《帝幸蜀》谈国家兴亡和女人的关系说：

马嵬山色翠依依，又见銮舆幸蜀归。
泉下阿蛮应有语，这回休更怨杨妃！

又如《始皇陵》谈时代对英雄的看法变化说：

荒堆无草树无枝，懒向行人问昔时。
六国英雄漫多事，到头徐福是男儿。

又如《孟浩然墓》谈社会对文人的待遇说：

数步荒榛接旧蹊，寒郊漠漠雨凄凄。
鹿门黄土无多少，恰到书生冢便低。

又如《自遣》谈人生得失和与之相应的心态说：

得即高歌失即休，多愁多恨亦悠悠。
今朝有酒今朝醉，明日愁来明日愁。

此外,如《铜雀台》之“强歌强舞竞难胜,花落花开泪满膺”;《蜂》之“采得百花成蜜后,为谁辛苦为谁甜”;《献尚父大王》之“数年铁甲定东瓯,夜渡江山瞻牛斗”;《筹笔驿》之“时来天地皆同力,运去英雄不自由”等句,均是上乘的佳句,要抒情有抒情,要思辨有思辨,要气势有气势,极能在读者心中激起涟漪。

罗隐的诗做得佳,其实,他的文更有特色,更有成就。他的文,主要是小品,其中受到世人注重的是讽刺小品,多收于《谗书》内。他在《谗书序》中说:

《谗书》者何?江东罗生所著之书也。生少时自道有言语,及来京七年,寒饥相接,殆不似寻常人。丁亥年春正月,取其所为书诋之曰:“他人用是以为荣,而予用是以为辱;他人用是以富贵,而予用是以困穷。”如是,予之书乃自谗耳,目为《谗书》。卷轴无多少,编次无前后,有可以谗者则谗之,亦多言之一派也。而今而后,有诮予以哗自矜者,则对曰:不能学扬子云寂寞以诳人。

在这篇序中,他开宗明言,说能刺的都要刺,一则讽世道不公,一则开独树一帜的文风。这些小品的制作,和他那长期考场不得意的身世有关,和他那桀骜不驯的性格有关,其辛辣,激昂,怨愤,真可谓段段带刺,句句带刺,刺君主,刺权贵,刺社会,刺官场,刺历史,刺现实。

如《题神羊图》,揭露了所谓神圣事物的原委,并对人欲和世风的关系作了较深入的探讨:

尧之庭有神羊,以触不正者。后人图形像,必使头角怪异,以表神圣物。噫！尧之羊，亦由今之羊也。但以上世淳朴未去，故虽人与兽，皆得相指令。及淳朴销坏，则羊有贪狠性，人有封割心。有贪狠性，则崇轩大厦，不能驻其足矣；有封割心，则虽邪与佞，不能举其角矣。是以尧之羊，亦犹今之羊也，贪狠摇其正性，刀匕封其初心，故不能触阿谀矣。

以讽刺为风骨，罗隐讽得有声有色，讽得世界万象在他的笔下露了真，讽得后世的一些反现实的作家把他认了开山祖。

一一三

李 煜

李煜(937—978),字重光,初名从嘉,号钟隐,自称莲峰居士,史称李后主,徐州(今属江苏)人。祖父为南唐开国君主李昪,父亲为南唐中主李璟。

丰额,骈齿,一目重瞳,按传统的相面说法,李煜的相貌有些贵。

生在君主的家庭,这本来就至富至贵,然而按理说,君位是无论如何轮不到他的,因他是李璟的第六子,上面还有五个哥哥。可命运成全了他,五个哥哥相继过世,他由此顺理成章地做了太子。

李煜登太子位之际,正是南唐政权走下坡路之时。在这前几年,后周的军队对南唐发动了雷霆般的军事进攻,迫使李璟献出了长江以北的版图。双方划江而治,南唐龟缩到了长江南边。此后,赵匡胤取代了后周,建立了宋朝。为平衡新的政治局面,建隆二年(961 年),李璟在南昌建立南都,带领主要政府成员迁到了那里,立李煜为太子,留下守金陵。

没出几个月,李璟病故,李煜在金陵继位。

从骨子里来说,李煜是个文人,一个性格极为文弱的文人,一个讲究奢侈排场的文人,一个有相当情趣的文人,一个艺术造诣很高涉略颇广的文人。论文,文有隽气;论画,画有灵气;论书法,书法有大气。

尤其是填词,在父亲李璟的影响下,在冯延巳等一班文臣的影响下,特别在南唐浓郁的文学风气影响下，他耳濡目染，喜欢得如痴如醉，常制作出一些歌咏豪华风流生活的佳篇妙句。如：

红日已高三丈透，金炉次第添香兽，红锦地衣随步绉。 佳人舞点金钗溜，酒恶时拈花蕊嗅，别殿遥闻箫鼓奏。

——［浣溪沙］

晚妆初了明肌雪，春殿嫔娥鱼贯列。风箫声断水云闲，重按《霓裳》歌遍彻。 临风谁更飘香屑？醉拍栏杆情未切。归时休放烛花红，待踏马蹄清夜月。

——［玉楼春］

文人的李煜当了君主，不改文人的禀性习气，依然爱好如故，对政治提不起什么劲。他设盛宴，赏乐舞，亲美色，作高谈，逛寺庙，做佛事，整月整天地玩，玩得不亦乐乎，玩得不想对国事作任何建设。

他这样玩，除了文人的轻薄外，大宋咄咄逼人的统一之势，更是主要的原因。他一上台，就马上向宋朝贡，以示亲善之意。尔后，派出弟弟李从善朝觐宋太祖，谁知被扣住不放，他写亲笔信要求放还，还是被拒绝。为防宋朝寻找进攻的借口，他主动降低了政府各级机构的级别，进一步表示臣服。

作为一国之主，面对朝不保夕的局势，他是痛苦的，他不忍看，不愿想，索性变本加厉，用色用词麻醉自己，以醉来漠视人间事。谁若不知趣地提醒他，就会受到严惩。大臣潘佑上书极谏，被打入大牢，逼迫自杀。

然而，醉毕竟消不了忧，消不了愁，这忧这愁，不时冲了出来，弥漫在歌舞金樽的朝堂，弥漫在他精心制作的词中：

无言独上西楼，月如钩。寂寞梧桐深院锁清秋。剪不断，理还乱，是离愁，别是一般滋味在心头。

——〔相见欢〕

林花谢了春红，太匆匆。无奈朝来寒雨晚来风。胭脂泪，相留醉，几时重？自是人生长恨水长东。

——〔相见欢〕

别来春半，触目愁肠断。砌下落梅如雪乱，拂了一身还满。雁来音信无凭，路遥归梦难成。离恨恰如春草，更行更远还生。

——〔清平乐〕

李煜醉生梦死，委曲求全，以词载着忧愁消磨岁月。开宝七年（974年），一个他日夜惧怕的日子终于来临了：宋太祖派来使者，"请"他到开封去。他推辞说身体多病，拖着没去。宋太祖出动大军，跨过长江，包围了金陵。攻守战打得激烈，可李煜躲在宫廷中，还在填一首调寄《临江仙》的词：

樱桃落尽春归去，蝶翻轻粉双飞。子规啼月小楼西。玉钩罗幕，惆怅暮烟垂。　　别巷寂寥人散后，望残烟草低迷。炉香闲袅凤凰儿。空持罗带，回首恨依依。

相传此词尚未作完，城陷了，最后三句是后来补上的。开宝八年（975年）的腊月，金陵被攻破，李煜当了俘虏。次年，被押往开封。

宋太祖对他还算宽大，没要他的命，讽刺性地封他为违命侯。说是侯，其实是亡国奴，高级的囚徒。从君主沦落为囚徒，他的前后生涯中形成了天渊般的落差：宫殿——囚房，锦袍——旧衣，玉食——粗饭，天堂——地狱，这整整一个世界在他面前翻了个，翻得他天旋地转，翻得他灵魂出窍。他以泪洗面，把家国沦亡的灾难，把人生的恨愁，把过去和现实的强烈对比，融进了他的词里：

四十年来家国，三千里地山河。凤阁龙楼连霄汉，玉树琼枝作烟萝，几曾识干戈？　　一旦归为臣虏，沈腰潘鬓销磨。最是仓皇辞庙日，教坊犹奏别离歌，垂泪对宫娥。

——[破阵子]

春花秋月何时了，往事知多少！小楼昨夜又东风，故国不堪回首月明中。　　雕栏玉砌应犹在，只是朱颜改。问君能有几多愁？恰似一江春水向东流。

——[虞美人]

李煜亡国后所填的词，由于从人间悲剧的角度看问题，加上自己的切肤之痛，告别了南朝宫体和花间词风，放大了眼界，升高了境界，开拓了词界。

为人严厉的宋太宗代替了他的兄长后，对保全了性命，不知感谢，反而一直在作怨词的李煜，恼怒得很。在一个七夕的晚上，让人给他送去了毒药。

图书在版编目(CIP)数据

黎东方讲史之续.细说隋唐/赵剑敏著.—上海:
上海人民出版社,2019
ISBN 978-7-208-15801-6

Ⅰ.①黎… Ⅱ.①赵… Ⅲ.①中国历史-通俗读物 ②
中国历史-隋唐时代-通俗读物 Ⅳ.①K209 ②K240.9

中国版本图书馆 CIP 数据核字(2019)第 060046 号

责任编辑 杨 清
封扉设计 人马艺术设计·储平
绘　　图 黄国乐
图　　注 田地人

黎东方讲史之续·细说隋唐
赵剑敏 著

出　　版 上海人民出版社
(201101 上海市闵行区号景路159弄C座)
发　　行 上海人民出版社发行中心
印　　刷 苏州工业园区美柯乐制版印务有限责任公司
开　　本 890×1240 1/32
印　　张 18.5
插　　页 5
字　　数 432,000
版　　次 2019年5月第1版
印　　次 2025年1月第5次印刷
ISBN 978-7-208-15801-6/K·2847
定　　价 85.00元